U0682965

21世纪经济管理新形态教材·会计学系列

成本管理会计

（第2版）

肖康元 ◎ 主编

清华大学出版社
北 京

内 容 简 介

本书主要沿着成本管理的主线,对成本管理会计的基本理论与实务进行了论述,主要内容包括成本管理会计导论、成本费用的含义和核算要求与费用归集、产品成本计算方法及辅助的分类法、变动成本法、本量利分析、作业成本计算与管理、预测分析、短期决策分析、长期投资决策、成本控制、成本管理专题、绩效评估管理。强调成本管理过程中结合企业自身与外部环境变化的应对,遵循成本管理的事前预决策、事中控制、事后考评的管理脉络,体现成本管理会计的最新发展成果。

本书可共会计学、财务管理及审计学专业等管理类专业的本科生学习使用,也可以作为研究生初级阶段的参考用书。

图书在版编目(CIP)数据

成本管理会计/肖康元主编. —2 版. —北京: 清华大学出版社,2020.6(2021.12重印)
21 世纪经济管理新形态教材. 会计学系列
ISBN 978−7−302−54837−9

Ⅰ.①成… Ⅱ.①肖… Ⅲ.①成本会计 – 高等学校 – 教材 Ⅳ.①F234.2

中国版本图书馆 CIP 数据核字(2020)第 015349 号

责任编辑: 杜 星
封面设计: 李伯骥
责任校对: 宋玉莲
责任印制: 沈 露
出版发行: 清华大学出版社
       网　　址: http://www.tup.com.cn, http://www.wqbook.com
       地　　址: 北京清华大学学研大厦 A 座　　邮　　编: 100084
       社 总 机: 010-62770175　　邮　　购: 010-62786544
       投稿与读者服务: 010-62776969, c-service@tup.tsinghua.edu.cn
       质 量 反 馈: 010-62772015, zhiliang@tup.tsinghua.edu.cn
       课 件 下 载: http://www.tup.com.cn, 010-83470158
印 装 者: 三河市君旺印务有限公司
经　　销: 全国新华书店
开　　本: 185mm×260mm　　印　张: 28.75　　字　　数: 595 千字
版　　次: 2014 年 7 月第 1 版　　2020 年 6 月第 2 版　　印　次: 2021 年 12 月第 2 次印刷
定　　价: 59.80 元

产品编号: 083110-01

第二版前言

本书融合成本会计与管理会计的知识内容，目标是向未来财务决策者提供计划和实施控制的关键数据，同时以学以致用的目的，融理论分析、方法、应用实践于一体，强调学生能力的全面发展，注重管理会计的决策有用性和相关性，贯彻成本管理的"事前、事中、事后"的全程性。

财政部在 2014 年后陆续出台了全面推进管理会计系统建设的指导意见后，于 2016 年开始发布管理会计基本指引，至今已陆续发布了近 35 个应用指引，也引导了高校的管理会计的教学导向，将这些指引写入本书，也是本次修订的主要目的。

本书依然秉承从核算到管理的过程控制环节，强调过程管理，从核算起始，按成本预测、成本决策、成本控制、绩效评估和战略成本管理的成本管理的顺序，解说成本管理会计理论与方法。

与第一版相比，本次修订主要的变化在于：

第一，删除第 3 章中 3.1.4 的成本分类，第 9 章第 5 节资金需求量预测，以及第 10 章第 3 节中的不确定型决策分析方法等三部分内容，依据管理会计的内容体系，考虑到本教材的适用对象是本科生、专科生而进行了适当删除。

第二，第 1、8、12、14 章根据财政部关于管理会计指引的要求进行修订，第 3 章人力资源成本根据劳动法的规定适当修订。

第三，第 9 章的预测分析根据管理会计发展的重要性，考虑到有些基础内容，不需在管理会计中讲授，而压缩了部分内容。

第四，考虑到实际练习应用，对习题表格进行修改，并根据营改增的要求，修改了涉及营业税的内容，改为增值税。

第五，通过增加二维码的方式，增加了大量的客观题和部分案例题。

此外，作者根据一些老师和学生使用本书所反映的问题，对各章进行了修订，尤其对一些错漏或措辞表述进行了重新修改，语句更为清晰和简练，减少了部分篇幅。

《成本管理会计》自 2014 年 8 月出版以来，得到了许多读者的关注。作者在成本管理会计的教学和科研过程中，也对该教材中的一些问题有了新的认识和感受。在清华大学出版社的大力支持下，完成了《成本管理会计》第二版的修订，深表感谢。

感谢各位老师和同学对本书的使用，欢迎在使用过程中进一步提出宝贵意见。

第一版前言

随着成本管理过程的进一步融合和提升，原来分散在成本会计学与管理会计学中的有关知识的整合已形成一种趋势，本书遵循"算为管用"的原则，从成本核算出发，依据成本核算的基本思想，从成本管理的目的着想，以成本管理为本书主线，充分考虑现今的成本管理的新发展，如物流成本管理、质量成本管理、环境成本管理。强调成本管理过程化分析及战略成本管理的特色。

本书立足于现实、展望未来，重视理论与实践的关系，结合成本会计与管理会计研究领域的新成果，以及我国企业成本管理会计应用的实践经验。

本书的特点重点考虑和体现在如下几个方面：

1. 如何增强成本管理的体系性。相对于财务会计领域的多次改革而言，成本会计与管理会计长期以来在我国一直是比较沉闷的分支。直到2014年1月1日起实施《企业产品成本核算制度》及2014年《财政部关于全面推进管理会计体系建设的指导意见》的发布，才意味着成本会计与管理会计的理论研究与实践依据得到了国家层面上的进一步支持。本书的编排顺序考虑了从核算到管理的过程控制环节。

2. 本书的适应性。本书的内容设计定位为本科生，体系完整，结构合理。每章包括本章学习目的和要求、正文、案例分析、复习思考题。在本书的编写过程中比较多地考虑到学生的适应程度，总体而言适用于会计学、财务管理及审计学等管理专业本科生阶段的学习，亦可作为高职高专学生及研究生初级阶段的参考书。

3. 强调过程管理，注重实践应用。本书在注重过程控制管理上强调体系完整及业务连贯，对相关内容作了相应的衔接处理。从成本核算起始，按成本预测、成本决策、成本控制、绩效评估和战略成本管理的成本管理的顺序，解说成本管理会计理论与方法。

本书的编写分工：肖康元编写第一、二章以及第六章至第十五章，赵耀忠负责第三、四、五章的编写。在编写过程中周文雪、张翠翠、陈思迪、邹祎炫参加了本书的前期资料整理、计算验证等部分章节的编写和校对工作。在编写过程中我们也查阅了大量的著作、教材和文献资料，吸收和借鉴了同行的相关的最新成果，在此一并向作者们表示深深的感谢和敬意。本书编写过程也得到了清华大学出版社的邵宴昌、康建华老师的大力支持，在此表示感谢。由于作者水平所限及本书所涵盖的内容甚广，难免有不当之处，请读者提出宝贵意见，我们不胜感激。

目 录

第 1 章

成本管理会计导论

【本章学习目的和要求】

本章重点介绍了成本管理的起源、与其他学科的关系及成本管理会计的主要内容，通过学习，读者可对成本管理会计有个初步的认识，为后续章节内容的学习和掌握具体理论与方法指明方向。

1.1 成本管理会计的定位

成本管理涉及的人、物及与各级组织的关系都非常密切，不论是否是会计人员都能在成本管理的体系框架中找到自己的位置。研究成本管理会计时，常常会有这样的疑问，即到底是成本管理的会计还是成本的管理会计，本书的主线是基于成本管理的角度进行分析，从成本会计和管理会计趋同的思想出发，分析成本管理在企业中的工作方法及具体运用。

1.1.1 成本会计的产生

成本会计产生于何时，现代会计学者的看法有两种：一种观点认为，成本会计的某些方法，早在 14 世纪就已产生；另一种观点认为，成本会计是在 19 世纪下半叶，商人们为了确定价格而产生的。一般而言，简单的计算，还不需要成本会计。而中世纪意大利的文艺复兴，促进了工商业的发展，简单协作和手工业工场开始出现。到了 16 世纪中叶，手工业工场得到进一步发展，经济发展的影响力随之扩大到整个欧洲。而商业和银行业的发展促使会计记录方式发生变革，于是复式簿记诞生。意大利于 1553 年已经出现制造毛衣料的毛纺企业，并开始应用成本明细分类账，并以此算出一个经营期内全部织物的利润。虽然此时的会计记录仍不能说是成本会计，间接费用也未有分配，但已经极为接近，说此时的成本会计已经萌芽或者说手工业工场是产生成本会计的摇篮也绝不为过。

18 世纪中期英国的工业革命，使资本主义工场手工业向机器大工业迈进，促进生产和经营向社会化与规模化的方向发展，工厂制度开始建立，出现企业大批量生产的现象，满足市场需求并使之达到规模经济效益，许多市场交易转到企业内部完成。在这种背景下，为满足定价、计算盈亏的需要，开始出现了简单的成本会计。如工时成本，以及分步成本计算法、分批成本计算法等，用来确定企业中间产品和最终产品中的各种成本。

产业革命的发展给成本会计带来了新的机遇。产业革命的一个重要标志是机器代替了手工劳动、工厂制代替了手工工厂，机器大工业逐步形成，劳动力作为商品的市场已经形成。在管理方面，泰勒的科学管理制度逐渐兴起。

工业界的巨大变革给成本会计的发展带来了新的机遇，资本构成发生变化，重型机器设备在资产中所占比重越来越大，产品制造程序日趋复杂，间接费用越来越重要，产品生产品种的增多，间接费用的分配程序日益复杂，从客观上提出了成本计算的系统化和科学化要求。要求将成本计算纳入复式簿记体系，实现成本记录与会计账户体系的有机结合。

19 世纪后半叶，工业化大生产格局的形成过程之中，人们逐渐认识到产品成本中的固定成本的变化对公司盈利的影响。20 世纪初期，随着工业化大生产基本格局的形成，重型机器设备在资产中所占比重越来越大，产品制造程序日趋复杂，学者们开始集中精力研究与解决固定成本的问题，解决产品成本形成过程中的间接费用分配问题。同时，随着企业竞争压力日趋增大，成本问题也日趋显现，促使工程师和学者们着眼于研究对产品制造成本的全面控制问题。从 1885 年，美国军械师亨利·梅特卡夫的《制造成本》、1887 年英国电气工程师埃米尔·加克与会计师 M. 费尔斯合著的《工厂账目》，到 1911 年 E. 韦伯纳的《工厂成本》等著作相继问世，虽说这些书主要讲述产品成本计算问题，但已开始触及一些成本管理方面的问题，在一定程度上反映出由单纯讲成本核算向兼顾成本管理问题过渡的状况，反映人们的思想、行为开始由成本计量、记录方面转向成本控制方面，此时管理会计的形成便处于萌芽阶段。

第一次世界大战以后，美国趁机崛起，世界会计研究中心也顺理成章地转移到美国，为了应付第一次世界大战的经济大危机，美国许多企业开始推行泰勒的科学管理法。伴随泰勒的科学管理，会计技术也有了相应的发展和变化，把"标准成本控制"（standard cost system）、"预算控制"（budget control）及"差异分析"（variance analysis）等专门方法引进到原有的体系中来。会计领域中这类新方法的出现，不仅给已有的成本会计增加了许多新的内容，而且为会计直接服务于企业管理开辟了一条新的途径。同时，一些学者，如奎因斯坦（Quintance）和麦金西（J.O.McKinsey）等提出了"经理的会计"（manageral accpuntung）这个专门词汇，奎因坦斯 1922 年出版了《管理会计：财务管理入门》，这部书不仅首次提出"管理会计"的名称而且主张把会计服务的重心从对外转移到对内强化经营管理方面。奎因坦斯算是比较早地提出这一主张的学者，阐明了企业的会计管理工作与财务管理工作之间的关系，只可惜未得到当时的广泛呼应。后人通常认为此时的管理会计实际上已经形成，并大体处在初级阶段。学者布利斯 1923 年出版了《经营管理中的财务效率和营业效率》一书，次年又出版了《通过会计进行管理》一书，这两部作品都强调把相关会计信息应用到企业经营管理过程之中，并强调提高企业经营管理人员对企业财务与营业效率的控制水平。1924 年麦金西的专著《管理会计》出版，指出企业的会计工作不能停留在以往的会计之上，而应当把一些以科学管理为基础的、面向未来的会计概念及其会计程序纳入以经营管理为目的的会计制度中去。

成本会计的繁荣与发展，还体现在对成本作出贡献的不仅有会计师，而且还有工程师，在成本会计发展初期工程师比会计师更加关心成本计算方法，形成了工程师和会计师共同关心的问题。两者的共同努力，研究和解决了以下成本会计的核心问题。

第一，间接费用的分摊。间接费用的分摊包括间接费用的内涵和外延，制造费用、销售费用和管理费用的区别，间接费用的分摊标准（早期倾向于使用主要成本或人工成本，后来倾向于机器小时）等问题。

第二，成本记录与会计账户的一体化。成本记录与会计账户的一体化设计，实现了制造过程的生产成本纳入会计系统的核算与控制。

第三，标准成本的设计。强调标准成本对成本控制及对分析无效率成本和闲置的生产能力的重要作用，不少工业企业设计了完善的标准成本会计制度，并付诸实践。

第四，英国和美国的制造业已经开始根据生产特点，运用分批法（订单）和分步法计算产品成本，使成本计算方法体系日趋形成和完善。

第五，建立了材料领发管理方法。例如，设置了材料卡片和材料账户，进行了材料的数量和金额核算，建立了材料的永续盘存制，采用领料单制度，按先进先出法计算消耗材料成本等。

此时的成本会计主要是对生产过程中消耗的材料、工资、制造费用进行系统的汇集和计算，确定产品生产成本和销售成本，因而，也被称为核算型成本会计。

在组织方面，1919 年，美国成立了由成本管理会计师与工程师组成的会计团体——全国成本会计师协会。同年，英国也成立了成本管理会计师协会。

1911 年美国的工厂工艺师泰勒（F.W.Tayler）出版了《科学管理原理》一书，这一著作的出版，标志着泰勒科学管理制度的兴起。泰勒科学管理制度的基本点是在科学测试的基础上，精确测算工人每个工序、每个动作所需花费的时间，制定出标准的操作方法和计件工资制度，力争以最简单的操作、最快的速度、最小的投入，完成特定的任务。其目的是强调生产和劳动效率，把生产经营中一切可以避免的损失和浪费尽可能缩减到最低限度，通过各项工作的标准化来提高工作效率，实现企业利润提升，为"标准成本计算"奠定了理论基础。

其理论阐述与标准成本计算、预算控制的有机结合，被许多学者称为成本会计的"第二次革命"。成本会计由核算型转变为管理型。其重要标志是成本会计不仅在降低费用开支方面，而且在制定政策和决策方面也得到了管理界的认同，使成本计算方法和成本管理方法发生了巨大变化，成本会计的职能不但包括事后的成本计算，还包括事前制定标准成本，从而成为管理成本和降低成本的有力工具。

成本会计的应用范围也从原来的工业企业扩大到各种行业，并深入应用到企业内部的各个主要部门，并将成本核算与成本预算、成本控制等内容纳入成本管理。美国尼科尔森和罗尔巴克合写的《成本会计》以及陀尔著的《成本会计原理和实务》等书，更使成本会计成为一门独立的学科。

1.1.2　管理会计的产生

　　管理会计也不是某一天就突然形成的，通常认为是从传统的成本会计中逐渐派生出来的一门新兴学科，是生产力进步和管理水平不断提高的必然结果。管理会计的前身是成本会计，管理会计的功能作用最初体现在成本管理方面。以下简单回顾会计史的发展来弄清管理会计的形成。

　　20 世纪 40 年代的第二次世界大战之后，企业的规模日益扩大，竞争日益剧烈，企业管理当局为战胜对手，增加竞争能力，不得不重视提高内部工作效率，推行职能管理、行为科学管理去改善人际关系，调动全体职工的主观能动性，引导并激励职工增强质量意识，降低产品成本，扩大企业利润。此时专门配合职能管理和行为科学管理的"责任会计"（responsibility accounting）和成本—业务量—利润分析（cost-volume-profit analysis）等专门方法也应运而生，成为原会计体系中的新成员，加大了会计学体系的深度和广度。此时的企业会计已经突破了单纯的事后计算而开始进行事前计算，并有意识地将事前计算与事后分析相互结合，因而在提高生产效率、改善经营管理、加强企业内部各部门的经济责任等方面发挥着越来越重要的作用。这些专门方法的引入，其目的都是企图把会计工作的重点从对外服务转向对内服务，以改善经营管理、提高经济效益，这些实质上都是现代成本管理会计的萌芽。

　　20 世纪 50 年代以后，资本主义经济迅速发展，跨国公司开始出现，国内企业竞争加剧，市场情况变化多端。面对这种严峻的外部条件，每个企业都必须以更先进、更科学的企业管理取代业已陈旧过时的泰勒科学管理制度。正是在这种情况下，现代管理科学产生。现代管理科学的创立，促进了全局性的以决策会计为主体的现代管理会计的建立，专门按照"成本—效益分析"（cost-benefit analysis，CBA），以强化企业内部经营管理、提高经济效益为目的的"管理会计"体系终于形成了。现代管理理论中许多行之有效的现代技术方法广泛地渗入会计领域，从而充实了管理会计的内容，加速了管理会计的演进过程，并最终促成了管理会计与财务会计的分离。1952 年，国际会计师联合会正式通过"管理会计"这一专业术语，标志着会计正式分为"财务会计"和"管理会计"两大领域。从本源上讲，管理会计是从早期成本会计的基础上演变而来的，成本会计是管理会计建立之根基。

1.1.3　成本管理会计的发展

　　随着社会的发展，社会经济环境也发生了变化，成本会计与管理会计相继诞生且相互促进，随着成本会计与管理会计的发展和在功能上的进一步趋同，成本管理会计诞生，以满足企业内部管理需要。

　　然而，值得注意的是，一方面管理会计在形成及发展过程中，创造性地发展了成本会计，把成本会计研究与实践中由注重核算引向注重控制，并最终从管理控制的角度将成本会计中的一些内容纳入管理会计的体系；另一方面，无论在广度还是在深度方面管理会计都不同于 20 世纪初所建立的标准成本系统，围绕着企业经营决策及强化内部控制这个中心，它逐步构建了自己的理论体系及方法体系。而成本会计也已经向高阶发展，并逐步与管理会计的理念和职能趋同。

从企业会计工作分工方面讲，财务会计通过信息系统将相关财务会计信息提供给企业外部的信息使用者，服务于社会各相关方面；而管理会计则通过信息系统所产生相关管理信息，提供给企业经营管理决策者、执行者，在参与决策与经营管理中发挥直接作用。在企业经营与管理活动过程中，管理会计与财务会计既有明确分工，也必然会出现工作交叉的方面。分工决定着它们各自朝着专门化的方向发展，而工作的交叉方面，既需要学术界在研究中加以协调处理，又需要工作人员在工作过程中加以协调处理。20 世纪三四十年代，方法论和管理科学理论得到蓬勃发展，并深刻地影响到 50 年代以后的会计学领域，起初是行为科学和系统论、信息论、控制论的影响，随后是耗散结构论、协同论、突变论以及决策论、增长极限论等理论的影响，这些新兴的管理科学成就在成本会计中得到了广泛的应用，其重点已从事后核算、成本分析和事中控制发展到如何预测、决策和规划成本，传统成本核算向着现代成本管理会计方向发展。

20 世纪 50 年代以后，一方面，资本高度集中，跨国公司大量出现，企业规模日益扩大，生产经营日趋多元化；另一方面，在战争中发展起来的军用科学技术向民用工业转移，新产品不断涌现，生产自动化程度不断提高，高新技术与大经济发展的格局已经形成，生产经营规模与水平达到前所未有的高度。与此同时，在激烈的国际、国内市场竞争中频繁出现失业率增加、通货膨胀、银根紧缩等经济危机，世界经济的发展迫切要求把现代自然科学、技术科学和社会科学的一系列成就综合应用到企业管理上来，包括使用变动成本核算方法，以消除固定成本引起的偏差，同时成本控制与责任会计相辅相成，逐渐形成以成本责任为中心的成本控制和成本考核形式。

进入 20 世纪 70 年代后，经济发达的国家及地区不仅对于管理会计理论研究工作又有进一步的发展，而且对于管理会计的推广应用也进入实质性工作阶段。1972年美国全国会计师协会开始举办"审定管理会计师"（CMA，后译为注册管理会计师）考试，凡考试合格者颁发"管理会计师证书"，作为上岗之依据。如今，CMA 考试已发展成包括美国在内的多个国家（含中国）举行的资格考试。1980 年，在巴黎举行的世界会计人员联合会第一次大会上，也把管理会计的应用作为研究主题，说明管理会计的影响已开始扩大到世界范围。管理会计这个概念在中国出现并被人们所知晓是在 20 世纪 70 年代末，日本早稻田大学的会计学家青木茂男教授于 1979 年首次来我国介绍管理会计，以后陆续有外国专家被邀请来我国讲授普及管理会计，相关译著也陆续出版，对我国会计专业教学内容的充实、改革与普及，都起到了极大的推动和促进作用。

20 世纪 80 年代开始，随着现代经济管理理论的丰富，成本管理会计的理论体系逐渐完善，内容更加丰富，逐步形成了核算、预测、决策、预算、控制、考核、评价的成本管理会计体系。高新科技蓬勃发展，生产的电脑化、自动化进入新阶段。同时，随着全球经济的一体化发展，越来越多的国家和地区通过多边协议等方式加强了彼此之间的经济联系，在全球寻找生产资料、人力和技术等方面的优势资源。世界成为一个紧密联系的大市场，企业面临越来越激烈的市场竞争，企业面临的市场已从过去的已知客户群转向包括潜在客户群在内的多样化客户群。企业不再以追求大规模生产为主要目标，取而代之的是少批量多品种的、以客户满足程度为目标的现代化生产管理方式。

与此同时，管理理论也有了长足的发展。要维持生存和发展，企业必须学会在产品设计阶段就能够有效地控制成本，适应多变的客户需求，缩短开发产品的周期。为此，企业应树立全局和长期的观念，高瞻远瞩地进行战略管理。战略管理是管理者确立企业长期目标，在综合分析全部内外相关因素的基础上，制订战略方案，并执行和控制整个战略方案的实施过程。企业的战略管理是其战略思维的具体化。换言之，企业之间的竞争已从低层次的产品营销性竞争发展到高层次的全局性战略竞争。随着战略理论的发展和完善，战略成本管理和战略管理会计这些概念名词也被提了出来。战略管理会计应该侧重本企业与竞争对手的对比，收集对手关于市场份额、定价决策、成本、产量、品牌价值等方面的信息，以企业价值最大化为最终目标，运用各种技术方法，掌握各种信息，了解企业的状况及其对手的情况，从而不断有效地增加其竞争优势。之后陆续出现了包括全面质量管理、价值工程分析、作业成本管理、价值链分析等各种创新的成本管理方法。这些管理方法的创新对企业的成本管理会计系统产生了重大的影响，成为成本管理会计理论研究与应用的新热点。

1.2　成本管理会计的特点及与相关学科的关系

1.2.1　成本管理会计的特点

现代企业会计系统主要有两大主要领域：财务会计和成本管理会计。财务会计主要利用复式记账法，以反映和核算已经发生的各项经济业务，或者说是对实际发生的各项经济业务进行确认和计量，其会计信息主要是为了向外部相关人（股东、债权人、政府机构及其他企业外部有经济利益关系的使用者）提供财务状况和经营成果方面的信息，财务会计必须遵循会计法、会计准则等会计法规。

成本管理会计主要遵照成本管理的七个环节，对企业已经发生或将要发生的各项成本费用进行预测、决策、计划、控制、核算、分析和考核。成本会计既要运用复式记账法对已发生的各项成本费用进行计量和反映，还要运用预决策等方法对未发生的成本费用进行预测和决策，同时也要对正在发生的成本费用进行控制和分析，对已发生的成本费用进行考核，而且更侧重于利用已知的企业财务会计资料进行预测和规划未来，同时控制现在，跨越过去、现在和未来三个时效。实现成本最小化的同时还要实现利润最大化。

1.2.2　成本会计、管理会计与财务会计的关系

从前述中已知，管理会计是源自成本会计，与传统的财务会计分离后和财务会计并列存在，它们之间既有联系，又有区别，传统的财务会计与新兴的成本管理会计相互配合，相互补充。并且管理会计在工作上比较灵活地应用预决策理论、控制理论和行为科学管理理论，方式方法多样，具体反映在如下三个方面。

1. 工作主体

财务会计是以整个企业为会计主体，提供集中概括的财务成本信息，用来对企业的财务状况和经营成果作出综合的评价和考核。

管理会计主要以企业内部各个责任单位为会计主体，并对它们的日常实绩和成果进行控制，它既可以以整个企业为主体，又可以以企业内部的局部区域或某个部门甚至责任人（如分厂、车间、班组甚至个人）为主体。以这些主体为核算、管理对象，可以指导管理按需要确定其工作主体，这样可以更突出以人为中心的行为管理。

2. 核算要求

财务会计以货币为主要计量单位，力求准确；以复式记账法为过去发生的经济业务进行确认和计量；计量要求严格按照法律法规进行，必须按照会计法、企业会计准则和企业财务通则的要求，有统一的会计程序。

而管理会计除以货币计量以外，还会以实物量如劳动量等作为计量单位，核算方法还会采用大量的数学方法，如利用回归分析法分析业务量与成本的关系，应用线性规划法确定有关生产要素之间的最优组合，应用库存原理进行经济订货批量的计算，应用概率论进行各种预测分析和决策分析等，对待具体的经济业务也没有统一的处理程序，有比较大的选择余地，不会涉及复式记账法。

3. 会计信息

财务会计的信息是以外部相关利益者为根本、以会计法规为准绳而编制的，编制财务报告的时间要求（如月、季、年）严格。上市公司要求对外披露按会计法规要求编制的信息。

管理会计编制报表完全按照需要来编制，没有强制性定期的要求。管理会计的内部报告不对外公开发表，不负有法律责任。编制时还会被要求以定性和定量两种方法分析，其分析结果也没有统一格式。

1.3 成本管理会计的方法与应用原则

1.3.1 成本核算的方法

在成本管理会计体系当中，首先要计算完工产品的总成本和单位成本及期间费用，并选择及建立相关的成本管理方法，使成本管理体系科学、系统和完善。成本计算方法中除传统的品种法、分步法、分批法之外，近几年，成本管理研究领域出现了一些实际运用的新方法，如适时生产制度（JIT）、作业成本法（ABC、ABCM）、战略成本管理等。将这些方法运用于成本管理体系当中，会对成本管理体系产生重要的影响，使成本管理体系迈上一个新的台阶。

随着成本管理实践的进步，学科之间的界限趋于模糊，并呈现相互融会贯通的发展趋势。从其他学科的发展中吸取营养，将其运用于成本管理学科中，使得成本管理的发展不断升华，尤其是管理学方面的科研新成果的不断涌现，及运用于成本管理学科，使这门学科逐渐发展成能够适应现代企业成本管理要求的有着重要地位的学科。本书对产品成本核算的方法主要集中在品种法、分批法、分步法、成本性态与本量利法、作业成本法等①。

1.3.2 成本预决策的方法

成本预测是成本管理体系中的重要内容之一，能否准确预测，关系到决策的正确性。研究成本预测的各种方法，可以使预测的结果尽量合理、准确。

预测方法分有定量和定性两大类。通过建立相应的预测模型（含逻辑思维模型和数学统计模型），进行成本预测。对相关因素的假设使复杂问题模型化，剔除了一些人为因素的影响，能使预测结果更加准确。缺点是前置假设条件的可行性难以把握。成本预测是为成本决策服务的，使用什么样的成本决策方法则取决于决策的内容，决策根据时间区分为短期经营决策和长期投资决策，不同的决策内容选择采用不同的决策方法。

成本决策方法主要运用分析法，表现为差量分析法、边际分析法、成本效益分析法和折现的现金流量法等。通过差量分析，可以简捷准确地进行决策方案的比较和选择，并对控制效果和经营业绩进行客观准确的评价；边际分析法也是管理会计中常用的分析方法，边际是一种因变量对于自变量变化所形成的精确变化率，反映了变量之间的函数关系，是考察事物运动变化规律的一种方法；并引申出运用独特的"成本"概念的差量成本法、边际成本法等相应的计量方法，以判断各有关方案的经济性，这是企业用来进行短期经营决策分析评价的基本方法；长期投资决策主要使用折现的现

---

① 参照借鉴财政部关于管理会计引用指引第 300~304 号成本管理相关指引要求。

金流量法，对各方案的投资效益进行分析和评价。

1.3.3　成本控制、预算与绩效评估的方法

在成本管理体系中，成本预测、决策都是属于事前的成本管理工作，而成本控制是成本发生过程中的控制部分，在成本管理中占有十分重要的地位。全部成本在初期设计阶段确定后，经过决策阶段的选择和确定，过程控制的好坏就反映了成本管理水平的优劣。在成本控制当中，中心的问题是成本控制方法。有关预算管理包括常规的固定预算、特殊预算及作业预算方法等。

目前，成本管理体系中所采用的成本控制方法主要是根据有关的规章制度及企业自行制定的成本控制标准进行的。本书主要以标准成本制度为成本控制的代表进行分析。

企业的绩效评估采用责任中心分析和平衡计分卡的方法对企业的绩效进行评估[①]。

企业的成本管理过程经过核算、预测、决策、控制以及预算考核后就必然会在确定对象考核后进行评价及分析。评价是根据确定的目的来测定对象系统的属性，并将这种属性变为客观定量的计值或主观效用的行为。

1.3.4　成本管理会计的应用原则

目前，国内许多教科书包括国外的教材不论是成本会计内容还是管理会计内容，往往含在一本教材之中，本书亦将两个内容合并为一门课，并认同成本会计与管理会计的趋同性。明确成本管理会计是为内部管理者服务的，只要管理当局需要，成本管理会计就应及时提供信息，因此成本管理会计已成为为内部管理部门提供最优决策的会计信息系统。

单位应用成本管理会计应遵循下列原则。

（1）战略导向原则。管理会计的应用应以战略规划为导向，以持续创造价值为核心，促进单位可持续发展。

（2）融合性原则。管理会计应嵌入单位相关领域、层次、环节，以业务流程为基础，利用管理会计工具方法，将财务和业务等有机融合。

（3）适应性原则。管理会计的应用应与单位应用环境和自身特征相适应。单位自身特征包括单位性质、规模、发展阶段、管理模式、治理水平等。

（4）成本效益原则。管理会计的应用应权衡实施成本和预期效益，合理、有效地推进管理会计应用。

1.3.5　成本管理会计的四要素

应用管理会计，应包括应用环境、管理会计活动、工具方法、信息与报告四要素。

---

① 绩效评估管理可参照财政部管理会计应用指引第 600~603 号多维度盈利能力分析。

1. 应用环境

管理会计应用环境，是单位应用管理会计的基础，包括内外部环境。内部环境主要包括与管理会计建设和实施相关的价值创造模式、组织架构、管理模式、资源保障、信息系统等因素。外部环境主要包括国内外经济、市场、法律、行业等因素。

企业应准确分析和把握价值创造模式，推动业财融合。建立健全能够满足管理会计活动所需的由财务、业务等相关人员组成的管理会计组织体系和管理模式，明确各层级以及各层级内的部门、岗位之间的管理会计责任权限。构建管理会计信息化系统，提供和管理相关信息，推进管理会计实施。

2. 管理会计活动

管理会计活动是单位利用管理会计信息，运用管理会计工具方法，在规划、决策、控制、评价等方面服务于单位管理需要的战略规划及决策的相关活动。

通过设定定量定性标准，强化分析、沟通、协调、反馈等控制机制，支持和引导单位持续高质高效地实施单位战略规划，合理设计评价体系，基于管理会计信息等评价单位战略规划实施情况，并以此为基础进行考核，完善激励机制。

3. 工具方法

管理会计工具方法是实现管理会计目标的具体手段。管理会计工具方法是单位应用管理会计时所采用的战略地图、滚动预算管理、作业成本管理、本量利分析、平衡计分卡等模型、技术、流程的统称。管理会计工具方法具有开放性，随着实践发展不断丰富完善，主要应用于以下领域：战略管理、预算管理、成本管理、营运管理、投融资管理、绩效管理、风险管理等。

单位应用管理会计，应结合自身实际情况，根据管理特点和实践需要选择适用的管理会计工具方法，并加强管理会计工具方法的系统化、集成化应用。

4. 信息与报告

管理会计信息包括管理会计应用过程中所使用和生成的财务信息与非财务信息。应充分利用内外部各种渠道，有效利用现代信息技术，通过采集、转换等多种方式，获得相关、可靠的管理会计基础信息。管理会计信息应相关、可靠、及时、可理解，对管理会计基础信息进行加工、整理、分析和传递，以满足管理会计应用需要。

管理会计报告是管理会计活动成果的重要表现形式，旨在为报告使用者提供满足管理需要的信息。管理会计报告按期间可以分为定期报告和不定期报告，按内容可以分为综合性报告和专项报告等类别。

根据管理需要和管理会计活动性质设定报告期间。一般应以公历期间作为报告期间，也可以根据特定需要设定报告期间。

【自　测　题】

自学自测　　扫描此码

【复习思考题】

1. 成本管理会计与财务会计的区别是什么？
2. 成本管理会计的主要体系是什么？
3. 成本管理会计在企业管理中的主要指标是什么？
4. 成本管理会计未来的发展如何？

第 2 章

成本费用的含义

【本章学习目的和要求】

本章重点介绍了各种成本的定义及分类方法和它们在企业中的应用，并且从定性和定量两个角度对成本习性进行分析。掌握成本与费用之间的关系及各相关的概念。了解各种成本计算方法及其使用条件。

2.1　成本费用概念

2.1.1　成本的概念

在西方会计学中，往往把成本理解为实现一定目的所付出的价值牺牲。有代表性的定义是美国会计学会（AAA）所下属的成本概念与标准委员会在 1951 年给成本所下的定义："成本是指为达到特定目的而发生或应发生的价值牺牲，它可用货币单位加以衡量。"该定义反映了如下三层含义：第一，成本是一种价值牺牲，这种牺牲可以理解为一种价值消耗，不仅是现金支出，也可以是物质消耗、劳动消耗或是从外部提供的劳务的消耗。第二，这种价值牺牲是为了一定目的，通常是指为了经营目的所消耗的价值。第三，这种牺牲可以用货币计量，因为这些价值要转化为成本，最终必须以货币来表现。美国会计学会的这一定义我们可以认为是广义的成本定义，其含义已经远远超出了"产品成本"的这种单一成本的概念。

成本是基于特定目的的、有明确承担对象的耗费。这一概念主要强调了成本与其"承受标的"（成本计算对象）之间的对应关系。

美国会计师协会（AICPA）1957 年发布的《第 4 号会计名词公报》对成本的定义："成本系为获取财货或劳务而支付的现金或转移其他资产、发行股票、提供劳务或发生负债，而以货币衡量的数额。成本可以分为未耗（unexpired）成本和已耗（expired）成本，未耗成本可由未来的收入负担，如存货、预付费用、厂房、投资、递延费用等；已耗成本不能由未来的收入负担，故应列为当期收入的减项，或借记保留盈余，如售出产品或其他资产的成本及当期费用。"也就是说，成本是为获取财物或劳务而支付的现金或其等价物，换言之，为了获得某种利益而发生的每一种支出都代表一项成本。

马克思在《资本论》中指出的：按照资本主义方式生产的每一个商品的价值 W，用公式来表示就是 $W=C+V+M$。如果我们从这个产品价值中减去剩余价值 M，那么，在商品中剩下的，只是在生产要素上耗费的资本价值 $C+V$ 的等价物或补偿价值。只有补偿商品是资本家自身耗费的东西，所以对资本家来说，这就是商品的成本价格。马克思所说的"商品的成本价格"指的就是产品成本。这一经典论述，是从耗费角度，指明了成本由物化劳动和活劳动中必要劳动的价值所组成；同时，又从补偿角度指出了成本是补偿商品生产中使资本家自身消耗的东西。由此可知，成本是商品价值最重要的组成部分，是耗费和补偿的统一体，它既是生产中耗费的反映，又是生产补偿的尺度。因此，要以资本耗费 $C+V$ 的价值部分作为成本研究的理论基础，同时要以成本价格的补偿尺度作为成本研究的实际出发点。马克思的观点被我国成本学界视为理论成本的概念。

在理解马克思的理论成本的同时，也应该知道应用于成本计算的实践时，还应该考虑宏观方针政策和微观上企业管理的需要。因此，会计学上的成本是结合了多种要素后根据国家制定的法规来确定的成本及费用的开支范围。

2.1.2　费用的概念

1. 费用的含义

费用是指企业在日常活动中发生的、会导致所有者权益减少的、与向所有者分配利润无关的经济利益的总流出。这些费用随着企业的各项活动发生着，工业企业的基本生产经营活动是生产和销售工业产品，产品的直接生产过程，包含原材料的投入生产到产成品制成的产品制造过程，其中，一方面制造出产品来；另一方面要发生各种各样的生产耗费。这里面就有前述的成本的内涵。

而企业的行政管理部门为组织和管理生产经营活动，会发生各种各样的费用，如企业行政管理部门的人员工资、固定资产折旧、工会经费、业务招待费等，这些费用统称为管理费用。企业的管理费用，也是企业在生产经营中所发生的一项重要费用，其支出及归集过程，也是成本管理会计所反映和监督的内容。

在产品的销售过程中，企业为销售产品也会发生各种各样的费用支出。如应由企业负担的运输费、装卸费、包装费、保险费、差旅费、广告费，以及为销售本企业商品而专设销售机构的职工工资及福利费、类似工资性质的费用、业务费等。所有这些为销售本企业产品而发生的费用，构成了企业的销售费用。销售费用也是企业在生产经营过程中发生的一项重要费用，它的支出及归集过程，也是成本管理会计所应反映和监督的内容。

此外，企业为筹集生产经营资金也会发生一些费用，如利息净支出、汇兑净损失、金融机构的手续费等。这些费用可统称为财务费用，财务费用是企业在生产经营过程中发生的费用，它的支出及归集过程也应该属于成本管理会计反映和监督的内容。

如上三项费用（管理费用、销售费用、财务费用）与产品生产没有直接联系，而是按发生的期间归集，直接计入当期损益，因此，它们构成了企业的期间费用，也是我们通常意义上泛指的费用。

提起费用，还有一个比较容易搞混淆的是生产费用，虽然也有"费用"二字，但生产费用与期间费用的三项内容具有明显的区别。生产费用直接与产品的制造有关，因而它可以按照所生产的产品直接对象化为相关产品的生产成本，从具体产品的销售收入中得到补偿。而管理费用、销售费用、财务费用则不同，这三项期间费用不是同生产直接相关的，无法对象化为产品的生产成本。它们都是为了赚取某一会计期间的收入而发生的，与该会计期间的生产经营、组织管理等有关，如办公费、广告费、运输费、利息费用、汇兑损失、银行手续费等。这些不能对象化为产品成本的费用应该计入当期损益，从当期的收入中得到补偿。

2. 费用要素

生产费用与期间费用按照经济内容不同所进行的分类，在成本会计上称为费用要素。包括外购材料、外购燃料、外购动力、工资、福利费、折旧费、利息支出、税金和其他支出九项。

（1）外购材料，是指企业为进行生产经营而耗费的一切由企业外部购入的原料及主要材料、半成品、辅助材料、包装物、修理用备件、低值易耗品等。

（2）外购燃料，是指企业为进行生产经营而耗费的由企业外部购进的各种材料，包括固体燃料、气体燃料。外购燃料与外购材料从性质上看是相同的，可归为一类。但由于在许多企业，燃料是重要的能源，在成本中所占比重较大，故将其单独列为一类进行核算。

（3）外购动力，是指企业为进行生产经营而耗费的由企业外部购进的动力，如电力等。

（4）工资，是指应计入产品成本和期间费用的职工工资。

（5）福利费，是指企业依据规定，按工资总额的一定比例计算提取的应计入产品成本和期间费用的职工福利费。

（6）折旧费，是指企业按照一定的方法计算的固定资产折旧费。

（7）利息支出，是指企业应计入财务费用的借入款项的利息支出减去存款利息收入后的净额。

（8）税金，是指应计入企业管理费用的各种税金，如房产税、车船税、土地使用税、印花税等。

（9）其他支出，是指不属于以上各项费用要素的支出，如差旅费、租赁费、设计制图费、试验检验费以及计入本期费用的待摊费用、预提费用等。

费用按照经济内容分类，说明企业在生产经营过程中消耗了哪些性质的费用，消耗了多少，可以帮助理解费用的构成，有利于加强生产费用的核算和管理。同时也为企业核定流动资产定额、考核储备资金周转以及编制采购资金计划、劳动工资计划提供必要的核算资料。

2.1.3　支出及成本与费用的关系

1. 支出

企业的一切开支及耗费都属于支出。支出按性质划分，可以分为资本性支出、收益性支出、营业外支出、所得税支出和利润分配支出五大类。

1）资本性支出

资本性支出是指该支出的发生不仅与本期收入有关，也与以后会计期间的收入相关的支出。这种支出一般转化成另一项资产的价值，并在以后资产使用中按受益情况分期将其价值计入各期费用。例如，购建固定资产的支出、取得无形资产的支出和对外投资的支出等，将通过折旧、摊销等方式转化为费用（生产成本和期间费用）。

2）收益性支出

收益性支出是指该支出的发生仅与本会计年度的效益相关的支出。这种支出直接计入当期费用，从当期的收入中得到补偿。例如，生产所消耗的材料、职工薪酬的支出等会分各种情况计入生产费用、销售费用、管理费用和财务费用。

3）营业外支出

营业外支出是指与企业的生产经营活动没有直接联系的支出。例如，捐赠支出、罚款支出、违约支出和意外事故造成的损失等。因与生产经营无直接关系，不表现或不转化为费用。

4）所得税支出

所得税支出是指企业在取得经营所得与其他所得的情况下，按国家税法规定应向政府缴纳的税金支出。所得税支出作为支出企业的一项费用，表现为所得税费用，也是直接冲减当期收益。

5）利润分配支出

利润分配支出是指在利润分配环节下的开支。例如，支付股利等也不表现为费用。

2. 成本与费用的关系

成本与费用的相互关系可从处理时点、涉及时期和观察角度分别认识。

（1）从处理时点看，企业耗资在转化为通常意义上的成本、费用时点以前也被统称为广义费用（泛指所有费用）。在处理时点后则形成狭义成本、费用，即能够对象化的耗费，在尚未完成对象化过程前一般属于广义费用，在完成对象化后则称为成本。前者如生产费用等，后者如产成品成本等。而不能或不予对象化的耗费，在确认处理时点前属于广义费用，在确认处理时点后则转化为狭义费用或作其他处理。

（2）从涉及时期看，无论是广义费用还是狭义费用都只与当期有关，而成本则可能涉及多期耗费。广义费用在每个期间都必须作出处理，归属于特定成本计算对象，作为期间费用或经其他特定渠道处置。狭义费用必然由当期收入全额负担、抵减利润。成本可能涉及多期耗费，是因为成本计算对象跨期生产、采购、建造、开发所致。

（3）从观察角度看，一定时期全部耗费的经济内容称为要素费用，也就是广义费用，而狭义成本、费用则是其经济用途的表现结果。企业耗费一部分按经济用途对象化后形成狭义成本，转化为资产，另一部分不予对象化或不能对象化，最终形成狭义费用或作其他处理。

简言之，期间费用按照发生的期间计量，而成本是按照收益对象确认；成本就是对象化的生产费用。

2.2 成本的分类

为了适应成本核算、成本预测、决策和成本控制及绩效评估的需要，为了比较容易地找寻进一步降低成本的途径，成本可依据不同目的按不同的标准加以分类。

2.2.1 按成本的经济用途分类

产品成本按照经济用途分类可划分为制造成本和非制造成本。制造成本指产品在制作过程中所发生的各项成本，一般可设置直接材料、直接人工和制造费用三个项目。

1. 直接材料

直接材料指加工后直接构成产品实体或主要部分的原料、主要材料与外购半成品，以及有助于产品形成的辅助材料等。例如，铁矿石是钢铁企业炼钢的实体原料，木材是制造家具构成其实体的主要材料。但应明确，某些有助于产品形成的材料，如果占产品成本比重微小，为了简化产品成本核算，可将其并入制造费用。

2. 直接人工

直接人工即直接人工工资费用，指生产中对材料进行直接加工制成产品所耗费的人工的工资、奖金和各种津贴，以及按规定比例从工资中提取的福利费。

3. 制造费用

制造费用指在生产过程中所发生的那些除直接材料和直接人工以外的各种费用，具体指企业各个生产单位（含分厂、车间）为组织和管理生产所发生的费用，以及生产单位的房屋、建筑物、机器设备等折旧费、设备租赁费（不包括融资租赁费）、修理费、机物料消耗、低值易耗品摊销、设计制图费、试验检验费、劳动保护费、季节性和修理期间的停工损失等费用。对于这部分费用，应该先以"制造费用"的名义进行归集，然后按照一定的标准进行分配，以归属不同产品的成本。

2.2.2 按成本的可追踪性分类

这是指在生产中所发生的各种耗费按其同特定产品的生产活动是否紧密相连而进行分类。若以可追踪性为标志，可将企业在一定会计期间的全部生产（制造）成本划分为直接成本和间接成本，也是与特定对象关系的分类。

1. 直接成本

直接成本指在生产或者作业过程中发生，可以直接计入某种产品或某项作业，而由该产品或者作业负担的生产耗费，如直接材料费、直接人工费等。

2. 间接成本

间接成本是指在生产或者作业过程中发生，但不能直接计入某种产品或者某项作业，而必须按照一定的原则或者方法进行分配，然后归由某种产品或者某项作业负担的有关耗费，如间接材料费和间接人工费等。

2.2.3 按成本的可盘存性分类

这是指一定期间内从事产品生产或者劳务的成本，并由此导致是否视作资产结转相邻的下一期间而进行的分类。以可盘存性为标志，可将企业在一定会计期间所发生的全部耗费划分为产品成本和期间成本。

1. 产品成本

产品成本通常指生产制造环节在产品生产（加工制造）过程中在一定时期为生产一定数量产品而发生的成本总额，以直接材料费、直接人工费和间接制造费用的合计作为产品成本，当产品制造完成时并于当期实现销售，则产品成本即转为产品销售成本，从当期销售收入中予以扣除。而当产品尚未制造完成或者已完工，但还未实现销售，则其价值就必须以在产品或者产成品以"存货"的名义结转到相邻下一期间。

2. 期间成本

期间成本指与生产经营持续期相联系，因经营持续期的变动（长或短）而作相应变动（多或少）的有关耗费。

如某一会计期间发生的，同有关产品的生产没有直接联系的销售费用、管理费用或某些制造费用（变动成本法下）等。作为期间成本，其实际效益通常伴随时间的不断推移而逐渐消逝，其价值不往相邻的下一会计期间结转，而是在当期所实现的销售收入中予以全额扣除。

2.2.4 按生产费用计入产品成本的方法分类

按具体产品成本计入的方式，可分为直接计入费用和间接计入费用。

1. 直接计入费用

直接计入费用是指在构成产品成本的各项费用中，可以分清哪种产品所耗用、能直接计入某种产品成本的生产费用。如某种产品专用的原材料等。

2. 间接计入费用

间接计入费用是指不能分清哪种产品所耗用，不能直接计入某种产品成本，而必须按照一定的分配标准分配后才能计入有关的各种产品成本的费用。如生产管理部门人员的薪酬，加工的几种产品共同耗用零件的生产设备折旧费等。

值得注意的是：直接生产费用大部分是直接计入费用，间接生产费用大部分是间接计入费用。之所以不是全部，这是因为在只生产一种产品的企业或车间中，直接生产费用和间接生产费用都可以直接计入该种产品成本，都是直接计入费用，不存在间接计入费用；在用同一种原材料同时生产出几种产品的联产品生产企业中，直接生产费用和间接生产费用都不能直接计入某种产品成本，都是间接计入费用，不存在直接计入费用。

2.2.5　按可控性分类

按可控性分类是以成本费用发生能否可控为标志，将成本划分为可控成本和不可控成本。可控成本主要是指各种被考核对象的成本是可以掌握、计量、控制及调节的成本。否则就是不可控成本。一般而言成本的可控与否主要是针对责任中心来讨论的。

1. 可控成本

可控成本是指能在一个责任单位（包括部门、生产车间、工段、班组，甚至个人等）的职责范围内加以调节、掌握和控制的成本。

2. 不可控成本

不可控成本是指不能在一个责任单位或个人的职责范围内加以调节、掌握和控制的成本。

但是必须明确，成本是否可控并不是固定指某项目，而必须同一个具体的责任单位或个人职责联系起来。某项成本从某一责任单位来看，是不可控成本；但是对另一个责任单位或负责人来看，就有可能是可控成本。因此，可控成本与不可控成本具有一定的相对性。就整个企业来说，所有成本都应该是可控的，如原材料的采购从生产车间看是不可控的，而对于负责采购业务的责任单位来看，则是可控的。另外，理解成本可控性还必须同成本发生的时间相联系。如成本在产品设计阶段、成本的决策和计划阶段尚未发生，基本上都是可控的；在产品生产过程中，产品成本只是部分可控；而在产品完工之后，成本已基本形成，也就无所谓可控与不可控的分析了，因此从这个方面来看，事前控制也就应作为成本控制的重点。将成本划分为可控成本与不可控成本，对责任单位的绩效评价工作非常重要，对其应用将在后续章节详细说明。

2.2.6　其他分类方法

除上述成本分类方法外，还有其他分类方法，如按成本与决策方案相关与否，可分为相关成本和无关成本；再如按成本与业务量的依存关系，成本可分为变动成本和固定成本。这将在后续章节详细讨论。

2.3　成本核算的要求、生产特点与成本计算方法的关系

成本核算，就是详细记录企业在制造与销售产品的过程中所发生的一切费用支出项目，决定产品的总成本和单位成本。凡是从事生产经营的企业，都必然发生各类业务的成本，需要进行成本的核算，以加强企业管理，核算利润。因此，企业在进行成本核算时必须遵循相关的要求和原则。

2.3.1　成本核算的要求

1. 严格按照国家规定的成本开支范围进行核算

首先，需要根据国家有关的法律、法规、会计制度及行业惯例、企业成本计划和相应的消耗定额，对企业在生产过程中发生的各项成本费用进行详细的审核。从而确定各项开支是否存在不合法或不合理的项目，并划分应计入生产费用和应计入期间费用的项目。为此需要对各项费用的发生情况，以及费用脱离标准和定额的差异进行日常核算与分析，并将分析结果及时反馈给相关预、决策部门。凡属于不合法、不合理、不符合企业规定的开支项目，应制止。若已无法制止的，应该追究责任、采取措施，防止以后再次发生类似情况；如果是由于企业标准或定额脱离实际情况而发生的超支，应该按照规定的程序修订标准和定额，从而保证成本管理的有效性。

其次，要对已经开支的生产费用和期间费用进行归集。其中，销售费用、管理费用和财务费用应该按照期间进行归集，并计入当期损益；生产费用则应该按照产品进行归集，计算各种产品成本，以便为定期进行产品成本的分析和考核、挖掘降低成本的潜力提供相关和可靠的成本信息。其中费用开支标准是对某些费用开支的数额、比例作出的具体规定。如固定资产和低值易耗品的划分标准、职工福利费的提取比例等，都应该根据规定的标准列支，不能突破。

应该注意的问题是，在进行产品成本核算时，成本计算的详细程度应该服从管理的需要。过于简单，不能提供管理所需要的信息；过于烦琐，则可能将有用的信息湮没在大量的数字之中，无法满足管理的需要。

2. 正确划分各种产品成本的界限

为了正确核算产品成本，保证产品成本的真实可靠，还需要在不同时期、不同产品以及产成品和在产品之间正确地分摊费用，分清有关成本费用的五个界限如下。

1）划分正常支出和非正常支出的界限

企业各个会计期间发生的支出，大部分属于正常的生产经营支出，但是也不能排除有时可能发生一些非正常的损失项目。例如，企业的存货、固定资产盘亏损失，固

定资产提前报废损失，自然灾害损失等，都不是由于日常的生产经营活动而发生的正常支出。这些支出既没有增加新的经济资源，也没为创造收入作出任何贡献。因此这些支出的金额不应该列报为增加支出的成本，也不应该报告为当期的费用。只能作为营业外支出从收益中扣除，以弥补企业的损失。

在进行成本核算时，需要注意将这类非正常支出与正常的生产经营费用区分开来。如果将这些非正常支出与生产经营费用混淆，就会导致成本费用虚增，影响成本核算的可靠性，也妨碍了对企业各个部门工作业绩评价的公正性。

2）划分资本性支出和收益性支出的界限

凡是确定为企业正常开支的项目，还需要在资本性支出和收益性支出中作进一步的划分。所谓收益性支出，是指该项支出的发生仅与本期的收益取得有关，如用于产品的生产和销售，用于组织和管理生产经营活动，及用于筹集生产经营资金所发生的支出，都属于收益性支出。所谓资本性支出，是指该项支出的发生不仅与本期收益的取得有关而且还与其他会计期间的收入有关，如企业购置和建造固定资产、购买无形资产及对外进行投资等活动都不是企业的日常经营活动，且涉及跨期，其支出都属于资本性支出。

如果将资本性支出列为收益性支出，就会少列资产而多计成本和费用，从而少计当期利润；反之，如果将收益性支出列为资本性支出，则会虚增资产而少列成本和费用，最终导致利润虚计。可见，合理划分收益性支出与资本性支出的界限，对于正确反映企业财务状况和计算当期利润来说至关重要。

3）划分生产费用和期间费用的界限

制造业企业的生产费用应该计入产品成本。产品成本要在产品完工并对外销售以后才计入企业的损益，并从该期的收入中得到补偿。而当月投入生产的产品不一定都在当月完工，更不一定在当月销售出去。本月发生的生产费用不一定能够计入当月损益，也不能从当月收入中得到补偿。因此，为了正确地计算产品成本和当月的期间费用，正确地计算企业各个月份的损益，还应该将确定为当期的收益性支出的费用在生产费用和经营费用之间进行正确划分，也就是划分为当期产品制造成本和期间费用。

用于产品生产的原材料费用、生产工人工资费用和制造费用等，应该计入生产费用，并据以计算产品成本；由于产品销售、组织和管理生产经营活动或筹集资金所发生的费用，应该计入期间费用，并分别按照管理费用、销售费用和财务费用进行归集，直接计入当月损益，从当月利润中予以扣除。

4）划分各种成本计算对象的费用界限

为了分析和考核各种产品的成本计划或成本定额的执行情况，应该分别计算各种产品的成本。因此，计入本月产品成本的生产费用还应该在各种产品之间进行划分。属于某种产品单独发生的，能够直接计入该种产品成本的生产费用，应该直接计入该种产品的成本；属于几种产品共同发生、不能直接计入某种产品成本的生产费用，则应该采用适当的分配方法，分配计入这几种产品的成本。

所谓适当的分配方法，就是分配所依据的标准与所分配的费用多少有比较密切的联系，因而分配结果比较合理，而且分配标准的资料比较容易取得，计算比较简便。

5）划分完工产品和在产品的费用界限

月末计算产品成本时，如果某种产品已经全部完工，这种产品的各项生产费用之和，就是这种产品的完工产品成本。如果某种产品没有一件完工，这种产品的各项生产费用之和，就是这种产品月末在产品成本。如果某种产品中一部分已经完工，另一部分尚未完工，这种产品的各项生产费用，还应该采用适当的分配方法在完工产品与在产品之间进行分配，分别计算完工产品和月末在产品成本。

关于完工产品和月末在产品之间进行的费用分配所依据的标准和使用方法，将在3.6 中详细介绍。

以上五个方面的费用界限的划分，都应该贯彻受益原则，即谁受益谁负担费用；什么时间受益什么时间负担；负担费用多少应该与受益程度大小成正比。这五个方面的费用划分过程，也是产品制造成本的计算过程。

2.3.2　成本核算的原则

成本核算原则是会计人员在核算生产成本时所遵循的基本规范。不同的学者对成本核算所遵循的原则有不同的看法：有的认为成本核算原则是指几项基本成本核算的原则（如历史成本原则、分期核算原则、权责发生制原则、划分生产费用与期间费用原则、一致性原则六项），有的认为除基本成本核算原则外，还包含会计的基本原则全面成本管理的内容。依据欧阳清、杨胜雄（2003）的解释，成本核算原则只能是指生产成本核算的原则，只用于确定损益和资产价值为对外公开财务信息服务的那一部分成本，对内服务管理需要的那一部分特定成本的信息是不需要公开的，也就没有必要在全社会形成统一的规范。因此我们据此确定了如下的成本核算原则。

1. 正确划分收益性支出和资本性支出原则

在记录和分配当期发生的各项支出时，应该将作用于当期产品生产和持续经营的收益性支出计入当期产品成本和期间费用；同时将作用于多个会计年度的资本性支出计入有关的长期支出账户，在以后期间通过折旧、摊销等方式得到弥补。这项原则在前面提到过，不再赘述。

2. 权责发生制原则

在成本核算过程中，凡是本期产品生产过程中已经受益的费用，无论其是否已经用货币资金支出，都应该确认为本期的产品成本。例如，生产过程中已经消耗但是尚未实际支付的生产工人工资，生产过程中已经使用但是尚未实际支付的水电费等，按照权责发生制的要求均计入当期的产品成本。凡是本期已经支付，但是应该由本期和以后各期共同负担的费用，应当按照一定的标准在各个期间进行分配。例如，一次预付全年的设备租金，外包加工产品的预付定金等就应该按照受益程度在有关期间分配，而不能全部计入支付期间的成本。

在成本会计中运用权责发生制主要目的是要在费用处理过程中，能够正确设置并运用递延资产和预提费用等跨期摊提账户，准确地划分本期产品成本和下期产品成本的界限，为正确计算成本和确定产品销售利润提供必要条件。

3. 受益因果原则

有些支出需要采用一定的标准分配计入不同的受益期间，或采用一定的标准分配计入有关的产品成本。选择标准时应该尽量考虑到受益因果原则。例如，与设备有关的折旧和修理费，应尽量按照设备的使用时间进行分配，与人员安排有关的费用应尽量按照工人工时进行分配。凡是受益程度高的应多负担费用，凡是受益程度低的应该少负担费用，以提高成本核算结果的相关性和可靠性。

4. 实际成本计价原则

实际成本计价也称历史成本计价。它包含三个方面的含义：第一，对生产过程中消耗的原材料、燃料动力和折旧等费用，都应该按实际成本计价。具体来说，原材料、燃料和动力，在数量方面按实际耗费量计算；在价格方面，则不一定必须采用实际价格，也可以采用计划价格，但是在计入产品成本时，对计划价格同实际价格的差异要作调整。第二，对固定资产的折旧要按固定资产原始价值和规定使用年限计算。需要说明的是，企业采用先进先出法、加权平均法、移动加权平均法计算发出原材料、燃料的成本都应符合实际成本原则。企业也可以对上述存货按计划成本核算，在发出材料时再通过结转相应的材料成本差异，将其调整为实际成本。同理，企业可以按照标准成本或定额成本记入产成品账户，对于脱离标准或定额的差异再设置差异账户单独反映。第三，产成品成本应该按照已经验收入库产品的实际成本计价。不能以计划成本、估计成本代替实际成本，对于实际成本与计划成本之间的差额，另设"产品成本差异"账户登记。成本不实将会直接影响企业经营成果和财务状况的准确性。

5. 一致性原则

在成本核算过程中所采用的方法要求前后期一致，以保障各个期间成本核算信息的可比性和连续性体现在各个方面，如耗费材料实际成本的计算方法，折旧的计提方法，辅助生产成本、制造费用的分配方法，在产品的计价方法等。方法一旦选定，应该保持相对稳定。如果因情况特殊确实需要改变原有的成本核算方法，应当在有关会计报告中加以说明，并对原成本计算单中的有关数字进行必要的调整，使由于方法变动对成本水平的影响得到充分的披露。

6. 重要性原则

重要性原则是指对成本有重大影响的项目，应该作为重点，力求精确；而对那些不太重要的琐碎项目，就可以从简处理，不必要求过严。例如，对于产品直接耗费的原材料和动力应该直接计入有关产品成本，而对于那些虽然是直接耗费，但是数额不大的辅助材料、低值易耗品等，就可以作为消耗材料计入制造费用。

重要性原则也是对上述有关原则的补充。例如，按照权责发生制原则，凡是属于本期负担的费用，无论是否在当期支付，都应该直接计入本期的成本，但是如果数额非常小，就不一定坚持这样做，可以在实际支付时计入支付月份的成本。

2.3.3　生产特点与成本计算方法的关系

成本计算方法有很多种，企业选择哪种方法主要被企业生产特点以及成本管理要求所制约。

1. 企业的生产特点

企业生产的特点，通常是指企业生产类型的特点，它包括产品生产工艺过程和生产组织方式两个方面的内容。

1）产品生产的工艺过程特点

产品生产的工艺过程是指从原材料投入生产直到产成品的产出所顺序经过的各个生产阶段和环节。按照生产工艺的特点，企业的生产可以分为单步骤生产和多步骤生产两种类型。

单步骤生产，又称简单生产，是指生产工艺过程不能间断，或者是由于工作特点的限制而不便于分散在几个不同地点进行的生产。例如，采掘、发电、熔铸等企业的生产。这种类型的生产，生产周期较短，通常只能由一个车间或企业进行，而不能由几个车间进行。

多步骤生产，又称复杂生产，是指生产工艺过程由若干个可以间断的、分散在不同地点的生产步骤所组成的生产，各个生产步骤的生产，可以在同一时间进行，也可以不在同一时间进行，这种类型的生产，可以由一个车间或企业进行，也可以由几个车间或企业协作进行，如机器制造、纺织、冶金、造纸、服装等企业的生产。多步骤生产，按照其产品的加工方式，又可分为连续式生产和装配式生产。连续式生产，又称连续加工生产，是指原材料要顺序经过若干加工步骤连续加工，才能制成产品的生产，如纺织、钢铁等企业的生产。装配式生产，又称平行加工式生产，是指各种原材料平行地加工，制成各种零部件，然后把零部件装配成产成品的生产，如家电、汽船等企业的生产。

应注意，单步骤生产实际上也是连续式生产，它与多步骤连续式生产的区别在于单步骤生产不能间断，而多步骤生产的生产工艺可间断。

2）生产组织方式的特点

生产组织方式主要是指企业生产产品的品种的多少、同种产品的产量的大小及其生产复杂程度。按照企业生产组织方式的特点，企业生产可以分为大量生产、成批生产和单件生产三种类型。

大量生产是指大量的不断重复生产相同产品的生产。其特点是产品品种少而稳定，产品产量大，生产的专业化程度一般较高，生产具有很强的重复性。如纺织、发电、造纸、酿酒等企业的生产。

成批生产是指按照规定的产品批次和数量，成批轮番生产某种产品的生产。其特点是产品品种多，每种产品数量多寡不均等，产品定期轮番生产，生产具有一定的重复性。例如服装、制药、卷烟等企业的生产，成批生产按照产品数量的大小，还可以分为大批生产和小批生产。大批生产，产品批量大，往往在几个月内不断重复生产一种或若干种产品，因而其性质接近大量生产；小批生产，产品批量较小，一批产品往往可以同时完工，其性质接近于单件生产。

单件生产是指根据订货单位的要求，生产结构和性能特殊，个别的产品生产，其特点是产品品种很多，数量很少，而且很少重复生产，如造船、精密仪器、重型机械生产及新产品试制等。

2. 生产特点和管理要求对成本计算的影响

生产特点和管理要求对成本计算的影响，主要表现在成本计算对象、成本计算期的确立以及完工产品与在产品成本的计算上。而成本计算对象是区别不同成本计算方法的主要标志。

1）成本计算对象的确定

成本计算对象的确定，不仅要考虑生产的特点，而且还要考虑成本管理的要求。

（1）根据生产工艺和成本管理的要求确定成本计算对象。生产工艺过程和成本管理要求不同，成本计算对象也不尽相同。在单步骤生产的企业中，由于生产工艺过程不可间断，或者不需要或者不便于划分为几个生产步骤，因而客观上就不可能或不需要按生产步骤计算产品成本，而管理上也只要求以产品的品种或批别作为成本计算对象，计算各种产品成本。在多步骤的生产企业中，由于生产工艺过程是由若干个可以间断的、分散在不同地点进行的生产步骤组成，因而不仅可以按照产品的品种或批别计算产品成本，而且还可以按照生产步骤计算成本，以便考核和分析各个生产步骤的产品成本，加强各个生产步骤的成本管理。但是，当企业的规模较小，管理上又不要求按照生产步骤考核生产费用时，计算产品成本也可以不按照生产的步骤进行，而只以产品品种或批别为成本计算对象，计算各种产品和各批产品的成本。

（2）根据生产组织方式和成本管理要求确定成本计算对象。生产组织方式不同，成本计算对象也不尽相同。在大量生产条件下由于产品是连续不断进行、大量地生产品种相同的产品，因而管理上只要求也只能要求以产品品种为成本计算对象计算产品成本。

在大批生产条件下，产品批量较大，往往在几个月内不断地重复生产相同的产品，因而也往往同大量生产一样，只要求以产品品种为成本计算对象计算成本。由于大批生产的产品品种比较稳定，为经济合理地组织生产，耗用量较少的零部件，往往集中投产，生产一批零部件供几批产品耗用，耗用量较多的零部件，则另行分批投产。这样，零部件生产的批别与产品生产的批别往往很不一致，因而也就不可能以产品的批别作为成本计算对象，而只能以产品品种作为成本计算对象来计算成本。

在小批生产的条件下，产品的批量小，一批产品往往同时完工因而有可能以产品的批别作为成本计算对象计算成本。为了考核和分析各批产品成本水平，在管理上要求以产品的批别为成本计算对象进行计算成本。

在单件生产的条件下，生产按件组织，因而有可能也有必要以产品的件数为成本计算对象计算成本。由于单件生产可视同小批生产，因而以产品的件别为成本计算对象计算成本，也可以说是以产品批别为成本计算对象计算成本。

因此，在大量大批生产的条件下，只要求以产品品种为成本计算对象来计算成本，而在小批单件生产的条件下，则还要求以产品批别为成本计算对象来计算成本。

2）成本计算期的确定

成本计算期，是指计算产品成本时，对生产费用计入产品成本所规定的起讫日期，即每次计算产品成本的期间。它主要决定于生产组织方式。产品的生产组织方式不同，成本计算期也不尽相同。在大量大批生产的条件下，每月都有一部分产品完工并对外销售，为了计算各月产品的销售成本和利润，就要定期按月计算产品成本。在这种情况下，成本计算期与产品的生产周期不一致。在小批单件生产的条件下不论产品生产周期长短，通常一张订单或一批产品要等到全部完工后才予以出售，产品成本需等到产品全部完工后才计算。因此，产品成本计算期具有不确定性，但与产品的生产周期一致。

需要注意，不论产品成本计算定期与否，当期（通常为月）发生的费用必须当期归集和分配，以便及时办理会计结算和考核产品成本水平，保证产品成本结算能够及时地进行。

3）完工产品与月末在产品成本的计算

完工产品与月末在产品成本的计算，与企业的生产特点有密切的关系。在单步骤生产的条件下，生产工艺过程不能间断，生产周期较短，一般不存在在产品，或者在产品数量很少。计算在产品与否，对完工产品成本影响不大。这种情况下，可以不计算月末在产品成本，当月发生的生产费用全部由完工产品负担。但如果在产品数量较大，为了准确地计算完工产品成本，就应采用适当的方法将生产费用在完工产品与在产品之间进行分配。在多步骤生产的条件下，是否需要计算在产品成本，主要取决于企业生产组织的特点，在大量大批生产的条件下，由于原材料不断投入，产成品不断产出，生产过程中经常存在为数不少的在产品。在这种情况下，企业应该且管理上也要求计算在产品成本，以便准确地计算完工产品成本。在小批单件生产组织方式下，由于成本计算是不定期地进行的，要等到产品完工后才计算产品成本，而此时已无在产品存在，因此在这种情况下，不存在在产品成本计算问题。

综上，企业生产特点和管理要求不同，成本计算对象、成本计算期和在产品成本的计算也不尽相同。不同的成本计算对象、不同的成本计算期和不同的在产品成本计算相结合，就构成了各种不同的产品成本计算方法。而成本计算对象，是决定成本计算方法的主要因素。通常成本计算方法也是以成本计算对象来命名的。为适应不同的生产特点和管理要求，可以以产品品种、批别或生产步骤作为成本计算对象，相应地，成本计算方法就有品种法、分批成本计算法和分步成本计算法。这三种方法与企业的生产特点与成本管理要求密切相关，所以称其为产品成本计算的基本方法。

3. 成本计算方法

如前所述，成本计算的基本方法包括品种法、分批成本计算法和分步成本计算法，无论采用哪种方法，最终都要按产品的品种提供产品成本数据，通常称品种法为最基本的方法，该方法渗透或包含在分批成本计算法和分步成本计算法之中。下面对分批成本计算法和分步成本计算法的基本原理作简要介绍，详细内容将在第 4 章展开。

1）分批成本计算法

分批成本计算法，简称分批法，是以产品的批别或件别为成本计算对象，对生产费用进行归集，计算各批或各件产品成本的方法。分批法的适用范围是小批、单件、单步骤生产类型的企业或车间，如根据客户的要求制造少量玻璃器皿；还可以适用于小批、单件、管理上不要求分步骤计算产品成本的多步骤生产类型的企业或车间，如制造专用模具、制造重型机械、制造飞机、船舶等。

分批法的特点主要体现在以下三个方面。

（1）成本计算对象是产品的批别或客户的订单号，由此，分批法又称为"订单法"。

（2）成本计算期与产品的生产周期一致，由于各批产品的生产周期不同，所以分批法的成本计算期属于不定期。

（3）分批法适用于小批、单件生产，无论是单步骤还是多步骤的生产，往往批内产品会同时完工，月末一般不存在生产费用在完工产品与在产品之间分配的问题。

2）分步成本计算法

分步成本计算法，简称分步法，是以产品的生产步骤为成本计算对象，对生产费用进行归集，计算产品成本的方法。分步法的适用范围是大量大批多步骤生产，且管理上要求按生产步骤计算成本的企业或车间。如纺织、机器制造、自行车、汽车等企业，一般采用分步法计算产品成本。

分步法的特点主要体现在以下四个方面。

（1）成本计算对象是最终完工产品和各步骤的半成品。

（2）成本计算期与会计的报告期一致，所以成本计算期属于定期，由于大量大批多步骤生产具有复杂性，无法划分生产周期，只能以每月月末作为成本计算的节点，按月进行产品成本的计算。

（3）由于分步法的适用范围和成本计算期的限定，在每月末结束时，必须将各步骤的生产费用在本步骤完工产品与在产品之间进行分配，以保证下一步骤计算产品成本所需。

（4）连续式多步骤生产的情况下，下一步骤产品成本的计算需要上一步骤的半成品的成本数据。所以，各步骤半成品成本的计算和结转是分步法的一大显著特点。

3）分批成本计算法和分步成本计算法的比较

分批成本计算法和分步成本计算法同属于产品成本计算基本方法，二者既有相同点，又有不同点。

（1）相同点主要表现在以下两个方面。

①无论两种方法的成本计算对象如何，最终都应该按产品的品种计算出完工产品的总成本和单位成本。

②随着成本核算程序的进行，均需要设置相同的会计科目来完成成本核算的账务处理程序，归集和分配生产费用。

（2）不同点主要表现在以下四个方面。

①成本计算对象不同。分批法是按产品的批别（分批不分步）归集生产费用，计算产品成本的一种方法，其成本计算对象是产品的批别或客户的订单号；分步法是按产品的生产步骤（分步不分批）归集生产费用，计算产品成本的方法，其成本计算对象是各个生产步骤的各种产品。

②成本计算期不同。分批法的产品成本核算工作是不定期进行的，其成本计算期与产品生产周期一致，而与会计报告期不一致。分步法的产品成本计算工作是在每月末定期进行的，其成本计算期与产品的生产周期不一致，而与会计的报告期一致。

③在产品成本计算的要求不同。在分批法下，其产品是按批别投产并计算产品成本的，批内产品一般都能够同时完工，在产品完工前，产品成本明细账中归集的生产费用就是在产品成本，产品完工后，产品成本明细账中归集的生产费用就是完工产品成本。因此，这种方法从理论上讲，一般不存在产品与月末在产品之间费用分配问题，但在实际工作当中却不尽然。在分步法下，产品的生产周期较长，生产过程又可以中断，因此在计算产品成本时，各步骤内往往存在在产品，因此需将产品成本明细账中归集的生产费用在完工产品与在产品之间分配。

④适用范围不同。分批法适用于小批、单件、多步骤生产，且管理上不要求按生产步骤计算产品成本的企业或车间。分步法适用于大量、大批、多步骤，且管理上要求按生产步骤计算产品成本的企业或车间。

2.4　成本核算的一般程序

企业的形态各种各样，生产的产品五花八门，因此所要求的生产技术和产品制造工艺均不相同，不同企业各自体现了自身产品所需的生产技术要求和产品制造工艺水平的生产流程。而成本核算的过程，就是生产过程的费用计入产品成本的过程，这直接反映着实际生产过程所发生各种耗费的情况和事实，根据会计原则的相关要求，需通过一系列成本账户获得系统、真实、综合的成本信息，以掌握实际生产成本形成的原因及具体用途，从而形成产品成本核算流程的基础。

在这个过程中耗用材料、燃料和动力、发生工资、计提折旧等费用，有的将直接计入产品成本，有的则需通过一系列的归集和分配手续，逐步汇总到产品成本中去。在月末，有的产品已经完工，而有的则尚未完工，须将产品成本在完工产品与在产品之间进行分配，确定产成品成本和在产品成本。

完工产品要从生产过程（在产品、完工产品）转入储存过程（库存商品），在销售业务实现的过程中，产品成本转化为产品销售成本（销售费用），通过与销售收入的配比得以计算出最后销售利润。

根据上述的流程设想，我们应该为成本核算设置相应的会计账户以归属不同的成本费用。因为费用在计入产品时要分别采用直接计入或间接分配计入的方法来完成费用的核算。直接费用就是能根据凭证清楚地归属某产品生产成本的费用。如直接材料、直接工资等，应该直接计入"生产成本"账户及所属的成本明细账。对于不能直接计入某种产品成本的间接费用，如辅助部门发生的费用、生产车间的制造费用等要另外设置"生产成本——辅助生产成本""制造费用"等账户，按照费用发生的部门和用途计入这些账户及其有关明细账户。

成本核算流程如下。

1. 审核生产过程

为了成本核算与控制过程真实有效，完整把握产品成本与期间费用，根据国家相关的法规、制度及行业的相关标准、计划等审核把关，以正确划分产品成本与期间费用。

2. 成本核算账户的设置

为了进行成本核算，企业一般应设置"基本生产成本""辅助生产成本""制造费用""销售费用""管理费用""财务费用""长期待摊费用"等。下面介绍生产成本和制造费用两个具有代表性的账户。

1）生产成本

生产成本账户用于核算生产各种产品、自制材料等发生费用。根据需要下设"基本生产成本"和"辅助生产成本"两个二级账户，分别核算基本生产车间和辅助生产车间在生产与管理过程中发生的直接费用以及分配转入的间接费用等。为了全面了解成本的发生情况，需要按成本核算对象开设产品成本明细账（成本计算单），分别归集不同生产部门、不同产品和不同步骤生产过程中消耗的费用；并按规定的成本项目记录产品成本、本月生产成本和完工产品成本及月末在产品成本。

生产成本账户的基本结构如图 2-1 所示。

实务中，由于企业的基本生产车间和辅助生产车间的会计业务量都比较大，为便于核算，通常会将原来属于"生产成本"明细账的"基本生产成本"和"辅助生产成本"分别设置为总账账户。

生产成本

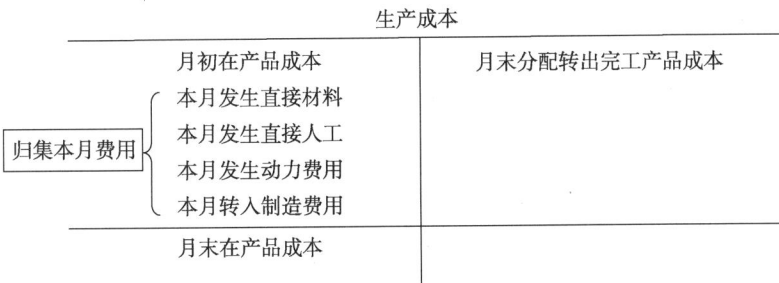

图 2-1　生产成本账户的基本结构

（1）"基本生产成本"账户的借方登记企业为进行基本生产而发生的各种费用；贷方登记转出的完工入库的产品成本；余额在借方，表示基本生产的在产品成本，即基本生产在产品占用的资金。"基本生产成本"账户应按照产品品种或产品批别、生产步骤等成本计算对象设置产品成本明细账（或称产品成本明细分类账、基本生产计算单），账内按产品成本项目分设专栏或专行进行明细登记。其格式如表 2-1 和表 2-2 所示。

表 2-1　产品成本明细账

车间：甲车间

产品：A 产品　　　　　　　　　　　　　　　　　　　　　　　　　　　　单位：元

年		摘要	产量（件）	成本项目			成本合计
月	日			原材料	工资福利	制造费用	
3	31	本月生产费用	1 000	50 000	10 000	15 000	75 000
3	31	本月完工产品成本		50 000	10 000	15 000	75 000
3	31	完工产品单位成本		50	10	15	75

表 2-2　产品成本明细账

车间：甲车间

产品：B 产品　　　　　　　　　　　　　　　　　　　　　　　　　　　　单位：元

年		摘要	产量（件）	成本项目			成本合计
月	日			原材料	工资福利	制造费用	
3	31	在产品费用	2 000	18 000	10 000	13 000	41 000
3	31	本月生产费用		76 000	32 000	64 000	172 000
3	31	生产费用合计		94 000	42 000	77 000	213 000
3	31	本月完工产品成本		80 000	31 400	51 400	162 800
3	31	完工产品单位成本		40	15.7	25.7	81.40
3	31	在产品费用		14 000	10 600	25 600	50 200

如果企业生产的产品品种较多，为了按照产品成本项目（或既按车间又按成本项目）汇总反映全部产品总成本，还可以设置"基本生产成本二级账"。其格式如表 2-3 所示。

表 2-3　基本生产成本二级账

车间：甲车间　　　　　　　　　　　　　　　　　　　　　　　　　　　单位：元

| 年 | | 摘要 | 成本项目 | | | 成本合计 |
月	日		原材料	工资福利	制造费用	
3	31	在产品费用	18 000	10 000	13 000	41 000
3	31	本月生产费用	126 000	42 000	79 000	247 000
3	31	生产费用合计	144 000	52 000	92 000	288 000
3	31	本月完工产品成本	130 000	41 400	66 400	237 800
3	31	在产品费用	14 000	10 600	25 600	50 200

（2）辅助生产成本账户。辅助生产是指为基本生产服务而进行的产品生产和劳务供应。辅助生产所提供的产品和劳务，有时也对外销售，但这不是它的主要目的。为了归集辅助生产所发生的各种生产费用，计算辅助生产所提供的产品和劳务的成本，应设置"辅助生产成本"账户。该账户的借方登记为进行辅助生产而发生的各种费用，贷方登记完工入库产品的成本或分配转出的劳务成本；余额在借方，表示辅助生产在产品的成本，即辅助生产在产品占用的资金。

"辅助生产成本"账户应按辅助生产车间和生产的产品、劳务分设明细分类账，账中按辅助生产的成本项目或费用分设专栏或专行进行明细登记。

2）制造费用

为了核算企业为生产产品和提供劳务而发生的各项制造费用，应设置"制造费用"账户。该账户的借方登记实际发生的制造费用；贷方登记分配转出的制造费用；这个账户用于归集和分配制造企业为生产产品（或提供劳务）而发生，应该计入产品成本，即没有专设成本项目的各项生产费用。主要包括间接用于产品生产的费用和直接用于产品生产、管理上不要求或核算上不便于单独核算、因而没有专设成本项目的费用。前者如机物料消耗、辅助工人工资及福利费、车间照明和取暖费、生产单位管理人员工资福利费、办公费等，后者包括固定资产折旧费、修理费、机物料消耗、劳动保护费、生产工具摊销等。为了分别反映和控制不同部门和单位制造费用的发生额，这个账户应该按不同厂家、部门设置明细账，分别归集各车间发生的制造费用。月末按照预定的受益标准，分配转给各个生产成本账户。除季节性生产企业外，该科目月末应无余额。

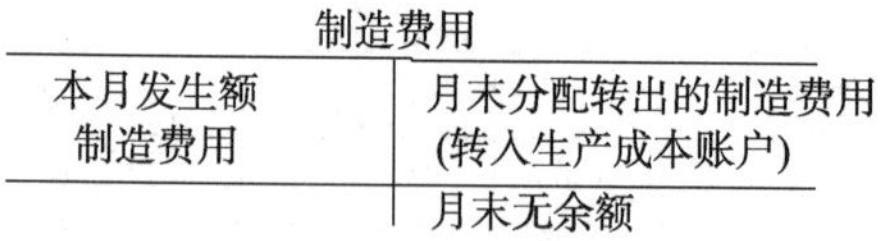

该账户的基本结构如图 2-2 所示。

制造费用	
本月发生额制造费用	月末分配转出的制造费用（转入生产成本账户）
	月末无余额

图 2-2　制造费用账户的基本结构

3. 审核和分配各项费用

在设置了有关成本核算账户之后，需要对企业发生的各项开支进行逐项审核，在审核的基础上进行分配。首先，区分正常支出和非正常支出，将无法避免的非正常支出列作"营业外支出"；其次，根据收益时期的长短将正常支出划分为资本性支出和收益性支出；最后，将收益性支出根据受益对象进行归集，分别记入生产成本或相关的期间费用类账户。费用分配可借助于编制费用分配表来进行。主要对前所述要素费用进行分配，这些要素费用需要首先按照经济用途进行分配。在分配中，属于期间费用的，应按产品销售费用、管理费用、财务费用等各期间费用项目归集，应计入产品成本的费用中，凡属单设成本项目的费用，如构成产品实体或有助于产品形成的原材料、产品生产耗用的外购燃料和动力、制造工人工资等费用，要按用途分配给基本生产各产品和辅助生产各产品（或劳务），并计入有关成本项目，直接按照各种产品的不同成本项目进行归集；凡未单设成本项目的费用，如折旧费、车间管理人员工资等，应先归集为不同生产车间或部门的制造费用，待制造费用归集、汇集后再将制造费用成本项目分配计入各种产品成本。

4. 归集和分配辅助生产费用

企业辅助生产车间所发生的各项费用，属于单设成本项目的，如原材料、生产工资，应在以上各项要素费用分配中直接计入辅助生产产品和劳务成本；其他费用先归集为各辅助生产车间的制造费用，月终，归集的各辅助生产车间制造费用分别转入各辅助生产车间的产品或劳务成本。归集在"生产成本——辅助生产成本"账户及其明细账户的各种费用，按一定的标准和覆盖范围编制生产费用分配表，在受益产品和单位之间进行分配。并据以登记"生产成本——基本生产成本""制造费用"等账户及有关明细账户。

5. 归集和分配制造费用

各基本生产车间归集的制造费用，应分别不同的车间在应负担的产品之间分配，计入产品成本制造费用成本项目。归集在"制造费用"及各个明细账户的生产费用，应该在月末按照一定的标准编制"制造费用分配表"，在制造费用归集范围内的各个核算对象之间进行分配，并根据分配结果将"制造费用"的发生额转入受益的"生产成本——基本生产成本"账户和相关的明细账户。

6. 废品损失和停工损失的分配

在单独核算废品损失、停工损失的企业中，因出现废品、停工而发生的损失费用，都应在以上各步骤的费用分配中，按废品损失、停工损失进行归集。这些损失性费用，除可以收回的保险赔偿、过失人赔偿以及可列为营业外支出的非常损失等之外，还应分别分配给有关期间费用和产品成本的相应项目。

7. 完工产品和月末在产品之间的费用分配

经过以上的费用分配，每种产品本月应负担的生产费用已按不同成本项目分别归集，逐项与月初在产品费用相加后，即为该产品全部产品费用。如果当月产品全部完工，所归集的全部产品费用即为完工产品成本。如果全部未完工，则全部为月末在产品成本。如果当月既有完工产品又有月末在产品，则需分别成本项目在完工产品和在产品之间分配，计算按成本项目反映的完工产品成本。计算确定并结转完工产品成本，在以后销售产品的销售业务成立时，将已销售产品的实际成本从"库存商品"结转至"主营业务成本"账户。

8. 期间费用的结转

在以上有关步骤费用分配中已累积了相应的销售费用、管理费用、财务费用，这些费用也应于期末全部结转当期损益。成本流程的账户处理基本程序如图 2-3 所示，成本核算过程如图 2-4 所示。

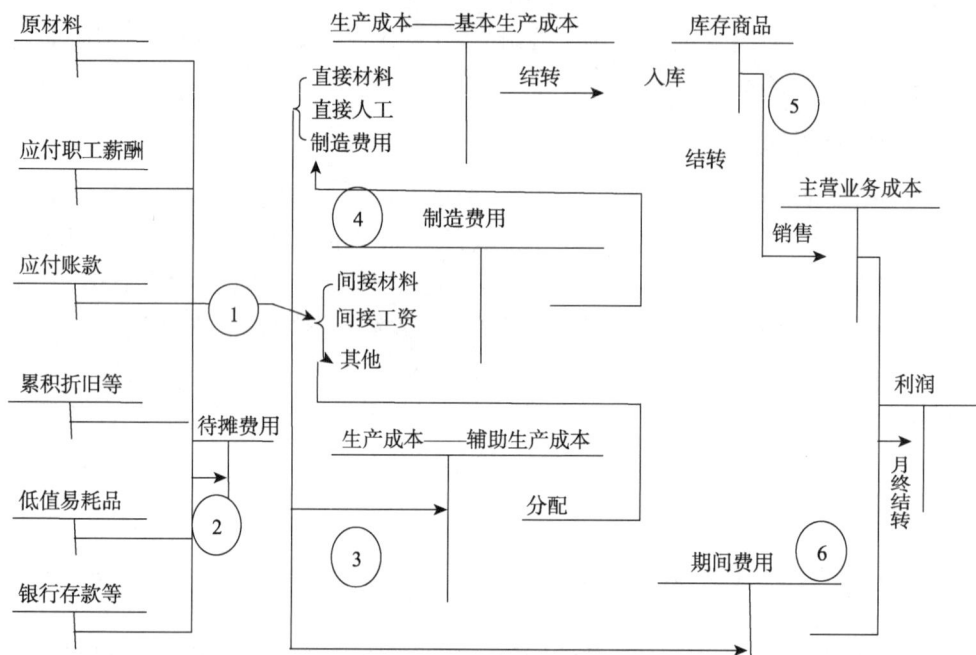

图 2-3　成本流程的账户处理基本程序

说明：①各项费用的分配；②摊销（长期）待摊费用、提取预提费用；③分配辅助生产费用；④分配制造费用；⑤结转完工产品成本；⑥结转各项期间费用。

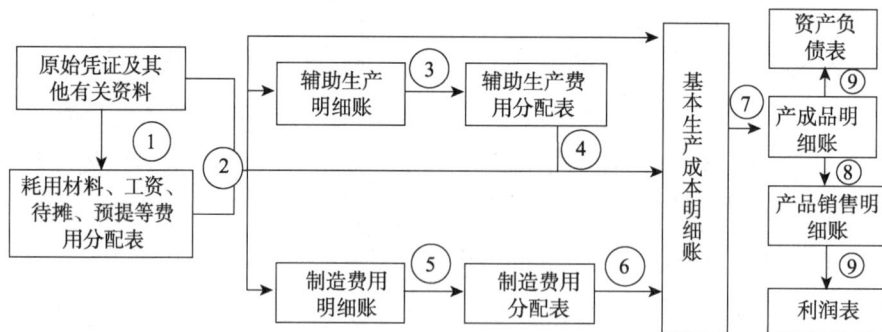

图 2-4　成本核算过程示意图

说明：①根据原始凭证及其他有关资料编制材料、工资、动力、待摊、预提费用等分配表；②根据原始凭证和有关费用分配表登记有关明细账；③编制辅助生产费用分配表；④根据辅助生产费用分配表登记有关明细账；⑤编制制造费用分配表；⑥根据制造费用分配表登记有关明细账；⑦将完工产品成本转入产成品明细账；⑧将已销产品成本转入主营业务成本明细账；⑨登记资产负债表和利润表。

【自　测　题】

【复习思考题】

1. 产品成本构成上成本管理会计与财务会计上的认识有何不同?
2. 什么是费用要素? 有哪些费用要素?
3. 可控性分类的依据是什么?
4. 生产类型对成本核算的要求是什么?
5. 成本分类各有哪几种?

第 3 章

成本费用的核算要求与费用归集

【本章学习目的和要求】

本章主要介绍了制造业企业成本费用的核算要求、费用要素的归集与分配、辅助部门费用的归集与分配、制造费用的归集与分配、废品损失和停工损失的核算以及生产费用在完工产品与月末在产品之间的分配六个方面的内容。

重点掌握企业对成本费用核算的基本要求，明确划分各种费用的界限，区分生产经营管理费用按经济内容和经济用途的正确划分。材料费用的归集和分配原则。辅助生产费用分配方法重点掌握直接分配法、交互分配法、代数分配法、顺序分配法和计划分配法。制造费用应如何正确地分配。了解废品损失费用及废品损失及停工损失的账务处理。掌握在产品（广义和狭义）的概念，完工产品与月末在产品之间的分配。尤其要重点掌握适用范围最广的约当产量比例法，在把月末在产品折合成完工产品数量时，把握其中的投料程度和加工程度两个因素。

3.1 成本费用的核算要求

3.1.1 成本费用的核算要符合管理的要求

企业的成本和费用管理工作是企业生产经营管理的核心内容，必须贯穿于生产经营活动的全过程。其基本任务是：通过预测、计划、控制、核算、分析和考核，反映企业生产经营成果，挖掘降低成本潜力，努力降低产品成本。

成本和费用管理的基本工作要点如下。

（1）遵守财经纪律，贯彻执行国家有关政策、法规。

（2）加强和完善成本与费用管理的基础工作。

（3）正确掌握成本和费用开支范围与标准，合理划分产品成本界限。

（4）进行成本预测，参与生产经营决策，实行主要产品的目标成本管理。

（5）编制先进可行的成本计划和增产节约计划，组织制订降低成本的措施。

（6）分解成本和费用指标，控制生产耗费，落实成本管理责任，实行分级归口管理。

（7）准确、及时核算产品成本，控制和监督成本计划与费用预算执行情况，进行成本和费用分析。

（8）运用现代化管理方法，不断提高企业成本管理水平。

每个企业的管理是全方位的，而其中最主要的就是降低成本费用，提高经济效益，企业的成本核算是服务于管理的，成本核算提供的信息要满足经营管理和决策、控制的需求。企业进行成本核算，必须做好以下几个方面的工作。

（1）企业的成本核算首先要依据《成本和费用管理制度》，对违反上述制度的现象要及时予以阻止，同时要结合企业的管理制度事先制订成本计划以及消耗定额等，在执行过程中要加强控制监督和及时纠错，事后的核算要保证合理、合法，符合客观实际。

（2）为了确保企业成本目标的实现，管理上要特别注重成本的日常监督和核算。

（3）成本核算主要是为企业的经营管理和管理决策提供信息的，所以必须做到尽量以最简单合适有效的方法及时准确地进行成本核算，还要体现成本和效益的原则。

3.1.2　正确划分各种费用的界限

企业在整个生产经营过程中，随着产品生产会发生很多费用，而这些费用有的可以计入产品成本，有的不能计入产品成本，应列入期间费用，如管理费用、销售费用和财务费用。所以企业为了正确真实地反映产品成本和盈利状况，就必须正确划分各种费用的界限。

（1）本期成本与下期成本的界限。企业应按照权责发生制原则，确定成本费用的归属，通过长期待摊费用和预提费用核算，及采用估价入账、余料退库等办法，划分本期成本与下期成本的界限。

（2）在产品成本和产成品成本的界限。企业必须加强车间生产的投入产出管理，结合定期盘存，确保期末在产品数量准确，并按规定方法正确计算在产品的约当成本和产成品实际成本，不得任意压低或提高在产品的成本。

（3）各种产品之间成本费用的界限。凡是能够直接计入有关产品的各项直接费用，都要直接计入；凡是与几种产品共同有关的不能直接确认的费用，要根据合理的分配标准，在各种产品之间分配。企业不得在可比产品与不可比产品之间，盈利产品和亏损产品之间互相转移生产费用，以掩盖成本超支或盈利补亏。

（4）产品成本与期间费用的界限。期间费用不计入产品成本而直接计入当期损益，由于这两种费用与收入配比的时间不同，所以混淆两者也会影响成本和利润的真实性。

3.1.3　成本核算管理原则

企业在实施成本核算时，应根据国家的相关成本法规，结合本企业的具体情况，在严格遵守以下成本核算管理原则的基础上有序地进行。

（1）实际成本计价原则。产品成本核算，必须贯彻正确计算实际成本的原则。在成本计算过程中，由于核算程序的需要，对材料、能源、劳务、自制半成品和产成品等，按计划成本、计划价格或定额成本进行核算的，必须在成本计算期内，最终根据成本耗费的实际资料，调整为实际成本。企业不得以计划成本、估计成本、定额成本代替实际成本。

（2）分期核算原则。企业生产费用和成本核算，采用公历月制。成本计算期内的完工产品，要根据实际的统计资料或完工凭证，实际的耗费量和价格，按照权责发生制的原则进行成本核算。

（3）合法性原则。计入成本的费用，都必须符合国家法律、法规和制度规定，不符合规定的费用不能计入成本。根据《企业财务通则》和《企业产品成本核算制度》规定，下列支出不得列入成本和费用。

①为购置和建造固定资产，买入无形资产和其他资产的支出，在会计处理上不能与收益性支出混淆，应将其先作为资产，按照规定的期限和标准进行分配摊销，不得直接一次性列入成本和费用。

②对外投资的支出。

③被没收的财物，支付的滞纳金、罚款、违约金、赔偿金以及捐赠、赞助支出，在会计处理上，只能列入营业外支出或在缴纳所得税后的利润中支付。

④分配给投资者的利润，以及支付的优先股股利和普通股股利，在会计处理上，应作为利润分配处理。

⑤资本的利息，基本建设期间借款发生的利息支出，可计入工程成本，作为固定资产原价组成部分；清算期间发生的利息可计入清算费用。

⑥国家法律、法规规定以外的滥摊派、滥罚款等各种付费，各企业要积极抵制，及时向上级财政部门和主管部门报告。

⑦国家规定不得列入成本和费用的其他支出。

（4）一贯性原则。与成本核算有关的会计处理方法，应保持前后期一致，使前后期的核算资料衔接，便于比较。不得通过任意改变会计处理方法调节各期成本和利润。

（5）费用确认配比原则。企业生产经营所发生的费用可按下列三种方式确认。

①按因果关系确认。对于费用的发生与某种收入存在明显因果关系的支出，应在该项收入实现时，确认为生产成本，并与之配比，而在该项收入未实现时，先作为计入存货的成本确认，例如，制造产品的材料耗费和人工耗费，应计入产品的制造成本，随着产品的销售转为销售成本，并与相关的销售收入配比。

②按受益期分配确认。对于支出的效益涉及若干会计年度的资本性支出，应在与支出效益相关的各受益期，按合理的方式分配确认为费用，分别与各受益期的收入配比，例如，固定资产的折旧费用。

③按发生的时期立即确认。对于既无明显因果关系，又难以按受益原则进行分配的支出，在发生的当期立即确认，即作为期间费用与发生当期的收入配比。

（6）权责发生制原则。在成本核算时，应遵循权责发生制原则。其基本内容是：

凡是应计入本期的收入或支出，不论款项是否收到或付出，都算作本期的收支；凡是不应计入本期的收入或支出，即使款项已经收到或付出，也不能算作本期的收入或支出。在成本核算中运用权责发生制原则，主要是确认本期费用。即应正确处理待摊费用、递延资产和预提费用等。在成本核算时，对于已经发生的支出，如果其受益期不仅包括本期，而且还包括以后各期，就应按其受益期分摊，不能全部列于本期；对于虽未发出的费用，但却应由本期负担，则应先行预提计入本期费用中，待支出时，就不再列入费用。企业不能利用待摊费用、递延资产和预提费用人为地调节成本，使成本计算失去真实性。

3.2　费用要素的归集与分配

3.2.1　材料费用的归集

企业在生产过程中会消耗各种材料，包括原材料及主要材料、燃料、辅助材料、半成品、修理用备件、周转材料等。制造企业为了确保生产经营活动连续不断地进行，购入、耗用甚至销售材料等业务是不可或缺的，材料总是处于不断的流转过程中，材料在整个企业的营运过程中充当着极为重要的角色，同时也会耗用和积压企业大量的资金，它是企业流动资产的主要组成项目，在企业日常生产中，对材料进行管理、控制显得极为必要。目的就是让材料既能满足企业经营需要，因为材料不足或质量不好往往会造成企业开工不足或失去销售机会，又不能过多占用企业资金，增加仓储保管费。因此，企业应当十分重视对材料的管理与控制。此外在实务中，材料的特点决定了对其安全性的保障也是不可忽视的。

材料费用的归集在实务中就是要按材料品种和规格通过各种表格来计算确定本期制造过程所耗用的材料总成本和单位成本，以便为后面的材料分配工作做好充分的准备。常用的流转单证包括领料单、限额领料单、退料单等。任何单证必须符合规定，必须通过审核并签章才能作为归集材料费用的依据，因为材料费用的归集准确与否将直接关系到后续的产品成本计算的准确性。

到 2020 年，我国高速铁路总里程将超过 3 万公里，修建高速铁路首先要把好材料关，合格优质的材料加上成熟的工艺和熟练的技能，才能确保铁路工程质量。铁路建设常使用的材料有各种型材、钢板、水泥、砂、碎石、混凝土外加剂等，材料费用一般占工程造价的 50%～60%，高铁运行速度越快，对材料的质量要求越高，正确核算材料费用是确保企业经济效益的一个重要方面。以上所列出的材料费用，其实就是本章要涉及的要素费用之一。

日常中会计人员在对材料费用进行归集时必须分清直接材料和间接材料。

直接材料主要包括以下三种：一是构成产品实体的各种原料、主要材料；二是在产品制造工艺过程中消耗的各种燃料和动力；三是有助于产品形成的各种辅助材料。

直接材料可以直接计入某一成本对象，反映在成本计算单"直接材料"一栏中。

间接材料主要是指企业为组织、管理和保证生产正常进行而耗用的一般性材料，即通常所指的机物料，如轮滑油、修理备件、照明用能源等。间接材料不可以直接计入某一成本对象，必须先要归集到"制造费用"账户中，期末要分配计入成本计算对象。

材料费用计入成本项目的关系如图 3-1 所示。

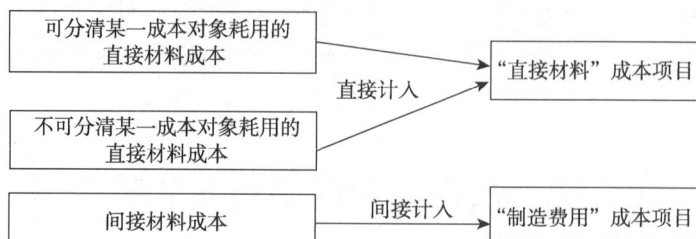

图 3-1　材料费用计入成本项目的关系

材料费用的归集可以按账户和部门两个角度进行。

材料费用按账户归集如图 3-2 所示。

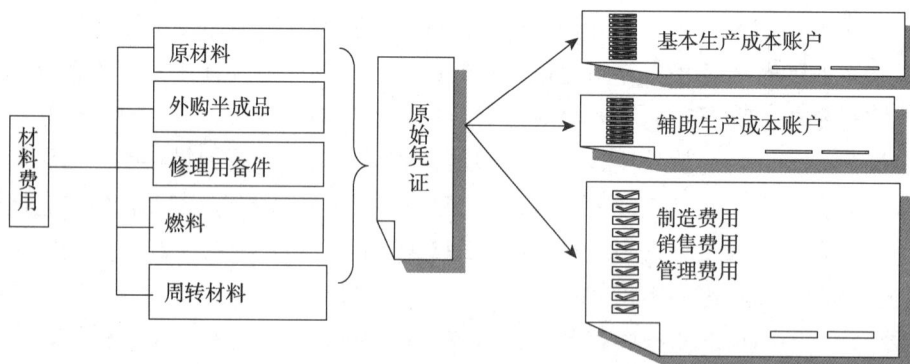

图 3-2　材料费用按账户归集

材料费用按部门归集如图 3-3 所示。

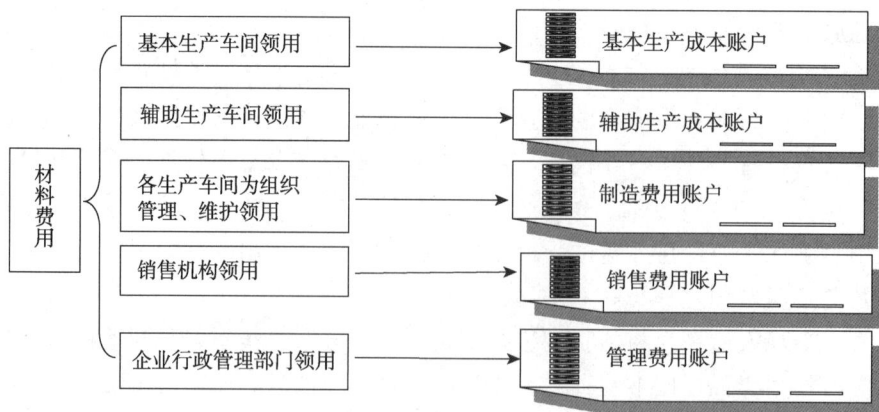

图 3-3　材料费用按部门归集

3.2.2　材料费用的核算基础

1. 建立健全发出材料的计量制度

加强企业库存材料的盘存管理，常用的盘存制包括永续盘存制和实地盘存制。

（1）永续盘存制。永续盘存制也称账面盘存制，就是通过设置存货明细账，对日常发生的存货增加或减少进行连续登记，随时在账面上结算各项存货的结存数并定期与实际盘存数对比，确定存货盘盈盘亏的一种制度。使用永续盘存制可以随时反映某一存货在一定会计期间内收入、发出及结存的详细情况，有利于加强对存货的管理与控制，取得库存积压或不足的资料，以便及时组织库存品的购销或处理，加速资金周转。其期末结存数量计算公式如下。

期末结存数量 = 期初结存数量 + 本期收入数量 - 本期发出数量

（2）实地盘存制。实地盘存制又称定期盘存制、以存计销（我国商业企业）、以存放耗（我国工业企业），通过对期末库存存货的实物盘点，确定期末存货和当期销货成本的方法。其材料发出数量计算公式如下。

材料发出数量 = 期初结存数量 + 本期收入数量 - 期末结存数量

2. 建立健全领、发料凭证制度

企业为了明确各耗料部门的经济责任，严格控制材料的成本，应在企业内部设计和规范材料流转的必要路径，包括领、发料时的必要手续，经办人员的签章等。实务中企业领发料的主要会计凭证有领料单、限额领料单和领料登记簿等。每个耗料部门都应该选择采用某种领料单，详细记录每次领料的实际情况，到月末，要根据不同部门（车间、管理部门等）分别进行汇总，编制材料费用分配表，计算出各自的材料消耗总量和金额。

3. 建立健全材料退库和盘点制度

车间（分厂）月末已领未用的产品原材料，必须办理实物退料或"假退料"[①]手续。产品完工下线，工作命令执行完毕或中途停止执行时，所有已领未用的原材料应全部退库，不得移作他用。

3.2.3　材料费用的分配

企业核算生产耗用的各种材料，都要根据合法的材料收发凭证，经过收发、记账、稽核，按材料的计划价格或实际价格进行核算。

核算材料成本，要收集当月生产过程中领用、退库、交库的全部材料凭证进行核算。对于尚未付款已经采购入库材料的领用，要按计划成本估价入账。所领用的材料

　　[①] 假退料亦称假退库，指月末将已领用但并未实际使用的原材料等填制红字领料单，退回仓库;下月初填制相同内容的蓝字领料单等额领回，而实物不需移动的一种会计处理程序。

仍应计入领用期成本，不准任意提前或延迟实际领用期。外购材料直接发交车间使用时，仍应按照规定的收发程序，办理材料检验和收发手续。

核算材料成本，应与供应部门发放数核对一致，然后按成本项目进行分配，计入产品成本计算对象或费用项目。

直接用于产品的材料成本，应当直接计入有关的成本计算对象。凡是由几种产品共同负担的材料，可分别按消耗定额比例、耗用重量比例、产品数量比例等方法，在有关的成本计算对象之间进行分配。

通常，如果制造业企业规模较小，材料收发业务不多，材料品种也不很复杂，材料发出核算就宜采用实际成本计价核算；如果制造业企业规模较大，收发业务较多，材料品种规格繁多，材料发出核算宜采用计划成本计价来核算。

1）按实际成本发出材料的核算

制造业企业材料费用的核算按实际成本计算，通常有先进先出法、加权平均法和个别计价法、移动加权平均法等。

例 3-1 华平工厂原材料按实际成本计价核算，用先进先出法计算发出此材料的实际成本。2018 年 3 月发料凭证汇总表见表 3-1。

表 3-1 发料凭证汇总表

华平工厂　　　　　　　　　　　2018 年 3 月　　　　　　　　　　　单位：元

借记科目		贷记科目		
		原材料	燃料	合计
基本生产成本	甲产品	135 611	7 500	143 111
	乙产品	564 890	5 213	570 103
	小计	700 501	12 713	713 214
制造费用	基本生产车间	3 000	3 241	6 241
辅助生产成本	修理车间	2 000	2 500	4 500
	供水车间	1 200	1 300	2 500
	小计	3 200	3 800	7 000
销售费用		1 500	500	2 000
管理费用		2 200	745	2 945
合计		710 401	20 999	731 400

假设华平工厂有关原材料的会计科目只设一个"原材料"总账科目，根据表 3-1 数据，编制会计分录如下。

借：基本生产成本——甲产品　　　　　　　　　　　　　　143 111

　　基本生产成本——乙产品　　　　　　　　　　　　　　570 103

　　　制造费用——基本生产车间　　　　　　　　　　　　　6 241

　　辅助生产成本——修理车间　　　　　　　　　　　　　4 500

　　辅助生产成本——供水车间　　　　　　　　　　　　　2 500

销售费用	2 000
管理费用	2 945
贷：原材料	731 400

2）按计划成本发出材料的核算

企业采用计划价格进行材料发出核算的，月终要分类别计算材料成本差异率，不得使用一个综合差异率。

除外加工材料可按上月差异率计算材料成本差异外，都应将耗用的材料按当月实际材料成本差异率计算调整为实际成本。分类差异率的计算公式如下。

$$材料成本差异率 = \frac{\pm 月初结存材料成本差异 \pm 本月收入材料成本差异}{月初结存材料计划成本 + 本月收入材料计划成本} \times 100\%$$

$$发出材料成本差异 = 发出材料计划成本 \times 材料成本差异率$$

$$发出材料实际成本 = 发出材料计划成本 \pm 发出材料成本差异$$

例 3-2　银华工厂原材料按计划成本计价核算，材料成本差异率为 −2%。2018 年 3 月发料凭证汇总表见表 3-2。

表 3-2　发料凭证汇总表

银华工厂		2018 年 3 月		单位：元
借记科目		**贷记科目**		
		原材料	材料成本差异	合计
基本生产成本	甲产品	50 000	−1 000	49 000
	乙产品	45 000	−900	44 100
	小计	95 000	−1 900	93 100
制造费用	基本生产车间	3 000	−60	2 940
辅助生产成本	修理车间	2 000	−40	1 960
	供水车间	1 200	−24	1 176
	小计	3 200	−64	3 136
销售费用		1 500	−30	1 470
管理费用		2 200	−44	2 156
合计		104 900	−2 098	102 802

根据表 3-2 资料，编制会计分录如下。

借：基本生产成本——甲产品	49 000
基本生产成本——乙产品	44 100
制造费用——基本生产车间	2 940
辅助生产成本——修理车间	1 960
辅助生产成本——供水车间	1 176
销售费用	1 470
管理费用	2 156

贷：原材料	102 802
借：材料成本差异	2 098
贷：基本生产成本——甲产品	1 000
基本生产成本——乙产品	900
制造费用——基本生产车间	60
辅助生产成本——修理车间	40
辅助生产成本——供水车间	24
销售费用	30
管理费用	44

制造业企业中，凡是属于直接可以归属于某种产品的材料费用，应根据领料凭证直接计入该种产品基本生产明细账中的直接材料项目，但凡是属于由几种不同产品共同耗用的材料费用，无法直接计入某种产品的材料成本，就需要采用适当的方法来分配，分配以后才能计入某种产品的基本生产明细账中的直接材料项目。

实务中，对上述共同材料费用在分配时，通常采用的分配标准有重量、体积、产品产量、消耗定额比例、定额费用等。

$$共同材料费用分配率 = \frac{共同耗用材料费用总额}{各种产品共同耗用材料费用分配标准之和}$$

某种产品应分配材料费用 = 该种产品分配标准数额 × 共同材料费用分配率

现代企业为了控制材料成本的支出，一般都会以制定产品消耗定额的办法来处理，下面就以定额耗用量和定额费用为例说明共同耗用材料费用的分配。

所谓定额耗用量是指一定产量下按照消耗定额计算可以消耗的材料数量。消耗定额是指单位产品可以消耗的数量限额，通常是指现行比较先进的定额。

某种产品原材料定额耗用量 = 该种产品实际产量 × 单位产品原材料消耗定额

材料消耗量分配率 = 材料实际耗用总额 ÷ 各种产品定额量或定额费用

某种产品应分配的材料数量 = 该种产品的材料定额消耗量 × 材料消耗量分配率

某种产品应分配的材料费用 = 该种产品应分配的材料数量 × 材料实际单价或计划单价

例 3-3   华平企业一车间生产甲、乙两种产品，共同耗用 A 材料 2 000 kg，单价 20 元，合计 40 000 元，3 月投产甲产品 300 件，乙产品 200 件。甲产品单位消耗定额 10 kg，乙产品为 25 kg。采用定额耗用量比例分配法分配材料费用。

$$材料费用分配率 = \frac{2\,000 \times 20}{300 \times 10 + 200 \times 25} = 5（元/件）$$

$$甲产品应分配的材料费用 = 3\,000 \times 5 = 15\,000（元）$$

$$乙产品应分配的材料费用 = 5\,000 \times 5 = 25\,000（元）$$

此种方法虽然简便，但不能提供各种产品原材料实际消耗量资料，不利于进行原材料消耗的数量管理。

例 3-4   新佳企业生产 A、B 两种产品，6 月共同耗用甲、乙两种主要材料，材料费用共计 353 000 元，本月生产 A 产品 200 件，B 产品 300 件。A 产品材料消耗定额：甲材料 5 kg，乙材料 8 kg；B 产品材料消耗定额：甲材料 10 kg，乙材料 6 kg；甲材料单价 20 元，乙材料单价 18 元，采用定额成本法分配原材料费用。

A 产品材料定额成本 $= 200 \times (5 \times 20 + 8 \times 18) = 48\,800$（元）

B 产品材料定额成本 $= 300 \times (10 \times 20 + 6 \times 18) = 92\,400$（元）

$$材料费用分配率 = \frac{353\,000}{48\,800 + 92\,400} = 2.5$$

A 产品应负担的材料费用 $= 48\,800 \times 2.5 = 122\,000$（元）

B 产品应负担的材料费用 $= 92\,400 \times 2.5 = 231\,000$（元）

此种方法分配原材料费用，可以同时考核各种产品原材料消耗定额的执行情况，有利于进行原材料消耗的数量管理，但分配计算的工作量过大。图 3-4 为材料费用分配路径。

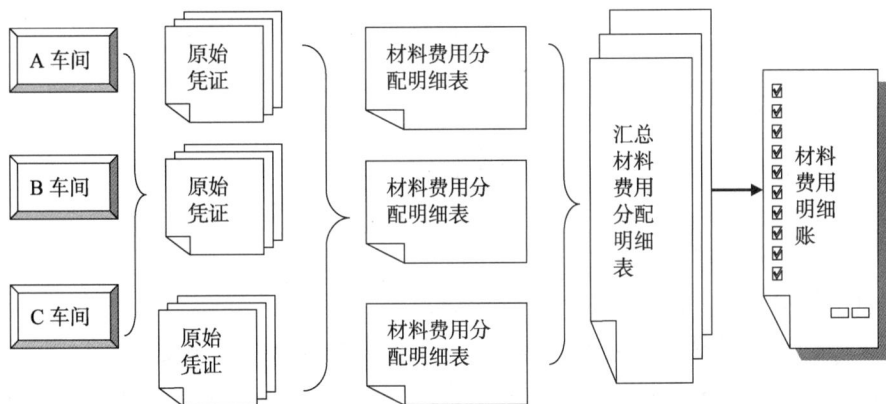

图 3-4　材料费用分配路径

制造业企业在实际生产经营过程中，除要关注主要材料的归集和分配外，还要特别注意材料在整个流转环节中的各种情况的管理和核算，严格按照国家《企业产品成本核算制度》（试行）中的各项规定来操作。

（1）生产过程中的废料、边角短料和回收的包装物，应按月回收交库。废料、边角短料退库成本，凡是能直接计入产品成本或工作命令的，应直接冲减原材料成本。如果无法计入产品或原工作命令成本的，可以按成本计算期内的全部商品产品原材料成本的比例扣除，期末在产品可以不分摊废料回收成本。

（2）车间（分厂）设有二级材料储备小仓库的，必须严格按仓库管理程序，专库保管，专设账册凭证，专人收发保管。二级材料储备小仓库的期末存料，应办理库存材料的移库核算手续，不得计入生产成本。

在车间（分厂）二级材料储备的体制下，供应部门材料仓库的发料，作为车间（分厂）储备材料的收入，成本核算要以内部发料凭证为依据。

（3）不论是准备车间或供应部门，对属于生产工艺过程的下料工序加工，使材料具有初步零件形状的，应作为基本生产工序，纳入生产成本核算范围，不应作为自制材料成本。

企业由于生产需要，对库存材料进行的各种加工，包括外部加工和自制，加工后虽然改变了原有材料的形状或规格，但仍具有通用材料性质，并入库待领的，作为自制材料处理。

凡是自制材料和自制半成品的界限难以划分的加工工序，一般应按照加工完成后入库归属作为区别的标准。

①材料加工后仍交供应部门仓库保管的，作为自制材料。

②材料加工后交生产计划部门所属毛坯库或在半制品仓库保管的，作为自制半成品。自制材料实际成本，应包括：领用材料和加工费用，扣除退库的余料价值。委托外部加工材料成本，应包括：发生材料成本，外付材料加工费用，扣除下脚废料回收后的实际价格。

（4）车间（分厂）领用各种材料，要按照实际领用数量计价，不得把由于仓库保管责任所造成的材料溢缺、损坏等经济责任，利用"清账法"自行修正领用数量，转嫁给领用部门承担。

仓库保管材料盈、亏、毁损的核算规定如下。

①由于物资自然损耗，在上级主管部门规定自然损耗率范围以内的，经供应部门、财会部门领导批准，计入管理费用。

②由于材料采购入库和收发工作的疏忽，造成同类材料的型号、规格、颜色、数量等相互混杂，但是没有造成经济损失，或差额极为微小的材料溢缺的等量调整，经供应部门和财会部门领导批准，差额可以计入同类材料价格差异。

③由于采购和保管责任而造成盘盈盘亏、毁损的，要由有关责任部门和人员提出书面说明和改进措施，经主管厂长和总会计师共同签署后（超过规定限额，要报经上级主管部门或同级财政部门批准），其盘盈数按计划价格，盘亏和毁损按实际成本，扣除责任人赔偿，并通过规定的待处理核销程序后计入管理费用。

④由于自然灾害和各种意外造成的损失，应查清原因，扣除保险公司和有关责任人的赔偿，减去残余价值，经上级主管部门批准，将净损失列入营业外支出。

不论是库内保管物资，或是露天堆放物资，都要定期盘点核实库存数。如有盘亏或毁损，应按上述规定处理，不得擅自采用定额损耗率预提损耗计入成本。

（5）铸造车间领用熔铸材料，要实行计量交接，明确经济责任。可以逐日填制领料凭证，也可以逐日交接记录数量，月终汇总填制领料凭证，但不得实行由车间包干采购数量，溢缺不计、责任不清，更不得将熔铸用材料仓库划归铸造车间管辖，转移物资仓储职能，削弱物资计量交接，混淆物资保管责任。

（6）实行钢材切割核算的企业，应该根据同规格材料的领用成本，减除余料短料价值，按已经切割完工的各产品零件切割后重量的比例，分配核算钢材切割成本。

3.2.4　人工费用的归集

工资总额是指企业在一定时期内支付给全体职工的薪酬，其组成包括：计时工资、计件工资、奖金、津贴和补贴、加班加点工资、非货币性福利、辞退福利、五险一金、职工福利费、工会经费和职工教育经费等[①]。

1. 职工工资、奖金、津贴和补贴

（1）计时工资。计时工资是按计时工资标准和工作时间支付给职工的劳动报酬。包括以下方面。

①对已做工作按计时工资标准支付的工资。

②实行结构工资制的单位支付给职工的基础工资和职务（岗位）工资。

③新参加工作职工的见习工资（学徒的生活费）等。

（2）计件工资。计件工资是按职工所完成的工作量和计件单价计算支付的劳动报酬。包括以下方面。

①在实行超额累进计件、直接无限计件、限额计件和超定额计件等工资制度下，按照定额和计件单价支付给职工的工资。

②按工作任务包干方法支付给职工的工资。

③按营业额提成或利润提成办法支付给职工的工资等。

（3）奖金。奖金是指支付给职工的超额劳动报酬和由于增收节约而给予职工的奖励。包括：生产奖、节约奖、劳动竞赛奖、机关及事业单位的奖励工资、其他经常性奖金等。

（4）津贴和补贴。津贴和补贴是指为补偿职工特殊的劳动消耗和因其他特殊原因而支付给职工的津贴，以及为了保证职工工资水平不受物价影响支付给职工的物价补贴。包括：补偿职工特殊或额外劳动消耗的津贴、保健型津贴、技术性津贴、年功性津贴、其他津贴、各种物价补贴等。

2. 职工福利费

职工福利费主要指尚未实行分离厂办社会职能或主辅分离、辅业改制的企业，内设医务室、职工浴室、理发室、托儿所等集体福利机构人员的工资、医务经费、职工因公负伤赴外地就医路费、职工生活困难补助、未实行医疗统筹企业职工医疗费用，以及按规定发生的其他职工福利支出。

3. 五险一金

五险指养老保险费、医疗保险费、失业保险费、工伤保险费和生育保险费等社会保险。

一金指企业按国务院《住房公积金管理条例》规定的基准和比例计算，向住房公

[①] 工资总额参考 1989 年 9 月 30 日国务院批准的，国家统计局 1990 年 1 月 1 日发布的第一号令，及 2009 年《国家税务总局关于企业工资薪金及职工福利费扣除问题的通知》。

积金机构缴存的住房公积金。

4. 工会经费和职工教育经费

企业为了改善职工文化生活、为职工学习先进技术和提高文化水平与业务素质，用于开展工会活动和职工教育及职业技能培训等相关支出。

5. 非货币性福利

企业以自己的产品或外购商品发放给职工作为福利，提供给职工无偿使用自己拥有的资产或租赁资产供职工无偿使用，为职工提供类似医疗保健等服务，以低于成本价向职工出售住房等。

6. 辞退福利

由于分离办社会职能实施重组、改组计划、职工不能胜任等原因，企业在职工劳动合同尚未到期之前解除与职工的劳动关系，或者为鼓励职工自愿接受裁减而提出补偿建议的计划中给予职工的经济补偿，即辞退福利。

为了监督和正确核算企业的人工费用，日常需要对人工费采用各种方式进行登记记录，以便为后续的核算工作做好必要的准备。通常企业中用于对人工费用登记记录的凭证主要有：考勤记录、产量记录（工作通知单、工序进程单和工作班产量记录单）、废品通知单、停工通知单、加班记录表等。

7. 考勤记录表

企业考勤记录一般要按车间、班组、科室分别登记，形式有考勤簿和考勤卡两种，一般由企业考勤人员根据企业在册职工的编号、姓名逐日登记职工的出勤和缺勤的时间，月末要对全部职工的考勤情况进行分类汇总，同时要对职工的变动状况作出相应调整，最后由车间、班组、科室等负责人签章，连同有关证明文件送交劳动人事部门确认，以此核算职工的薪酬。主要内容应该包括：职工出勤和缺勤情况、出勤时间分析、缺勤时间分析等，它是计算职工工资费用和企业进行管理决策的重要依据。其格式见表 3-3。

表 3-3　企业考勤表

2018 年 5 月　　　　　　　　　　　　　　第一生产车间 A 组

编号	姓名	工资等级	出勤、缺勤							出勤情况详细				缺勤情况详细						迟到、早退	备注
			1	2	3	4	…	合计		计时工作	夜班工作	加班加点	…	工伤	产假	病假	旷工	事假	…		
								出勤	缺勤												
01	×××	7																			
02	×××	7																			
03	×××	6																			
04	×××	5																			
05	×××	5																			
06	×××	3																			
	合计																				

8. 产量记录表

1）工作通知单

制造业企业为了对每位员工或班组按每道工序或每道作业分配生产任务并记录其生产数量，通常要开设"工作通知单"作为产量记录的凭证，就是实务中的"派工单、工票"，职工要按照单内的要求认真按时完成相应作业，后将产品连同工作通知单交由检验人员验收、签章。据以计算其工资和工时，适用于单件、小批生产且管理上不要求计算半成品成本的企业。其格式见表 3-4。

表 3-4　工作通知单

2018 年 6 月

工作号令		车间		工段		小组		姓名		工号		等级
223		二车间		二工段		二小组		×××		×××		3 级

产品或订单号	零件编号	工序	机床号	工作等级	计量单位	数量	工时定额		开工时间	完工时间	实际工时	交验数量	合格数量	返修数量	工废数量	料废数量	缺额	检验员号	废品通知单	工资/元		
							单位工时	总工时												计件单价	合格品工资	废品工资	合计

2）工序进程单

制造业企业为了记录产品的加工进度，分配生产任务，需要按每批产品的整个生产工艺过程开设"工序进程单"作为产量记录的凭证，其就是实务中的"工序单、多工序工票、加工路线单"等，它是以加工的产品为对象而开设的产量和工时记录，可用以分派生产任务，记录每道工序的产量、实际工时和完成的定额工时。适用于成批生产类型的企业。其格式见表 3-5。

表 3-5　工序进程单

2018 年 9 月

车间名称	工段	产品型号		部件与零件编号及名称							投产数量		
				×××产品							××		
A 车间	三工段	×号		检查结果									

机床号	任务完成情况						实际工时	交验数	合格数	返修数	工废数	料废数	缺额	检查员	工作班产量记录编号
	姓名	工序	数量	工时定额	开工										
					日期	时间									
01															
02															
03															
04															
05															

3）工作班产量记录

制造业企业为了要将产品的全部工序列入，且要记录每个工序产品质量的检查结果，需要将"工作班产量记录"表和"工序进程单"结合起来使用，以弥补"工序进程单"不能满足全面统计产品产量和计算工资的要求，反映各个班组的产品产量和所耗用的工时。工作班产量记录见表3-6。

表3-6　工作班产量记录

2018 年 11 月　　　　　　　　　　　　　　班组：×××

工人			工作任务					检查结果									工资			
工号	姓名	等级	加工进程单编号	产品型号	零件编号	工序	发出加工数量	工时定额	交验数量	合格数量	返修数量	工废数量	料废数量	短缺数量	未加工数	定额总工时	实际工时	检验员	计件单价	合格品工资	废品工资	工资合计
10																						
11																						
12																						
13																						
14																						
15																						

3.2.5　人工费用的计算和分配

1. 计时工资的计算

计时工资是指企业按计时工资标准和工作时间支付给职工的劳动报酬。制造业企业工资标准有按月计算的，也有按日或按小时计算的。一般采用月薪制。这里采用月薪制来计算和分配职工薪酬。

制造业企业工资费用的归集主要通过考勤记录、产量记录和工时记录来展开。按照国家《成本和费用管理制度》规定：

（1）企业支付全体在册人员、临时工、合同工的各项工资，包括：计时工资、计件工资，以及属于国家规定工资总额范围内的辅助工资、津贴、补贴、奖金等，都应当根据手续完备的原始凭证进行计算、支付、汇总、分配。

（2）不实行工资总额与经济效益挂钩的企业，计入产品实际成本的工资、奖金和津贴、补贴应该是当月实际支付的应付工资。

凡是经上级主管部门、财政部门、劳动部门共同核准实行工资总额与经济效益挂钩的企业，应按国家规定的工资基数计算分配进入成本。

（3）实行计件工资制的企业，计件生产工人的工资，可以根据上月实际完成合格品的实物量，或按实物量折算的劳动量，乘计件单价计算。计件工人由于从事工艺过程未规定的额外工作，或由于工作条件变更而补付的工资补贴等，应按企业规定的审核程序，填制各类凭证后计算发放，并计入产品成本。

（4）企业应当按照国家的规定计提职工福利费。提取职工福利费的基数，按规定为企业每月实际的应付工资。不准任意变动计提的基数和提存率。实行工资总额与经济效益挂钩的企业，在两级核算的体制下，为了有利于考核，对车间（分厂）的工资费用可按实际支付数进行核算,企业按国家核定的工资基数与企业实际应付数的差额，列入管理费用。

（5）企业直接从事产品生产的生产工人工资和福利费，凡是能直接划分产品成本归属的，应直接计入该产品成本。计件工资一般应直接计入有关的成本核算对象。不能直接划分产品成本归属的计时工资和职工福利费，可以根据产品加工的定额工时，或产品重量的比例等，分配计入各有关的成本核算对象，企业在归集和分配工资费用时，都应当严格区分工资费用的用途，不能将应由其他项目负担的工资费用和应列入产品成本费用中的工资费用混淆。

月薪制下，企业是按职工固定的月标准工资扣除缺勤工资来计算的。其公式为

应付月计时工资 = 月标准工资 − 缺勤天数 × 日工资率 − 病假天数 × 日工资率 × 扣款率

或：应付月计时工资 = 实际出勤天数 × 日工资率 + 病假天数 × 日工资率 ×（1 − 扣款率）

关于病假工资和扣款率参照《中华人民共和国劳动法》的规定：病假工资的计算，首先要确定两个变量，一是病假工资的计算基数，二是病假工资的计算系数。

① 病假工资的基数按照以下三个原则确定。

a. 劳动合同有约定的，按不低于劳动合同约定的劳动者本人所在岗位(职位)相对应的工资标准确定。集体合同(工资集体协议)确定的标准高于劳动合同约定标准的，按集体合同(工资集体协议)标准确定。

b. 劳动合同、集体合同均未约定的,可由用人单位与职工代表通过集体协商确定,协商结果应签订工资集体协议。

c.用人单位与劳动者无任何约定的，假期工资的计算基数统一按劳动者本人所在岗位(职位)正常出勤的月工资的70%确定。

此外，按以上三个原则计算的假期工资基数均不得低于当地规定的最低工资标准。

② 计算系数按照以下方式确定。

a. 职工疾病或非因工负伤连续休假在6个月以内的，企业应按标准根据年限由本人工资的60%~100%支付疾病休假工资。

b. 职工疾病或非因工负伤连续休假超过6个月的，由企业支付疾病救济费：企业应按标准根据年限由本人工资的40%~60%支付疾病休假工资。

病假工资的计算基数和计算系数确定后，便可计算出病假工资的数额。其计算公式如下。

病假工资 = (计算基数/21.75) × 计算系数 × 病假天数

（6）节假日加班工资。安排劳动者延长工作时间的，支付不低于工资的 150%的工资报酬；休息日安排劳动者工资又不安排补休的，支付不低于工资的 200%的工资报酬；法定休假日安排劳动者工作的，支付不低于工资的 300%的工资报酬。

上述公式中日工资率的计算如下（有按 30 天或 20.83 天等多种计算方法）。

$$日工资率 = \frac{月标准工资}{全年平均每月工作日数（30天或20.83天）}$$

$$全年平均每月工作日数 = \frac{全年工作日数}{全年月数} = \frac{250}{12} = 20.83（天）$$

$$全年工作日数 = 365 - 104 - 11 = 250（天）$$

①元旦：放假 1 天，春节（农历正月初一、初二、初三）放假 3 天，清明节：放假 1 天，国际劳动节：放假 1 天，端午节（农历五月初五）：放假 1 天，国庆节：放假 3 天，中秋节（农历八月十五）：放假 1 天。

②双休日：52 周 × 2=104（天）

按 30 天和 20.83 天计算两种方法的不同：

按 30 天计算的，由于日标准工资的计算没有扣除法定节假日和星期假日（统称节假日），故节假日照付工资，因而缺勤期间的节假日也应扣发工资。

按 20.83 天计算的，由于日标准工资的计算已扣除了节假日，所以节假日本来就不支付工资，因而缺勤期内的节假日也就不存在扣发工资的情况。

例 3-5 华平企业职工李菊月标准工资为 3 124.5 元，3 月 31 天，病假 3 天，事假 2 天，6 个休息日，出勤 20 天。根据其工龄，其病假工资按工资标准的 90%计算，病假和事假期间没有节假日，现按四种方法计算工资如下。

（1）按 30 天计算日工资率，采用扣缺勤法：

$$日工资率 = 3\ 124.5 \div 30 = 104.15（元）$$

$$应发工资 = 3\ 124.5 - 104.15 \times 3 \times（1 - 90\%）- 104.15 \times 2 = 2\ 884.96（元）$$

（2）按 30 天计算日工资率，采用出勤法：

$$应发工资 = （20+6）\times 104.15 + 104.15 \times 3 \times 90\% = 2\ 989.11（元）$$

差异原因在于当月日历天数为 31 天，而日工资率计算的天数为 30 天，所以多出了一天的工资。

（3）按 20.83 天计算日工资率，采用扣缺勤法：

$$日工资率 = 3\ 124.5 \div 20.83 = 150（元）$$

$$应发工资 = 3\ 124.5 - 150 \times 3 \times（1 - 90\%）- 150 \times 2 = 2\ 779.5（元）$$

（4）按 20.83 天计算日工资率，采用出勤法：

$$应发工资 = 20 \times 150 + 150 \times 3 \times 90\% = 3\ 405（元）$$

差异原因在于应出勤天数为 25 天，而日工资率计算天数为 20.83 天，相差 4.17 天的工资为 420 元。

例 3-6 华平工厂职工王越月标准工资为 3 332.80 元，本月日历天数为 30 天，共 9

个休息日，该职工病假 7 天（其中有 2 天是休息日），本月出勤 16 天。王越本月奖金 200 元，津贴和补贴 280 元，星期天加班 2 天，病假支付标准为标准工资的 80%。

要求：根据上述资料，采用日工资计算的几种方法，分别计算王越本月的应付职工薪酬（采用月薪制计算）。

（1）按全年平均每月工作日数计算（20.83 天）。

日工资 = 3 332.80÷20.83 = 160（元）

计时工资 = 3 332.80 − 5 × 160 = 2 532.80（元）

加班加点工资 = 2 × 160 × 200% = 640（元）

病假工资 = 5 × 160 × 80% = 640（元）

应付职工薪酬 = 2 532.80+200+280+640 × 2 = 4 292.80（元）

（2）按全年平均每月日历天数计算（30 天）。

日工资 = 3 332.80÷30 = 111.09（元）

计时工资 = 3 332.80 − 7 × 111.09 = 2 555.17（元）

加班加点工资 = 2 × 111.09 × 200% = 444.36（元）

病假工资 = 7 × 111.09 × 80% = 622.10（元）

应付职工薪酬 = 2 555.17 + 200 + 280 + 444.36 + 622.10 = 4 101.63（元）

2. 计件工资的计算

计件工资是企业按员工完成的产品产量和计件单价计算支付的工资。包括个人计件工资和集体计件工资计算两部分。

1）个人计件工资的计算

应付月计件工资 = $\sum$ 月内完成的产品产量×该种产品的计件单价

值得注意的是，在完成的产量中如果有废品，若是料废造成的，即材料本身质量原因造成的，应照常支付工资；若是工废，即工人本人过失造成的，不但不能支付工资，而且还会向过失人索取赔偿。

在定额管理做得比较好的企业，产品计件单价可以按下列公式计算：

计件单价 = 工时定额 × 小时工资率

2）集体计件工资的计算

集体计件工资与个人计件工资的计算方法相同。不同之处是：集体计件工资还要在集体内部各工人之间按照贡献大小进行分配。通常可按每人的工资标准和工作日数（或工时数）的乘积作为标准进行分配。

在具体计算计件工资时，同时需要特别注意产品的工废和料废问题。

例 3-7　丙、丑两种产品均由同级工人加工。丙产品的工时定额为 30 分钟，丑产品的工时定额为 45 分钟。假定该级工人的小时工资率为 10 元，10 月该工人加工丙产品 800 件，丑产品 600 件。其中合格品 580 件，工废 12 件，料废 8 件。8 件料废中，完工后发现 2 件，其余 6 件是在加工过程中发现的，完成定额工时 180 分钟。计算该工人 10 月计件工资为多少？

$$丙产品的计件单价 = 10 \times 30 \div 60 = 5（元）$$
$$丑产品的计件单价 = 10 \times 45 \div 60 = 7.5（元）$$
$$10 月计件工资 = 5 \times 800 + 7.5 \times（580 + 2）+ 7.5 \times（180 \div 45）= 8 395（元）$$

3. 人工费用的分配

在企业实务中，人工费用的计算和分配通常都是通过编制"职工工资结算单"（表 3-7）和"职工工资分配表"（表 3-8）来完成的。

表 3-7　职工工资结算单

部门：一车间　　　　　　　　　　　　2018 年 11 月

编号	姓名	基本工资		其他工资		加班工资	奖金	病假应扣工资	事假应扣工资	应付工资合计	代扣款项				实发工资	签章
		标准工资	岗位工资	津贴	工龄工资						"五险一金"		其他	小计		
1	王　凯	2 000	1 100	500	15		950.00			4 565.00	…	…	…	…	4 351.00	
2	辛雪琴	1 800	1 050	500	17		1 000.00	56.20		4 310.80	…	…	…	…	4 130.95	
3	李　振	1 500	800	450	10		820.00		91.30	3 488.70	…	…	…	…	3 316.90	
4	陶德文	1 200	750	300	8		760.00			3 018.00	…	…	…	…	2 873.50	
5	贾　斌	1 200	750	300	8		950.00			3 208.00	…	…	…	…	3 121.94	
6	顾学文	1 150	700	300	7		820.00			2 977.00	…	…	…	…	2 955.20	
7	戴小红	1 000	700	300	5		950.00			2 955.00	…	…	…	…	2 820.72	
8	赵　伟	960	700	350	6		820.00			2 836.00	…	…	…	…	2 697.90	
9	严泽斌	700	520	300	3		980.00			2 503.00	…	…	…	…	2 381.55	
10	杜云泽	700	600	300	4		601.00			2 205.00	…	…	…	…	2 084.09	
11	管小弟	1 000	400	300	5		980.00			2 385.00	…	…	…	…	2 366.20	
12	董云波	700	360	250	2		820.00			2 132.00	…	…	…	…	2 021.00	

会计主管：曲家胜　　　　　　　审核：高小英　　　　　　　　制单：唐晓英

表 3-8　职工工资分配表

华平厂　　　　　　　　　　　2018 年 11 月　　　　　　　　　单位：元

应借记科目		计件工资	计时工资分配		工资总额	福利薪酬	合计
			生产工时	分配率			
基本生产成本	甲产品						
	乙产品						
	小计						
辅助生产成本	供水车间						
	修理车间						
	小计						
制造费用							
销售费用							
管理费用							
合　计							

人工费用分配编制会计分录如下：

借：基本生产成本——甲产品

　　基本生产成本——乙产品

　　辅助生产成本——修理车间

　　辅助生产成本——供水车间

　　制造费用

　　销售费用

　　管理费用

　　　贷：应付职工薪酬

借：基本生产成本——甲产品

　　基本生产成本——乙产品

　　辅助生产成本——修理车间

　　辅助生产成本——供水车间

　　制造费用

　　销售费用

　　管理费用

　　　贷：应付职工薪酬——福利薪酬

3.2.6　其他费用的归集和计算要求

制造业企业在实际中除对材料费用和人工费用要归集与分配外，还要对发生的其他费用进行必要的归集和计算，如折旧费用的归集与分配、利息费用、税金支出和长期待摊费用等。具体执行时要严格按照国家《企业产品成本核算制度》（试行）的相关规定。

（1）企业的动力费用，包括外购和自制的水、电力、蒸汽、压缩空气等费用。外购动力按实际支付数核算，自制动力作为辅助生产核算。

外购电力需要经过企业变电所变压输电的，一般仍应作为外购电力核算。变电所的费用可列入管理费用。如果企业变电量较大的，也可以单独列作辅助生产核算。

月终结算外购动力成本时，应扣除增值税，按无税成本分配核算动力费用。生活福利部门、专项工程等耗用的外购动力，要按含税实际成本核算。

实行内部结算制的企业，动力费用的结算，可按内部结算单价执行。

动力费用应当根据企业各单位的实际耗用量分摊计算。能直接划分产品动力消耗的，应按产品实际耗用量直接计算动力成本。无法划分产品的动力费用，可以分车间（分厂）和部门，与其他间接费用同作为工缴成本分摊计算。外购动力费用的实际支出，与内部动力消耗仪表显示数之间的差额，按下列情况处理。

①实行动力计划价格或结算价格核算的差额应计入动力成本差异，最终计算动力实际成本。

②实行动力实际价格核算的，要按实际支付金额和厂内实际耗用总量重新计算单价，据以分配各受益单位的动力费。

（2）企业计提折旧的范围和方法，按企业固定资产管理办法有关规定执行。企业应按使用车间（分厂）和部门，分别核算折旧费，一般不直接计入产品成本，而作为间接费用分配核算。生产车间计提的折旧，记入制造费用，管理部门应提的折旧计入管理费用；租出固定资产应提的折旧计入其他业务支出。

（3）固定资产的修理费，按实际发生额一次或分次计入生产成本或期间费用。修理费用的内容一般包括：房屋、建筑物及设备的修理、维护及保养费用，补付的零星修理费，限额内的简易料棚，不构成固定资产的小型零星土建改造设施的实际费用等。

属于外包的修理费，按实付金额计算。属于厂内委托修理的劳务费，可以按实际发生额计算，也可以按厂内劳务结算价格进行结算，以明确双方的经济责任，车间（分厂）内部机电维修工人为本车间进行经常性维修工作，一般只计材料消耗，不计入人工成本。

（4）企业对于一次支付分期摊入当月和以后各月产品成本的长期待摊费用，应按受益期限，分月摊入成本，分摊期限一般不得超过一年，如超过一年，应转作递延资产管理。

递延资产是指不能全部计入当年损益，应当在以后年度分期摊销的费用，如开办费可以选择一次性扣除，也可以按不低于 3 年摊销，但摊销方法一经选定，不得改变。

（5）对于应由本月成本负担而在以后月份支付的费用，应在下列费用范围内通过预提科目计入本月产品成本。

①租入固定资产的修理费支出。

②按季结算的流动资金借款利息支出。

③根据产品质量"三包"要求，企业在商品出厂后继续产生的工序费用成本，如安装调试成本、油漆成本等。

预提费用应按项目、按供货单位进行明细核算，不得在一级会计科目内合并汇总核算。

预提费用与实际发生数的差额，必须及时调整成本负担数，或在年终结算时结清，不得保留余额。因特殊情况必须保留余额的，应经企业主管部门批准。企业不准利用预提费用虚列费用，调节成本。

3.3 辅助部门费用的归集与分配

3.3.1 辅助部门费用的归集

制造业企业的生产车间按其性质划分，可以分为基本生产车间和辅助生产车间两个类型。其中以生产各种产品为主要作业的是基本生产车间，为基本生产车间提供各种劳务或服务的车间，如为基本生产车间供电、供水、供气、修理和运输等的车间称为辅助生产车间，其主要有：一是提供辅助产品的辅助生产车间，属产品生产性车间，它通常生产基本生产车间所需要的各种工具、模具、刀具、刃具、夹具等，二是提供劳务、作业的辅助生产车间，通常有供水、供电、供汽、运输、机修等车间。只有辅助生产产品和劳务成本确定以后，才能计算基本生产的产品成本。

辅助部门费用的归集，应按不同的车间、部门设立明细账，账内按照费用项目设立专栏或专户，分别反映各辅助生产车间发生的各项费用。

按照成本核算对象和规定的成本项目进行归集，一般可分两种情况。

（1）只生产一种产品或只提供一种劳务的辅助生产车间、部门，如供水、供电、供汽、运输等部门，可按车间分别设置辅助生产成本明细账。

（2）提供多种产品或多种劳务的辅助生产车间，如工具、修理车间等，除按车间不同设置辅助生产成本明细账外，还应按各种产品和劳务，分别设立成本计算单，登记直接费用。其他费用可先在制造费用——辅助生产车间明细账核算，月末再采用适当标准分配计入各有关产品或劳务成本计算单中。

辅助生产费用的归集，是将辅助生产车间发生的各种费用，根据有关的付款凭证、转账凭证和各种费用分配表记入"辅助生产成本"账户的借方，通过登记，把所发生的费用都归集起来，从"辅助生产成本"的对应科目来看，应贷记"原材料""应付职工薪酬""累计折旧""银行存款"等科目；同时按费用的项目，分别记入辅助生产成本明细账。

辅助生产费用的归集有两种程序及账户设置。

（1）辅助生产对外提供商品产品，且辅助生产车间的制造费用数额较大的情况下，辅助生产车间的制造费用应先通过"制造费用——辅助生产"账户单独进行归集，月末再将其结转至相应的"辅助生产成本"账户，从而计入辅助生产产品或劳务的成本。（"辅助生产成本"明细账按成本项目设专栏。）

（2）辅助生产不对外提供商品产品，且辅助生产车间规模很小、制造费用很少，为简化核算，辅助生产车间的制造费用可不通过"制造费用——辅助生产"账户单独归集，而是直接记入"辅助生产成本"账户。（"辅助生产成本"明细账按费用项目设专栏。）

辅助生产费用明细账的格式，见表 3-9。

表 3-9　辅助生产费用明细账

车间：机修车间　　　　　　　　　　2018 年 10 月　　　　　　　　　　单位：元

| 2018 年 | | 凭证号数 | 摘要 | 原材料 | 外购动力 | 工资及福利费 | 折旧费 | 修理费 | 水电费 | 保险费 | 办公费 | 其他 | 合计 |
月	日												
			其他费用分配表										
			材料费用分配表										

续表

2018 年		凭证号数	摘要	原材料	外购动力	工资及福利费	折旧费	修理费	水电费	保险费	办公费	其他	合计
月	月												
			动力费用分配表										
			人工费用分配表										
			待摊费用分配表										
			折旧费用分配表										
			辅助生产分配表										
			制造费用分配表										
			合　　　计										

3.3.2　辅助部门费用的分配

制造业企业的辅助生产是为基本生产和其他部门服务的，根据受益原则，其发生的费用应由各受益部门承担，即应将辅助生产发生的费用向各个受益部门进行分配。通常按以下方法进行。

自制的材料、工模具等，完工后转入原材料、低值易耗品等账户，各车间领用时，比照材料的核算方法，按用途和数量，转入有关费用账户。

提供水、电、蒸汽、压缩空气等劳务的辅助生产车间，根据各受益部门的耗用数量进行分配。但由于辅助部门之间也互相提供劳务，所以应先进行辅助部门之间的交互分配，然后再确定实际单位成本，向基本生产车间分配。其分配方法主要有以下几种。

1. 直接分配法

直接分配法是将各辅助生产成本明细账中归集的费用总额，不考虑各辅助生产车间之间相互提供的劳务（或产品），直接分配给辅助生产部门以外的各受益产品、车间、部门。

其特点：只对外（辅助生产部门以外的各单位）进行分配，而不考虑相互之间提供的劳务。具体的计算公式如下：

$$某辅助生产费用的直接分配率 = \frac{该辅助生产部门归集的费用}{该辅助生产部门对外提供的劳务总量}$$

$$外部受益对象应负担的辅助生产费用 = 该受益对象接受的劳务量 \times 辅助生产费用的直接分配率$$

例 3-8　华平企业有供电和机修两个辅助生产车间，本月根据辅助生产成本明细账得知：供电车间直接发生的待分配费用为 24 640 元，机修车间为 28 140 元。供电车间和机修车间之间相互提供产品与劳务，供电车间受益少，机修车间受益多。车间本月提供产品见表 3-10。

表 3-10　辅助生产费用消耗情况表

车间、部门		用电度数	修理工时
第一基本生产车间	产品耗用	37 000	—
	一般耗用	3 000	3 600
第二基本生产车间	产品耗用	34 000	—
	一般耗用	2 000	4 200
管理部门		4 000	200
供电车间		—	400
机修车间		8 000	—
合计		88 000	8 400

$$分配率 = \begin{cases} 供电车间: 24\,640 \div (88\,000 - 8\,000) = 0.308 \\ 机修车间: 28\,140 \div (8\,400 - 400) = 3.517\,5 \end{cases}$$

直接分配法的会计分录如下。

借：基本生产成本——一车间　　　11 396（37 000 × 0.308）

　　　　　　　　——二车间　　　10 472（34 000 × 0.308）

　　制造费用——一车间　　　13 587（3 000 × 0.308 + 3 600 × 3.517 5）

　　　　　　——二车间　　　15 390（2 000 × 0.308 + 4 200 × 3.517 5）

　　管理费用　　　　　　　　　1 935（4 000 × 0.308 + 200 × 3.517 5）

贷：辅助生产成本——供电车间　　24 640

　　　　　　　　——供水车间　　28 140

采用直接分配法，辅助生产费用仅分配给辅助生产车间之外的部门，其分配额仅是本车间发生的费用，不包括交互分入的费用，计算工作比较简单。这种方法仅适用于辅助生产车间没有交互分配或交互分配比较少的企业。对于那些交互分配数额较大的企业，采用该法将会影响计算结果的准确性。

2. 顺序分配法

顺序分配法是按辅助生产车间施惠和受益量多少的顺序分配辅助生产费用的一种分配方法。即各辅助生产车间按照施惠量或受益量的大小排序，施惠最大、受益最小的排在第一位，施惠最小、受益最大的排在最后一位，排在前面的辅助生产车间的费用分给排在后面的辅助生产车间；排在后面的辅助生产车间的费用不再分给排在前面的辅助生产车间。公式为

$$某辅助生产车间费用分配率 = \frac{该辅助车间直接发生的费用 + 分配转入的费用}{该辅助生产车间向其他车间、部门提供产品或劳务数量}$$

各车间、部门应分配的辅助生产费用 = 该车间、部门耗用的产品或劳务数量

　　　　　　　　　　　　　　　× 辅助生产费用分配率

受益少的本身要分配出去得多，要考虑分配给基本生产车间、行政管理外，还要

给其他辅助车间。而受益多的则一般不考虑其本身给其他的辅助分配。

例 3-9 仍以例 3-8 资料为例，采用顺序分配法计算辅助生产费用的分配。

据题意：供电车间受益少，机修车间受益多

供电车间排在前，分配率 = 24 640 ÷ 88 000 = 0.28

机修车间排在后，分配率 =（28 140 + 8 000 × 0.28）÷（8400 − 400）= 3.797 5

顺序分配法的会计分录如下。

借：基本生产成本——一车间　　　　10 360（37 000 × 0.28）

　　　　　　　　　——二车间　　　　 9 520（34 000 × 0.28）

　　制造费用——一车间　　　　14 511（3 000 × 0.28 + 3 600 × 3.797 5）

　　　　　　——二车间　　　　16 509.50（2 000 × 0.28 + 4 200 × 3.797 5）

　　管理费用　　　　　　　　　 1 879.50（4 000 × 0.28 + 200 × 3.797 5）

　　辅助生产成本——机修车间　 2 240（8 000 × 0.28）

　　贷：辅助生产成本——供电车间　　24 640

　　　　　　　　　　——机修车间　　30 380

此种方法只适用于各服务部门之间相互受益程度有明显顺序的企业，在各服务部门的分配顺序确定以后，一般不宜经常变动。

3. 一次交互分配法

一次交互分配法即分两次进行分配，第一次只限于各辅助部门之间交互分配费用；第二次是各辅助生产部门分配前的费用，加上分入费用，减去分出费用，计算出实际费用和单位成本，再按直接分配法分配给各基本生产车间和管理部门等。

第一阶段**交互分配**公式为

　　某辅助生产车间费用分配率 = 该辅助生产车间直接发生的费用

　　　　÷该辅助生产车间提供的劳务总量

某辅助生产车间应分配其他辅助生产车间的费用

　　=该辅助生产车间耗用其他辅助生产车间劳务量×其他辅助生产费用分配率

第二阶段**直接分配**公式为

　　某辅助生产车间费用分配率

$$=\frac{该辅助车间直接发生费用+分配转入费用-分配转出费用}{该辅助生产车间向基本生产车间和行政管理等部门提供的劳务总量}$$

某基本生产车间、行政管理部门应分配辅助生产费用

=该基本生产车间或行政管理等部门提供的劳务耗用量×辅助生产车间费用分配率

例 3-10 仍以例 3-8 资料为例，采用一次交互分配法计算辅助生产费用的分配。

第一次分配（交互分配）：分配率 $\begin{cases} 供电车间：24\ 640 \div 88\ 000 = 0.28 \\ 机修车间：28\ 140 \div 8\ 400 = 3.35 \end{cases}$

所以，机修车间分得：8 000 × 0.28 = 2 240；供电车间分得：400 × 3.35 = 1 340

第二次分配（直接分配）：分配率 $\begin{cases} 供电车间：\dfrac{24\,640+1\,340-2\,240}{88\,000-8\,000}=0.296\,75 \\[3mm] 机修车间：\dfrac{28\,140+2\,240-1\,340}{8\,400-400}=3.63 \end{cases}$

一次交互分配法的会计分录如下。

①借：辅助生产成本——机修车间　　　　　　　　　　　　　　　　　　2 240

　　　贷：辅助生产成本——供电车间　　　　　　　　　　　　　　　　　　　2 240

　　借：辅助生产成本——供电车间　　　　　　　　　　　　　　　　　　1 340

　　　贷：辅助生产成本——机修车间　　　　　　　　　　　　　　　　　　　1 340

②借：基本生产成本——一车间　　10 979.75（37 000×0.296 75）

　　　　　　　　　——二车间　　10 089.50（34 000×0.296 75）

　　　制造费用——一车间　　13 958.25（3 000×0.296 75+3 600×3.63）

　　　　　　　——二车间　　15 839.50（2 000×0.296 75+4 200×3.63）

　　　管理费用　　　　　　1 913（4 000×0.296 75+200×3.63）尾数调整

　　　贷：辅助生产成本——供电车间　　23 740

　　　　　　　　　——机修车间　　29 040

辅助生产的一次交互分配法，比直接分配法的分配结果正确，同时该方法不很复杂，易于理解和操作。但是此种方法由于各种服务费用都要计算两个费用分配率，进行两次分配，因此增加了一定的核算工作量。

4. 代数分配法

代数分配法是利用多元方程的原理，计算出各辅助生产车间劳务的单位成本，再按直接分配法分配于各基本生产车间及管理部门等。代数分配法的最大优点是分配结果准确，是其他分配方法所不能及的，但如企业辅助部门较多，计算起来就比较麻烦，所以只适用于辅助生产部门较少或实现了电算化的企业。

例 3-11　仍以例 3-8 资料为例，采用代数分配法计算辅助生产费用的分配。

设供电车间每度电本为 x，机修车间每工时成本为 y；

$$\begin{cases} 28\,140+8\,000x=8\,400y \\ 24\,640+400y=88\,000x \end{cases}$$

解出　$x=3.632\,4$

　　　　$y=0.296\,5$

代数分配法的会计分录如下。

借：基本生产成本——一车间　　10 970（37 000×0.296 5）

　　　　　　　——二车间　　10 081（34 000×0.296 5）

　　　制造费用——一车间　　13 967（3 000×0.296 5+3 600×3.632 4）

　　　　　　——二车间　　15 849（2 000×0.296 5+4 200×3.632 4）

管理费用 $\quad\quad\quad\quad\quad\quad\quad$ 1 912（4 000×0.296 5＋200×3.632 4）尾数调整

辅助生产成本——供电车间 $\quad$ 1 453（400×3.632 4）

辅助生产车间——机修车间 $\quad$ 2 372（8 000×0.296 5）

$\quad$ 贷：辅助生产成本——供电车间 26 092（88 000×0.296 5）

$\quad\quad\quad\quad\quad\quad\quad\quad$ ——机修车间 30 512（8 400×3.632 4）

$\quad$ 代数分配法是最精确的一种辅助生产费用分配方法，但在辅助生产车间较多、数据复杂的情况下，解方程组的工作量较大。如果企业能借助于计算机来完成方程组的求解，该法将不失为一种较好的方法。

5. 计划分配法

$\quad$ 计划分配法是根据事先确定的内部结算价格或计划价格，以及各受益单位的实际耗用数量，计算应分配的辅助生产费用。各辅助部门的差异，可列入管理费用。这种方法的优点是手续简单，计算快速，并能考核各辅助生产部门的成本计划执行情况，有利于厂内经济核算。但价格若制订得不准确，会影响成本的准确性，价格一般应以市场价为基础。

$\quad$ **例 3-12** $\quad$ 仍以例 3-8 资料为例，采用计划分配法计算辅助生产费用的分配。

$\quad$ 据资料：供电车间：计划单位成本为 0.32 元/度；机修车间为 3.6 元/小时。

$\quad$ 供电车间实际发生成本 = 24 640＋400×3.6 = 26 080

$\quad$ 供电车间成本差异 = 26 080－88 000×0.32 = －2 080

$\quad$ 机修车间实际发生成本 = 28 140＋8 000×0.32 = 30 700

$\quad$ 机修车间成本差异 = 30 700－8 400×3.6 = 460

$\quad$ 调整分配率：

$\quad$ 供电车间：－2 080÷（88 000－8 000）= －0.026

$\quad$ 机修车间：460÷（8 400－400）=0.057 5

$\quad$ 计划分配法的会计分录：

$\quad$ 借：基本生产成本——一车间 $\quad$ 10 878（0.32－0.026）×37 000

$\quad\quad\quad\quad\quad\quad\quad\quad$ ——二车间 $\quad\quad$ 9 996（0.32－0.026）×34 000

$\quad\quad\quad$ 制造费用——一车间 $\quad$ 14 049（0.32－0.026）×3 000＋3 600×（3.6＋0.057 5）

$\quad\quad\quad\quad\quad\quad\quad\quad$ ——二车间 $\quad$ 15 950（0.32－0.026）×2 000＋4 200×（3.6＋0.057 5）

$\quad\quad\quad$ 管理费用 $\quad\quad\quad\quad\quad\quad$ 1 907（0.32－0.026）×4 000＋200×（3.6＋0.057 5）

$\quad\quad\quad$ 辅助生产成本——供电车间 1 440（400×3.6）

$\quad\quad\quad\quad\quad\quad\quad\quad$ ——机修车间 2 560（8 000×0.32）

$\quad$ 贷：辅助生产成本——供电车间 26 080

$\quad\quad\quad\quad\quad\quad\quad\quad$ ——机修车间 30 700

$\quad$ 如果计划和实际差异不大，也可以将差异直接计入"管理费用"科目。

$\quad$ 采用此法分配辅助生产费用，核算工作能比较及时、简便，同时通过计划成本和实际成本的比较分析，可及时了解各辅助生产车间费用的超支和节约的原因，有利于控制和考核各辅助生产车间费用发生情况。这种方法适用于计划核算基础较好的企业，但在实际工作中，由于情况多变，对计划成本的正确预估无疑是件较难的事情。

实务中，企业可根据其生产特点和其他方面的条件采用某种方法来分配辅助生产费用。但辅助生产车间如有对外销售产品或对外承制工业性作业，以及为自营基建工程等提供产品或劳务，则必须按工作命令分别归集每项产品作业的费用，采用定单法核算实际成本。

3.4　制造费用的归集与分配

3.4.1　制造费用的归集

制造费用是指企业的各个生产单位（分厂、车间）为生产产品或提供劳务而发生的，应计入产品成本但没有专设成本项目的各项生产费用。

制造费用有以下两个特点。

（1）它一定是在生产部门发生的，与产品生产有关，其最终归属一定是产品成本。

（2）它是特定会计期间发生的生产费用，一般与具体的产品及产品数量无直接关系。

无论生产较多数量还是较少数量产品，甚至停产，在生产车间总有一些固定要发生的费用，如机器折旧、车间厂房折旧、机器日常维修护理等费用。

制造费用由以下几方面组成。

（1）间接用于产品生产的费用。

（2）部分直接用于产品生产的直接生产费用。

（3）车间用于组织和管理生产的费用。

制造费用的归集，是在制造费用发生时，根据有关的付款凭证、转账凭证和各种费用分配表记入"制造费用"账户的借方，通过登记，把所发生的费用都归集起来，从"制造费用"的对应科目来看，应贷记"原材料""应付职工薪酬""累计折旧""预提费用""银行存款"等科目；同时按费用的项目，分别记入制造费用明细账"工资及福利费""折旧费""修理费"等项目中，制造费用明细账见表3-11。

表 3-11　制造费用明细账

车间：基本生产车间　　　　　　　　2018 年 4 月　　　　　　　　单位：元

摘要	机物料消耗	外购动力	工资及福利费	折旧费	修理费	水电费	保险费	办公费	其他	合计	转出
其他费用分配表											
材料费用分配表											
动力费用分配表											

续表

摘要	机物料消耗	外购动力	工资及福利费	折旧费	修理费	水电费	保险费	办公费	其他	合计	转出
人工费用分配表											
待摊费用分配表											
折旧费用分配表											
辅助生产分配表											
合计											
分配转出											

3.4.2　制造费用的分配

　　制造费用的分配，应分车间进行分配。在只生产一种产品的车间，可以直接计入该产品成本。在生产多种产品的车间，应采用适当的分配标准，分配计入各产品成本。分配方法一般可按生产工时（实际工时或定额工时）比例法、生产工人工资比例法、机器工时比例法，或财务制度规定的其他分配方法。

　　一般较多采用工时比例法，其优点是资料容易获取，方法简单。在原始记录和工时统计资料比较健全的车间，可采用这种方法。但不论采用实际工时、定额工时或者机器工时都不应忽视各种机床小时工的差别。如果在一个机床型号较多、精密复杂程度相差悬殊的车间里，就必须以各类机床的折旧、维修、保养等方面费用为依据，计算与编制设备复杂系数表，再按系数统计与折算生产工时，据以分配制造费用，这样更为合理准确。企业应当加强基础工作，争取采用这种按系数折合工时的工缴费用分配方法。

1. 生产工人工时比例法

　　这种方法是按照各种产品所用生产工人实际工时的比例分配费用的方法。其计算公式为

$$制造费用分配率 = \frac{制造费用总额}{各种产品生产工人工时之和}$$

　　某种产品应分配的制造费用 = 该种产品工人生产工时 × 制造费用分配率

　　例 3-13　华平企业基本生产车间，生产甲、乙、丙三种产品。本月共发生制造费用 21 670 元（表 3-12）。甲产品生产工时为 2 300 小时，乙产品生产工时为 1 900 小时，丙产品生产工时为 3 300 小时。

表 3-12　制造费用分配表

车间：基本生产车间　　　　　　　　　　2018 年 4 月

应借科目	生产工时/小时	分配金额/元（分配率：1.5）
基本生产成本——甲产品	2 300	3 450
基本生产成本——乙产品	1 900	2 850
基本生产成本——丙产品	3 300	4 950
合　　计	7 500	11 250

　　采用生产工人工时比例法计算甲、乙、丙三种产品应承担的制造费用，并编制相

应的会计分录。

（1）计算制造费用分配率：分配率 = 11 250 ÷ 7 500 = 1.5

（2）计算甲、乙产品应负担的制造费用：甲产品：2 300 × 1.5 = 3 450（元）

乙产品：1 900 × 1.5 = 2 850（元）

丙产品：3 300 × 1.5 = 4 950（元）

（3）根据制造费用分配表，编制会计分录如下。

借：基本生产成本——甲产品　　　　　　　　　　　　　　3 450

　　　　　　　——乙产品　　　　　　　　　　　　　　2 850

　　　　　　　——丙产品　　　　　　　　　　　　　　4 950

　　贷：制造费用　　　　　　　　　　　　　　　　　　11 250

2. 机器工时比例法

机器工时比例法是按照各种产品生产所用机器设备运转时间的比例分配制造费用的一种方法。公式为

制造费用分配率 = 制造费用总额 ÷ 各种产品耗用机器工时之和

某种产品应负担的制造费用 = 该产品耗用的机器工时 × 制造费用分配率

在实务中，如何选择制造费用分配标准，可以借鉴国外企业的做法，表 3-13 是德国西门子公司的制造费用分配标准选择方法。

表 3-13　制造费用分摊基础表

制造费用类别		分摊基础
（1）与材料有关的制造费用		以直接材料成本为基础
（2）与生产有关的制造费用	较多人工操作	以生产工人小时为基础
	较少人工操作	以生产机器小时为基础
（3）间接制造费用		以直接材料和直接人工以及(1)、(2)项制造费用的合计为基础

3. 生产工人工资比例法

生产工人工资比例法是按照各种产品所用生产工人实际工资的比例分配费用的方法。其计算公式为

$$制造费用分配率 = \frac{制造费用总额}{各种产品生产工人工资之和}$$

某种产品应分配的制造费用 = 该种产品生产工人工资 × 制造费用分配率

4. 计划费用分配率分配法

计划费用分配率分配法是按照年度开始前确定的全年度适用的计划分配率分配费用的一种方法。采用这种方法，不管各月实际发生的制造费用是多少，每月各种产品中的制造费用都按年度计划分配率分配。如果年度内发现全年的制造费用实际数和产品的实际产量与计划分配率计算的分配数之间存在差额，一般在年末调整计入 12 月的产品成本中，借记"基本生产成本"科目，贷记"制造费用"科目。如果实际发生额大于计

划分配额，用蓝字补加，否则用红字冲减。在分配中如果发现年内分配的计划数与实际数差额较大，应及时调整计划分配率，以便使分配额相对准确。计算公式如下：

$$计划费用分配率 = \frac{年度制造费用计划总额}{年度各种产品计划产量的定额工时之和}$$

某月某种产品应负担的制造费用 = 该月该种产品实际产量的定额工时数
$$\times 年度计划费用分配率$$

例 3-14 华平企业一车间全年制造费用计划额度为 810 000 元，全年各种产品的计划产量为：甲产品 30 000 件，乙产品 20 000 件。单件产品工时定额为：甲产品 5 小时，乙产品 6 小时，8 月实际产量为：甲产品 3 000 件，乙产品 1 000 件。8 月实际发生制造费用为 62 000 元。至年末全年实际发生制造费用为 805 000 元。年末按计划单价已分配的制造费用为：甲产品 489 000 元，乙产品 326 000 元。编制 8 月制造费用分配和年末制造费用调整的会计分录。

$$制造费用年度计划分配率 = \frac{810\,000}{30\,000 \times 5 + 20\,000 \times 6} = 3（元/小时）$$

$$甲产品应负担的制造费用 = 3\,000 \times 5 \times 3 = 45\,000（元）$$

$$乙产品应负担的制造费用 = 1\,000 \times 6 \times 3 = 18\,000（元）$$

8 月"制造费用"账户显示贷方余额为 10 000 元。

由于实际制造费用和计划制造费用的差额为 10 000（489 000+326 000 − 805 000）元，所以要调减年度制造费用分配额，一般实际数大于计划分配数就要用蓝字调增，反之则用红字调减其制造费用。

$$甲产品应调减的制造费用 = 489\,000 \times 10\,000 \div 815\,000 = 6\,000（元）$$

$$乙产品应调减的制造费用 = 326\,000 \times 10\,000 \div 815\,000 = 4\,000（元）$$

则：

①8 月的会计分录：

借：基本生产成本——甲产品	45 000
——乙产品	18 000
贷：制造费用——基本生产车间	63 000

②年底的红字调整会计分录：

借：基本生产成本——甲产品	6 000
——乙产品	4 000
贷：制造费用——基本生产车间	10 000

3.5 废品损失和停工损失的核算

制造业企业的废品损失和停工损失与产品成本直接相关，其发生的损失最终都将由产品成本来负担，会增加产品成本，降低企业的市场竞争力。所以应努力通过科学的管理、优化生产工艺过程等方法来减少此类损失的发生。

3.5.1　废品损失的归集

废品是指由于生产原因而造成的不符合技术标准的规定，不能按原定用途使用的产品。废品按其修复的技术可能性和修复费用的经济合理性，分为可修复废品和不可修复废品两种。

（1）可修复废品。可修复废品是指在技术上能够修复，而且所耗修复费用在经济上合算的废品（两个条件需同时具备）。

（2）不可修复废品。不可修复废品是指在技术上不能修复，或者虽可修复但所耗修复费用在经济上不合算的废品（两个条件只需具备其一）。

但在实务中核算废品损失时，需要关注以下三个方面。

（1）需要返修可以降价出售的不合格品，其降价损失不作为废品损失，在计算损益时体现。

（2）产品入库后由于保管不善等原因而损害变质的损失，属于管理上的问题，作为管理费用处理。

（3）在产品出售以后发现的废品所造成的一切损失，作为管理费用处理。

通常，废品发生较少的企业可以不单独核算废品损失，也不设置“废品损失”账户；但大部分情况下，为了全面反映企业一定时期内发生废品损失的情况，加强废品损失的控制管理，应设置“废品损失”账户进行废品损失的归集和分配，同时在“基本生产成本明细账增设“废品损失”成本项目。废品损失的费用归集路径如图 3-5 所示。

检验 → 废品通知单 → 废品损失账户 → 计算分配 → 基本生产账户

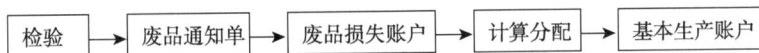

图 3-5　废品损失的费用归集路径

3.5.2　废品损失账户的开设和核算

1. 废品损失账户

废品损失包括生产过程中发现的、入库后发现的各种废品的报废损失和修复费用，废品的报废损失是指不可修复废品的生产成本扣除回收的材料和废料的作价收入后的余额。修复费用是指可修复废品在返修过程中所发生的各种费用。

废品损失账户，借方登记废品已耗的生产成本、返工品的返修费用以及退回废品而支付的运杂费等，贷方登记废品残值和责任人的赔偿款，月终，将正常废品净损失转至“基本生产成本”账户的借方，其格式如图 3-6 所示。

废品损失

归集发生的废品损失 ① 转入不可修复废品的成本 ② 归集可修复废品的修复费用 包括修复废品发生的: 直接材料费用 直接人工费用 制造费用	① 结转废品的残料价值 结转过失人的赔偿 ② 将废品的净损失转入 合格品成本

图 3-6　废品损失账户

2. 废品损失的计算

（1）不可修复废品损失的计算。

①按照废品所耗实际费用计算，公式为

废品成本 = 不可修复废品应负担的（材料费 + 工资费用 + 制造费用）

不可修复废品净损失 = 不可修复废品成本 − 残值收入 − 过失人赔偿金额

②按照废品的定额成本计算，公式为

废品的数量 × 各项费用定额 − 残料价值 − 赔款收入 = 废品净损失

或　　　　　　废品定额成本 − 残料价值 − 赔款收入 = 废品净损失

（2）可修复废品损失的计算。

可修复废品损失的计算公式为

废品净损失 = 可修复废品修复费用 − 残值收入 − 过失人赔偿金额

3. 废品损失的分配

制造业企业发生的废品损失，首先要按直接材料的单位成本、人工工时等资料先行从基本生产明细账中转出，计入"废品损失"账户的借方，然后对残料的回收作价收入以及责任人赔偿款等计入该账户的贷方，从中计算出"废品损失"账户的余额，再结转至"基本生产成本"账户，以确定废品损失最后由合格品成本承担。图 3-7 所示为废品损失账户核算路径。

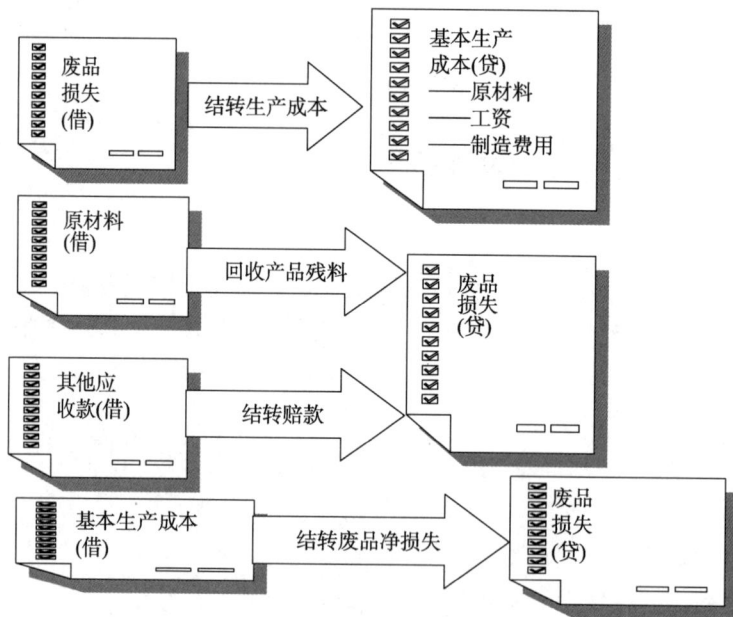

图 3-7　废品损失账户核算路径

例 3-15　华平企业某车间生产甲产品 100 件，生产过程中发现 1 件为不可修复废品。甲产品成本明细账归集的生产费用为：直接材料 125 000 元，直接人工 4 875 元，制造费用 24 375 元，合计 154 250 元。原材料于生产开始时一次投入。生产工时为：合格品 1 505 小时，废品 120 小时，合计 1 625 小时。废品回收的残料计价 200 元。另外，甲产品生产过程中发现 2 件可修复废品，当即进行修复，耗用原材料 200 元，工人工资 40 元，制造费用 50 元，此外，应向过失人索赔 100 元。

要求：

（1）编制不可修复废品成本计算表。

（2）编制废品损失归集与结转的会计分录。

解：（1）算转出不可修复废品的生产成本，编制不可修复废品成本计算表（表 3-14）。

表 3-14　不可修复废品成本计算表　　　　　　　　　　　单位：元

项目	数量（件）	直接材料	工时	直接人工	制造费用	合计
合格品和废品生产费用	100	125 000	1 625	4 875	24 375	154 250
费用分配表		1 250		3	15	
废品生产成本	1	1 250	120	360	1 800	3 410

（2）根据计算表编制会计分录如下。

①转出废品损失。

借：废品损失——甲产品　　　　　　　　　　　　　　　　　　　3 410

　　贷：基本生产成本——甲产品　　　　　　　　　　　　　　　　　　3 410

②回收废品残料价值。

借：原材料　　　　　　　　　　　　　　　　　　　　　　　　　200

　　贷：废品损失——甲产品　　　　　　　　　　　　　　　　　　　　200

③可修复废品发生的修复费用。

借：废品损失——甲产品　　　　　　　　　　　　　　　　　　　290

　　贷：原材料　　　　　　　　　　　　　　　　　　　　　　　　200

　　　　应付职工薪酬　　　　　　　　　　　　　　　　　　　　　40

　　　　制造费用　　　　　　　　　　　　　　　　　　　　　　50

④应向过失人索赔。

借：其他应收款　　　　　　　　　　　　　　　　　　　　　　　100

　　贷：废品损失——甲产品　　　　　　　　　　　　　　　　　　　　100

⑤将废品损失转入该种合格产品成本。

借：基本生产成本——甲产品——废品损失　　　　　　　　　　　3 400

　　贷：废品损失——甲产品　　　　　　　　　　　　　　　　　　　3 400

4. 停工损失的核算

停工损失是指生产车间在停工期间发生的各项费用，包括停工期间发生的原材料费用、工资及福利费和制造费用等。

企业应该为停工损失开设"停工损失"总分类账户，按车间设置明细账，账内按成本项目设置专栏进行明细核算。产品成本明细账内应单设"停工损失"成本项目，以反映产品成本中包含的废品损失。停工损失的会计分录如下。

（1）停工期间发生的、应计入停工损失的各项费用。

借：停工损失

    贷：原材料、应付职工薪酬等

（2）结转时要区别原因分别处理。

①应取得赔偿的停工损失。

借：其他应收款

    贷：停工损失

②由于自然灾害等引起的非生产停工损失，计入营业外支出。

借：营业外支出

    贷：停工损失

（3）应计入产品成本的停工损失（若停工车间生产多种产品，则应采用适当的分配方法，分配计入该车间各种产品成本明细账的"停工损失"成本项目）。

借：基本生产成本

    贷：停工损失

3.6 生产费用在完工产品与在产品之间的分配

3.6.1 在产品和完工产品的概念

1. 在产品的概念

制造业企业的在产品有广义在产品和狭义在产品之分，广义在产品就是指没有完成全部生产过程，不能作为商品销售的产品。包括还在车间加工的在产品（也包括正在返修的废品）和已经完成一个或几个生产步骤，但还需继续加工的半成品（也包括未经验收入库的产品和等待返修的废品）两部分。狭义在产品就是指只包括该车间或该生产步骤正在加工中的那部分产品，车间或生产步骤完工的半成品不包括在内。

2. 完工产品的概念

完工产品就是指在产品完成生产过程验收合格入库以后，称为完工产品。

3. 月末在产品与本期完工产品的关系

（1）月末，产品全部完工，无在产品：本月累计生产费用＝本月完工产品总成本。（生产费用均算入完工产品。）

（2）产品全部没有完工：本月累计生产费用 = 月末在产品成本（生产费用均算入在产品。）

（3）既有完工产品又有在产品：

本月完工产品成本 = 月初在产品成本 + 本月发生的生产费用 - 月末在产品成本

4. 在产品数量的日常核对

在产品要设置"在产品收发结存账"（表 3-15），登记在产品的收入、转出、结存，以便进行日常核对。

表 3-15　在产品收发结存账（台账）

车间：锻造车间

零部件名称：1204　　　　　　　　　　　　　　　　　　　　　　　　　单位：件

年		摘要	收入		转出			结存			备注
月	日		凭证号	数量	凭证号	合格品	废品	完工	未完工	废品	
		合计									

5. 在产品清查的核算

制造业企业为了保证企业在产品资产的安全、完整，需要核实在产品的数量，要对在产品进行定期或不定期的清查工作，及时了解在产品的实际盘存资料，做到账实一致。清查后，需要编制"在产品盘存表"和"账存实存对比表"，表中的主要项目是在产品的账面数、实存数和盘盈盘亏数，以及盘亏的原因和处理意见等。如果存在需要报废的在产品，还要估算其残值。其相关会计分录如下。

（1）调整账面记录。

①盘盈时。

借：基本生产成本

　　贷：待处理财产损益

②盘亏毁损时。

借：待处理财产损益

　　贷：基本生产成本

（2）根据处理意见核销。

①盘盈核销时。

　借：待处理财产损益

　　　贷：制造费用

②盘亏毁损核销时。

　借：制造费用

其他应收款

营业外支出

　　贷：待处理财产损益

例 3-16　华平企业基本生产车间在产品清查结果：A 在产品盘亏 25 件，单位计划成本 15 元，过失人赔款 150 元；B 在产品盘盈 10 件，单位计划成本 30 元；C 产品的在产品毁损 250 件，单位计划成本 35 元，残料入库作价 400 元。由于自然灾害造成损失 3 200 元，应由保险公司赔偿 3 600 元，其余损失计入产品成本。已报经主管部门批准予以转账。对此清查结果进行会计处理。

解：（1）A 在产品发生盘亏的核算。

①按在产品单位计划成本计算盘亏损失。

借：待处理财产损溢——待处理流动资产损溢　　　　　　　375

　　贷：基本生产成本——A 产品　　　　　　　　　　　　　375

②经批准转销，收过失人赔款时。

借：其他应收款——××　　　　　　　　　　　　　　　　150

　　制造费用　　　　　　　　　　　　　　　　　　　　　225

　　贷：待处理财产损溢——待处理流动资产损溢　　　　　375

（2）B 产品发生盘盈核算。

①按盘盈在产品的计划成本计算。

借：基本生产成本——B 产品　　　　　　　　　　　　　　300

　　贷：待处理财产损溢——待处理流动资产损溢　　　　　300

②经批准核销时。

借：待处理财产损溢——待处理流动资产损溢　　　　　　　300

　　贷：制造费用　　　　　　　　　　　　　　　　　　　300

（3）C 产品发生毁损的核算。

①毁损转账时。

借：待处理财产损溢——待处理流动资产损溢　　　　　　8 750

　　贷：基本生产成本——C 产品　　　　　　　　　　　　8 750

②残料作价入库时。

借：原材料　　　　　　　　　　　　　　　　　　　　　400

　　贷：待处理财产损溢——待处理流动资产损溢　　　　　400

③经批准转账时。

借：其他应收款——保险公司　　　　　　　　　　　　　3 600

　　营业外支出——自然灾害　　　　　　　　　　　　　3 200

　　制造费用　　　　　　　　　　　　　　　　　　　　1 550

　　贷：待处理财产损溢——待处理流动资产损溢　　　　　8 350

3.6.2　生产费用在完工产品与月末在产品之间的分配

制造业企业实务中，通常要根据月末在产品数量的多少、每月在产品数量的变化、各项费用在整个产品中所占比例的多少来选择合理的分配方法，在完工产品与月末在产品之间分配各项生产费用。

常用的分配方法有以下几种。

1. 不计在产品成本法

特点：本月生产费用全部由完工产品负担。

适用于：月末在产品数量很少、价值很低的产品，如食品行业。

2. 在产品按年初数固定计算法

特点：各月月末在产品成本 = 年初在产品成本

　　　本月完工产品成本 = 本月生产费用

适用于：月末在产品数量较少，或数量较多，但数量稳定、起伏不大的产品，如炼钢、化工企业。

3. 在产品按原材料费用计价法

特点：在产品只负担所耗材料费，而加工费全部由完工产品负担。

适用于：月末在产品数量较多、变化较大且原材料费用比重大的产品，如纺织、造纸、酿酒行业。

采用这种分配方法，如果产品成本中原材料费用占比大，则进一步简化计算，月末在产品成本可以只按定额原材料费用计算，其他各项实际费用计入完工产品成本。

在这种方法下产品制造费用、直接人工和其他直接费用均由完工产品承担，而在产品成本系由不完整的成本——原材料费用构成。因而，这种方法只适合于原材料费用在产品成本中占有较大比重的企业，以至于在产品成本可以将直接工资、制造费用和其他直接费用忽略不计。

4. 在产品按完工产品成本计算法

特点：在产品视同完工产品，按二者的数量比例分配各项生产费用。

适用：月末在产品已接近完工或已完工，但尚未入库的产品。

5. 当产量比例分配法

所谓约当产量是指**在产品相当于**完工产品的产量。约当产量法就是先把实际结存的在产品数量，按其**完工程度**折算为相当于完工产品的产量，然后，把产品成本计算单上的生产费用，按照完工产品产量和在产品的约当产量的比例进行分配的方法（原材料不折算）。

特点：本月生产费用要在完工产品与在产品之间进行分配。

适用于：月末在产品数量较大，各月末在产品数量变化也较大，产品成本中材料费和加工费所占比重相差不多的产品。

这种方法适用面较广泛，特别适用于月末在产品数量较大，且各月在产品数量不稳定的生产车间。为简化计算，一般采用 50% 作为综合折算率。

约当产量比例法的相关计算公式为

$$在产品约当产量 = 在产品数量 × 在产品完工程度$$

$$某项费用单位成本 = \frac{该项月初在产品成本 + 本月该项生产费用}{完工产品数量 + 月末在产品约当产量}$$

$$完工产品该项费用 = 完工产品产量 × 该项费用单位成本$$

$$月末在产品该项费用 = 在产品约当产量 × 该项费用单位成本$$

实务中，为了将分布在不同空间的在产品折合成相当于完工产品的数量，需要定位加工程度和投料程度。一般加工程度是针对直接人工和制造费用的单位成本计算的，而投料程度是针对直接材料的单位成本计算的。

1）完工程度的确定

在产品的完工程度是指在产品实耗（或定额）工时占完工产品应耗（或定额）工时的百分比。计算公式如下：

$$某工序在产品完工程度 = \frac{以前各道工序工时定额之和 + 本工序工时定额 × 50\%}{完工产品工时定额}$$

2）投料程度的确定

在产品投料程度是指在产品已投入材料占完工产品应投入材料的百分比。其确定的方法主要有以下三种情况。

（1）材料在生产开始时一次投入。此时投料程度达到 100%。

（2）原材料分工序一次投入。其计算公式如下：

$$某工序在产品投料程度 = \frac{以前各道工序材料消耗定额之和 + 本工序材料消耗定额}{完工产品材料消耗定额}$$

（3）原材料分工序陆续投入。其计算公式如下：

$$某工序在产品投料程度 = \frac{以前各道工序材料消耗定额之和 + 本工序材料消耗定额 × 50\%}{完工产品材料消耗定额}$$

例 3-17 华平企业 M 产品经过三道工序制成，月初费用：直接材料费用 8 000 元，直接人工费用 6 000 元，制造费用 5 000 元；本月费用为：直接材料费用 72 000 元，直接人工费用 10 000 元，制造费用 16 000 元。月末：完工产品 2 000 件，各工序月末在产品分别为 1 000 件、600 件和 500 件。

投料方式：原材料分工序陆续投入。

定额资料：各工序的材料费用定额分别为 6 元、28 元和 16 元，工时定额分别为 24 小时、16 小时和 10 小时。

要求：

（1）计算完工程度和在产品的约当产量。

（2）按约当产量分配计算完工产品、在产品成本。

（1）约当产量的计算。

完工产品数量：2 000 件

各工序月末在产品数量 —— 1 000件　600件　500件

材料费用定额 —— 6元　28元　16元

工时定额 —— ①　②　③
24小时　16小时　10小时

投料程度：

①工序：投料程度 = 6 × 50%/50 = 0.06　在产品约当产量 = 0.06 × 1 000 = 60（件）

②工序：投料程度 =（6 + 28 × 50%）/50 = 0.4　在产品约当产量 = 0.4 × 600 = 240（件）

③工序：投料程度 =（6 + 28 + 16 × 50%）/50 = 0.84　在产品约当产量 = 0.84 × 500 = 420（件）

完工程度：

①工序：完工程度 = 24 × 50%/50 = 0.24　在产品约当产量 = 0.24 × 1 000 = 240（件）

②工序：完工程度 =（24 + 16 × 50%）/50 = 0.64　在产品约当产量 = 0.64 × 600 = 384（件）

③工序：完工程度 =（24 + 16 + 10×50%）/50 = 0.9　在产品约当产量 = 0.9×500 = 450（件）

（2）按约当产量分配计算完工产品、在产品成本。

完工产品、在产品的基本数据见表 3-16。

表 3-16　基本生产成本明细账

产品名称：M 产品　　　　　2018 年 3 月　　　　　单位：元

年		凭证号数	摘要	成本项目			成本合计
月	日			直接材料	直接人工	制造费用	
			月初在产品成本	8 000	6 000	5 000	19 000
			本月生产费用	72 000	10 000	16 000	98 000
			生产费用合计	80 000	16 000	21 000	117 000
			约当总量	2 720	3 074	3 074	
			单位成本	29.41	5.20	6.83	41.44
			完工产品成本	58 820	10 400	13 660	76 900
			月末在产品成本	21 180	5 600	7 340	40 100

直接材料约当产量单位成本 = 80 000 ÷（2 000 + 720）= 29.41（元）

直接人工约当产量单位成本 = 16 000 ÷（2 000 + 1 074）= 5.20（元）

制造费用约当产量单位成本 = 21 000 ÷（2 000 + 1 074）= 6.83（元）

6. 在产品按定额成本计价法

特点：月末在产品成本按其数量和单位定额成本计算。完工产品成本 = 月初在产

品费用 + 本月生产费用 – 月末在产品定额成本；每月实际生产费用脱离定额的差异，全部由完工产品负担。

适用：定额管理基础较好，各项消耗定额或费用定额比较准确、稳定，而且各月在产品数量变动不大的产品。

在产品定额成本的相关计算公式为

在产品直接材料定额成本 = 在产品数量 × 材料消耗定额 × 材料计划单价

在产品直接人工定额成本 = 在产品数量 × 工时定额 × 计划小时工资率

在产品制造费用定额成本 = 在产品数量 × 工时定额 × 计划小时费用率

7. 定额比例法

特点：产品的生产费用按完工产品和月末在产品的定额消耗量或定额费用的比例，分配计算完工产品和月末在产品成本。每月实际生产费用脱离定额的差异，由完工产品和月末在产品共同负担。

适用：各项消耗定额或费用定额比较准确、稳定，但各月末在产品数量变化较大的产品。

在产品定额比例法的相关计算公式为

$$消耗量分配率 = \frac{月初在产品实际消耗量 + 本月实际消耗量}{完工产品定额消耗量 + 月末在产品定额消耗量}$$

完工产品实际消耗量 = 完工产品定额消耗量 × 消耗量分配率

完工产品成本 = 完工产品实际消耗量 × 原材料单价（或工时工资、费用）

月末在产品实际消耗量 = 完工产品定额消耗量 × 消耗量分配率

月末在产品成本 = 月末在产品实际消耗量 × 原材料单价（或工时工资、费用）

或者：

直接材料费用分配率

$$= \frac{月初在产品直接材料费用 + 本月实际直接材料费用}{完工产品定额材料费（消耗量）+ 月末在产品定额材料费用（消耗量）}$$

完工产品实际直接材料 = 完工产品定额直接材料费用 × 直接材料费用分配率

月末在产品实际直接材料 = 月末在产品定额直接材料费用 × 直接材料费用分配率

$$直接人工费用分配率 = \frac{月初在产品直接人工费用 + 本月实际发生直接人工费用}{完工产品定额工时 + 月末在产品定额工时}$$

完工产品实际直接人工 = 完工产品定额工时 × 直接人工分配率

月末在产品实际直接人工 = 月末在产品定额工时 × 直接人工分配率

$$制造费用分配率 = \frac{月初在产品制造费用 + 本月实际发生制造费用}{完工产品定额工时 + 月末在产品定额工时}$$

完工产品实际制造费用 = 完工产品定额工时 × 制造费用分配率

月末在产品实际制造费用 = 月末在产品定额工时 × 制造费用分配率

案例分析

金益企业是一家专门从事成套汽车配件生产的企业，材料占产品成本的比例较大，准确计量、归集和分配材料费用对产品成本的计算正确性至关重要，该企业 2018 年 5 月生产 A、B、C 三种汽车配件，共同耗用甲材料，有关资料见表 3-17。

表 3-17　本月消耗甲材料情况表
2018 年 5 月

产品名称	产量/件	重量/kg	单耗定额/元	单价/元	单耗定额成本/元
A 产品	130	250	80	20	1 600
B 产品	200	400	60	45	2 700
C 产品	450	150	55	32	1 760
合计	780	800			

企业一直采用产品的重量比例来分配材料费用，本月共消耗甲材料 2 400 kg，每 kg 50 元。

要求：

（1）请按产品重量比例、按产品产量比例、按材料定额消耗量来计算分配甲材料费用，给出比较结果。

（2）通过分析你认为针对这家企业的材料消耗情况应采用何种方法来分配材料费用较为合适？

（3）消耗同一种材料的不同产品，在使用不同的分配方法来分配材料费用时，其结果将会对产品成本造成何种影响？

（4）你是否有更好的有关共同材料费用分配的新思路？

【自　测　题】

自学自测　　扫描此码

【复习思考题】

一、思考题

1. 刘越是一个房屋外墙装饰工，2018 年 8 月，他接到一笔单子，在某个商务区

对五间房屋的外墙进行装饰。此次工程结束，费用清算单子上记录情况如下：油漆费用 5 500 元，溶剂油费用 460 元，刷子费用 230 元。购买了三件在装饰工作期间用的工作服，支付 600 元。在《都市生活导报》上刊登一则广告，费用 600 元，同时由于技术问题还聘请了一个同样是房屋装饰工的朋友，费用 150 元/小时，共工作了 25 小时。

为工作而耗费的行车记录上记载的情况为：货车的运营成本为 15 元/公里，共行驶了 100 公里，还支付了 120 元的高速公路关卡费。刘越油漆的五间房屋面积合同上载明分别为 95 m²、125 m²、130 m²、300 m² 和 145 m²。

要求：

（1）分析刘越上述所发生的各项费用都是装饰房屋的成本吗？为什么？

（2）刘越应采用什么方法来分配装饰房屋的费用，从而计算出他所装饰的每间房屋的成本？

2. 从大学本科会计专业毕业的张强被 M 公司录用，财务部经理向他提供了以下关于公司的大量资料。

（1）M 公司是制造系列公路用照明装置的公司，产品的原材料成本占到其制造成本的 20%～70%，这取决于制造该产品所耗的金属和结构的种类。

（2）公司业务周期性强，主要是受不同标准的路段建设要求的影响。

（3）其制造业务中 65%左右通常在年度的首个季度完成。

（4）公司的小时工资率区间为 100～150 元，且公司所属的六个车间的员工工资率差距小于 8%。

（5）公司的所有产品是经由全部六个车间制造生产的，但不是成比例地进行。

（6）在个别制造车间内，制造费用占加工成本的 40%～75%。

要求：帮助张强根据财务部经理提供的信息回答以下问题：

（1）公司是否应采用制造费用年度分配率法分配费用？

（2）是使用全厂制造费用率还是车间制造费用率来分配费用？

（3）是根据直接人工工时、直接人工工资还是根据主要成本的制造费用分配率来分配费用。

3. 某公司是一家机械制造业上市公司，由于市场的需要，公司调整了产品结构，并在原来的基础上新增了一个辅助车间（供气车间），原来这家公司有修理和供电两个辅助生产部门。新的加工工艺技术的引进，要求供气车间主要为机械加工、锻造等提供汽源，同时为其他两个辅助生产部门也提供较少的气源。该车间的燃料主要是油。2018 年 7 月的账上显示：供气车间发生的费用为 500 000 元，供电和修理两个辅助车间本月发生费用分别为 800 000 元和 650 000 元。各辅助生产车间本月提供的劳务和消耗情况见表 3-18。

表 3-18　辅助生产车间提供劳务和消耗情况

2018 年 7 月

耗用辅助部门劳务对象		供气车间/m³	供电车间/kW	修理车间/h
供气车间		—	20 000	15 000
供电车间		12 000	—	5 000
修理车间		3 500	20 000	—
甲车间	产品耗用	40 000	55 000	48 000
	一般耗用	3 500	31 000	2 500
乙车间	产品耗用	8 000	60 000	26 000
	一般耗用	6 000	17 000	11 000
行政管理部门		1 500	2 000	5 000
自建工程项目		2 000	4 000	4 500
合　　计		76 500	209 000	117 000

分析：

（1）公司原来对辅助生产费用一直采用顺序分配法，你认为这种分配方法合理吗？为什么？

（2）新设立供气车间后，企业的辅助生产部门增加到三个，如果仍然采用顺序分配法，从各个辅助生产部门提供的劳务来看，分配的顺序要改变吗？顺序分配法的优缺点是什么？

（3）如果顺序分配法已不再合理，那么在目前情况下，应采用哪种分配方法能使辅助生产费用的分配更为合理？

4. 信达公司是一家化学产品制造企业，主要生产 A 产品，产品从开始到结束共分三个步骤连续加工，2018 年 4 月完工产品共 6 500 件，材料消耗定额规定为：第一步骤 200 kg，第二步骤 150 kg，第三步骤 120 kg，在产品在本工序的消耗定额按 50%计算，明细账上显示的月初在产品原材料费用为 8 000 元，本月原材料费用发生 22 000 元。每个步骤上的在产品数量分别为：第一步骤 1 500 件，第二步骤 2 600 件，第三步骤 1 600 件。

要求：

（1）假定原材料在生产开始时一次投入，请采用约当产量比例法分配完工产品和月末在产品的原材料费用。

（2）假定原材料是在每个步骤生产开始时一次投入，请采用约当产量比例法分配完工产品和月末在产品的原材料费用。

（3）假定原材料是在整个生产步骤陆续投入的，请采用约当产量比例法分配完工产品和月末在产品的原材料费用。

（4）比较三种不同的投料方式对产品成本分配的影响。（保留两位小数）

二、练习题

1. 华盛企业生产甲、乙两种产品，2018 年 5 月领用 A、B 两种材料，两种材料实际成本为 96 640 元。其他相关资料见表 3-19。

表 3-19 产品投产数量和消耗材料情况
2018 年 5 月

产品	投产数量	单位消耗定额/kg		材料计划单价/（元/kg）	
		A 材料	B 材料	A 材料	B 材料
甲产品	500	6	10	15	20
乙产品	350	5	8		
合计	850	11	18		

要求：根据以上给出的资料，采用产品材料定额成本比例法计算甲、乙两种产品应负担的材料费用。（保留两位小数）

2. 虎运企业职工曲冰星月标准工资为 3 000 元，2018 年某月共有 8 个休息日，其在这个月中病假 7 天（其中有 2 天时休息日），出勤 16 天，奖金 1 000 元，各种津贴和补贴 600 元，双休日加班 2 天，按其工龄病假支付标准工资的 70%。（保留两位小数）

要求：

（1）在按 30 天计算日工资率的情况下，计算曲冰星本月应得的工资。

（2）在按 20.83 天计算日工资率的情况下，计算曲冰星本月应得的工资。

3. 甲尔企业在 2018 年 8 月生产 B 产品的过程中发生下列废品的情况：

（1）基本生产车间本月生产 B 产品 3 000 件，其中合格品 2 800 件，废品 200 件（不可修复废品 160 件，可修复废品 40 件）。

（2）本月生产 B 产品 3 000 件，共发生工时 50 000 小时，其中不可修复废品耗用 5 000 小时。

（3）本月生产 B 产品共消耗直接材料 60 000 元，直接人工 35 000 元，制造费用 20 000 元。

（4）本月对可修复废品进行修理共消耗材料费 1 000 元，直接人工费 880 元。制造费用 530 元。

（5）假定企业本月生产 B 产品所耗原材料均在生产开始时一次投入。

（6）不可修复废品 160 件的残料价值为 320 元，废品作为废料入库。

要求：

（1）填写不可修复废品成本计算单（表 3-20），并根据结果编制相关的会计分录。

（2）完成废品损失明细账的登记（表 3-21）。（保留两位小数）

表 3-20 不可修复废品成本计算单　　　　　　单位：元

项　　目	数量/件	直接材料	工时	直接人工	制造费用	合计
合格品和废品的生产费用						
费用分配率						
废品生产成本						

编制会计分录：

表 3-21 废品损失明细账
2018 年 8 月

| 2018 年 | | 凭证号码 | 摘 要 | 直接材料 | 直接人工 | 制造费用 | 合计 |
年	月						
			转入不可修复废品生产成本				
			可修复废品负担的材料费用				
			可修复废品负担的人工费用				
			可修复废品负担的制造费用				
			结转废品残料价值				
			废品净损失				
			转出废品净损失				

4. 华平企业 2018 年 3 月生产丙产品，需经过三道工序连续加工而成，原材料在生产开始时一次投入，月末完工产品 5 500 件，月末在产品 1 600 件，有关本月在产品在每道工序上的数量和工时定额见表 3-22。

表 3-22 在产品数量和工时定额

工序	在产品数量/件	工时定额/小时
1	600	200
2	500	150
3	500	350
合计		700

本月和月初生产费用资料见表 3-23。

表 3-23 月初和本月生产费用资料   单位：元

摘要	直接材料	直接人工	制造费用	合计
月初生产费用	25 000	1 800	3 400	
本月生产费用	58 000	32 000	28 000	

要求：

（1）用约当产量比例法分配完工产品和月末在产品成本。

（2）据上述计算结果，编制完工产品入库的会计分录。

第 4 章

产品成本计算方法

【本章学习目的和要求】

本章重点学习生产特点和管理要求对产品成本计算的影响，产品成本计算的品种法、分批法及分步法。品种法、分批法及分步法是制造业企业产品成本计算的基本方法，是核算产品总成本和单位成本的主要途径。了解制造业企业生产特点和管理要求决定产品成本核算的方法。了解单步骤和多步骤生产类型，了解连续加工式生产和装配式生产两种方式及大量生产、成批生产和单件生产三种类型。掌握产品成本计算的品种法的特点；产品成本计算的分批法（定单法）的特点及适用性；掌握产品成本计算的分步成本法，及细分逐步结转分步法和平行结转分步法两种具体核算方法，掌握综合结转分步法（需要成本还原）和分项结转分步法（不需要成本还原）。

4.1 生产特点和管理要求的影响

制造业企业应当根据生产规模、产品种类、生产组织类型、工艺技术特点及成本管理的要求，选择适合的成本核算方法，制定成本核算细则。

企业在选定成本计算方法时，可以同时采用几种方法或几个方法综合使用。但要贯彻基本生产与辅助生产有别、主要产品与一般产品有别的原则。核算方法一经确定，应保持稳定，不要轻易改动，以便于前后期分析对比。制造业企业产品成本核算的主要基本方法：品种法、分批法、分步法。

4.1.1 制造业企业的主要生产类型

成本计算方法的选择更多的是源自不同业务流程，因此首先要了解制造业企业的生产特点分类。制造业企业主要生产类型如图 4-1 所示。

按生产工艺过程的特点分类

相关定义如第 2 章所述：

（1）单步骤生产（简单生产）是指生产过程在工艺上不能间断，或者不便于分散在几个不同地点和划分为几个生产步骤的生产。

（2）多步骤生产（复杂生产）是指生产过程在工艺上可以间断，可以分散在不同时间、地点进行的产品生产。

（3）连续式生产是指从原材料投入到产品完工，要依次经过各生产步骤的连续加

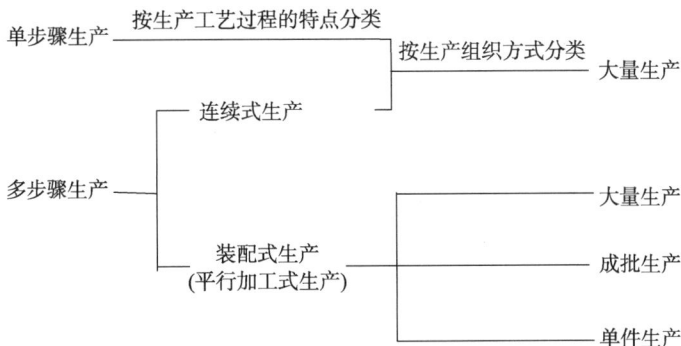

图 4-1　制造业企业主要生产类型

工的生产，前一步骤完工的半成品为后一加工步骤的对象。

（4）装配式生产是指各个生产步骤可能在不同地点同时进行，先将原材料平行加工成零部件，然后将零部件装配成产成品。如机械、仪表等行业。

（5）成批生产是指预先确定批别和有限数量进行的生产。如机械、服装、事务所等。

（6）单件生产是指根据订单，按每一件产品来组织生产。如造船、大型专用设备等。

4.1.2　生产特点对产品成本计算方法的影响

制造业企业选择产品成本的计算方法，主要取决于以下三个方面。

4.2　品　种　法

4.2.1　品种法概述

成本计算的品种法，又称简单法，适用于生产期较短、不能或者管理上不要求划分生产步骤的简单生产，以及期末没有在产品或者在产品数量很少的大量大批生产企业。企业的铸造生产及供水、供电等辅助生产，都可采用品种法计算成本。

品种法核算的基本内容和程序如下。

（1）以每一种产品为成本计算对象。

（2）按照产品品种和成本项目归集生产费用，计算各种产品的总成本。

（3）将各种产品的总成本分别除以各该产品的实际产量，求得产品的单位成本。

4.2.2　品种法的核算程序

（1）按产品品种开设成本计算单或生产成本明细账，账内按成本项目设置专栏。

（2）根据各项费用要素分配表及其他有关费用的原始凭证，登记产品成本计算单，辅助生产成本明细账，制造费用明细账，管理费用、销售费用和财务费用的明细账。

（3）根据待摊费用、预提费用明细账编制待摊费用、预提费用分配表，登记有关成本费用明细账。

（4）根据辅助生产成本明细账编制辅助生产成本分配表，将辅助生产费用按适当的分配方法分配给受益部门，并据以登记有关成本、费用明细账。

（5）根据制造费用明细账编制制造费用分配表，将制造费用分配给各种产品成本，并据以登记各产品成本计算表。

（6）根据产品成本计算单所归集的全部费用，采用适当的分配方法在完工产品与在产品之间进行分配，计算当月完工产品与在产品成本，编制完工产品成本汇总表，计算各种完工产品的总成本和单位成本。

品种法核算路径如图 4-2 所示。

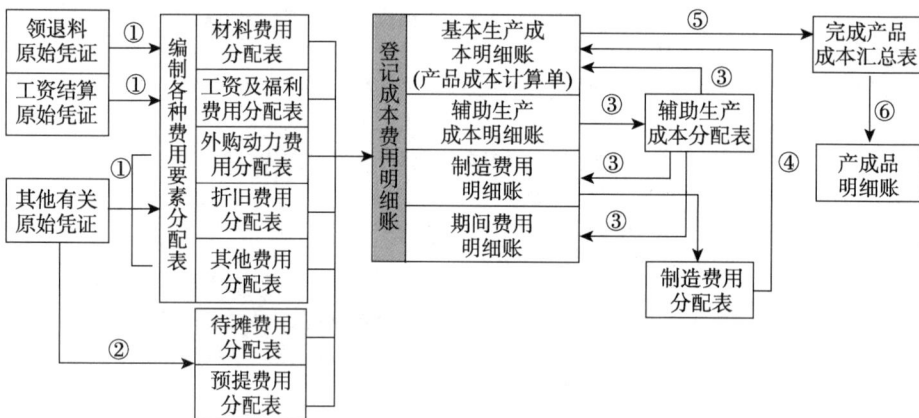

图 4-2　品种法核算路径

4.2.3　品种法的核算举例

例 4-1　华平企业有一个基本生产车间，大量生产甲、乙两种产品，另有一个辅助生产车间（机修车间）。该企业实行一级成本核算，采用约当产量法计算在产品成本。为了归集生产费用，计算产品成本，设置了甲、乙两种产品成本计算单和机修车间成本明细账，以及基本生产车间制造费用明细账。有关期初在产品的成本资料见表 4-1。

表 4-1　期初在产品成本资料　　　　单位：元

产品名称	直接材料	直接人工	制造费用	合计
甲产品	37 000	53 010	32 907	122 917
乙产品	35 000	20 070	24 969	80 039

该企业 2018 年 3 月各种产品实际产量和实际消耗工时资料见表 4-2。

表 4-2　各种产品实际产量和实际消耗工时资料

产品名称	完工产品数量/件	在产品数量/件	消耗工时/小时
甲产品	10 000	1 000	150 000
乙产品	4 000	400	50 000
合计			200 000

要求：用品种法核算该企业产品成本。

解：

1. 根据原始凭证或原始凭证汇总表编制各种费用要素分配表

（1）材料费用分配过程。

材料费用分配见表 4-3。

表 4-3　材料费用分配表
2018 年 3 月　　　　单位：元

分配对象	成本项目	原材料			周转材料		
		计划成本	差异率（2）	实际成本	计划成本	差异率（1）	实际成本
甲产品	直接材料	400 000	8 000	408 000			
乙产品	直接材料	200 000	4 000	204 000			
基本生产车间	机物料消耗	60 000	1 200	61 200			
	劳动保护费				10 000	100	10 100
机修车间	材料	20 000	400	20 400			
	周转材料摊销				8 000	80	8 080
管理部门	修理费	4 000	80	4 080			
合计		684 000	13 680	697 680	18 000	180	18 180

根据表 4-3 内容编制会计分录。

借：基本生产成本——甲产品　　　　　　　　　　　400 000

　　　　　　　　——乙产品　　　　　　　　　　　200 000

制造费用	60 000
辅助生产成本——机修车间	20 000
管理费用	4 000
贷：原材料	684 000
借：制造费用	10 000
辅助生产成本——机修车间	8 000
贷：周转材料	18 000
借：基本生产成本——甲产品	8 000
——乙产品	4 000
制造费用	1 300
辅助生产成本——机修车间	480
管理费用	80
贷：材料成本差异——原材料成本差异	13 680
材料成本差异——周转材料成本差异	180

（2）动力费用分配过程。

动力费用分配见表 4-4。

表 4-4　动力费用分配表
2018 年 3 月

分配对象	成本项目	耗电量/度	单价/元	分配金额/元
甲产品	燃料及动力	200 000	0.40	80 000
乙产品	燃料及动力	100 000	0.40	40 000
基本生产车间	水电费	24 000	0.40	9 600
机修车间	水电费	40 000	0.40	16 000
管理部门	水电费	20 000	0.40	8 000
合计		384 000	0.40	153 600

注：电费单价为 0.40 元/度，本月电费尚未支付。

根据表 4-4 内容编制会计分录。

借：基本生产成本——甲产品	80 000
——乙产品	40 000
制造费用	9 600
辅助生产成本——机修车间	16 000
管理费用	8 000
贷：应付账款	153 600

（3）工资费用分配过程。

工资费用分配见表 4-5。

表 4-5　工资费用分配表

2018 年 3 月　　　　　　　　　　　　　　　　　单位：元

分配对象	成本项目	分配标准（工时）	分配率	分配金额
甲产品	直接人工	150 000		300 000
乙产品	直接人工	50 000		100 000
小计		200 000	2	400 000
基本生产车间	工资			20 000
机修车间	工资			40 000
管理部门	工资			30 000
合计				490 000

　　根据表 4-5 内容编制会计分录。

　　借：基本生产成本——甲产品　　　　　　　　　　　　　　　300 000

　　　　　　　　　　——乙产品　　　　　　　　　　　　　　　100 000

　　　　制造费用　　　　　　　　　　　　　　　　　　　　　　20 000

　　　　辅助生产成本——机修车间　　　　　　　　　　　　　　40 000

　　　　管理费用　　　　　　　　　　　　　　　　　　　　　　30 000

　　　　贷：应付职工薪酬　　　　　　　　　　　　　　　　　　　　490 000

　　（4）职工福利费用分配过程。

　　职工福利费用分配见表 4-6。

表 4-6　职工福利费用分配表

2018 年 3 月　　　　　　　　　　　　　　　　　单位：元

分配对象	成本项目	工资总额	提取比例（14%）	提取金额
甲产品	直接人工	300 000	14%	42 000
乙产品	直接人工	100 000	14%	14 000
基本生产车间	福利费	20 000	14%	2 800
机修车间	福利费	40 000	14%	5 600
管理部门	福利费	30 000	14%	4 200
合计		490 000	14%	68 600

　　根据表 4-6 内容编制会计分录。

　　借：基本生产成本——甲产品　　　　　　　　　　　　　　　42 000

　　　　　　　　　　——乙产品　　　　　　　　　　　　　　　14 000

　　　　制造费用　　　　　　　　　　　　　　　　　　　　　　2 800

　　　　辅助生产成本——机修车间　　　　　　　　　　　　　　5 600

　　　　管理费用　　　　　　　　　　　　　　　　　　　　　　4 200

　　　　贷：应付职工薪酬——福利薪酬　　　　　　　　　　　　　68 600`

（5）折旧费用分配过程。

折旧费用分配见表 4-7。

表 4-7　折旧费用分配表

2018 年 3 月　　　　　　　　　　　　　单位：元

分配对象	费用项目	分配金额
基本生产车间	折旧费	30 000
机修车间	折旧费	10 000
管理部门	折旧费	6 000
合　计		46 000

根据表 4-7 内容编制会计分录。

借：制造费用　　　　　　　　　　　　　　　　　　　　　　30 000

　　辅助生产成本——机修车间　　　　　　　　　　　　　　10 000

　　管理费用　　　　　　　　　　　　　　　　　　　　　　6 000

　　　贷：累计折旧　　　　　　　　　　　　　　　　　　　　　46 000

（6）其他费用分配过程。

其他费用分配见表 4-8。

表 4-8　其他费用分配表

2018 年 3 月　　　　　　　　　　　　　单位：元

分配对象	办公费	差旅费	探险费	周转材料摊销	修理费	利息支出	运输费	其他	合计
基本生产车间	10 400	16 000	10 000	6 000	10 000		14 000	6 000	72 400
机修车间	4 000	2 000	4 000	2 000			4 000	2 000	18 000
管理部门	14 000	10 000					2 000	2 000	28 000
财务费用						2 400			2 400
合计	28 400	28 000	14 000	8 000	10 000	2 400	20 000	10 000	120 800

根据表 4-8 内容编制会计分录。

借：制造费用　　　　　　　　　　　　　　　　　　　　　　72 400

　　辅助生产成本——机修车间　　　　　　　　　　　　　　18 000

　　管理费用　　　　　　　　　　　　　　　　　　　　　　28 000

　　财务费用　　　　　　　　　　　　　　　　　　　　　　2 400

　　　贷：银行存款　　　　　　　　　　　　　　　　　　　　120 800

2. 根据以上各种费用要素分配表，登记机修车间成本明细账

机修车间成本明细账见表 4-9。

表 4-9　辅助生产成本明细账

车间：机修车间　　　　　　　　　　2018 年 3 月　　　　　　　　　　单位：元

日期	摘要	材料	周转材料	水电费	工资	福利费	折旧费	保险费	办公费	其他	合计
31	分配材料	20 400	8 080								28 480
	分配动力			16 000							16 000
	分配工资				40 000						40 000
	分配福利费					5 600					5 600
	折旧费						10 000				10 000
	摊销费用		2 000						4 000		4 000
	分配其他费用								4 000	8 000	12 000
	合计	20 400	10 080	16 000	40 000	5 600	10 000	4 000	4 000	8 000	116 080
	分配转出	20 400	10 080	16 000	40 000	5 600	10 000	4 000	4 000	8 000	116 080

根据表 4-9 得出的辅助生产成本合计数，按修理工时数分配辅助生产费用（表 4-10）。

表 4-10　辅助生产费用分配表

车间：机修车间　　　　　　　　　　2018 年 3 月　　　　　　　　　　单位：元

分配对象	修理工时	分配率	分配金额
基本生产车间	174 120	0.2	34 824
管理部门	174 120	0.2	34 824
销售部门	232 160	0.2	46 432
合计	580 400	0.2	116 080

根据表 4-10 内容编制会计分录。

借：制造费用　　　　　　　　　　　　　　　　　　　　　34 824

　　管理费用　　　　　　　　　　　　　　　　　　　　　34 824

　　销售费用　　　　　　　　　　　　　　　　　　　　　46 432

　　贷：辅助生产成本——机修车间　　　　　　　　　　　116 080

3. 根据以上各种费用要素分配表、辅助生产费用分配表等资料，登记基本生产车间制造费用明细账

基本生产车间制造费用明细账见表 4-11。

表 4-11　制造费用明细账

车间：基本生产车间　　　　　　　　　2018 年 3 月　　　　　　　　　　单位：元

日期	摘要	机物料	水电费	工资	福利费	折旧费	保险费	周转材料	修理费	其他	合计
31	分配材料	71 300									71 300
	分配动力		9 600								9 600

续表

日期	摘要	机物料	水电费	工资	福利费	折旧费	保险费	周转材料	修理费	其他	合计
	分配工资			20 000							20 000
	分配福利费				2 800						2 800
	折旧费					30 000					30 000
	待摊、预提费用						10 000	6 000	10 000		26 000
	分配机修费用								34 824		34 824
	分配其他费用									46 400	46 400
	合计	71 300	9 600	20 000	2 800	30 000	10 000	6 000	44 824	46 400	240 924
	分配转出	71 300	9 600	20 000	2 800	30 000	10 000	6 000	44 824	46 400	240 924

根据表 4-11 得出的制造费合计数，按甲、乙产品的生产工时数分配制造费用（表 4-12）。

表 4-12　制造费用分配表

车间：基本生产车间　　　　　　　　　　2018 年 3 月　　　　　　　　　　单位：元

产品名称	生产工时	分配率	分配金额
甲产品	150 000		180 693
乙产品	50 000		60 231
合计	200 000	1.204 62	240 924

根据表 4-11 内容编制会计分录。

借：基本生产成本——甲产品　　　　　　　　　　　　　180 693

　　　　　　　　——乙产品　　　　　　　　　　　　　 60 231

　　贷：制造费用　　　　　　　　　　　　　　　　　　　　　240 924

4. 完工产品和月末在产品的计算

根据以上各项费用分配表，登记甲、乙两种产品成本计算单（表 4-13 和表 4-14），并根据产品产量、在产品投料程度和加工程度，采用约当产量法计算完工产品和月末在产品成本。假定该企业 3 月生产的甲、乙产品都是在生产开始时一次投入全部材料，连续加工。完工产品：甲产品 10 000 件；乙产品 4 000 件。在产品：甲产品 1 000 件；乙产品 400 件。在产品的加工程度为 50%。

表 4-13　甲产品成本计算单

产品名称：甲产品　　　　　　　　　　　2018 年 3 月　　　　　　　　　　单位：元

日期	摘要	直接材料	燃料和动力	直接人工	制造费用	合计
	期初在产品	37 000		53 010	32 907	122 917
	分配材料	408 000				408 000
	分配动力费		80 000			80 000

续表

日期	摘要	直接材料	燃料和动力	直接人工	制造费用	合计
	分配工资			300 000		300 000
	分配福利费			42 000		42 000
	分配制造费用				180 693	180 693
	合计	445 000	80 000	395 010	213 600	1 133 610
	约当产量	11 000	10 500	10 500	10 500	
	分配率	40.454 545	7.619	37.62	20.342 857	
	完工产品成本	404 545.46	76 190	376 200	203 428.57	1 060 364.03
	月末在产品成本	40 454.54	3 810	18 810	10 171.43	73 245.97

表 4-14　乙产品成本计算单

产品名称：乙产品　　　　　　　　2018 年 3 月　　　　　　　　单位：元

日期	摘要	直接材料	燃料和动力	直接人工	制造费用	合计
	期初在产品	35 000		20 070	24 969	80 039
	分配材料	204 000				204 000
	分配动力费		40 000			40 000
	分配工资			100 000		100 000
	分配福利费			14 000		14 000
	分配制造费用				60 231	60 231
	合计	239 000	40 000	134 070	85 200	498 270
	约当产量	4 400	4 200	4 200	4 200	
	分配率	54.318 182	9.523 81	31.921 429	20.285 714	
	完工产品成本	217 272.73	38 095.24	127 685.72	81 142.86	464 196.55
	月末在产品成本	21 727.27	1 904.76	6 384.28	4 057.14	34 073.45

5. 根据产品成本计算单，编制产成品成本汇总表

产成品成本汇总见表 4-15。

表 4-15　产成品成本汇总表

2018 年 3 月　　　　　　　　单位：元

成本项目	甲产品（10 000 件）		乙产品（4 000 件）		合计
	总成本	单位成本	总成本	单位成本	
直接材料	404 545.46	40.45	217 272.73	54.32	621 818.19
燃料和动力	76 190	7.62	38 095.24	9.52	114 285.24
直接人工	376 200	37.62	127 685.72	31.92	503 885.72
制造费用	203 428.57	20.34	81 142.86	20.29	284 571.43
合计	1 060 364.03	106.03	464 196.55	116.05	1 524 560.58

根据表 4-15 内容编制会计分录。

借：库存商品——甲产品   1 060 364.03

    ——乙产品   464 196.55

  贷：基本生产成本——甲产品   1 060 364.03

      ——乙产品   464 196.55

4.3　分　批　法

4.3.1　分批法概述

在单件小批生产的企业中，产品的品种和每批产品的批量是根据客户的订单确定的，因而按照产品批别计算产品成本和按订单计算成本往往是一致的，所以分批法也称订单法。因此成本计算的分批法（订单法）适用于小批单件生产或分批投产的复杂生产。制造业企业的新产品试制、专项工程、劳务作业等，也可以采用分批法计算成本。

当一张订单含有多种产品，或一张订单中只有一种产品，但其数量较大且购买单位要求分批交货，为便于按品种考核分析成本计划的完成情况，便于成本管理和控制，生产计划部门要按产品的品种划分批别，或将同类产品划分为数批，签发"生产通知单"，组织生产，计算每批产品成本。

分批法核算的基本内容有以下几个方面。

（1）以产品订单，或每件、每批产品为成本计算对象。

（2）按照产品订单或批次和规定的成本项目归集生产费用。

（3）每份订单或每批产品完工时，对剩余半成品和材料进行盘点，办理退库手续，冲减该批产品成本。其他产品不能利用的半成品和材料，应按废料计价扣除。

（4）每批产品完工后，汇总计算分批产品的总成本和单位成本。

（5）如有部分产品先行完工入库，可先按计划成本、定额成本或比照近期同种产品的实际成本水平估算入账，待该批产品全部完工，再计算全部产品的实际总成本。

分批法有以下特点。

（1）成本计算对象：分批法的成本计算对象是各产品的生产批别。

（2）成本计算期：不定期，与生产周期一致，与会计周期不一致。

（3）生产费用在完工产品与在产品之间分配：通常不需要在完工产品与在产品之间进行分配。

制造业企业如何合理组织安排产品生产的批量与批次是计算产品成本的关键，主要有以下几个方面。

（1）如果一张订单中只要求生产一种产品，但数量很大，超过企业的生产承载能力，或者客户要求分批交货的，可将该订单分为几个批别组织生产。

（2）如果一张订单中要求生产好多种产品，就可将该订单按照产品的品种划分成几个批别组织生产。

（3）如果一张订单中只要求生产一种产品，但该产品属于价值高、生产周期长的大型复杂产品（如船舶等），可将该订单按产品的零部件分为几个批别组织生产。

（4）如果在同一时期接到的几张订单要求生产的都是同一种产品，可将这几张订单合为一批组织生产。

4.3.2　分批法的核算程序

1. 分批法的成本计算程序

（1）根据生产计划部门下达的生产通知单，按产品批别设置成本明细账，并按成本项目设置专栏，分别归集各项生产费用。

（2）为便于按批别归集生产费用，在耗用的生产费用原始凭证上注明产品批号，以便定期汇总，并据以记入有关产品成本明细账。

（3）对于生产过程中发生的各项间接费用，分别设置"制造费用"等明细账进行归集，月末再采用适当方法进行分配，并记入有关产品成本明细账。

（4）某批产品完工并经验收合格后，由生产车间填制产品完工通知单，报送会计部门，以便据以计算各批完工产品成本。

分批法产品核算程序如图 4-3 所示。

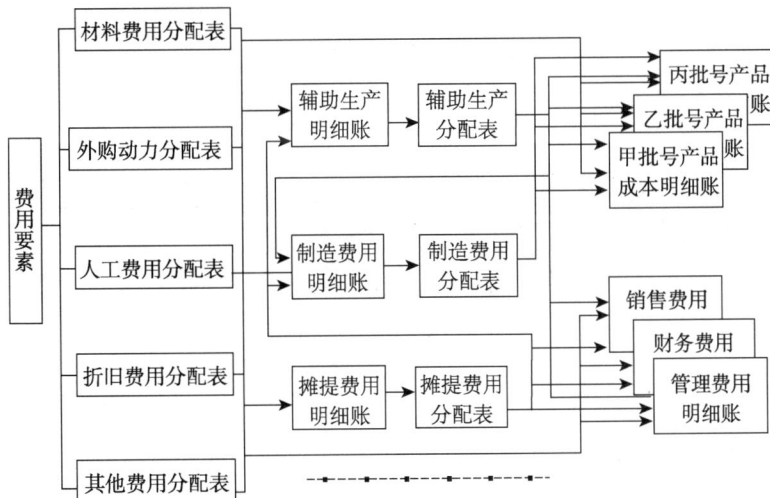

图 4-3　分批法产品核算程序

2. 根据生产计划开设成本计算单

成本计算单开设程序如图 4-4 所示。

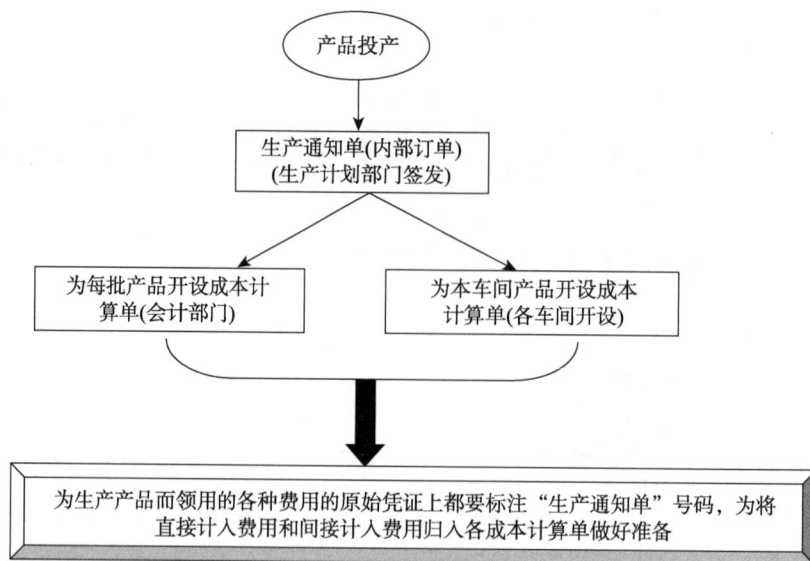

图 4-4　成本计算单开设程序

3. 开设完工通知单

完工通知单的开设程序如图 4-5 所示。

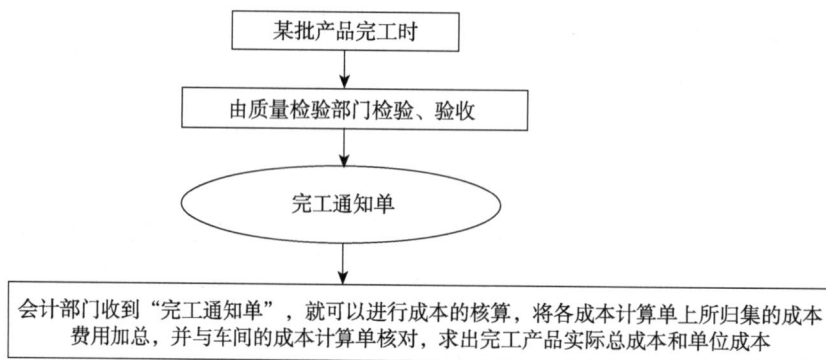

图 4-5　完工通知单开设程序

4.3.3　分批法的核算

制造业企业在采用分批法计算产品成本时，由于各批产品的品种、数量以及生产周期等的不同，在具体使用分批法计算产品成本时可以采用以下三种办法。

1. 典型的分批法

典型的分批法就是不论各批次的产品本月是否完工，都要按当月分配率计算分配本月的间接计入费用，这样各月末间接计入费用明细账都没有余额。

适用于：生产周期较短，当月投产当月完工的单件、小批生产的企业。公式为

$$制造费用分配率 = \frac{本月制造费用实际发生额}{某种分配标准合计数}$$

某批产品应负担的制造费用 = 该批产品本月发生的工时数 × 分配率

上述公式中的分配标准，通常可选择图 4-6 所示。

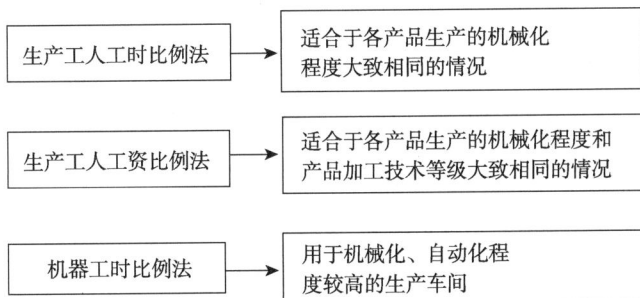

图 4-6　分配标准选择

例 4-2　华平企业根据客户订单要求组织生产，宜采用分批法计算产品成本。

（1）2018 年 7 月生产产品的情况如下。

①某型号车床 20 台，批号 603，6 月投产，7 月全部完工。

②某型号铣床 40 台，批号 701，7 月投产，月末尚未完工。

③某型号刨床 60 台，批号 702，7 月投产，当月完工 10 台，完工产品数量占该批产品比重较小，为简化核算，对完工 10 台的产品成本，按定额单位成本计价结转，刨床的定额单位成本为：直接材料 11 000 元，直接人工 6 200 元，制造费用 3 300 元，合计 20 500 元。

④某型号磨床 120 台，批号 509，5 月投产，本月完工 90 台，其余尚未完工。因完工产品数量较大，生产费用要求在完工产品和月末在产品之间按约当产量法进行分配，产品的原材料在生产开始时一次投入，月末在产品完工程度为 60%。

（2）2018 年 7 月的其他有关资料如下。

①月初在产品成本见表 4-16。

表 4-16　各批产品月初在产品成本　　　　　　　　　单位：元

摘要	直接材料	直接人工	制造费用	合计
603 号车床	318 400	20 000	18 060	356 460
509 号磨床	2 330 400	200 000	354 200	2 884 600
合计	2 648 800	220 000	372 260	3 241 060

②根据各种费用分配表，汇总本月发生的生产费用见表 4-17。

表 4-17　各种费用汇总分配表
2018 年 7 月
单位：元

批号	直接材料	直接人工	制造费用	合计
603	300 000	12 800	11 920	324 720
701	100 000	7 200	4 340	111 540
702	340 000	108 600	124 200	572 800
509		16 000	104 800	120 800
合计	740 000	144 600	245 260	1 129 860

要求：完成每批产品的成本明细账登记，并非相关会计分录。

解：每批产品的成本明细账见表 4-18、表 4-19、表 4-20 和表 4-21。

表 4-18　产品成本明细账

批号：603　　　　　　　　批量：20 台　　　　　　投产日期：6 月

产品名称：车床　　　7 月完工：20 台　　　本月完工：20 台　　　单位：元

项目	直接材料	直接人工	制造费用	合计
月初在产品成本	318 400	20 000	18 060	356 460
本月生产费用	300 000	12 800	11 920	324 720
生产费用合计	618 400	32 800	29 980	681 180
结转完工产品成本	618 400	32 800	29 980	681 180
单位成本	30 920	1 640	1 499	34 059

根据上表内容编制会计分录。

借：库存商品　　　　　　　　　　　　　　　　　681 180
　　贷：基本生产成本　　　　　　　　　　　　　　　681 180

表 4-19　产品成本明细账

批号：701　　　　　　　　批量：40 台　　　　　　投产日期：7 月

产品名称：铣床　　　　　　完工日期：　　　　　　　单位：元

项目	直接材料	直接人工	制造费用	合计
月初在产品成本	—	—	—	—
本月生产费用	100 000	7 200	4 340	111 540
生产费用合计	100 000	7 200	4 340	111 540
月末在产品成本	100 000	7 200	4 340	111 540

表 4-20　产品成本明细账

批号：702　　　　　　　　批量：60 台　　　　　　投产日期：7 月

产品名称：刨床　　　7 月完工：10 台　　　完工日期：　　　　　单位：元

项目	直接材料	直接人工	制造费用	合计
月初在产品成本	—	—	—	—
本月生产费用	340 000	108 600	124 200	572 800

续表

项目	直接材料	直接人工	制造费用	合计
生产费用合计	340 000	108 600	124 200	572 800
单台定额成本	11 000	6 200	3 300	20 500
完工 10 台产品成本	110 000	62 000	33 000	205 000
月末在产品成本	230 000	46 600	91 200	367 800

根据上表内容编制会计分录。

借：库存商品　　　　　　　　　　　　　　　　　　　　　205 000

　　贷：基本生产成本　　　　　　　　　　　　　　　　　　　205 000

表 4-21　产品成本明细账

批号：509　　　　　　　　　批量：120 台　　　　　　　投产日期：5 月

产品名称：磨床　　　7 月完工：90 台　　　完工日期：　　　单位：元

项目	直接材料	直接人工	制造费用	合计
月初在产品成本	2 330 400	200 000	354 200	2 884 600
本月生产费用	—	16 000	104 800	120 800
生产费用合计	2 330 400	216 000	459 000	3 005 400
结转完工产品成本	1 747 800	180 000	382 500	2 310 300
单位成本	19 420	2 000	4 250	25 670
月末在产品成本	582 600	36 000	76 500	695 100

直接材料分配率 = 2 330 400 ÷（90 + 30）= 19 420

直接人工分配率 = 216 000 ÷（90 + 30 × 60%）= 2 000

制造费用分配率 = 459 000 ÷（90 + 30 × 60%）= 4 250

根据上述内容编制会计分录。

借：库存商品　　　　　　　　　　　　　　　　　　　　2 310 300

　　贷：基本生产成本　　　　　　　　　　　　　　　　　　2 310 300

2. 拓展了的分批法

拓展了的分批法就是如果月末完工产品的数量占批内数量的比例较小，为了核算简便，完工产品成本可以先按计划单位成本、定额单位成本或近期相同产品的实际单位成本计算转出；但由于提前完工转出的产品成本不是实际成本，不便于产品成本的考核和分析。所以通常在该批产品全部完工后，还要计算其实际的总成本和单位成本。但是这样的调整不再追溯到已经完工转出的产品的账面记录。如果月末完工产品的数量占批内产品数量的比例较大，就应该采用约当产量法、定额比例法等方法来分配完工产品和月末在产品成本。

3. 简化分批法

1）简化分批法的内容

这种方法就是只对当月完工批次的产品按累计分配率计算分配间接计入费用，对当月未完工的产品则只按月登记发生的工时，不分配间接计入费用。这样，各月末间接计入费用明细账就会有余额。

适用：生产周期较长、不能当月投产当月完工的产品。

简化分批法的计算公式如下。

$$制造费用累计分配率=\frac{各批产品累计制造费用总额}{各批产品累计工时总数}$$

完工批次产品应负担的制造费用=该批次产品累计工时数×累计分配率

间接费用的分配方法有：实际分配率法、计划分配率法和累计分配率法。

实际分配率法和计划分配率法适用于生产周期较短的企业。这类企业当月投产的产品一般当月可以完工，按实际分配率分配间接费用，使成本接近当月实耗水平；按计划分配率分配间接费用，可简化分配计算工作，有利于及时进行成本分析，促进降低成本。

按累计分配率法分配间接费用，可以简化成本的分配计算和登账工作。但不足之处有两点：一是不能全面反映在产品的成本。由于在产品应负担的间接费用仍保留在原账户中，未分配计入产品生产成本，因此，产品在未完工前，各成本明细账中只归集了直接费用以及直接工时。二是会影响产品成本计算的正确性。由于累计分配率是一种加权平均分配率，如果企业各月份间接费用水平波动较大，采用此法分配会影响产品成本计算的正确性。累计分配率法适用于生产周期较长，每月末完工批别较多，且各月份间接费用波动不大的企业。

2）简化分批法的核算

采用简化分批法，仍应按照产品批别设立产品成本明细账，但在各批产品完工之前，账内只需按月登记直接计入费用和生产工时。每月发生的间接计入费用，先将其在基本生产二级账中，按成本项目分别累计起来，只有在有产品完工的那个月份，才对完工产品，按照其累计工时的比例，分配间接计入费用，计算完工产品成本；而全部产品的在产品应负担的间接计入费用，则以总数反映在基本生产成本二级账中，不进行分配，不分批计算在产品成本。因此，这种方法也被称为不分批计算在产品成本的分批法。

简化分批法的分配路径如图 4-7 所示。

例 4-3　华平企业生产组织属于小批生产，产品批数多，而且月末有许多批号未完工，宜采用简化分批法计算产品成本，2018 年 9 月数据如下。

（1）9 月生产批号如下：

2020#，甲产品 5 件，8 月投产，9 月 20 日全部完工。

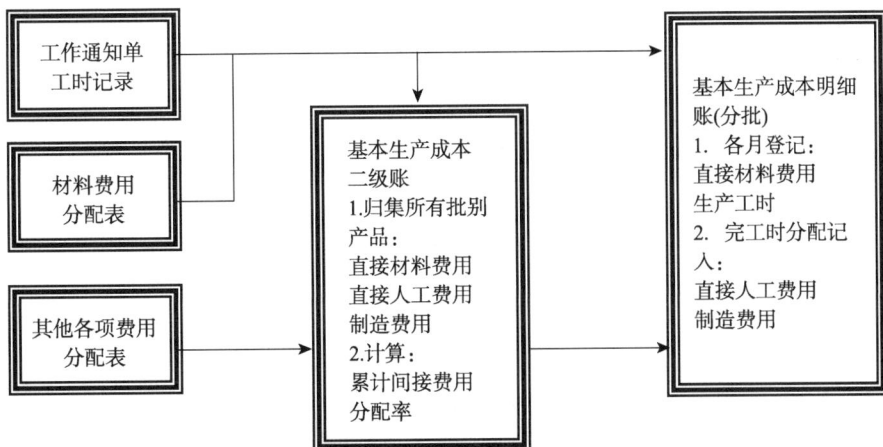

图 4-7 简化分批法分配路径

2021#，乙产品 10 件，8 月投产，9 月完工 6 件。

2022#，丙产品 5 件，8 月末投产，尚未完工。

2023#，丁产品 6 件，9 月初投产，尚未完工。

（2）各批号 9 月末累计原材料费用（原材料在生产开始时一次投入）和工时如下。

2020#，原材料费用 18 000 元，工时 9 020 小时。

2021#，原材料费用 24 000 元，工时 21 500 小时。

2022#，原材料费用 15 800 元，工时 8 300 小时。

2023#，原材料费用 11 080 元，工时 8 220 小时。

（3）9 月末，该厂全部产品累计原材料费用 68 880 元，工时 47 040 小时，工资及福利费 18 816 元，制造费用 28 224 元。

（4）9 月末，完工产品工时 23 020 小时，其中乙产品 14 000 小时。

要求：

（1）根据上述资料，登记基本生产成本二级账和各批产品成本计算单。

（2）计算和登记累计间接费用分配率。

（3）计算各批完工产品成本。

解：（1）登记基本生产成本二级账（表 4-22），计算间接费用分配率。

表 4-22 基本生产成本二级账　　　　单位：元

月	日	摘要	原材料	工时/小时	工资及福利费	制造费用	合计
9	30	生产费用累计数	68 880	47 040	18 816	28 224	115 920
9	30	累计间接费用分配率			0.4	0.6	
9	30	完工产品成本	32 400	23 020	9 208	13 812	55 420
9	30	在产品	36 480	24 020	9 608	14 412	60 500

二级账账目计算：

工资及福利费累计分配率 = 18 816 ÷ 47 040 = 0.4

制造费用累计分配率 = 28 224 ÷ 47 040 = 0.6

完工产品原材料费用 = 18 000 + 14 400 = 32 400（元）

完工产品工时 = 9 020 + 14 000 = 23 020（小时）

完工产品应负担工资及福利费 = 23 020 × 0.4 = 9 208（元）

完工产品应负担的制造费用 = 23 020 × 0.6 = 13 812（元）

（2）登记各批产品成本计算单，计算各批完工产品成本（表 4-23~表 4-26）。

表 4-23   产品成本计算单

产品批号：2020 　　　　　　　　产品批量：5 件 　　　　　　　　投产日期：8 月

产品名称：甲 　　　　　　　　　完工日期：9 月 　　　　　　　　单位：元

月	日	摘要	原材料	工时/小时	工资及福利费	制造费用	合计
9	30	生产费用累计数	18 000	9 020			
9	30	完工产品成本（5 件）	18 000	9 020	3 608	5 412	27 020
9	30	完工产品单位成本	3 600	1 804	721.6	1 082.4	5 404

表 4-24   产品成本计算单

产品批号：2021 　　　　　　　　产品批量：10 件 　　　　　　　投产日期：8 月

产品名称：乙 　　　　　　　　　完工日期：9 月完工 6 件 　　　　单位：元

月	日	摘要	原材料	工时/小时	工资及福利费	制造费用	合计
9	30	生产费用累计数	24 000	21 500			
9	30	完工产品成本（6 件）	14 400	14 000	5 600	8 400	28 400
9	30	完工产品单位成本	2 400	2 333.33	933.33	1 400	4 733.33
9	30	在产品	9 600	7 500			

表 4-25   产品成本计算单

产品批号：2022 　　　　　　　　产品批量：5 件 　　　　　　　　投产日期：9 月

产品名称：丙 　　　　　　　　　完工日期： 　　　　　　　　　　单位：元

月	日	摘要	原材料	工时/小时	工资及福利费	制造费用	合计
9	30	生产费用累计数	15 800	8 300			

表 4-26   产品成本计算单

产品批号：2023 　　　　　　　　产品批量：5 件 　　　　　　　　投产日期：9 月

产品名称：丁 　　　　　　　　　完工日期： 　　　　　　　　　　单位：元

月	日	摘要	原材料	工时/小时	工资及福利费	制造费用	合计
9	30	生产费用累计数	11 080	8 220			

3）简化分批法的特点

简化分批法与一般分批法相比较具有以下特点。

（1）采用简化的分批法，必须设立生产成本二级账。通过此账，可按月提供企业或车间全部产品的累计生产费用和累计生产工时等资料；在有完工产品的月份，可按累计分配率法计算各项间接计入费用的累计分配率，以便据以计算完工产品成本和月末在产品的总成本。

（2）简化的分批法不仅在各批产品之间分配间接计入费用，同时还在完工产品与月末在产品之间分配费用。即各项间接计入费用的累计分配率，既是各批完工产品之间分配各该费用的依据，也是在完工批别与月末在产品批别之间分配各该费用的依据。因此，简化了生产费用的分配和登记工作。月末未完工产品的批数越多，核算工作就越简化，这种简化的分批法也被称为累计间接计入费用分配法。

（3）简化的分批法适宜于产品生产周期较长，各月份间接费用波动不大，同时各月末完工产品批数较多的企业或车间采用。这样既可简化成本核算，又能保持产品成本计算的相对正确。

（4）在各月间接计入费用水平相差较多的情况下采用，会影响各月产品成本计算的正确性；另外，如果月末未完工产品的批数不多，也起不到简化成本核算的作用。

4.4　分　步　法

4.4.1　分步法概述

分步成本法是按照产品的生产步骤归集生产费用，计算各步骤半成品和最后完工产品成本的一种方法，简称分步法。它主要适用于大量大批的多步骤生产的企业或车间。如纺织、冶金、化工制品、肉类加工、造纸等制造企业。

采用分步法的企业生产产品有如下特点。

（1）加工步骤是有一定顺序的，除最后步骤的加工形成产品外，其他步骤的加工都形成半成品，这些半成品有的可以直接对外销售。

（2）这种连续加式工生产通常是大批或大量生产，即产品在生产线上是连续不断地往下移动的。

（3）各种产品生产的程序、生产方法都是相同的，一般没有特殊规格的产品和特定的生产方法。

分步法核算的特点如下。

（1）成本对象：步骤/车间。

（2）成本计算期：日历月；与会计周期一致，与生产周期不一致。

（3）成本计算程序：逐步结转和平行结转。

（4）完工产品和在产品的划分：一般可采用约当产量法或其他方法。

分步法核算方法如图 4-8 所示。

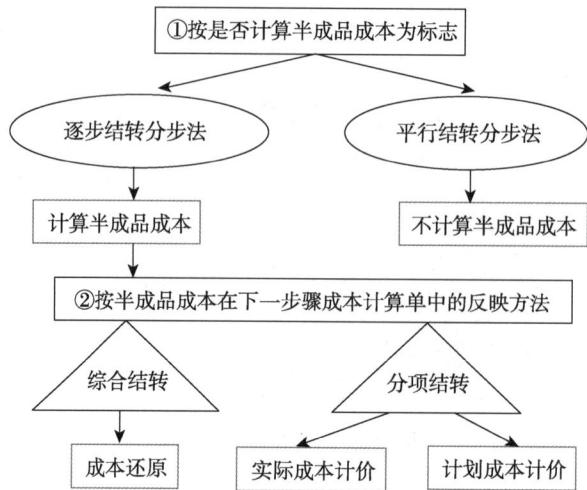

图 4-8 分步法核算方法总汇

4.4.2 逐步结转分步法

逐步结转分步法也称顺序结转分步法，它是按照产品加工顺序，逐步计算并结转各步骤半成品的成本，直至最后生产步骤计算出产成品成本的一种成本计算方法。

为满足逐步结转分步法核算的要求，通常各生产步骤每月都要提供下列资料。

（1）期初在产品数量及其完工程度。

（2）本月投产数量或从上一生产步骤转入的数量。

（3）本生产步骤已完工并转出的数量。

（4）期末在产品数量及其完工程度。

以上四者的关系如下。

期初在产品数量＋本月投入数量（或上步骤转入数量）＝已完工转下一步骤数量（或最后步骤完工产成品数量）＋期末在产品数量

逐步结转分步法就是为了计算半成品成本而采用的一种分步法。因此，这种方法也称计列半成品成本分步法。在这种分步法下，各步骤所耗用的上一步骤半成品的成本，要随着半成品实物的转移，从上一步骤的产品成本明细账转入下一步骤相同产品的产品成本明细账中，以便逐步计算各步骤的半成品成本和最后步骤的产成品成本。

逐步结转分布法的成本计算程序。

（1）以最终产成品品种及其各步骤半成品成本作为成本计算对象。

（2）以各步骤的成本计算单计算转出的各步骤半成品成本。

（3）成本分配。

（4）成本计算随实物而行。

逐步结转分步法可以细分为综合结转分步法和分项结转分步法两种。

1. 综合结转分步法（需要成本还原）

综合结转法的特点是将各步骤所耗用的上一步骤半成品成本，综合计入各该步骤产品成本计算单的"直接材料"或专设的"半成品"成本项目中，半成品成本的综合结转可以按实际成本结转，也可以按计划成本结转。因此，综合结转法，又有按实际成本综合结转法与按计划成本综合结转法两种方法。

采用按实际成本综合结转半成品成本时，各步骤所耗上一步骤的半成品成本，应根据所耗半成品的实际数量乘以半成品的实际单位成本计算。由于各月所产半成品的实际单位成本不同，因而所耗半成品的单位成本，可以采用先进先出法、加权平均法、移动加权平均法和个别计价法等方法计算。

1）综合结转法的成本还原（加权平均法）

由于每个步骤向下结转的半成品中含了上一步骤的料、工、费，不利于成本的考核与分析，因此需对完工产品所耗的半成品成本进行还原。

加权平均法是指将期初在产品和本期投入生产成本加在一起，以产成品产量和在产品约当产量之和为分配基础，计算分配率，进而计算产成品成本和期末在产品成本的方法。

还原的方法是采用倒顺序法，就是从最后一个步骤起，把各步骤所耗上一步骤半成品的综合成本，按本月所产这种半成品的成本结构进行还原，然后将各步骤相同的成本项目数额相加，即可求得按原始成本项目反映的产成品成本。

2）成本还原公式

$$还原分配率=\frac{本月产成品所耗上一步骤半成品成本合计}{本月所产该种半成品成本合计}$$

3）核算举例

例 4-4　华平企业设有三个基本生产车间，第一车间生产 A 半成品，第二车间将 A 半成品加工为 B 半成品，第三车间将 B 半成品加工为 C 产品，上一步骤生产完工的半成品全部直接交下一步骤继续加工，各步骤在产品完工程度均为 50%，材料系第一步骤开始时一次投入。生产情况见表 4-27。

表 4-27　本月生产情况表

项目	计量单位	一车间	二车间	三车间
月初在产品数量	件	10	12	14
本月投入或上车间交来数量	件	98	100	96
本月完工交出数量	件	100	96	100
月末在产品数量	件	8	16	10

要求：

（1）采用综合结转分步法编制三个车间产品的成本计算单。

（2）进行成本还原。

解：按照加权平均法编制成本计算单见表 4-28~表 4-30，成本还原见表 4-31。

表 4-28 产品成本计算单

车间：一车间　　　　　　　　　　　A 半成品　　　　　　　　　　单位：元

年		摘要	直接材料	直接人工	制造费用	合计
月	日	月初在产品成本	1 450	780	620	2 850
		本月发生费用	14 210	4 420	4 060	22 690
		合计	15 660	5 200	4 680	25 540
		转下车间成本	14 500	5 000	4 500	24 000
		月末在产品成本	1 160	200	180	1 540

表 4-29 产品成本计算单

车间：二车间　　　　　　　　　　　B 半成品　　　　　　　　　　单位：元

年		摘要	直接材料	直接人工	制造费用	合计
月	日	月初在产品成本	2 656	960	720	4 336
		本月发生费用		6 840	5 312	12 152
		上车间转入成本	24 000			
		合计	26 656	7 800	6 032	40 488
		转下车间成本	22 848	7 200	5 568	35 616
		月末在产品成本	3 808	600	464	4 872

表 4-30 产品成本计算单

车间：三车间　　　　　　　　　　　C 半成品　　　　　　　　　　单位：元

年		摘要	直接材料	直接人工	制造费用	合计
月	日	月初在产品成本	5 634	950	626	7 210
		本月发生费用		6 400	4 624	11 024
		上车间转入成本	35 616			35 616
		合计	41 250	7 350	5 250	53 850
		转下车间成本	37 500	7 000	5 000	49 500
		月末在产品成本	3 750	350	250	4 350

表 4-31 产品成本按半成品还原分配率还原计算　　　单位：元

行次	项目	直接材料	直接人工	制造费用	合计
1	第三步骤还原前产品总成本	37 500	7 000	5 000	49 500
2	第二步骤本月转入第三步骤半成品成本合计	22 848	7 200	5 568	35 616
3	自制材料（半成品）成本项目还原费用（2 行×还原分配率 1.0 528 975）	24 057	7 581	5 862	37 500
4	第一步骤转入第二步骤半成品成本合计	14 500	5 000	4 500	24 000

续表

行次	项目	直接材料	直接人工	制造费用	合计
5	自制材料（半成品）成本项目还原费用（4 行×还原分配率 1.002 375）	14 534	5 012	4 511	24 057
6	还原后的产品总成本（5 行直接材料加 1、3、5 行的其他费用之和）	14 534	19 593	15 373	49 500

注：1.3 行还原分配率 $= \dfrac{\text{本月产成品所耗上一步骤半成品成本合计}}{\text{本月所产该种半成品成本合计}} = 37\ 500 \div 35\ 616 = 1.0\ 528\ 975$；

2.5 行还原分配率 $= 24\ 057 \div 24\ 000 = 1.002\ 375$。

2. 分项结转分步法（不需要成本还原）

分项结转法的特点是将各生产步骤所耗用的上一步骤半成品成本，按照成本项目分项转入各该步骤产品成本计算单的各个成本项目中。如果半成品通过半成品库收发，那么，在自制半成品明细账中登记半成品成本时，也要按照成本项目分别登记。

分项结转，可以按照半成品的实际成本结转；也可以按照半成品的计划成本结转，然后按成本项目分项调整成本差异。由于后一种做法的计算工作量较大，因此，一般采用按实际成本分项结转的方法。

例 4-5　华平企业生产甲产品需要经过三个步骤，分别由三个车间进行。第一车间生产 A 半成品，完工后全部交给第二车间继续加工；第二车间生产 B 半成品，完工后全部交给半成品仓库；第三车间从半成品仓库中领出 B 半成品继续加工，完工后即为甲产成品，全部交给产成品仓库。半成品仓库发出的 B 半成品按月一次加权平均法计算其实际成本。原材料在第一车间开工时一次投入，第二、第三车间领用的半成品，也在各该生产步骤生产开始时投入。加工费用随加工程度逐步发生，月末在产品加工程度为 50%。半成品仓库月初结存半成品 40 件，单位成本 825 元。

（1）本月生产数量见表 4-32。

表 4-32　生产数量记录

产品：甲产品　　　　　　　　　　　2018 年 10 月　　　　　　　　　　　　单位：元

车间	月初在产品	本月投入或上步转入	本月完工转入下步或交库	月末在产品
第一车间	20	220	200	40
第二车间	40	200	200	40
第三车间	40	200	220	20

（2）生产费用汇总见表 4-33。

表 4-33　生产费用汇总

产品：甲产品　　　　　　　　　　　2018 年 10 月　　　　　　　　　　　　单位：元

项目	自制半成品	直接材料	直接人工	制造费用	合计
第一车间：					

续表

项目	自制半成品	直接材料	直接人工	制造费用	合计
月初在产品成本		5 000	1 250	1 000	7 250
本月发生费用		55 000	26 250	21 000	102 250
第二车间：					
月初在产品成本	19 000		4 000	3 000	26 000
本月发生费用			40 000	30 000	70 000
第三车间：					
月初在产品成本	33 000		4 000	3 000	40 000
本月发生费用			42 000	31 500	73 500

要求：根据以上资料采用分项结转分步法计算甲产品成本。

解：计算第一车间 A 半成品成本。第一车间没有上步转入费用，分项结转与综合结转在成本计算上是完全一致的。计算 A 半成品见表 4-34。

表 4-34 产品成本计算单

第一车间：A 半成品　　　　　　　　　　2018 年 10 月　　　　　　　　　　单位：元

摘要	直接材料	直接人工	制造费用	合计
月初在产品成本	5 000	1 250	1 000	7 250
本月生产费用	55 000	26 250	21 000	102 250
生产费用合计	60 000	27 500	22 000	109 500
本月完工产品数量	200	200	200	200
月末在产品约当产量	40	20	20	
约当总量	240	220	220	
费用分配率	250	125	100	475
完工半成品成本	50 000	25 000	20 000	95 000
月末在产品成本	10 000	2 500	2 000	14 500

注：1. 表中直接材料计算：

　　待分配成本：5 000+55 000=60 000（元）；分配基础：200+40×100%=240（件）；

　　分配率：60 000÷240=250（元/件）

　　本月完工半成品的直接材料：250×200=50 000（元）；月末在产品的直接材料：250×40=10 000（元）；

2. 直接人工和制造费用方法同上，以上三个料、工、费数据填入即得表 4-34。

（3）计算第二车间 B 半成品成本。第二车间成本中包括从上步转入的 A 半成品成本，应当分别将成本项目登记在第二车间的成本计算单，见表 4-35。

表 4-35 产品成本计算单

第二车间：B 半成品　　　　　　　　　　2018 年 10 月　　　　　　　　　　单位：元

摘要	直接材料		直接人工		制造费用		合计
	上步转来	本步发生	上步转来	本步发生	上步转来	本步发生	
月初在产品成本	10 000		5 000	4 000	4 000	3 000	26 000

续表

摘　要	直接材料		直接人工		制造费用		合计
	上步转来	本步发生	上步转来	本步发生	上步转来	本步发生	
本月发生费用	50 000		25 000	40 000	20 000	30 000	165 000
生产费用合计	60 000		30 000	44 000	24 000	33 000	191 000
完工产品数量	200		200	200	200	200	
在产品约当产量	40		40	20	40	20	
约当总量	240		240	220	240	220	
费用分配率	250		125	200	100	150	825
完工产品成本	50 000		25 000	40 000	20 000	30 000	165 000
月末在产品成本	10 000		5 000	4 000	4 000	3 000	2 600

注：本步骤月初从半成品仓库领用 19 000 元半成品，根据上步结构，月初在产品成本中，料：(50 000÷95 000)×19 000=10 000，工：(25 000÷95 000)×19 000=5 000，费：(20 000÷95 000)×19 000=4 000

（4）登记自制半成品明细账见表 4-36。

表 4-36　自制半成品明细账

第二车间：B 半成品　　　　　　　　　　2018 年 10 月　　　　　　　　　　单位：元

摘要	数量（件）	成本项目			
		直接材料	直接人工	制造费用	合计
月初结存	40	10 000	13 000	10 000	33 000
本月收入	200	50 000	65 000	50 000	165 000
本月发出	200	50 000	65 000	50 000	165 000
月末结存	40	10 000	13 000	10 000	33 000

（5）计算第三步骤所产甲产品成本见表 4-37。

表 4-37　成本计算单

第三车间：甲产品　　　　　　　　　　2018 年 10 月　　　　　　　　　　单位：元

摘要	直接材料		直接人工		制造费用		合计
	上步转来	本步发生	上步转来	本步发生	上步转来	本步发生	
月初在产品成本	10 000		13 000	4 000	10 000	3 000	40 000
本月发生费用	50 000		65 000	42 000	50 000	31 500	238 500
生产费用合计	60 000		78 000	46 000	60 000	34 500	278 500
完工产品数量	220		220	220	220	220	
在产品约当产量	20		20	10	20	10	
约当总量	240		240	230	240	230	
费用分配率	250		325	200	250	150	1 175
完工产品成本	55 000		71 500	44 000	55 000	33 000	258 500
月末在产品成本	5 000		6 500	2 000	5 000	1 500	20 000

注：本步骤从半成品仓库领用 33 000 元半成品，要按照本步骤费用比例分配：料：(50 000÷165 000)×33 000=10 000，工：(65 000÷165 000)×33 000=13 000，费：(50 000÷165 000)×33 000=10 000

4.4.3 平行结转分步法

1. 平行结转分步法的特点

平行结转分步法适用于半成品不对外销售，或者管理上不要求计算各步骤半成品成本的企业，即只计算本步骤直接发生的生产费用，不包括半成品的上一步骤成本，然后计算完工产品成本份额，平行结转企业财会部门。各步骤平行结转企业财务部门产成品成本的汇总数，即为产成品全部成本。

平行结转分步法比较适用于大量大批多步骤装配式生产的机械制造业。

平行结转分步法具体核算思路如下。

（1）在计算各步骤成本时，不计算各步骤所产半成品成本。

（2）不计算各步骤所耗上一步骤的半成品成本。

（3）只计算本步骤发生的各项其他费用，以及这些费用中应计入完工产品的份额。

（4）将相同产品的各步骤成本明细账中的这些份额平行结转、汇总，计算出该种产品的产成品成本。

图 4-9 平行结转分步法成本核算示意图

2. 平行结转分步法"份额"的核算

采用平行结转分步法计算产品成本的关键是如何确定各步骤所发生的费用中应计入完工产品的"份额"，实际核算中确定"份额"的办法一般有两种。

（1）定额法或定额比例法。这种方法的核算思路是首先确定月末在产品的定额成本，然后计算完工产品的成本；或者按定额比例法在完工产品与在产品之间分配费用。

例 4-6 华平企业 2018 年 5 月 A 产品完工入库 200 件；第一加工步骤所占工时定额为 60 小时。该步骤月初在产品定额工时为 6 600 小时，本月投入的定额工时为 9 200 小时，该步骤月初在产品与本月发生的直接人工费为 12 640 元。

要求：采用定额比例法，计算直接人工在产品与广义在产品之间的分配额。

解： 产成品第一步骤定额工时 = 200 × 60 = 12 000（小时）

月末广义在产品第一步骤定额工时 = 6 600 + 9 200 − 12 000 = 3 800（小时）

$$第一步骤直接人工分配率 = \frac{12\,640}{6\,600 + 9\,200} = 0.8（元/小时）$$

产成品直接人工中第一步骤份额 = 12 000 × 0.8 = 9 600（元）

广义在产品直接人工中第一步骤的分配额 = 3 800 × 0.8 = 3 040（元）

（2）约当产量法。这种方法的核算思路是某步骤费用要按最后步骤完工产品数量和广义在产品的约当产量来分配。相关公式为

①某步骤产品约当产量 = 最终完工产品产量 + 本步骤之后各步骤的月末在产品数量 + 已验收但尚未使用的广义半成品 + 本步骤月末在产品数量 × 完工程度

$$②某步骤某成本项目费用合计 = \frac{某步骤某成本项目费用合计}{该步骤产品约当产量}$$

③某步骤应转入产成品成本份额 = 企业最终完工入库产品数量 × 分配率

广义在产品的分析：某企业生产某产品，分三个生产步骤连续加工，某月生产情况见表 4-38。

表 4-38　三个步骤的数据

项目	第一步骤	第二步骤	第三步骤
月初在产品数量	160	20	120
本月投入数量	440	500	400
本月完工数量	500	400	480
月末在产品数量	100	120	40

①狭义月末在产品（逐步结转分步法下的费用分配依据）。

第一步骤：100 件

第二步骤：120 件

第三步骤：40 件

狭义在产品每一步骤各部分的关系如下。

月末在产品数量 = 月初在产品数量 + 本月投入数量 − 本月本步骤完工半成品（产成品）数量

②广义月末在产品（平行结转分步法下的费用分配依据）。

月末广义在产品数量 = 本步骤月末在产品数量 + 本步骤已完工转入半成品库或以后步骤继续加工尚未最终完工的半成品数量

第一步骤：100 + 120 + 40 = 260（件）

第二步骤：120 + 40 = 160（件）

第三步骤：40（件）

例 4-7　华平企业设有两个生产车间，2018 年 7 月第一车间生产 A 半成品，第二车间将 A 半成品加工成 A 产成品，原材料在生产开始时一次投入，各车间生产费用在完工产品与在产品之间的分配采用约当产量比例法，该企业 7 月各车间有关产量资料

见表 4-39～表 4-42。

表 4-39 产 量 记 录

2018 年 7 月 　　　　　　　　　　　　　　　　　　　　　　　单位：元

	第一车间	第二车间
月初在产品	500	600
本月投入	1 000	1 300
本月完工	1 300	1 500
月末在产品	200（完工 60%）	400（完工 50%）

表 4-40 产品成本计算单

第一车间：A 半成品 　　　　　　　　2018 年 7 月 　　　　　　　　单位：元

项目	直接材料	直接人工	制造费用	合计
月初在产品成本	10 000	4 120	6 000	20 120
本月生产费用	32 000	8 000	10 160	50 160
合计	42 000	12 120	16 160	70 280
约当总产量	2 100	2 020	2 020	
单位成本	20	6	8	34
转入产成品成本份额	30 000	9 000	12 000	51 000
月末在产品成本	12 000	3 120	4 160	19 280

注：约当产量的计算中，料：1 500+200+400=2 100（元）；工、费：1 500+200×60%+400=2 020（元）。

表 4-41 产品成本计算单

第二车间：A 产成品 　　　　　　　　2018 年 7 月 　　　　　　　　单位：元

项目	直接材料	直接人工	制造费用	合计
月初在产品成本		2 000	3 000	5 000
本月生产费用		6 500	8 900	15 400
合计		8 500	11 900	20 400
约当总产量		1 700	1 700	
单位成本		5	7	
转入产成品成本份额		7 500	10 500	18 000
月末在产品成本		1 000	1 400	2 400

注：约当产量的计算中，工、费：1 500+400×50%=1 700（元）

表 4-42 产成品成本汇总表

2018 年 7 月 　　　　　　　　　　　　　　　　　　　　　　　单位：元

项目	产量/件	直接材料	直接人工	制造费用	合计
第一车间	1 500	30 000	9 000	12 000	51 000
第二车间	1 500	30 000	7 500	10 500	18 000
合计		30 000	16 500	22 500	69 000
单位成本		20	11	15	46

根据表 4-42 内容编制完工产品入库会计分录。

借：库存商品——A 产品　　　　　　　　　　　　　　　　69 000

　　贷：基本生产成本——第二车间　　　　　　　　　　　　　　　69 000

4.4.4　逐步结转分步法和平行结转分步法的比较

逐步结转分步法和平行结转分步法的比较如表 4-43 所示。

表 4-43　逐步结转分步法和平行结转分步法的比较表

比较项目	逐步结转分步法	平行结转分步法
（1）成本计算对象	完工产成品和本步骤完工半成品	完工产成品和各步骤应计入产成品的份额
（2）生产费用包括的内容	包括本步骤发生的费用和上步骤完工半成品转入的费用	只包括本步骤发生的费用，不包括上一步骤转入的费用
（3）在产品含义	狭义在产品，即仅指本步骤正在加工的在产品，其成本按所在地反映	广义在产品，即不仅包括正在本步骤加工的在产品，还包括经过本步骤加工完毕，但还没有最后成为产成品的一切半成品，其成本按发生地反映
（4）半成品成本的处理方法	每月计算半成品成本，需增设"自制半成品"账户，半成品成本随实物转移而结转，便于半成品资金的管理	不计算半成品成本，其成本不随实物转移而结转，不便于半成品资金的管理
（5）产成品成本计算	最后步骤的半成品成本加上最后步骤的加工费用	原材料费用加上各步骤由产成品负担的工、费
（6）成本计算的及时性	不够及时，必须等上一步骤成本计算完毕，才能计算下一步骤的成本，有时还需成本还原	比较及时，各步骤可同时计算成本，没有成本还原问题
（7）适用性	适用于半成品种类不多而对外销售较多，管理上要求提供各步骤半成品成本资料的企业	适用于半成品种类不多，但不对外销售或很少对外销售，管理上不要求提供半成品成本资料的企业

案例分析

华盛企业（甲方）是一家专业生产游艇座椅的制造企业，鉴于最近几年市场上游艇旅游正旺，所以企业加大了材料采购。2018 年 3 月，有数据显示：企业制作座椅的材料大部分从一家企业控股的关联企业采购，本月交付给豪华旅游公司（乙方）座椅 500 个，直接材料 500 000 元，当时的市场价为 350 000 元（假定不考虑其他相关费用），直接人工 60 000 元，制造费用 150 000 元（包括座椅的安装调试费用每个 60 元，座椅的图纸设计费用 2 500 元）。华盛企业与豪华旅游公司签订合同时载明：合同完成交付时，乙方应按制造成本的 120%支付给甲方货款，图纸设计费由甲方负担，采购材料价格应按市场价计算。

分析：

（1）在实际材料成本为 350 000 元时，华盛企业制作游艇座椅的单位成本是多少？

（2）在实际材料成本为 500 000 元时，华盛企业制作游艇座椅的单位成本是多少？

（3）华盛企业的成本核算哪些地方不符合合同规定？采购方应如何维护自己的权利？

【自 测 题】

【复习思考题】

一、思考题

1. 有关产品成本核算的品种法，回答下列问题：

（1）为什么说品种法是产品成本计算最基本的方法？

（2）品种法计算产品成本的基本路径是什么？品种法适合在哪类企业应用？

（3）在生产单一产品和多种产品的企业，应用品种法计算产品成本有何不同？

2. 有关产品成本核算的分批法，回答下列问题：

（1）适合采用分批法核算产品成本的企业类型有哪些？

（2）采用一般分批法和简化分批法核算产品成本的主要区别是什么？

（3）在简化分批法下，基本生产成本二级账起着什么样的作用？

3. 金都企业是一家大型的现代纺织企业，主要加工工艺流程为：清花、粗纺、并条、粗纱。细纱、捻线、织布共七个。企业为此设有三个纺纱车间和两个织布车间以及三个辅助生产车间。不设半成品仓库，第一纺纱车间的完工产品全部对外销售，第二纺纱车间的完工产品供第一织布车间继续加工，第三纺纱车间的完工产品供第二织布车间继续加工。

由于成本考核和管理上需要，金都企业一直要求企业财务部负责掌握各车间生产的半成品成本的具体情况并定期向企业主管部门汇报。

要求：

（1）假定该企业的成本核算一直是：第一纺纱车间采用品种法计算产品成本，第二纺纱车间和第一织布车间采用分批法核算产品成本，第三纺纱车间和第二织布车间采用分步法核算产品成本，你认为这样的核算模式合理吗？

（2）如果你觉得不合理，那么应该怎样调整更好？

（3）同一企业的不同产品，在成本核算时能否采用不同的成本核算方法？为什么？

二、练习题

1. 信阳企业是一家大量生产甲、乙两种产品的单步骤简单生产企业，企业除了设有一个基本生产车间以外，还设有为全企业提供产品和劳务的供水与机修两个辅助生产车间。假定产品生产中原材料均为生产开始时一次投入，月末在产品完工程度均为50%。产品成本按约当产量法计算。辅助生产不单独核算制造费用，辅助生产车间之间相互提供的产量或劳务，采用的是计划成本分配法。

生产产品共同耗用的材料费用按定额耗用量比例分配；生产工人工资费用和制造费用均按甲、乙两产品的生产工时比例分配。

信阳企业 2018 年 10 月的有关成本资料为：工时记录：甲产品耗用工时为 12 000小时，乙产品耗用工时为 10 500 小时；其他资料见表 4-44~表 4-50。

表 4-44　产品产量记录
2018 年 10 月　　　　单位：件

产品名称	月初在产品	本月投入	本月完工产品	月末在产品
甲产品	160	840	750	250
乙产品	80	600	680	0

表 4-45　月初在产品成本记录
2018 年 10 月　　　　单位：元

产品名称	直接材料	直接人工	制造费用	合计
甲产品	22 000	5 000	38 000	
乙产品	13 000	10 000	62 000	
合计	35 000	15 000	100 000	

表 4-46　材料费用分配
2018 年 10 月　　　　单位：元

耗料对象	直接领用（C 材料）	共同耗用（D 材料）	合计	D 材料定额耗用量/kg
甲产品	60 000			15 000
乙产品	80 000			5 000
小计	140 000	32 000	172 000	
基本生产车间一般耗用	7 000		7 000	

耗料对象	直接领用（C 材料）	共同耗用（D 材料）	合计	D 材料定额耗用量/kg
机修车间	22 000		22 000	
供水车间	9 000		9 000	
合计	178 000	32 000	210 000	

表 4-47 工资费用分配

2018 年 10 月 单位：元

项目	应付职工薪酬	福利薪酬（14%）
产品生产工人	45 000	6 300
机修车间工人	13 000	1 820
供水车间工人	9 000	1 260
基本生产车间管理人员	9 000	1 260
合计	76 000	10 640

表 4-48 折旧费用情况

2018 年 10 月 单位：元

部门名称	折旧金额
基本生产车间	65 000
机修车间	10 000
供水车间	14 000
合计	89 000

表 4-49 其他费用情况

2018 年 10 月 单位：元

车间名称	项目					
	周转材料摊销	办公费	电费	保险费	其他	合计
基本生产车间	2 000	1 000	2 900	1 100	500	
机修车间	1 000	500	1 200	600	300	
供水车间	800	500	1 300	800	240	
合计	3 800	2 000	5 400	2 500	1 040	

表 4-50 辅助生产车间产品和劳务发生情况

2018 年 10 月

车间名称	机修车间/小时	供水车间/吨	单位计划成本
供水车间	250	—	16 元/吨
机修车间	—	800	10 元/小时
基本生产车间	5 750	1 600	
合计	6 000	2 400	

要求：

1. 根据以上所给资料，采用成本核算的品种法计算产品成本，计算结果填列到如例 4-1 解所示表中（自行编制相应表格，保留两位小数）。

2. 广进企业生产组织属于小规模生产，生产批数多，月末往往有很多批产品未完工，宜采用简化分批法计算产品成本。2018 年 7 月的相关资料见表 4-51。

表 4-51　各批号产品投产和完工情况

生产批号：　　　　　　　　　　2018 年 7 月　　　　　　　　　　单位：元

产品批号	产品名称	投产数量/件	完工情况
2101 号	A 产品	10	6 月投产，7 月 25 日全部完工
2102 号	B 产品	20	6 月投产，7 月完工 14 件
2103 号	C 产品	10	6 月末投产，全部未完工
2104 号	D 产品	12	7 月初投产，全部未完工

企业本月末各批号累计原材料费用（原材料在生产开始时一次投入）和累计工时资料见表 4-52。

表 4-52　各批号产品累计原材料费用和工时数
2018 年 7 月

产品批号	产品名称	累计原材料费用/元	累计工时数/小时
2101 号	A 产品	36 000	18 040
2102 号	B 产品	48 000	43 000
2103 号	C 产品	31 600	16 600
2104 号	D 产品	22 160	16 440

7 月末，该企业全部产品累计原材料费用为 137 760 元，工时为 94 080 小时，直接人工费 37 632 元，制造费用 56 448 元。原材料系生产开始时一次投入。7 月末完工产品工时为 46 040 小时，其中 B 产品 28 000 小时。

要求：

（1）根据以上所给资料，登记基本生产成本二级账和各批产品成本明细账。

（2）计算和登记累计间接费用分配率。

（3）计算各批完工产品成本。

计算结果填列到如例 4-3 解所示表中（自行编制相应表格，保留两位小数）。

3. 嘉祥企业 2018 年 2 月大量大批生产 M 产品，顺序要经过三个生产步骤，原材料在生产开始时一次投入。月末在产品按约当产量比例法计算。管理上要求提供半成品资料，宜采用综合结转分步法计算产品成本。有关资料见表 4-53、表 4-54。

表 4-53　产量记录情况　　　　　　　　　　单位：元

项目	第一步骤	第二步骤	第三步骤
月初在产品成本数量	40	60	80
本月投产数量	80	100	130

续表

项目	第一步骤	第二步骤	第三步骤
本月完工产品数量	100	130	160
月末在产品数量	20	30	50
在产品完工程度	50%	50%	60%

表 4-54   生产费用资料情况   单位：元

成本项目	月初在产品成本			本月生产费用		
	第一步骤	第二步骤	第三步骤	第一步骤	第二步骤	第三步骤
直接材料	2 400	3 415	6 541	33 300		
直接人工	1 000	1 125	1 360	7 910	2 500	3 200
制造费用	700	875	1 130	4 250	1 300	2 100
合计	4 100	5 415	9 031	45 460		

要求：采用综合结转分步法开设 M 产品三个步骤的成本计算单，进行成本还原。计算结果填列到如例 4-4 解所示表中（自行编制相应表格，保留两位小数）。

4. 联众企业 2018 年 9 月分三个步骤加工产品，第一步骤生产甲半成品，第二步骤领用第一步骤的甲半成品继续加工成乙半成品，第三步骤领用第二步骤的乙半成品继续加工成 C 产成品。本月第一步骤投产 800 件，直接材料 50 000 元，直接人工 4 500 元，制造费用 4 000 元，本月完工甲半成品 600 件入半成品仓库，月末在产品 300 件。第二步骤领用甲半成品 700 件，本步骤发生的费用为：直接人工 2 000 元，制造费用 2 500 元。本月完工乙半成品 460 件入半成品仓库，月末在产品 320 件。第三步骤领用乙半成品 500 件，本步骤发生的费用为：直接人工 4 500 元，制造费用 5 500 元，本月产成品 460 件，月末在产品 80 件。原材料在生产开始时一次投入，各步骤月末在产品均按约当产量比例法计算，完工程度为 50%。其他有关资料见表 4-55~表 4-57。

表 4-55   各项费用资料
2018 年 9 月   单位：元

摘要	步骤	直接材料	自制半成品	直接人工	制造费用	合计
月初生产费用	第一步骤	1 500	—	1 000	2 000	
	第二步骤	—	9 000	880	1 500	
	第三步骤	—	46 000	2 000	6 300	
本月生产费用	第一步骤	88 000		36 400	68 550	
	第二步骤			75 320	58 300	
	第三步骤	—	—	94 000	38 200	

表 4-56   月初在产品成本
2018 年 9 月   单位：元

步骤	月初在产品数量/件	直接材料	直接人工	制造费用	合计
一车间	100	8 500	750	800	

续表

步骤	月初在产品数量/件	直接材料		直接人工	制造费用	合计
二车间	80	上步骤转来	5 600	840	640	
		本步骤发生		300	210	
三车间	40	上步骤转来	4 500	540	430	
		本步骤发生		220	150	

表 4-57　自制半成品成本

2018 年 9 月　　　　　　　　　　　单位：元

产品名称	数量/件	直接材料	直接人工	制造费用	合计
甲半成品	420	42 000	3 300	3 500	
乙半成品	280	23 600	5 900	7 300	

要求：

（1）计算各个步骤的产品成本，并按实际成本分项结转，登记产成品成本计算单和自制半成本明细账。

（2）按全月一次加权平均法计算仓库发出自制半成品的单位成本。

（3）编制结转半成品成本和完工产品入库的会计分录。

计算结果填列到如例 4-7 解所示表中（自行编制相应表格，保留两位小数）。

第5章

产品成本计算的分类法

【本章学习目的和要求】

本章主要介绍了制造业企业产品成本计算的辅助方法分类法和副产品、联产品以及等级产品的成本计算两方面的内容。掌握分类法必须与品种法、分步法等方法结合应用的思想。分配的方法主要有：系数法，产品重量、体积或长度比例法，定额比例法（定额消耗量、定额费用、售价等）。掌握分类法中的系数法、定额比例法；掌握联产品的联合成本计算方法（主要有实物量分配法、系数分配法、销售价值分配法、可实现净值分配法）。了解副产品的成本核算中的两种情况，了解等级品的成本核算方法。

5.1 分 类 法

5.1.1 分类法的特点

成本计算的分类法，适用于产品种类规格繁多，但可按照一定标准划分为若干类产品的企业。用同一种原材料在同一个生产过程中生产出来的几种产品，如联产品、副产品等，也可以采用分类法计算成本。

采用分类法计算产品成本，由于每类中产品的成本是按比例分配计算的，具有一定的假定性，因此必须注意以下条件。

（1）类距要合适，划分类别应当合理，不能过宽、过粗，更不能将不同品种、不同原材料、不同工艺过程产品的生产费用统一汇总核算，再在各种产品之间分配。

（2）每类产品成本类内分配的标准要选择适当，符合实际，要能体现各类产品之间的差别。

（3）当产品结构、所用原材料或工艺过程发生较大变动时，应重新考虑产品的分类，并另选分配标准。

分类法不是一种独立的成本计算方法，它必须与品种法、分步法等方法结合应用。分类法核算的基本内容和程序如下。

（1）按照产品的性质、结构、耗用原材料和生产工艺过程的近似性，将产品划分为几个类别或者若干系列，并根据生产类型和管理要求，结合适当的成本计算方法分类归集生产费用。

（2）先计算各类产品的总成本，然后按一定标准分配计算类内各种产品的成本和单位成本。

各成本项目可采用同一分配标准，也可采用不同的分配标准。

分配的方法主要有以下几种。

（1）系数法。

（2）产品重量、体积或长度比例法。

（3）定额比例法（定额消耗量、定额费用 、售价等）。

5.1.2　分类法的核算程序

（1）合理划分产品类别。企业要根据产品的结构、性质、所用材料以及加工工艺过程，将产品分成几个类别，以归集和计算各个类别的产品成本。

（2）计算各类别产品成本。企业要依据已经划分的产品类别，为其分别设置产品成本明细账，归集生产费用，以计算各类别产品费用。

（3）计算各类别中完工产品成本和在产品成本。企业要根据一定的分配方法，将产品费用总额在完工产品和在产品之间进行分配。

（4）选择合理的分配标准，对各类别中各种产品进行计算。

分类法费用分配路径如图 5-1 所示。

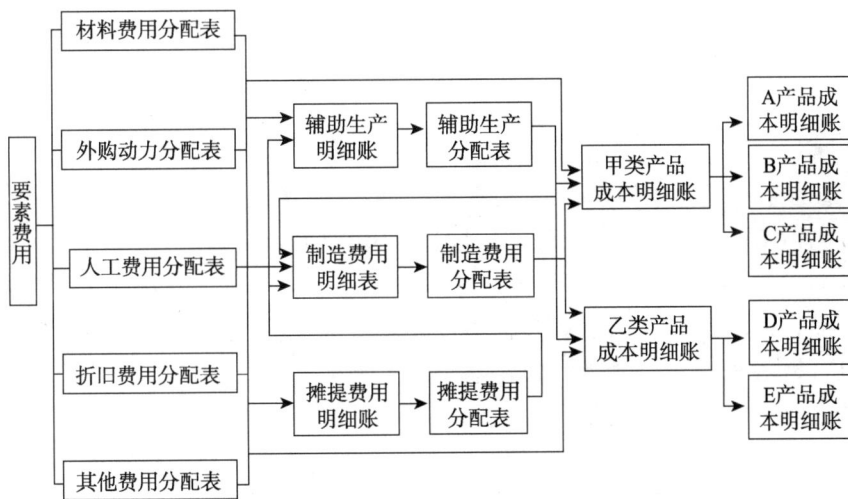

图 5-1　分类法费用分配路径

5.1.3　分类法的分配方法

1. 系数法

系数法是指计算出各类产品总成本后，按照系数分配类内各种产品成本的方法。具体做法如下。

（1）确定标准产品。通常在同类产品中选择一种产销量大、生产正常、售价稳定的产品，作为标准产品，并将其系数定为"1"。

（2）计算其他产品系数。用其他各种产品的有关定额资料，与标准产品相应定额资料相比即得到各其他各种产品的系数。

（3）计算各产品总系数。将各产品的实际产量，与系数相乘即为总系数。也就是标准产品产量。

（4）计算类内各产品的成本。以总系数作为分配标准分配类内费用，计算类内各产品的成本。

实务中，在具体应用系数法时应注意以下两点。

（1）同类产品内各种产品之间分配费用的标准通常有：定额消耗量、定额费用、售价以及产品的体积、长度和重量等。在选择费用分配标准时，主要考虑与产品生产耗费的关系，即应选择与产品各项耗费有密切联系的分配标准。

（2）类内各种产品之间分配费用时，各成本项目可以按同一个分配标准进行分配，为了使分配结果更为合理，也可以根据各成本项目的性质，分别按照不同的分配标准进行分配。例如：原材料费用可按原材料定额消耗量或定额费用比例进行分配，人工和其他费用可按定额工时比例分配等。

系数法的计算公式为

类内某产品标准产量 = 该产品实际数量 × 该产品系数

类内在产品标准产量 = 在产品数量 × 完工程度 × 该产品系数

类内标准产品总产量 = $\sum$（各种产品标准产量 + 类内在产品标准产量）

$$某项费用分配率 = \frac{该项费用总额}{类内标准产品总产量}$$

某产品负担的费用 = 该产品标准产量 × 费用分配率

在产品负担的费用 = 在产品标准产量 × 费用分配率

例 5-1 华平厂按分类法计算产品成本，其中生产小型铁工具类榔头、老虎钳和扳手三种产品，该厂 2018 年 3 月生产榔头 2 000 把、老虎钳 750 把、扳手 1 200 把。月末在产品：榔头 80 把，老虎钳 120 把。

要求：用分类法计算产品成本。

解：（1）标准产品换算系数的计算。该厂将榔头定为标准产品，分配原材料的标准产品换算系数按单位产品原材料消耗定额计算，其他加工费用的标准产品换算系数按单位产品工时消耗定额计算。系数计算见表 5-1。

表 5-1 系数计算表
2018 年 3 月

产品名称	原材料消耗定额/kg	系数	工时消耗定额/小时	系数
榔头	1.2	1	0.8	1
老虎钳	1.8	1.5	1.6	2
扳手	0.24	0.2	0.4	0.5

（2）标准产品产量计算（见表 5-2、表 5-3）。

表 5-2　标准产品产量计算表

2018 年 3 月

产品名称	产成品产量/把	材料				加工费			
		系数	产成品折合标准产量	在产品实际数量	在产品折合标准产量	系数	产成品折合标准产量	在产品折合约当产量	在产品折合标准产量
	1	2	3=1×2	4	5=4×2	6	7=1×6	8=4×50%	9=8×6
榔头	2 000	1	2 000	80	80	1	2 000	40	40
老虎钳	750	1.5	1 125	120	180	2	1 500	60	120
扳手	1 200	0.2	240			0.5	600		
合计			3 365		260		4 100		160
标准产品总量		3 625				4 260			

注：1. 各产品均是一次投料。

　　2. 在产品完工程度均为 50%。

表 5-3　产品成本计算单

产品类型：小型铁农具类　　　　　　　2018 年 3 月　　　　　　　　　单位：元

年		摘要	直接材料	直接人工	制造费用	合计
月	日					
		月初在产品成本	360	120	140	620
		本月发生费用	10 515	3 714	4 120	18 349
		合计	10 875	3 834	4 260	18 969
		结转完工产品成本	10 095	3 690	4 100	
		月末在产品成本	780	144	160	

分配率：料：10 875 ÷ (3 365 + 260) = 3；完工产品：3 365 × 3 = 10 095

月末在产品：260 × 3 = 780

工：3 834 ÷ (4 100 + 160) = 0.9；完工产品：4 100 × 0.9 = 3 690

月末在产品：160 × 0.9 = 144

费：4 260 ÷ (4 100 + 160) = 1；完工产品：4 100 × 1 = 4 100

月末在产品：160 × 1 = 160

（3）建立类内产品成本计算单（见表 5-4）。

表 5-4　类内产品成本计算单

产品类型：小型铁农具类　　　　　　　2018 年 3 月　　　　　　　　　单位：元

成本项目	月初在产品	本月发生费用	合计	标准产品总量	分配率	产成品								在产品	
						榔头		老虎钳		扳手		小计		标准产量	成本
						标准产量	成本	标准产量	成本	标准产量	成本	标准产量	成本		
直接材料	360	10 515	10 875	3 625	3	2 000	6 000	1 125	3 375	240	720	3 365	10 095	260	780

续表

成本项目	月初在产品	本月发生费用	合计	标准产品总量	分配率	产成品								在产品	
						榔头		老虎钳		扳手		小计			
						标准产量	成本	标准产量	成本	标准产量	成本	标准产量	成本	标准产量	成本
直接人工	120	3 714	3 834	4 260	0.9	2 000	1 800	1 500	1 350	600	540	4 100	3 690	160	144
制造费用	140	4 120	4 260	4 260	1	2 000	2 000	1 500	1 500	600	600	4 100	4 100	160	160
合计	620	18 349	18 969				9 800		6 225		1 860		17 885		1 084
实际产量						2 000		750		1 200					
单位成本						4.90		8.30		1.55					

注：1. 分配率＝生产费用合计/标准产品总量。

    2. 某产品成本＝该产品标准产量×分配率。

2. 定额比例法

在分类法下，某类产品的总成本也可按该类内各种产品的定额比例进行分配，这种按定额比例分配的方法，即为定额比例法。其基本思路如下。

（1）计算原材料定额成本（定额耗用量）和工时定额耗用量，各成本项目则根据原材料定额成本（定额耗用量）或工时定额耗用量比例进行分配。

（2）分别成本项目求得各类产品本月实际总成本，并计算出各项费用分配率。计算公式为

$$原材料成本分配率 = \frac{某类产品原材料实际总成本}{某类产品的原材料定额成本（定额消耗量）总数}$$

$$工、费费用分配率 = \frac{某类产品的工资或费用实际总成本}{某类产品的定额工时总数}$$

（3）将一类产品中各种产品分别成本项目计算的定额成本或定额耗用量乘以相关的分配率，即可求得各种产品的实际成本。

同类产品中某种产品原材料成本=该种产品的材料定额成本(定额耗用量)×原材料成本分配率

同类产品中某种产品工、费成本=该种产品定额工时×工、费的分配率

在产品的原材料成本=在产品的材料定额成本(或定额耗用量)×原材料成本分配率

在产品的工、费成本=在产品定额工时×工、费的分配率

3. 分类法的优缺点

优点：采用分类法计算成本，领料单、工时记录等原始凭证和原始记录可以只按产品类别填列，在各种费用分配表中可以只按产品类别分配费用，产品成本计算单可

以只按类别开立，从而不仅能简化成本计算工作，而且能够在产品品种、规格繁多的情况下，分类掌握产品成本的情况。

缺点：由于在类内各种产品品种成本的计算中，不论是间接计入的费用还是可以直接计入的费用，都是按一定的分配标准按比例进行分配的，因而计算结果有一定的假定性。

因此，在运用分类法时，产品的分类和分配标准（或系数）的选定是否适当，是关键性的问题。

5.2　联产品、副产品和等级品的成本计算

5.2.1　联产品的成本核算

同一批原材料在同一生产过程中同时生产出几种主要产品，这些产品均为联产品。各种联产品属于同类产品，采用分类法计算成本。分离后尚需继续加工的联产品，应以分离时的成本另行加上加工费用，计算其加工后的成本。

通常对于联产品的联合成本的分配方法主要有以下几种。

（1）实物量分配法。实物量分配法以产品在分离点处相应产出份额为基础来分配联合成本，实物量可采用产品总产量的重量或容积等。

（2）系数分配法。系数分配法将各种联产品的实际产量按规定的系数折算为标准产量，然后将联合成本按各联产品的标准产量比例进行分配，必须合理确定各联产品的系数。

（3）销售价值分配法。销售价值分配法以产品的销售额作为分配联合成本的标准的方法。这种方法按照售价高的联产品成本负担相应较高的理论对联合成本进行分配。在实际中，不能绝对地认为售价高的产品成本就一定高。只不过是其他条件不太好用的情况下，用售价作为分配标准分摊联合成本。

（4）可实现净值分配法。可实现净值分配法指各联产品的最终销售价值减去其可分成本的余额。其中可分成本是指联产品分离后发生的进一步加工的成本。但无论在全部加工过程完成后分离或是在某一步骤分离，在分离前是不可能按照联产品中的每种产品来归集生产费用计算产品成本的。

所以，必须把这些产品作为一类产品来综合归集它们所发生的各种费用，并根据其生产特点，选择适当的成本计算方法计算出它们的总成本。然后采用适当的分配标准，分解联合成本，从而计算出每一个联产品的总成本和单位成本。

下面以系数分配法来举例说明核算过程。

例 5-2　华平企业在同一加工过程中，利用同一材料生产出 A、B、C 三种主要产品。根据成本计算的基本方法已算出了联合总成本为 80 360 元，其中 A 产品 300 吨，产品系数确定为 0.8，B 产品 400 吨，产品系数确定为 1，C 产品 200 吨，产品系数确

定为 0.9。

要求：分摊各种产品的联合成本。

解：各种产品分摊联合成本见表 5-5。

表 5-5　联合成本计算表　　　　单位：元

产品名称	实际产量	单位系数	总系数	分配率	产品总成本	单位成本
A 产品	300	0.8	240		23 520	78.40
B 产品	400	1	400		39 200	98.00
C 产品	200	0.9	180		17 640	88.20
合计			820	98	80 360	—

注：1. 总系数(标准产量)=实际产量×单位系数。

2. 分配率$=\dfrac{产品联合总成本}{总系数}=\dfrac{80\,360}{820}=98$。

5.2.2　副产品和等级品的成本核算

1. 副产品和等级品的概念

企业利用同一种原材料，在同一生产过程中，除生产一些主要产品外，还附带生产各种非主要产品，即副产品。副产品也应作为同类产品，并从原料及主要材料费用中扣除各种副产品的价值，然后再计算主要产品成本。副产品的价值可以采用计划成本或参照市价折算成本。分离后需要继续加工的副产品应另行加上加工费用。不能对外销售和无法综合利用的副产品，不得计价扣除。

等级产品是指用相同的原材料，在同一生产过程中生产出来的几种不同品级或不同质量的产品。属于同一批产品的不同等级的产品，其单位成本应当相同，不得在各种等级产品之间采用某种分配方法，为各级产品确定不同的成本水平。

2. 副产品成本的核算

为简化计算工作，通常只要将副产品按一定标准作价，从分离点前的联合成本中扣除。

（1）副产品成本计算特点。

①将主、副产品作为一大类产品，采用分类法来归集生产费用计算出全部主、副产品的联合成本。

②将联合成本在各种主、副产品之间进行分配。

③由于副产品价值较低，占全部产品成本的比重较小，宜采用简便的方法，先确定出副产品的成本，然后从发生的联合成本中扣除副产品成本即可求得主要产品的成本。

（2）副产品成本计算方法。

副产品成本计算方法如图 5-2 所示。

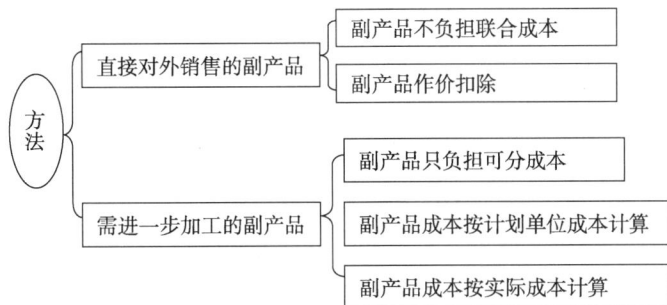

图 5-2　副产品成本计算方法

3. 副产品成本计算举例

（1）直接对外销售的副产品成本的核算。

①对于不需要进一步加工即可出售的副产品，如果其价值较小，一般不予计价，也就是说可以不分担联合成本。

②如果其价值较大，可将其销售价格作为计价依据（分配标准），即依据公式成本=收入–税金–费用–利润的基本原理确定副产品的成本，然后将其从联合成本中扣除，再按各成本项目所占比重，分解为直接材料、直接人工和制造费用项目成本。

例 5-3　华平企业在同一生产过程中，生产甲、乙、丙三种主要产品的同时附带生产出 E 副产品。根据基本方法已计算出了本期联合成本为 80 000 元，其中：直接材料为 50 000 元，直接人工为 20 000 元，制造费用为 10 000 元，E 副产品 600 kg，单位售价 3 元，单位税金 0.2 元，单位销售费用和利润 0.5 元。

要求：分摊主副产品成本。

解： 主副产品成本分摊见表 5-6。

表 5-6　主副产品成本分摊计算表　　　　单位：元

成本项目	直接材料	直接人工	制造费用	合计
分摊前的联合成本	50 000	20 000	10 000	80 000
各成本项目所占比重/%	62.5	25	12.5	100
E 副产品成本	862.50	345	172.50	1 380
甲、乙、丙主要产品成本	49 137.50	19 655	9 827.50	78 620

注：E 副产品总成本=(3–0.2–0.5)×600=1 380（元）

其中：直接材料=1 380×62.5%=862.50（元）

直接人工=1 380×25%=345（元）

制造费用=1 380×12.5%=172.50（元）

（2）需进一步加工的副产品成本的核算。有的副产品与主产品分离后，还需要单独进行加工。例如：在制皂过程中产生的含有甘油的盐水，在与主产品分离后，还要加入某些辅助材料，经进一步加工，才能生产出甘油，在这种情况下，还应根据副产品加工生产的特点和管理的要求单独计算其成本。

例 5-4 华平企业 2018 年 11 月在生产 A 产品（主产品）的过程中，还生产出可以制造 B 产品（副产品）的原料。这种原料经过加工处理后，即成 B 产品。A、B 产品都是单步骤的大量生产，在同一车间进行，B 产品的原料按固定单价每 kg0.5 元计价，A、B 产品月初、月末在产品均按原材料的定额费用计价。

要求：计算 A、B 两种产品的成本。

解：（1）分配各种生产费用，原材料和辅助材料为直接计入费用，直接计入各产品成本计算单。人工、制造费用按生产工时比例在 A、B 两种产品之间分配（表 5-7）。

表 5-7 工、费分配表

2018 年 11 月 单位：元

项目	工时/小时	直接人工	制造费用
本月发生额	15 000	9 000	12 000
分配率		0.6	0.8
A 产品	14 500	8 700	11 600
B 产品	500	300	400
合计	15 000	9 000	12 000

（2）根据有关费用分配表、产品产量月报表，以及在产品定额资料，登记 A 产品成本计算单（表 5-8）。

表 5-8 产品成本计算单

产品名称：A 产品（主产品） 2018 年 11 月 单位：元

摘要	产量/kg	原料	辅助材料	直接人工	制造费用	合计
月初在产品（定额）		24 000				24 000
本月生产费用		485 000	3 000	8 700	11 600	508 300
扣减副产品原料						
12 000 kg（每 kg 0.5 元）		−6 000				−6 000
合计		503 000	3 000	8 700	11 600	526 300
产成品	20 000	478 000	3 000	8 700	11 600	501 300
单位成本		23.90	0.15	0.44	0.58	25.07
月末在产品（定额）		25 000				25 000

（3）根据 A 产品成本计算单、有关费用分配表、产品产量月报，以及在产品定额资料，登记 B 产品的成本计算单（表 5-9）。

表 5-9 产品成本计算单

产品名称：B 产品（副产品） 2018 年 11 月 单位：元

摘要	产量/kg	原料	辅助材料	直接人工	制造费用	合计
月初在产品（定额）	2 000	800				800
本月生产费用		6 000	400	300	400	7 100

续表

摘要	产量/kg	原料	辅助材料	直接人工	制造费用	合计
合计		6 800	400	300	400	7 900
产成品		6 200	400	300	400	7 300
单位成本		3.10	0.20	0.15	0.20	3.65
月末在产品（定额）		600				600

如果副产品的加工处理时间不长，费用不大，为了简化计算工作，副产品也可以按照计划单位成本计价，而不计算其实际成本。这样，从主产品、副产品的生产费用总额中，扣除按计划单位成本计算的副产品成本后的余额，即为主产品的成本。

4. 等级品的成本核算

等级产品与联产品、副产品以及副次产品是不同的概念，其区别在于等级产品是同一品种不同质量的产品，联产品、副产品则是指不同品种的产品。等级产品是合格品，而副次产品是指等级以下的产品，是非合格品。

等级产品的成本核算方法类似于副产品的核算，主要有以下两种。

（1）按实物数量分配。

（2）按系数分配。

案例分析

冷光企业生产的产品种类繁多，会计人员考虑产品的产销量、生产和售价的稳定性等因素决定把所有产品分为 A、B 两个大类，其中 A 大类的类内产品系列为 A1、A2、A3，B 大类的类内产品系列为 B1、B2、B3，并采用分类法来核算产品成本。同时又考虑到企业产品的月末在产品占比数量很小，为了简化成本核算，不进行月末在产品成本的核算，每大类产品的总成本在类内各种产品之间直接按各种产品实际产量为标准进行分配。企业在管理中为每种产品制定了工时消耗定额，每种产品的加工时间差异较大。根据生产特点，每种产品消耗的材料品种相同，单位产品材料消耗量也相同，但直接人工和制造费用与加工时间多少有关。有关其他相关资料见表 5-10~表 5-14。

表 5-10　产量和工时消耗情况

产品名称		产量/件	工时消耗/小时
A 大类产品	A1	350	10
	A2	200	12
	A3	100	9
B 大类产品	B1	240	16.5
	B2	400	15
	B3	360	12

表 5-11　A 大类产品成本计算单　　　　　　　　单位：元

项目	直接材料	直接人工	制造费用	合计
月初在产品成本				
本月生产费用	266 500	45 500	41 600	353 600
完工产品成本	266 500	45 500	41 600	353 600
月末在产品成本				

表 5-12　A 大类产品成本分配表　　　　　　　　单位：元

项目	计量单位	产量	直接材料	直接人工	制造费用	总成本	单位成本
A1	件	350	143 500	24 500	22 400	190 400	544
A2	件	200	82 000	14 000	12 800	108 800	544
A3	件	100	41 000	7 000	6 400	54 400	544
合计			266 500	45 500	41 600	353 600	

表 5-13　B 大类产品成本计算单　　　　　　　　单位：元

项目	直接材料	直接人工	制造费用	合计
月初在产品成本				
本月生产费用	90 500	30 500	28 000	149 000
完工产品成本	90 500	30 500	28 000	149 000
月末在产品成本				

表 5-14　B 大类产品成本分配表　　　　　　　　单位：元

项目	计量单位	产量	直接材料	直接人工	制造费用	总成本	单位成本
B1	件	240	21 720	7 320	6 720	35 760	149
B2	件	400	36 200	12 200	11 200	59 600	149
B3	件	360	32 580	10 980	10 080	53 640	149
合计			90 500	30 500	28 000	149 000	

要求：

（1）上述该企业会计人员的核算方法，你认为合理吗？为什么？

（2）如果你觉得上述计算方法欠妥，那么你的计算是什么样的？将你的计算结果填写在表 5-15~表 5-17 中。

表 5-15　产量和工时消耗表

产品名称		工时消耗/小时	系数
A 大类产品	A1		
	A2		
	A3		
B 大类产品	B1		
	B2		
	B3		

表 5-16　A 大类产品成本计算单　　　　　　　　　　　单位：元

项目	产量	系数	总系数	直接材料	直接人工	制造费用	总成本	单位成本
分配率								
A1								
A2								
A3								
合计								

表 5-17　B 大类产品成本计算单　　　　　　　　　　　单位：元

项目	产量	系数	总系数	直接材料	直接人工	制造费用	总成本	单位成本
分配率								
B1								
B2								
B3								
合计								

【自　测　题】

自学自测　　扫描此码

【复习思考题】

一、思考题

1. 关于产品成本计算的分类法，回答以下问题：

（1）分类法适用于哪类企业？其核算特点是什么？

（2）分类法核算产品成本的基本程序是什么？核算的关键点在哪儿？

（3）系数法和定额比例法的区别是什么？

2. 关于联合成本和副产品成本核算，回答以下问题：

（1）什么是联合成本？联合成本的分配通常有哪几种方法？

（2）分离点后需要进一步加工的和不需要进一步加工的联产品在具体核算其成本时应注意什么？

（3）副产品的成本核算主要有哪些方法？如何区分需要进一步加工的副产品和可以直接出售的副产品的成本核算？

3. 光华企业 2018 年 1 月生产 Z 产品（主产品）领用材料 220 000 元，生产工时为 25 000 小时。X 产品（副产品）生产工时为 5 000 小时。企业本月份发生直接人工 15 000 元，制造费用为 24 000 元。以上费用按工时比例在主、副产品之间进行分配，Z 产品在生产过程中产生的废料 15 000 kg（1.2 元/kg）全部用于生产 X 产品。主、副产品本月产量分别为 6 000 件和 1 000 件。主产品在产品按所耗原材料的定额费用计算，其月初和月末在产品的定额材料费用分别为 20 000 元和 18 000 元。X 产品假定不计算月末在产品成本。

要求：

（1）根据上述所给资料，计算 Z 产品和 X 产品的实际成本。

（2）假定给出副产品 X 产品的直接材料、直接人工和制造费用的计划单价分别为：17.5 元、2.6 元和 3.5 元，计算 Z 产品和 X 产品的实际成本。

4. 嘉怡企业在生产 A、B 两种联产品的同时还附带生产出 N 副产品，2018 年 4 月的产品成本资料见表 5-18。

表 5-18　产品产量、生产费用和售价情况表

产品名称	产量/kg	本月生产费用			单位售价	在产品数量
		直接材料	直接人工	制造费用		
A 产品	3 000				420	月初、月末均无产品
B 产品	4 000	600 000	225 000	30 000	350	月初、月末均无产品
N 产品	500				21	月初、月末均无在产品

注：销售费 0.21 元，利润率 50%。

要求：

（1）计算 N 产品成本。

（2）A、B 两种产品按产量平均计算成本。

（3）A、B 两种产品按单位售价的系数计算成本（B 产品为标准产品）。

（4）假定 A 产品在分离点后还需进一步加工才能出售，发生了如下费用：直接材料 5 000 元，直接人工 3 000 元，制造费用 1 800 元。计算 A 产品的总成本和单位成本。

二、练习题

1. 盛意企业专门生产节能灯系列产品，其中 A 类节能灯中包括了三个不同的品种。这三个不同的品种可以通过分类法进行成本计算，不再为每个品种单独开设成本计算单。A 类节能灯中包括 A1、A2、A3 三个品种，会计人员根据产品的产销量、生

产和售价的稳定性等因素，决定将 A 类中的 A1 产品作为标准产品，其中直接材料按材料费用的定额为标准折合系数，直接人工和制造费用按定额工时折合系数。其他资料见表 5-19、表 5-20。

表 5-19　A 类产品成本计算单　　　　单位：元

项目	直接材料	直接人工	制造费用	合计
月初在产品成本（定额）	9 000	3 500	4 600	
本月生产费用	86 000	46 000	50 300	
完工产品成本	83 000	39 000	44 900	
月末在产品成本（定额）	12 000	10 500	10 000	

表 5-20　类内产品产量及定额资料

类内产品名称	产量/个	单位产品材料费用定额/元	单位产品工时定额/小时
A1	600	100	5
A2	700	60	7
A3	500	35	6

要求：

（1）计算填列表 5-21 中的折算系数。

（2）完成表 5-22A 类产品成本计算（保留两位小数）。

表 5-21　类内产品系数计算表

类内产品名称	直接材料		工时	
	单位产品定额	系数	单位产品定额	系数
A1				
A2				
A3				

表 5-22　A 类产品成本计算单

项目	产量	直接材料系数	直接材料总系数	工时系数	工时总系数	直接材料	直接人工	制造费用	合计
分配率									
A1									
A2									
A3									
合计									

2. 佳士企业主要在主要生产 E 产品的同时还产生了副产品 R 产品。2018 年 11 月企业生产 E 产品 10 000 kg，R 产品 1 000 kg，E 产品月初和月末在产品的原材料定额

费用分别为 64 250 元和 53 200 元；假定 R 产品月末在产品数量较少，月末在产品成本全部由 E 产品负担。本月 E、R 两种主副产品的生产费用和生产工时资料为：生产 E 产品领用 668 000 元原材料，在生产 E 产品过程中产生的废料 30 000 kg 用于生产 R 产品，按 1.2 元/kg 的固定价值计算。生产工人工资为 12 000 元，职工福利按 14% 提取，制造费用 28 500 元。E 产品的生产工时为 60 000 小时，R 产品的生产工时为 1 400 小时，各种间接费用按工时比例分配。

要求：

（1）编制直接人工和制造费用分配表，计算 E、R 主副产品应负担的加工费用。

（2）计算 E、R 主副产品的实际总成本和单位成本（保留两位小数）。

3. 三桓企业用某种原材料同时生产出甲、乙两种联产品，2018 年 7 月生产甲产品 60 000 kg，乙产品 40 000 kg，假定期初和期末均无在产品。明细账上显示：本月联产品的直接材料为 100 000 元，直接人工为 58 000 元，制造费用为 60 000 元。甲产品的售价为 14 元/kg，乙产品为 20 元/kg，产品已全部出售。

要求：

（1）按实物法分配计算甲产品和乙产品的成本、毛利和毛利率。

（2）按系数法（假设甲产品为标准产品，系数为 1，乙产品系数为 1.2）分配计算甲产品和乙产品的成本、毛利和毛利率。

（3）如果产品分离后，甲、乙两种产品还需要进一步加工，且可分成本分别为 50 000 元和 70 000 元，按可实现净值分配法计算两种产品的成本。

（4）按销售价值分配计算甲产品和乙产品的成本、毛利和毛利率（保留两位小数）。

4. 金科企业 2018 年 10 月生产 A、B、C 三种主要产品（联产品），企业成本、产品和销售量的明细记录为：分离点前三种产品的联合成本为 661 800 元，分离点后 A、B、C 三种主要产品的成本分别为 40 000 元、62 000 元和 36 000 元。产量分别为 3 500 件、4 600 件和 5 100 件，销售量分别为 3 000 件、3 800 件和 4 800 件，销售单价分别为 60 元、75 元和 48 元。

要求：

（1）采用可实现净值分配法计算分配 A、B、C 三种主要产品的联合成本，计算每种产品期末存货成本（假定金科企业无期初存货）。

（2）如果有客户出价 80 元要购买企业的 B 产品（分离点上），你认为对方至少要出每件多少价才能为金科企业接受（保留两位小数）？

第 6 章

变动成本计算

【本章学习目的和要求】

本章重点介绍了企业在经济活动过程中对变动成本法和完全成本法在计算上的区别，分析了二者之间的优劣及在实务中的不同应用，通过本章学习要求掌握变动成本法的利润表的编制及其所包含的意义。掌握成本习性的概念，灵活运用固定成本和变动成本的分析与使用条件。

6.1 成本习性概述

6.1.1 成本习性的含义

成本习性（cost behavior）也称成本性态，是指在相关范围内，成本总额与业务量之间的依存关系，在成本管理会计中这两者的定量分析可归纳出一些有用的规律。业务量是指企业在一定的生产经营期内投入或完成的经营工作量的总称。业务量有多种计量单位表示，包括绝对量和相对量两类。绝对量又可以细分为实物量、价值量和时间量三种形式。相对量则是用百分比或比例等形式来反映的。

业务量不同的计量单位在一定的条件下是可以相互换算的，一般情况下，业务量是指生产量或销售量。

成本与业务量的关系可用数学模型 $y=f(x)$ 来表示，这里 x 为业务量，y 为成本。对成本和业务量依存关系的分析，是企业进行经营决策分析的出发点，也是管理会计的基础。

根据成本习性的概念，可将企业的全部成本分为固定成本（fixed cost）、变动成本（variable cost）和混合成本（mixed cost）三大类。

1. 固定成本

固定成本是指成本总额在一定时期和一定业务量范围内不随业务量变动而变动的成本。固定成本有以下主要特点。

（1）固定成本总额的不变性。即在相关范围内固定成本发生总额不受产量变动的影响。$y=a$ 始终是一条平行于 x 轴的直线，如图 6-1 所示。

（2）单位固定成本的反比例变动性。即在相关范围内随着产量的增加或减少，单位固定成本将随之相应降低或升高，如图 6-2 所示，$y=a/x$ 在图上是一条反比例曲线。

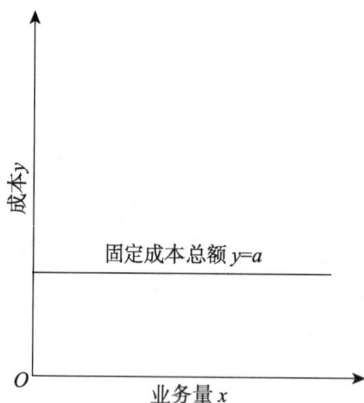

图 6-1　$y=a$ 曲线

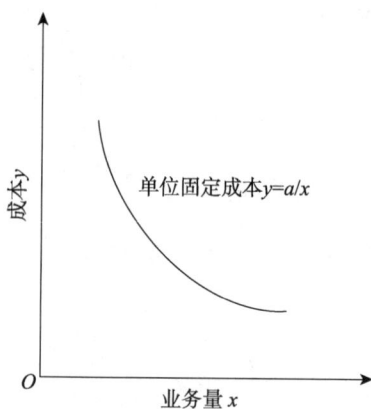

图 6-2　$y=a/x$ 曲线

由于固定成本的固定不变性，在实务中为了进一步找寻降低成本的途径，将固定成本根据其支出额是否能改变，即可控程度，进一步分为"约束性固定成本"和"酌量性固定成本"两类。

约束性固定成本（discretionary fixed cost），是指企业管理部门在日常活动中难以控制并改变其数据的固定成本。如固定资产折旧费、保险费、房屋及设备租金、照明费、行政管理人员的薪金、不动产税等。这些费用是企业经营业务必须负担的最低成本，是维持整个市场能力必不可少的成本，具有很大的约束性。如果稍加消减，极有可能影响企业的盈利能力和长远目标，因此也称为"经营能力成本"。

酌量性固定成本（committed fixed cost），是指企业管理当局在日常经营活动中可以控制并能够改变其数额的固定成本，如广告费、新产品开发费、职工培训费、科研实验费。这些费用的开支对企业的业务经营肯定有好处，可以扩大产品销路，提高产品的质量，增加企业的竞争能力，但其支出的数额，并非绝对不可改变，一般都是企业在会计年度开始前斟酌下一年度企业的具体情况和财务负担能力，对这类固定成本作出增或减的决策。因此也称为"随意性固定成本"。

2. 变动成本

变动成本是指成本总额在一定时期和一定业务量范围内，随业务量变动成正比例变动的成本。变动成本有以下主要特点：

（1）变动成本总额的正比例变动性。即在坐标图上表现为一条以单位变动成本为斜率的直线，其数学模型为 $y=bx$，如图 6-3 所示。

（2）单位变动成本的不变性。即在坐标图上表现为一条平行于横轴的直线 $y=b$，如图 6-4 所示。

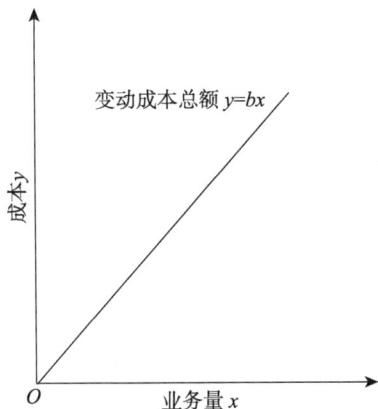

图 6-3　y=bx 曲线

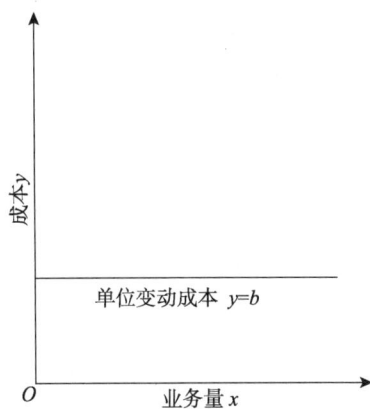

图 6-4　y=b 曲线

在日常的成本支出中又有哪些属于变动成本呢？在会计学中的直接人工、直接材料以及制造费用中随业务量变动成正比例变动的材料物资、燃料物质、动力费，按销售量支付的佣金、装运费、包装费、增值税等属于变动成本。

引用固定成本分类的思路，变动成本也可以分为酌量性变动成本和约束性变动成本两大类。

酌量性变动成本是指企业管理者的当前决策可以改变其支出数额的变动成本，如按产量计酬的工人薪金、按销售收入的一定比例计算的销售佣金等。这些支出的比例或标准取决于企业管理者的决策，当然，企业管理者在作上述决策时不能脱离当时的各种市场环境。

约束性变动成本是指企业管理者的当前决策无法改变其支出数额的变动成本，这类成本通常表现为企业所生产产品的直接物耗成本，以直接材料成本最为典型。当企业所生产的产品定型后（包括外形、大小、色彩、重量、性能等方面），上述成本的大小对企业管理者而言就有很大程度的约束性，这类成本的改变往往也意味着企业的产品改型了。

对特定产品而言，酌量性变动成本和约束性变动成本的单位量是确定的，其总量均随着产品的产量（或销量）的变动而呈正比例变动。

3. 相关范围

相关范围（relevant range）即前述固定成本和变动成本定义中提到的"在一定时期"和"一定业务量"范围内。也就是说存在一定范围条件，在这个条件下，固定成本的发生额不随业务量的变化而变化；而对于变动成本而言变动成本的变动性，即随着业务量的变动而呈正比例变动的这个结论也是有其相关范围的。即变动成本总额与业务量之间的这种正比例关系（完全线性关系），只是在一定业务量范围内才能实现，超出这一业务量范围，两者之间就不再是这样的一种正比例变动关系。

就一定的时间范围内而言，固定成本表现为某一定期间内具有固定性。因为从长时期看，所有成本都具有变动性，即使"约束性"很强的约束性固定成本，也会随着时间的拉长而越来越具有变动性。随着时间的推移，一个正常成长的企业，其经营能力无论是规模还是质量均会发生变化：例如，厂房势必扩大，设备势必更新，行政人员也势必增加，这些都会导致折旧费用、财产保险费、不动产税以及行政管理人员薪金的增加，经营能力的逆向变化当然也会导致上述费用的变化。

就一定业务量范围而言，固定成本表现为某一特定业务量水平内具有固定性，因为业务量一旦超出这一水平，同样势必扩大厂房，更新设备和增加行政管理人员，相应的费用也势必增加。业务量的变化，无论是渐变还是突变，当然是表现在特定期间内的，但就固定成本的时间范围限定和空间范围限定而言，空间范围的限定也就是业务量水平的限定，更具有实际操作意义。

进一步深入理解固定成本的相关范围，就要知道相关范围其实不固定。当原有的相关范围被打破，固定成本是否还表现为某种固定性?答案是肯定的。原有的相关范围被打破，自然就有了新的相关范围;原有的固定成本变化了，也自然又有了新的固定成本，只不过其固定性体现在新的相关范围内了。就业务量而言，就是跳跃到新的业务量范围了，如图 6-5 所示。

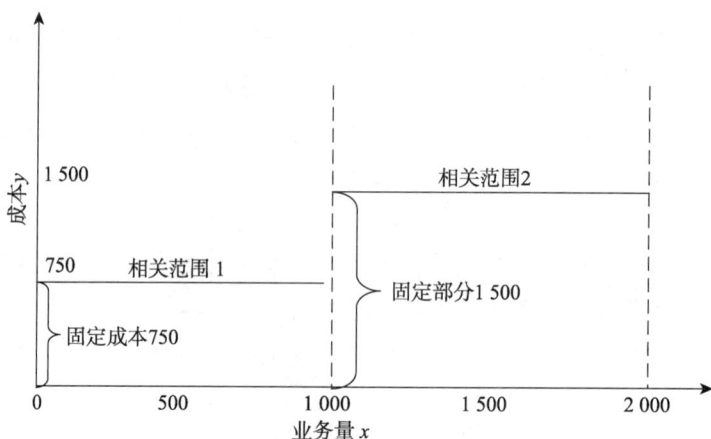

图 6-5　固定成本的权益范围

同样，当企业的产品产量比较小时，单位产品的材料成本和人工成本可能比较高，但当产量逐渐上升到一定范围内时，由于材料的利用可能更加充分、工人的作业安排更加合理或者经验更加丰富等原因，单位产品的材料成本和人工成本会逐渐下降。而当产量突破上述范围内继续上升时，可能使某些变动成本项目超量上升（如加倍支付工人的加班工资），从而导致单位产品中的变动成本由降转升。如图 6-6 所示。

当产量开始上升时，变动成本总额不一定总是与产量的变动呈正比例变化，而通常是前者的增长幅度小于后者的增长幅度，表现在图中就是变动成本总额那条线呈现向下弯曲的趋势（其斜率随着产量的上升而变小）;当产量继续上升时，变动成本总额

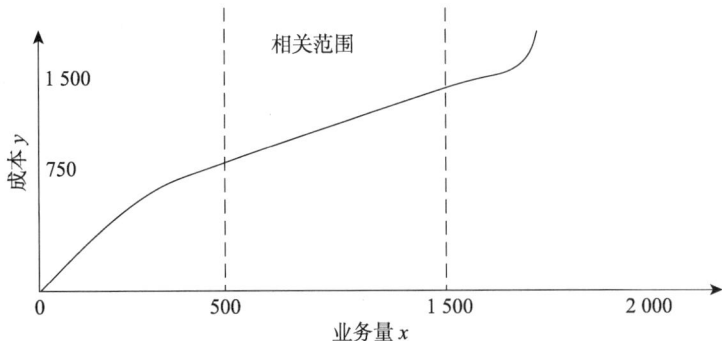

图 6-6　变动成本的相关范围

的增长幅度又会大于产量的增长幅度，表现在图中就是变动成本总额线呈现一种下凹的趋势（其斜率随着产量的上升而变大）；而在产量上升的中间阶段，变动成本总额线弯曲程度平缓，基本呈直线状态（线性关系）。变动成本的相关范围指的就是这个中间阶段。

必须明确，现实经济生活中几乎不存在可以将变动成本总额与业务量的关系描述为绝对线性关系的例子，但这并不妨碍我们在一定的业务量范围内假设它们之间存在这种线性关系，并依此进行成本性态分析。而且，如果我们能够合理地确定上述相关范围，即使将变动成本总额与业务量之间的非线性关系描述为线性关系，也不妨碍为相关的预测和决策行为提供数据支持，这样一来，成本性态分析方法的适用范围也就更广了[①]。

此外，正如在固定成本相关范围问题中所讲的那样，原有的相关范围被打破，也就有了新的相关范围。不过由于固定成本呈现跳跃性变化，相关范围之间的界限相对来说容易划分，而变动成本由于呈现渐进性变化，划分起来要困难一些。

4. 混合成本

从成本习性来看，固定成本和变动成本只是两种特殊的成本类型，在现实的经济生活中往往会碰到一些同时兼有变动成本和固定成本两种不同性质的成本，它们既不完全固定不变，又不完全随业务量成正比例变动，因此不能简单地把它们列入固定成本或变动成本，因而它们统称为"混合成本"。

在管理会计中根据混合成本同时兼有变动成本与固定成本两种性质的不同具体情况，可进一步细分为如下四类。

1）半变动成本

半变动成本（semi-variable cost）通常有一个基数，一般不变，类似于固定成本，但在这个基数上，随着业务量的增长，成本也相应地成正比例增加，这一部分又类似

[①] 成本与业务量之间的关系更放大来看，具有"黏性"特征，即业务量不再发生原有的趋势变化时，成本依然具有原有的趋势，这是成本习性更深入的研究。

变动成本的性质。如企业的电费、水费、燃气费和电话费等，这类提供服务的单位，每月开出的账单一般包括两个部分：一部分是基数，即不论使用与否都必须支付的最小数字，属于固定成本性质；另一部分则根据耗用量的多少乘上相对应的单价来计算，则这一部分属于变动成本性质。

例如，某企业与供电局签订了一项供电合同，合同规定电费的计算分两部分：按月支付固定电费 1 100 元，超基数费用为 0.95 元/度，假设该企业本月实际耗用电量 3 200 度，需支付 3 040 元，共支付用电费用 4 140 元。这项支出中，其中的 1 100 元是不按照供电量计算的固定支出，属于固定成本部分；3 040 元是按照实际耗用量 3 200 乘以单价 0.95 元计算得出的，属于变动成本部分。如果用数学模型表示，假设 y 为半变动成本总额，a 为其中的固定成本部分，b 为单位变动成本，x 为业务量。则有：

$$y=a+bx=1\ 100+0.95\times3\ 200=4\ 140（元）$$

这一模型用坐标图表示即为图 6-7 所示。

2）半固定成本

半固定成本（semi-fixed cost）又称为阶梯式变动成本（step-variable cost），是指在一定业务量的发生额是固定的，但当业务量增长到一定程度，其发生额就跳跃到一个新的水平，然后在业务量增长的一定范围内发生额又保持不变（一个新的相关范围内），直到产生另一个新的跳跃为止。在会计实务中，如企业的化验员、运货员、检验员、领班等工资，以及受班次影响的动力费、整车运输费、设备修理费等都属于这一类。

例如，某快递企业的送货员的人数与送货量有着直接的关系，根据经验，一个送货员每月一般送货 1 200 件，若每增加 1 200 件，就需要增加一名送货员，假设送货员每人每月的工资为 4 800 元，则送货员的工资支出在不同的送货量水平下，呈阶梯式增长。可用图 6-8 来表示送货员工资，它是一种阶梯式变动成本的性态模型。

半固定成本直接用数学模型来反映比较困难，与半变动成本不同。当送货量的变

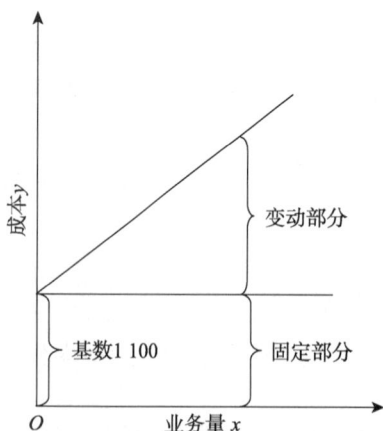

图 6-7　半变动成本图

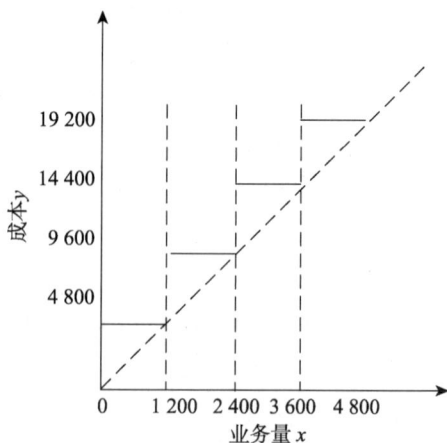

图 6-8　半固定成本图

动范围较小（如 1 200~2 400 件浮动）时，半固定成本可以视为固定成本，用 y=a 这样的简单数学模型表示，而且这一数学模型还适用于任何一个以 1 200 为差数、以 1 200 的倍数为界端的区域范围，如图 6-8 中的成本实际数。当产量的变动范围较大，超出一定范围时，半固定成本应该视为变动成本，因为在这种情况下，送货员工资成本固定不变的相关产量只占整个产量可变范围的很小一部分。此时，需要用平滑的方式将半固定成本描述为一种近似的变动成本性态，即图中的斜虚线所示的成本线性近似数，其数学模型与变动成本总额的数学模型一样，即 y=bx，其变动率（图中斜虚线的斜率）为 4 元/件（快递企业为单位物品的送货工资）。

3）延期变动成本

延期变动成本（delayed-variable cost）是一种业务量范围内成本总额保持稳定，一旦超过一定业务量后，则随业务量按一定比例增长的成本（图 6-9）。最常见的例子，企业支付给职工的工资在正常情况下是不变，属于固定成本性质。但是当产量超过正常水平后，这需根据超产数量支付加班费或超产奖金，并且支付的加班工资或超产奖金与超产加班的时间长短存在正比例关系。

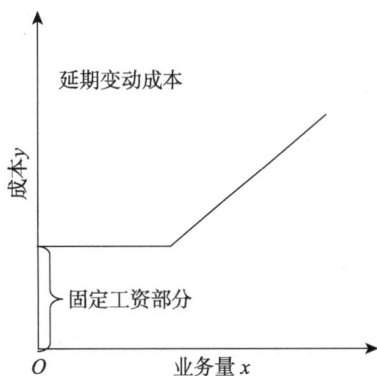

图 6-9　延期变动成本曲线

其实将图 6-9 与图 6-7 相比较，可以比较明显地发现延期变动成本就是将纵轴"延期"至业务量的发生变化之处（临界点）时的半变动成本。因此所谓的延期变动成本，其实就是指业务量的延期，原本固定不变的成本变为变动成本。

4）曲线形混合成本

曲线型混合成本（curve-variable cost）是指与业务量之间的关系表现为曲线关系的成本。这类成本通常有一个初始量一般不变，相当于固定成本，在这个初始量的基础上随着业务量的增加，成本也逐步增加，不过这两者不是正比例的直线关系，而是呈非线性的关系。通常是呈抛物线的上升或下降的趋势，这种曲线又可进一步细分为以下两类。

（1）递增型混合成本（increasing progressively curve cost）。递增型混合成本是指

单位成本随业务量的增加而逐渐增加的成本，成本总额的增长幅度大于业务量的增长幅度，其上升率是递增的。如累进计件工资，各种违约金、罚金等，当达到初始量（如约定产量、约定交割时间）时，成本是固定不变的，属于固定成本性质。但在这个基础上，随着业务量（或延迟时间）的增加，计件工资（或违约金、罚金等）就逐步上升，而且其上升率是递增的，这里成本的性态如图 6-10 所示。

（2）递减型混合成本（decreasing progressively curve cost）。曲线混合成本中的变动成本，在随着业务量增加的同时，若其变化率（上升率）呈现递减的状态，则这类成本为递减曲线成本。例如企业用于热处理的电炉设备，每班需要预热，因预热而耗电的成本（初始量）属于固定成本性质，至于预热后进行热处理的耗电成本，则随业务量的增加而逐步上升，但两者不成正比例，而是曲线形上升，并且上升越来越慢，其变化率是递减的。还有其他电气设备（如空调等）的耗电成本，也是呈现出递减曲线成本的特征。这类成本如图 6-11 所示。

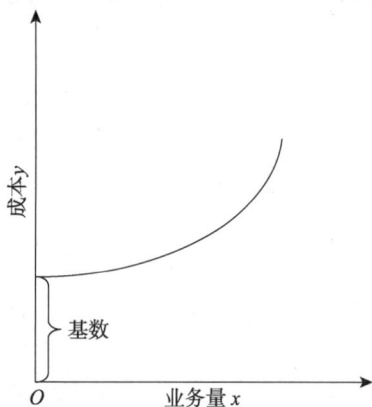

图 6-10　递增型混合成本曲线　　　　　图 6-11　递减型混合成本曲线

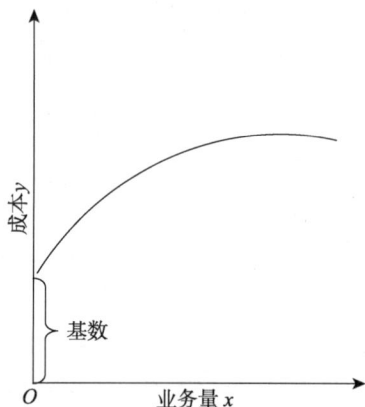

需要说明的是，现实经济生活中，成本的种类繁杂，形态各异，并不一定如书中介绍的固定成本、变动成本和混合成本那样的清晰、简单，有的成本类型需要比较复杂的数学模型才能解释，因此我们总是说，可以将其近似地描述为某一种性态。

6.1.2　混合成本的分解

如前所述，在现实生活中存在混合成本，为了进一步对成本进行管理和控制，在管理会计中，通常会采用一定的专门方法，将混合成本分解为固定成本和变动成本，进而把全部成本按其性态划分为固定成本和变动成本两部分，并建立总成本的数学模型。实践中往往在一类成本中选择具有代表性的成本项目进行性态分解，并以此为基础推断该类成本的性态。这样可以比较不费太大的精力进行成本分解，如果花费太多的工夫（成本）来分解成本就得不偿失了。常用的混合成本的分解方法有数学分解法、账户分解法、技术测定法和确认法。

1. 数学分解法

数学分解法（mathematical analysis method）是根据混合成本在过去一定期间内的成本与业务量的历史数据，采用适当的数学方法加以分解，来确定其中的固定成本总额和单位变动成本的平均值的一种分解方法。故有时候又称为历史成本分析法（historical cost analysis method），在实际工作中，最常用的数学分解法有高低点法、散布图法和回归直线法三种。

1）高低点法

高低点法（high-low points method）是数学分解法中的一种混合成本分解方法。它是根据一定期间内最高业务量与最低业务量之间的差额，以及与之相应的最高点混合成本与最低点混合成本之间的差额，推算混合成本总额中固定成本和变动成本含量的一种简捷方法，也称两点法。高低点法的基本原理是：假定任何一个混合成本项目都包含变动成本和固定成本两种因素，因而它的数学模型同总成本的数学模型类似，亦可用直线方程式 $y=a+bx$ 来表示。其中 a 表述为固定成本，b 为单位变动成本，bx 是变动成本总额。

高低点法的基本步骤如下。

首先，确定成本变动率，成本变动率实际上是单位产量平均变动成本，计算公式为

成本变动率=(最高点混合成本−最低点混合成本)÷(最高点业务量−最低点业务量)

其次，确定变动成本含量，计算公式为

变动成本=成本变动率×业务量

最后确定固定成本含量，计算公式为

固定成本=最高点混合成本−最高点业务量×成本变动率

或

固定成本=最低点混合成本−最低点业务量×成本变动率

例 6-1 某企业某年 1—8 月的产品维修成本数据见表 6-1。

表 6-1 某企业 1—8 月的维修成本数据

月份	1 月	2 月	3 月	4 月	5 月	6 月	7 月	8 月
业务量/kg	200	250	285	320	350	290	295	280
维修成本/万元	1 400	1 500	1 450	1 600	1 640	1 530	1 580	1 410

根据上述数据和高低点法的概念，可知该企业维修成本在相关范围内的变化情况，其最高业务量与最低业务量时间发生的维修水平数据列表见表 6-2。

表 6-2 最高业务量与最低业务量时间发生的维修成本

摘要	高点（5 月）	低点（1 月）	差额
业务量 x	350	200	150
维修成本 y	1 640	1 400	240

$$b = \frac{1\,640 - 1\,400}{350 - 200} = 1.6（万元/小时）$$

$$a = 1\,640 - 1.6 \times 350 = 1\,080（万元）$$

或 　　　　$$a = 1\,400 - 1.6 \times 200 = 1\,080（万元）$$

这样反映产品成本变动趋势的直线方程为

$$y = 1\,080 + 1.6x$$

需要注意的是，选择高低点的坐标应以自变量（业务量）的高低为准，而不是按因变量（成本）的高低来选择。

高低点法分解成本简便易行。但只考虑诸多历史数据中的高和低两个极端点来确定一条直线，并以该直线代表所有历史数据，其结果将是不太准确的，并且只适用于相关范围内的情况，如上例中 200~350 小时。高低点法通过以高点和低点的数据来描述成本性态的，其结果会带有一定的偶然性（事实上高低两点的偶然性较之其他各点一般要大），这种偶然性会对未来成本的预计产生影响。当然这两点的成本数据中就更不能是含有任何不正常情况下的成本了。因此，这种混合成本分解方法主要适用于生产经营活动比较正常、混合成本增减变动趋势较小的中小型企业。

2）散布图法

散布图法（scatter diagram method）是将观察到的历史数据反映到坐标图上，在以横轴代表业务量（x）、纵轴代表混合成本金额（y）的坐标图中，分别标明一定期间内业务量以及与之相应的混合成本的坐标点，然后经目测，于坐标中确定可近似地反映产量同混合成本之间相互依存关系的趋势直线，借以区分混合成本总额中的固定成本和变动成本含量的一种方法。又叫目测画线法。

散布图法的基本步骤如下。

首先，根据产量和混合成本的历史观测数据，确定相应的坐标点。

其次，用目测法确定趋势直线，使该直线上、下各方的坐标点数目相等。

再次，分别确定固定成本和变动成本含量。

最后，建立数学模型。

例 6-2　仍用例 6-1 数据。成本变动趋势直线与 y 轴的交点，即为产品成本中的固定部分 $a=1\,000$ 万元；单位变动成本 b 是这条直线的斜率，其计算公式为

$$b = \frac{y - a}{x}$$

其模型用坐标图表示即如图 6-12 所示。

在图中，通过目测，在 8 个成本点之间画出一条反映维修成本的平均变动趋势的直线，该直线与纵轴的交点，就是维修成本的固定成本（a），在图 6-12 中，$a=1\,000$ 万元。

图中所画出的混合成本平均变动趋势的斜率，即 b（单位变动成本），其计算方法为

在直线（$y=a+bx$）上任取一点，$x=100$ 小时，此时 $y=1\,200$ 万元。

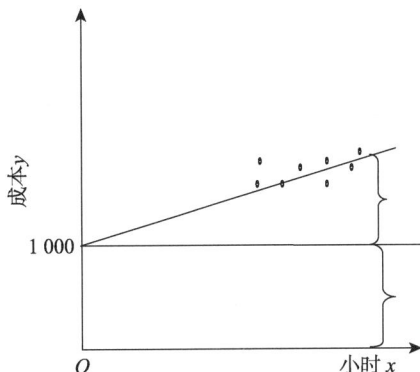

图 6-12　散布图法

令 $b = (1\ 200 - 1\ 000)/100 = 2$（万元/小时）

这样在 a 和 b 值已知的情况下，我们就可把维修成本的公式确定为

$$y = 1\ 000 + 2x$$

散布图法与高低点法原理相同，但两者除基本做法相异之外还有两点差别：一是高低点法先有 b 值而后有 a 值，散布图法则正好相反；二是虽然散布图法下通过目测而得到的结果仍不免带有一定程度的主观臆断性，一般很难准确，往往因人而异。但由于该法比较简单，是将全部成本数据均作为描述混合成本性态的依据，因而较之高低点法还是要准确一些。

3）回归直线法

采用散布图法分解混合成本时，关键的问题在于目测所决定的直线能否代表各点的变化趋势与分布规律。一般的要求是散布图中各点应尽可能在这一条直线上或离此直线的距离最近，但由于是目测出来的直线，不一定就是理想的直线，因此借用数理统计中常用的最小平方法的原理，对所观测到的全部数据加以计算，求解出一条散布图中各点与之距离最近的直线，这是最能代表平均成本水平的直线，这条合理反映 x 与 y 之间关系的直线称为回归直线，这种方法也就叫作回归分析方法（regression line method）。这条回归直线可以使各观测点的数据与直线相应各点的误差的平方和实现最小化，所以又被称为最小平方法（least squares method）。

回归直线法是根据过去一定期间的业务量（x）和混合成本（y）的历史资料，借以确定混合成本中的固定成本和变动成本。

因此，关键就在于如何去确定固定成本 a 及单位变动成本 b 这两个参数。

我们用回归方程式 $y = a + bx$ 来表示业务量和混合成本之间的相应关系，其中 y 为混合成本，x 为业务量，a 为混合成本中的固定成本部分，b 为回归直线的斜率（成本变动率），以此为基础，确定回归直线标准公式

$$y = a + bx \tag{6-1}$$

对式（6-1）求和：

$$\sum y = na + b\sum x \tag{6-2}$$

将 x 乘式（6-1），再求和，得式（6-3）：

$$\sum xy = a\sum x + b\sum x^2 \tag{6-3}$$

将式（6-2）移项并化简，得

$$a = \frac{\sum y - b\sum x}{n} \tag{6-4}$$

将式（6-4）代入（6-3），并移项化简，得

$$b = \frac{n\sum xy - \sum x\sum y}{n\sum x^2 - (\sum x)^2} \tag{6-5}$$

根据式（6-4）和式（6-5），将有关数据代入，先求 b，再求 a，即可把混合成本分解为固定成本和变动成本。

例 6-3 借用例 6-1 的数据，用回归分析法来进行成本性态分析，见表 6-3。

表 6-3 回归分析计算表

月份	x	y	xy	x^2
1	200	1 400	280 000	40 000
2	250	1 500	375 000	62 500
3	285	1 450	413 250	81 225
4	320	1 600	512 000	102 400
5	350	1 640	574 000	122 500
6	290	1 530	443 700	84 100
7	295	1 580	466 100	87 025
8	280	1 410	394 800	78 400
n=8	$\sum x$=2 270	$\sum y$=12 110	$\sum xy$=3 458 850	$\sum x^2$=658 150

代入式（6-4）和（6-5）得

$$b = \frac{8\times 3\,850 - 2\,270\times 12\,110}{8\times 65\,815 - 2\,270^2} = 1.612\,6\,（万元/小时）$$

$$a = \frac{12\,110 - 1.612\,6\times 2\,270}{8} = 1\,056.17\,（万元）$$

所以采用回归直线法的直线方程式为 $y=1\,056.17+1.612x$，同例 6-2 相比，例 6-3 的结果略有不同，其结果更加准确。

实务中必须明确一点，采用回归分析法，x 与 y 之间必须基本上保持线性关系，即线性相关关系。所谓相关关系，是指两个变量 x 与 y 之间相关程度及其方向，其测定的相关度为相关系数。若设该系数为 r，则

$$r = \frac{n\sum xy - \sum x\cdot\sum y}{\sqrt{[n\sum x^2 - (\sum x)^2][n\sum y^2 - (\sum y)^2]}} \tag{6-6}$$

相关系数 r 的取值范围在 0 与 ±1 之间。

当 $r=0$ 时，说明变量之间不存在相关关系。

$r=1$ 时，说明二者有完全的正相关。

$r=-1$ 时，说明二者有完全的负相关。

当 $0<|r|<1$ 时，反映其数值的大小，x 与 y 之间的相关程度。数值越大，相关程度越大；反之，数值越小，相关程度也越小。

把例 6-3 的数据代入式（6-6）去验证。

经过验算 $\sum y^2 = 18\,387\,500$

则 $r = \dfrac{8 \times 3\,458\,850 - 2\,270 \times 12\,110}{\sqrt{[8 \times 658\,150 - 2\,270^2][8 \times 18\,387\,500 - 12\,110^2]}} = \dfrac{181\,100}{224\,274.764\,5} = 0.807\,5$

r 接近于 1，说明 x 与 y 之间具有较密切的相关性，即存在线性关系，可用 $y=a+bx$ 直线方程来描述其变动趋势。

2. 账户分解法

账户分解法（account analysis approach）是指在掌握相关项目的成本性态的基础上，对每项费用的具体内容进行分析。逐项分解，经过经验分析使其分别归属于固定成本和变动成本，而不是简单地划入变动成本或固定成本的项目，并按一定比例将它们分解为变动和固定两部分。虽然方法简便，但工作量太大。

例 6-4　若以某企业一车间作为成本分析分解的对象，某月产量 800 件，其成本数据见表 6-4。

要求：以账户分解法分解其成本。

表 6-4　成本分类表

账户	总成本/元
生产成本——材料	100 000
——工资	20 000
制造费用——修理费	8 000
——办公费	5 000
——折旧费	15 000
合计	148 000

解：表 6-4 中合计成本为该企业的全部成本，根据各项成本的性质可把上述各项成本分解为变动成本和固定成本。

生产成本中的材料、工资属于直接费用，通常为变动成本，同业务量成比例地变化，修理费虽然不是明显地同业务量成比例变化，但很明显其变化趋势也随月业务量的变化而变化，也可把它看成变动成本。

由于办公费和折旧费与业务量的变动没有线性关系，可确定其为固定成本，因此成本分解见表 6-5。

表 6-5　成本分解表

账户	总成本	固定成本	变动成本
生产成本——材料	100 000		100 000
——工资	20 000		20 000
制造费用——修理费	8 000		8 000
——办公费	5 000	5 000	
——折旧费	15 000	15 000	
合计	148 000	20 000	128 000

所以可知 $a = 20\ 000$（元）。

由于该企业车间的产量为 800 件时，$b = 128\ 000 \div 800 = 160$（元）

则数学模型为 $y = 20\ 000 + 160x$

必须认识到上述分解有一定的针对性，即工人的工资实行的是计件工资制，同产量的变化较明确的就是变动成本，还有折旧费不与加工时间、加工量挂钩，那么折旧费就是固定成本。离开了这些假设，上述分解就不成立了，因此账户分解法适用于较典型的成本项目，同业务量的关系很明确，否则就得采用其他方法了，就具体而言，账户分解法还算是比较简单的一种混合成本分解方法。

3. 技术测定法

技术测定法（technique determine approach）亦称"工程法"（engineering approach），它是根据生产过程中各种材料和人工成本消耗量的技术测定来划分固定成本和变动成本的方法。其基本点就是把材料、工时的投入量和产量进行对比分析，用来确定单位产量的消耗定额，并把与产量有关的部分汇集为单位变动成本，与产量无关的部分汇集为固定成本，从而揭示成本变化的规律。这种方法的应用原则是根据成本应该是什么而并非成本现在是什么来计量成本性态，它需要对产品和服务所需要的原材料、人工、支持服务和设备等有一个技术层面的系统性分析。如热处理的电炉设备预热过程中的耗电成本（初始量），可通过技术测定，划为固定成本；至于预热后对零部件进行热处理的耗电成本，则可划归为变动成本，采用这种方法测定的结果虽比较准确，但工作量很大，特别是对某些制造费用和管理费用的明细项目，分析起来比较困难。因此技术测定法一般只适用于历史参考数据匮乏的企业及投入产出关系比较稳定的企业或已建立标准成本制度的企业，若发生重大的技术革新或生产能力发生大的变动，则不适合采用此方法。

4. 合同确认法

合同确认法（contract confirm approach）是根据企业与供应单位所订立的合同（或契约），以及企业内部既定的各种管理制度和核算制度中关于支付费用的规定，来确认并估算哪些属于变动成本，哪些属于固定成本的方法。如电话费、保险费、水电费等均可以按照与供应单位的约定来确定费用的习性，如电话费中的基本费用，可视为固定费用，而按照用户的通话次数计收的费用则是变动费用等。

例 6-5　中国联通推出的 iPhone 套餐中有一个最低额套餐 66 元，包含本地主叫语音分钟数 160 分钟，国内流量 220 MB，超出后国内语音拨打 0.20 元/分钟，超出流量 0.000 3 元/KB。手机用户张海 2018 年 3 月的电话账单显示语音时间 300 分钟，流量 205 MB。

根据上述资料该用户的手机话费成本为混合成本，按照该套餐的约定，可以将全部手机费用分解为固定成本和变动成本两部分：

$$Y = 66 + 0.2 \times (x - 160)$$

将该用户数据代入该公式，可以计算出该用户该月的手机使用的话费支出成本：

$$Y = 66 + 0.2 \times (300 - 160) = 94（元）$$

其中：该用户该月份话费的固定成本为 66 元，变动成本为 28 元；另外，流量未超出定额，故不计算费用。

6.2　变动成本法

变动成本法又称直接成本法，起源于 20 世纪 30 年代的美国。第二次世界大战后，已广泛应用于美国、日本、西欧各国的内部企业管理，成为企业进行经营决策和成本控制的有效方法。由于变动成本法的产生，为了加以区别，人们就把传统的成本计算方法统称为完全（全部）成本法。在变动成本法下，当计算产品生产成本和期末存货成本时，只包括直接材料、直接人工和变动性制造费用，不把固定性制造费用列入产品成本，而是作为期间费用直接计入当期损益。我国企业会计制度要求采用完全成本法。从目前来看，美国会计界的一些权威机构，如美国会计师协会、美国证券交易委员会、美国国内税务局，同样主张采用完全成本法计算产品的单位成本，确定存货和利润，编制企业的对外报表。所以，从目前来看，这两种方法并不能相互取代，而是同时使用。

6.2.1　变动成本法原理

1. 变动成本法与完全成本法

变动成本法（variable costing）是指在计算产品生产成本和存货成本过程中，以成本性态分析为前提条件，只将在生产过程中所消耗的直接材料、直接人工和变动性制造费用计入产品成本和存货成本，而把固定性制造费用全额列入利润表内的期间成本项目内，作为边际贡献总额减除项目的一种成本计算模式。这是管理会计专用的一种计算方法。

完全成本法（full costing）是传统意义上的财务会计所用的方法，所谓完全成本法是指在计算产品成本时，不仅包括产品生产过程中所消耗的直接材料、直接人工，还包括全部的制造费用（变动性的制造费用和固定性的制造费用）。由于完全成本法是将所有的制造成本，不论是固定的还是变动的，都"吸收"到了单位产品上，因而也被称为"成本吸收法"（absorption costing）。在完全成本法下，固定制造费用也是存货成本的一个组成部分，只有当存货售出时，这一部分固定制造费用才构成销货成本反映在利润表中，并与当期的销售收入相配合。换言之，在采用完全成本法时，任何会计期间只要生产量大于销售量，就必然会有一部分固定制造费用滞留在存货成本内。这样就会使按完全成本法所确定的税前利润，不符合经济学原理，也使得企业片面追求产量，盲目生产，导致产品积压。

变动成本法是由美国学者哈里森（M.J.Harris）于 1936 年首次提出。它不像全部成本法那样所确定的税前利润要受到存货变动的影响。变动成本法能够为预测、决策、控制提供更有用的信息，于是变动成本法作为一种非传统的计算方法，广泛应用于细分企业的内部管理。

管理会计采用变动成本法计算产品生产成本和存货成本也有其理论支撑，在进行成本计算、确定产品成本与期间成本时，必须摆脱财务会计传统思维模式，重新认识产品成本与期间成本的本质。与财务会计的认识不同，管理会计认为，产品成本是指那些在生产过程中发生的，随着产品实体的流动而流动，随着产量的变动而变动；只有当产品实现销售收入时才能与相关收入实现配比，得到补偿的成本；期间成本是指那些不随产品实体的流动而流动，而是随着产品生产经营期间的长短而增减，其效益随着时间的推移而消逝，不能递延到下期，只能于发生当期计入利润表，由当期的销售收入补偿的费用。

正因为变动成本法不包括固定性制造费用在内，故亦称"直接成本法"（direct costing），或者称为"边际成本法"（marginal costing）。

按照重新定义的产品成本和期间成本的定义，产品成本只应该包括变动生产成本，而不应该包括固定性制造费用；固定性制造费用必须作为期间成本处理，其理由是：固定性制造费用是为企业提供一定的生产经营条件，以便保持生产能力，并使保持它处于准备状态而发生的成本，它们同产品没有直接联系，既不会因产量的提高而增加，也不会因产量的下降而减少。它们是一定会计期间所发生的费用，并随时间的消失而逐渐消失，故其效益不应该递延到下一个会计期间，而应在费用发生的当期全部列入利润表内，作为本期边际贡献的减除部分，因此，变动成本法计算的"产品成本"与"存货成本"，其组成内容只包括变动成本部分。

2. 边际贡献

企业只有通过销售产品或提供劳务才能获得利润，但利润的取得是以营业收入首先弥补全部成本为前提的。如果企业的营业收入不足以补偿其成本，那么未得到补偿的那部分成本就形成亏损。但构成成本总额的变动成本与固定成本有不同的习性，所以其作用也不同。变动成本随业务量的增减而成正比例变化，故变动成本的补偿并无多大困难。而固定成本由于不随业务量的变化而变化，即使业务量为零，其成本照样发生。因此，固定成本能否得到补偿，就成为企业管理中首先必须解决的问题。

在管理会计中，把营业收入扣除变动成本后的余额，称为边际贡献（contribution margin）。它首先应该用于补偿固定成本，补偿固定成本之后还有余额，才能为企业提供利润。如果边际贡献不足以补偿固定成本，则企业将发生亏损。

边际贡献通常有三种表现形式。

一是单位边际贡献（cm），即每种产品的销售单价减去各该产品的单位变动成本。

二是边际贡献总额（Tcm），即各种产品的销售收入总额减去各种产品的变动成本总额。

三是边际贡献率（cmR），边际贡献率=单位边际贡献÷单位售价×100%

因此可得如下公式。

单位边际贡献（cm）= 单位售价（s）- 单位变动成本（b）

边际贡献总额（Tcm）= 销售收入（xs）- 变动成本（bx）

$$边际贡献率（cmR）= 单位边际贡献 ÷ 单位售价 × 100\%$$
$$= cm ÷ s × 100\%$$
$$= cmx ÷ sx × 100\%$$
$$= Tcm ÷ sx 100\%$$
$$= (sx - bx) ÷ sx ÷ 100\%$$
$$= 1 - b/s × 100\%$$

其中，$b/s × 100\%$ 即为变动成本与销售收入的比例，因此该比例称为"变动成本率"。

若用 bR 来表示，这样 cmR=1-bR 变形为 bR+cmR=1。

这样我们就知道，边际贡献率和变动成本率是呈互补关系，边际贡献大，则变动成本率小，创利能力大。

例 6-6　假设某公司在某月只出售一单位产品，该产品单价为 250 元，单位产品变动成本 150 元，固定成本总额 35 000 元，则该公司的简化营业利润计算如下所示。

销售收入（1×250）	250 元
减：变动成本（1×150）	150 元
边际贡献	100 元
减：固定成本	35 000 元
营业利润	（34 900）元

上面计算说明，该公司每多出售一单位产品，就可多得边际贡献 100 元，可用于补偿固定成本。

假设该公司再出售一单位的产品，就会再增加 100 元的边际贡献，此时该公司边际贡献的总额即为 200 元，净损失将减少 100 元，即为 34 800 元。

销售收入（2×250）　　　　　　　　　　　　　　　　　　　　　500 元

减：变动成本（2×150）	300 元
边际贡献	200 元
减：固定成本	35 000 元
营业利润	（34 800）元

假设有足够多的产品可以出售，使得边际贡献总额达到 35 000 元，则所有的固定成本都可以收回，该公司没有利润也没有亏损，刚好收回全部成本。

例 6-7　某公司生产和销售甲产品 400 件（假定产销平衡），单价 250 元，单位变动成本 150 元，固定成本总额 35 000 元。

根据上述资料，可以计算每件产品的边际贡献是：250 - 150 = 100（元）

$$边际贡献总额 = 400 \times 100 = 40\ 000（元）$$
$$或 = (400 \times 250) - (400 \times 150)$$
$$= 100\ 000 - 60\ 000 = 40\ 000（元）$$
$$边际贡献率 = (100 \div 250) \times 100\% = 40\%$$
$$或 = (40\ 000 \div 100\ 000) \times 100\% = 40\%$$

由上述计算结果可知该公司的边际贡献率为 40%，它说明了如果固定成本保持不变，销售收入每增加 1 元，边际贡献将增加 0.40 元（1×40%），营业利润也增加 0.40 元。

根据边际贡献率指标可以测算由于销售数额的变动对损益的影响。沿用例 6-7，假定该公司预算下个月增加销售收入 30 000 元，则边际贡献总额可增加 12 000 元（30 000×40%）。如果固定成本不变，营业利润将增加同样的数额。

3. 变动成本法的基本原理

变动成本法的基本特点，是产品成本只包括产品生产过程中所消耗的直接材料、直接人工和变动性制造费用，而把固定性制造费用作为当期的期间费用，全部列入利润表，从当期收入中直接扣除。从以上特点我们可以看出变动成本法有如下基本原理。

（1）变动成本构成了产品价值的直接成本基础。在产品生产中使用的直接材料、直接人工和变动性制造费用等开支有两个特点：一是在创造产品、创造价值中是不可避免的；二是在产品完成之后不会再度发生，是真正用于产品的成本。固定成本则不具有这两个特点，虽然它也是与生产产品有关的开支，但其开支一定会发生。

（2）固定性制造费用可作为期间费用从总收入中扣除。固定性制造费用主要是为企业提供一定的生产经营条件而发生的，这些生产经营条件一经形成，不管其实际利用程度如何，有关费用照样发生，同产品的实际生产没有直接联系，不会随着产量的增减而增减。它只是与会计期间相联系，并随着时间的消失而逐渐丧失。因此，其效益不应当递延到下一个会计期间，而应当在费用发生的当期，全额列作期间费用，从本期的销售收入中直接扣除。

（3）固定性制造费用不计入成本，并不影响企业取得利润。一般来说，若固定性制造费用不计入产品成本而全部作为当期收入的减除项目，势必增加当期的费用，减少当期的利润。但如果再进一步深入研究则会发现，这种顾虑是不必要的。因为固定性制造费用不计入产品成本，虽然当期的费用要加大，但库存产品的成本会相应地下降，当这些下降了的库存产品出售时，销售成本也会相应地降低，利润就会相应地增加，这样各期通算起来，两种不同的成本计算方法确定的利润总额是相等的，并不会减少。

例 6-8　假设某企业某年每单位 A 产品的直接材料、直接人工和变动性制造费用共计 12 元，单位产品的销售价格是 30 元，固定性制造费用 80 000 元，每单位产品的变动销售费用为 2 元，固定销售及管理费用为 30 000 元，无期初存货。当产量为 20 000 件，销售量为 18 000 件时，其营业利润的计算见表 6-6。

表 6-6　简化的营业利润计算表（一）

销售收入（18 000×30）		540 000
变动销售生产成本		
期初存货	0	
加：变动性制造费用（20 000×12）	240 000	
减：期末存货（2 000×12）	24 000	216 000
变动销售费用		36 000
边际贡献		288 000
减：固定性制造费用		80 000
固定性销售及管理费用		30 000
营业利润		178 000

假如其他条件不变，当生产量为 25 000 件，销售量仍然为 18 000 件，其营业利润的计算见表 6-7。

表 6-7　简化的营业利润计算表（二）

销售收入（18 000×30）		540 000
变动销售生产成本		
期初存货	0	
加：变动性制造费用（25 000×12）	300 000	
减：期末存货（7 000×12）	84 000	216 000
变动销售费用		36 000
边际贡献		288 000
减：固定性制造费用		80 000
固定性销售及管理费用		30 000
营业利润		178 000

可见，不管产量多少，由于固定性制造费用都作为期间费用直接计入当期损益，

不需递延到期末存货成本中，所以在两种情况下计算出的营业利润相等。

6.2.2　变动成本法与全部成本法的区别

变动成本法与完全成本法本质的区别在于对固定性制造费用这一特殊成本的处理上。变动成本法强调变动性制造费用与固定性制造费用的差异，只把变动性制造费用分配给产品，这些成本包括直接材料、直接人工和变动性制造费用，而固定性制造费用作为期间费用处理而被排除在产品成本之外。其理由是：固定性制造费用是一种生产能力成本，一旦期间结束，由该生产能力提供的利益也就结束。因此，它不能计入存货成本。

完全成本法把所有的制造成本都分配给产品。产品成本包括直接材料、直接人工、变动性制造费用和固定性制造费用。因此，在完全成本法下，固定性制造费用是产品成本而非期间费用。

目前，对外报告要求采用完全成本计算法。而变动成本法能为计划和控制提供重要的成本信息，而完全成本法则未能细分。因此，变动成本法是企业内部管理十分有用的工具。

具体来看，变动成本法与完全成本法有如下四个方面的区别。

1. 产品成本的组成不同

两种成本计算法，在产品成本组成项目上的不同，可用表 6-8 表示。

表 6-8　两种成本计算方法的产品构成

成本项目	完全成本法	变动成本法
产品成本	直接材料	直接材料
	直接人工	直接人工
	变动性制造费用	变动性制造费用
	固定性制造费用	
期间费用		固定性制造费用
	销售费用	销售费用
	管理费用	管理费用

按完全成本法计算，产品成本包括了直接材料、直接人工、变动性制造费用和固定性制造费用；而按变动成本计算，其产品成本只包括直接材料、直接人工和变动性制造费用，固定性制造费用不计入产品成本，而是作为期间费用，全额列入利润表，从当期的销售收入中直接扣减。由此可见，完全成本法与变动成本法在产品成本组成上的差别在于对固定性制造费用的处理不同。

现分别按完全成本法与变动成本法列示其产品的单位成本。

例 6-9　某厂生产 A 产品，当月生产 10 000 件，每件直接材料 18 元，直接工资 15 元，变动性制造费用 12 元，全月发生的固定性制造费用 90 000 元。在两种成本法下其单位产品成本见表 6-9。

表 6-9　成本数据表

成本项目	完全成本法	变动成本法
直接材料	18	18
直接人工	15	15
变动性制造费用	12	12
固定性制造费用	9	—
产品单位成本	54	45

如果该厂是采用完全成本计算，所有的生产成本（变动和固定）均计入当期的产品成本中。假如该厂每出售一件甲产品，则应在利润表上扣除销售成本 54 元。同样，任何未出售的产品将以每单位 54 元的成本列在资产负债表的存货项目中；若该厂采用变动成本法，只有变动生产成本加入当期的制造成本中。出售一件产品，只需在利润表上扣减销售成本 45 元，对未出售产品仅以每单位 45 元的成本列在资产负债表的存货项目中。

2. 在"产成品"与"在产品"存货估价方面的区别

采用完全成本法时，由于将全部的制造成本（包括变动的和固定的制造成本）在已销产成品、库存产成品和在产品之间分摊，所以期末产成品和在产品存货中不仅包含了变动的制造成本，而且还包含了一部分固定的制造成本。

采用变动成本法时，由于只将变动制造成本在已销产成品、库存产成品和在产品之间进行分配，固定制造成本没有结转至下期，全额直接从本期销售收入中扣减，所以期末产成品和在产品存货并没有负担固定制造成本，其成本必然低于采用完全成本法所确定的金额。

在例 6-9 中，假设该厂当月生产 A 产品 10 000 件，销售 8 000 件，期末产成品存货 2 000 件（假定期末没有在产品存货），同时，已知 A 产品按完全成本法和变动成本法计算的单位产品成本分别为 54 元和 45 元。根据所提供的资料，可以确定产成品期末存货的成本见表 6-10。

表 6-10　产成品期末存货成本

成本项目	完全成本法	变动成本法
单位产品成本	54	45
产成品期末存货数量/件	2 000	2 000
产成品期末存货金额/元	108 000	90 000

可见，产成品期末存货采用完全成本法计算为 108 000 元，用变动成本法计算为 90 000 元，两者计算的差额为 18 000 元（108 000–90 000），而按照完全成本法确定的期末存货中包括的固定性制造费用也为 18 000 元（2 000×9）。

3. 在盈亏计算方面的区别

由于两种成本计算方法对固定制造成本的处理不同，所以对分期营业利润的影响也就不同。现分别说明如下。

1）各年生产量相等的情况

（1）产销平衡。在产销平衡的情况下，两种成本计算方法所确定的分期营业利润是相同的。

这是因为按变动成本法计算，本期所发生的固定性制造费用是全额从本期销售收入中扣除；按完全成本法计算，本期发生的固定性制造费用先计入本期所生产的产品成本中。在产销平衡的情况下，本期所生产的产品又在本期全部销售出去，产成品的期末存货没有变动。所以，两种成本计算法，在销售收入一样、扣减数也一样的情况下，当然所得的营业利润也会相等。

（2）产销不平衡。在产销不平衡的情况下，两种成本计算方法所确定的分期营业利润也就不同。因为产销不平衡，可能出现生产量大于或者小于销售量的两种情况，所以下面分别就这两种不同情况进行说明。

①当本期生产量大于销售量时。按变动成本法计算，本期所发生的固定性制造费用全额从本期销售收入中扣除；而采用完全成本法计算，在生产量大于销售量时，说明本期生产的产品没有全部销售出去，产成品的期末存货增加，而期末存货又会负担一部分本期发生的固定性制造费用，即本期发生的固定性制造费用中有一部分由销售成本吸收，从本期的销售收入中扣减，其余部分则以期末存货形式结转到下期。

可见，从本期销售收入中扣减的固定性制造费用就不是全额了。所以，在销售收入相同的情况下，采用变动成本法扣除了全部的固定性制造费用，而采用完全成本法仅扣除了部分的固定性制造费用，当然变动成本法确定的营业利润会小于完全成本法确定的营业利润。

②当本期生产量小于销售量时。按变动成本法计算时，本期所发生的固定性制造费用要全部从本期销售收入中扣减；但按完全成本法计算时，在本期生产量小于销售量的情况下，则意味着期末产成品盘存减少，本期销售的产品中不仅包括了本期生产的产成品，同时也包括了上期结转下来的产成品。可见，本期产品销售成本中不仅包括本期发生的全部固定性制造费用，同时还包括了上期产成品所结转下来的固定性制造费用。正因如此，在销售收入一样的情况下，前者扣除的成本少，后者扣除的成本多，所以，完全成本法确定的营业利润会小于变动成本法确定的营业利润。

例 6-10 某公司三个会计年度的有关资料见表 6-11。

表 6-11　三个会计年度资料　　　　　　　　　　　单位：元

项目	第一年	第二年	第三年
期初存货/件	—	—	500
生产量/件	4 000	4 000	4 000
销售量/件	4 000	3 500	4 500
期末存货/件	—	500	—
单位产品售价/元	50	50	50
单位产品变动成本/元	28	28	28
固定性制造费用	30 000	30 000	30 000
固定性销售与管理费用	8 000	8 000	8 000

　　为了更加清楚地了解变动成本法与完全成本法的区别，在本例中，假设当期投产的产品当期全部完工，各月均无期初、期末在产品。分别采用变动成本法与完全成本法确定各年的营业利润见表 6-12 和表 6-13。

表 6-12　按变动成本法计算表　　　　　　　　　　单位：元

项目	第一年	第二年	第三年
产品销售收入①	200 000	175 000	225 000
产品变动成本：			
期初存货成本	—	—	14 000
本期变动制造成本②	112 000	112 000	112 000
期末存货成本	—	14 000	—
销售产品变动成本	112 000	98 000	126 000
边际贡献	88 000	77 000	99 000
固定费用：			
固定性制造费用	30 000	30 000	30 000
固定性销售与管理费用	8 000	8 000	8 000
固定费用合计	38 000	38 000	38 000
营业利润	50 000	39 000	61 000

　　注：①第一年：销售 4 000×50=200 000（元）；第二年：销售 3 500×50=175 000（元）；
　　　　第三年：销售 4 500×50=225 000（元）
　　　　②第一年、第二年、第三年均为：4 000×28=112 000（元）

表 6-13　按完全成本法计算表　　　　　　　　　　单位：元

项目	第一年	第二年	第三年
产品销售收入	200 000	175 000	225 000
产品销售成本：			
期初存货成本			17 750
本期变动生产成本	112 000	112 000	112 000
固定性制造费用	30 000	30 000	30 000

续表

项目	第一年	第二年	第三年
可供销售的产品成本	142 000	142 000	159 000
减：期末存货成本①	—	17 750	—
销售成本合计	142 000	124 250	159 750
销售毛利	58 000	50 750	65 250
减：销售与管理费用	8 000	8 000	8 000
营业利润	50 000	42 750	57 250

注：①第二年：$500 \times (28 + 30\ 000/4\ 000) = 500 \times 35.5 = 17\ 750$（元）

由以上计算结果可以看出：

①当本期生产量和销售量相等时，无论采用变动成本法还是采用完全成本法，其确定的分期损益是相同的。如第一年，生产量（4 000 件）等于销售量（4 000 件），此时：

变动成本法确定的营业利润（50 000 元）= 完全成本法确定的营业利润（50 000 元）

原因是当生产量等于销售量时，无期末存货，当期的固定性制造费用无论采用哪一种计算方法，均在当期全部扣除，故二者确定的分期损益相同。

②当本期生产量大于销售量时，完全成本法所确定的营业利润一般大于变动成本法所确定的营业利润。如第二年，生产量（4 000 件）大于销售量（3 500 件），此时：

完全成本法确定的营业利润（42 750 元）> 变动成本法确定的营业利润（39 000 元）

原因是当生产量大于销售量时，如前所述，在完全成本法下，本期发生的 30 000 元固定性制造费用中有一部分转入销售成本，从本期的销售收入中扣减，其余部分[3 750 = 500×(30 000/4 000)]由期末存货吸收，以期末存货形式结转到第三年。然而，在变动成本法下，本期发生的固定性制造费用全额从本期销售收入中扣除。所以，二者的营业利润相差 3 750 元。

③当本期生产量小于销售量时，按完全成本法所确定的营业利润小于按变动成本法所确定的营业利润。如第三年，生产量（4 000 件）小于销售量（4 500 件），此时：

完全成本法确定的营业利润（57 250 元）< 变动成本法确定的营业利润（61 000 元）

原因是按完全成本法计算，本期销售的产品成本中不仅包括了本期发生的全部固定性制造费用 30 000 元，同时还包括了上期产成品（500 件）所结转下来的固定性制造费用 3 750 元；在变动成本法下，本期销售的产品成本中仅仅包括了当年（第三年）发生的全部固定性制造费用。

2）各年销售量相等的情况

（1）产销平衡。产销平衡的情况下两种成本计算法所确定的分期营业利润是相同的。

（2）产销不平衡。在产销不平衡的情况下，两种成本计算方法所确定的分期营业利润也就不同。下面分别就销售小于生产量、大于生产量这两种不同情况进行说明。

①本期销售量小于生产量。在各年销售量相等的情况下，本期销售量小于生产量，说明本期生产量大于上期生产量，由于固定性制造费用总额保持不变，单位产品应负

担的固定性制造费用减少。但期末存货同样会吸收一部分固定性制造费用，所以，与变动成本法相比，本期发生的固定性制造费用中有一部分转入销售成本，从本期的销售收入中扣减，其余部分则由期末存货吸收，以期末存货形式结转到下期。因此，在销售收入相同的情况下，采用变动成本法扣除了全部的固定性制造费用，而采用完全成本法仅扣除了应由销售产品负担的那部分固定性制造费用，所以变动成本法确定的营业利润小于完全成本法确定的营业利润。

②本期销售量大于生产量。按变动成本法计算时，本期发生的固定性制造费用要全额从本期销售收入中扣减；但按完全成本法计算，在本期销售量大于生产量的情况下，说明期末产成品盘存减少，本期销售的产成品中不仅包括了本期生产的产成品，而且包括了上期结转下来的产成品。

可见，本期产品销售成本中不仅包括本期发生的全部固定性制造费用，同时还包括了上期产成品所结转下来的固定性制造费用。所以，完全成本法确定的营业利润小于变动成本法确定的营业利润。

例 6-11 某公司三个会计年度的资料见表 6-14、表 6-15、表 6-16 分别按变动成本法和完全成本法的计算结果。

表 6-14 三年度的资料

项目	第一年	第二年	第三年
期初存货/件	—	—	—
生产量/件	4 000	4 500	3 500
销售量/件	4 000	4 000	4 000
期末存货/件	—	500	—
单位产品售价/元	50	50	50
单位产品变动成本	28	28	28
固定性制造费用	30 000	30 000	30 000
固定性销售与管理费用	8 000	8 000	8 000

表 6-15 按变动成本法计算表

项目	第一年	第二年	第三年
产品销售收入①	200 000	200 000	200 000
产品变动成本：			
期初存货成本	—	—	14 000
本期变动制造成本②	112 000	126 000	98 000
期末存货成本	—	14 000	—
销售产品变动成本	112 000	112 000	112 000
边际贡献	88 000	88 000	88 000
固定费用：			
固定性制造费用	30 000	30 000	30 000

续表

项目	第一年	第二年	第三年
固定性销售与管理费用	8 000	8 000	8 000
固定费用合计	38 000	38 000	38 000
营业利润	50 000	50 000	50 000

注：①第一年、第二年、第三年均为 4 000×50=200 000（元）

②第一年：生产 4 000×28=112 000（元）

第二年：生产 4 500×28=126 000（元）

第三年：生产 3 500×28=98 000（元）

表 6-16　按完全成本法计算表

项目	第一年	第二年	第三年
产品销售收入	200 000	200 000	200 000
产品销售成本：			
期初存货成本	—	—	17335
本期变动生产成本	112 000	126 000	98 000
固定性制造费用	30 000	30 000	30 000
可供销售的产品成本	142 000	156 000	145 335
减：期末存货成本①	—	17335	—
销售成本合计	142 000	138 665	145 335
销售毛利	58 000	61 335	54 665
减：销售与管理费用	8 000	8 000	8 000
营业利润	50 000	53 335	46 665

注：①第二年：500×(28+30 000÷4 500)=500×34.67=17 335（元）

或 500×(156 000÷4 500)=500×34.67=17 335（元）

由以上计算结果可以看出：

①本期销售量和生产量相等时，不管采用变动成本法或完全成本法，其确定的分期损益是相同的。当生产量（4 000 件）等于销售量（4 000 件）时：

变动成本法确定的营业利润（50 000 元）＝完全成本法确定的营业利润（50 000 元）

②当本期销售量小于生产量时，完全成本法所确定的营业利润一般大于变动成本法所确定的营业利润。当销售量（4 000 件）小于生产量（4 500 件）时：

完全成本法确定的营业利润（53 335 元）>变动成本法确定的营业利润（50 000 元）

其原因是在完全成本法下，本期发生的 30 000 元固定性制造费用中有一部分由销售成本吸收，从本期的销售收入中扣减，其余部分[3 335＝500×(30 000/4 500)]以期末存货形式结转到第三年。然而，在变动成本法下，本期发生的固定性制造费用全额从本期销售收入中扣除，所以，二者的营业利润相差 3 335 元。

③当本期销售量大于生产量时，按完全成本法所确定的营业利润小于按变动成本法所确定的营业利润。当销售量（4 000 件）大于生产量（3 500 件）时：

完全成本法确定的营业利润（46 665 元）<变动成本法确定的营业利润（50 000 元）

其原因是按完全成本法计算，本期销售的产品成本中不仅包括了本期发生的全部固定性制造费用 30 000 元，同时还包括了上期产成品（500 件）所结转下来的固定性制造费用 3 335 元；在变动成本法下，本期销售的产品成本中仅仅包括了当年（第三年）发生的全部固定性制造费用。因而，按完全成本法所确定的营业利润小于按变动成本法所确定的营业利润。

通过以上例子，我们可以归纳出如下规则。

（1）由于三年产量相同，每年的单位固定性制造费用就有差异，在这种情况下，两种成本计算方法确定的营业利润的差异就需要考虑期初、期末存货金额的变化。

①若期末存货增加（如第二年），按全部成本法计算的税前营业利润，必然大于按变动成本法计算的结果，两者的差额可根据以下公式计算。

两种方法营业利润的差额 = 期末单位固定性制造费用×期末存货量 − 期初单位固定性制造费用×期初存货量=6.67×500–7.50×0=3 335（元）

②若存货金额减少（如第三年），按完全成本法计算的营业利润，必然小于按变动成本法计算的结果，两者的差额可根据以下公式计算：

两种方法营业利润的差额=期初单位固定性制造费用×期初存货量 − 期末单位固定性制造费用×期末存货量=6.67×500–8.57×0=3 335（元）

③若存货量不变（如第一年），两种方法计算的营业利润相等。

（2）在变动成本法下，无论三个会计年度的产量有无变化，存货量有无增减，只要销售量相同，其营业利润就保持不变。在以上例子中，每年的营业利润均为50 000 元。

4. 利润表格式上的区别

在完全成本法下，利润表是将成本按照生产成本（体现在销售产品的生产成本中）和非生产成本归类，即按生产、销售和管理等职能进行排列。在变动成本法下，其利润表格式中，生产成本和非生产成本是混在一起的，是按照成本是否随销售量的变动而变动进行归类，即按成本习性排列。

6.3　变动成本法与完全成本法的优劣

6.3.1　对完全成本法的评价

完全成本法的优点是可以鼓励企业提高产品生产的积极性。因为产量越大，单位产品分摊的固定成本会越少，单位产品成本随之降低，从而能明显地反映出增加产量的经济效益。

但是，这种成本计算法并不考虑所生产的产品能否销售出去和何时销售出去。这种以生产观点处理产品成本的计算方法，在物资紧缺、购买者极少有选择余地的卖方市场条件下，似乎是合理的。因为，在卖方市场条件下，企业的产销关系可经常处于协调和平衡状态，企业将全部成本计入产品成本，能较真实地反映企业的经济效益。然而，在商品经济得到高度发展的条件下，企业处于激烈的竞争环境中，其生产的产品并非能全部销售出去。因此，采用完全成本法，就不可避免地暴露出其严重的缺陷：它往往会将企业内部由于产销失调所引起的不利后果加以隐瞒，会导致企业的管理部门产生误解，甚至作出错误的判断和决策。现举例说明如下。

（1）在每年销售量相同的情况下，销售单价、单位变动成本和固定成本的总额均无变动，但是以完全成本法确定的营业利润却有较大不同。

例 6-12 甲公司三个会计年度的资料如表 6-17 所示。

表 6-17　甲公司三个会计年度资料

项目	第一年	第二年	第三年
生产量/件	5 000	6 000	4 000
销售量/件	5 000	5 000	5 000
单位产品售价/元	30	30	30
单位产品变动成本/元	15	15	15
固定性制造费用	30 000	30 000	30 000
固定性销售与管理费用	6 000	6 000	6 000

根据上述资料，按完全成本法编制的利润表见表 6-18。

表 6-18　完全成本法编制的三年利润表

项目	第一年	第二年	第三年
产品销售收入	150 000	150 000	150 000
销售产品的制造成本：			
期初存货成本	—	—	20 000
本期变动生产成本	75 000	90 000	60 000
固定性制造费用	30 000	30 000	30 000
可供销售的产品成本	105 000	120 000	110 000
减：期末存货成本	—	20 000	—
销售毛利	45 000	50 000	40 000
减：销售与管理费用	6 000	6 000	6 000
营业利润	39 000	44 000	34 000

上述资料说明了第一年、第二年和第三年的销售量是相同的，但是以完全成本法为基础所确定的营业利润却不同，第一年 39 000 元，第二年 44 000 元，第三年 34 000元，这就很难为人们所理解。

（2）在销售量增加，而产品的售价、成本不变的情况下，利润反而减少。

例 6-13　乙公司生产表如表 6-19 所示。

表 6-19　乙公司生产量及成本表

项目	第一年	第二年
生产量/件	6 000	4 500
销售量/件	4 500	6 000
单位产品售价/元	100	100
单位产品变动成本/元	30	30
固定性制造费用	252 000	252 000
固定性销售与管理费用	50 000	50 000

根据上述资料，按完全成本法编制的利润表见表 6-18，以上计算表明，在售价、成本不变时，尽管产品的销售量增加了 1 500 件，但是按完全成本法所确定的营业利润第二年比第一年反而减少了 21 000 元（76 000–55 000）。因此，这种成本计算方法所确定的营业利润就难以为管理人员所理解。出现这种情况的原因如表 6-20 所示。

表 6-20　完全成本法的营业利润分析表

第二年比第一年增加销售收入（1 500×100）	15 000
增加变动成本（1 500×30）	45 000
增加边际贡献	105 000
增加固定成本：	
上年结转（1 500×252 000/6 000）	63 000
加：本年发生	2 520
减：上年实际负担（252 000–63 000）	189 000
本年多负担	126 000
第二年比第一年营业利润减少	21 000

通过上述计算可以看出，虽然第二年比第一年产品销售收入增加，边际贡献也增加了 105 000 元，但由于第二年固定成本比第一年多负担 126 000 元，所以增加的边际贡献不足以补偿所增加的固定成本，最终造成营业利润反而减少。

（3）在销售单价、成本不变的情况下，产成品期末存货增加企业利润也会增加。

例 6-14　丙公司第一年和第二年的有关资料见表 6-21。

表 6-21　丙公司生产量及成本表

项目	第一年	第二年
本年生产量/件	20 000	25 000
本年销售量/件	20 000	15 000
期末存货量/件	—	10 000
单位产品售价/元	100	100

续表

项目	第一年	第二年
单位产品变动成本	30	30
固定性制造费用	1 000 000	1 000 000
固定性销售与管理费用	250 000	250 000

根据以上资料，采用完全成本法确定的营业利润见表 6-22。

表 6-22 利 润 表

项目	第一年	第二年
产品销售收入	2 000 000	1 500 000
销售产品的制造成本		
期初存货成本	—	—
本期变动生产成本	600 000	750 000
固定性制造费用	1 000 000	1 000 000
可供销售的产品成本	105 000	120 000
减：期末存货成本	—	700 000
销售毛利	400 000	450 000
减：销售与管理费用	250 000	250 000
营业利润	150 000	200 000

通过上述计算，我们发现：尽管第二年的期末存货增加了 10 000 件，销售量减少，销售单价和单位成本不变，可是营业利润却增加了 50 000 元（200 000 – 150 000）。

可见，完全成本法所确定的营业利润，不能真实反映销售量、成本和利润之间的正常关系，往往不能反映企业真实的经营情况。这样所提供的分期损益资料，很难为管理者所理解，也很难为企业管理部门提供预测、决策依据。

6.3.2 对变动成本法的评价

1. 变动成本法的优点

通过以上分析可以看出，变动成本法比较客观地反映了通过销售实现利润的过程，从而比完全成本法更合理，是企业经营决策和内部控制的一种较好的方法。其主要优点如下。

（1）有利于适应企业内部管理的需要。变动成本法把本期发生的生产费用明确区别为变动成本和期间费用，并以变动成本为基础，比较客观地反映了企业在生产经营过程中销售量、成本和利润三者之间的正常关系，所提供的各种产品盈利能力的重要资料，能直接帮助企业内部管理部门进行预测、决策和控制，从而强化了企业的内部督理工作。同时所提供的成本资料也比较符合企业生产经营的实际情况，易于为管理部门所理解和掌握。

（2）能促进企业管理者注重销售，防止盲目生产。在变动成本法下，由于把与产量增减无关的固定性制造费用作为期间费用处理，排除了产量变动对利润的影响。在销售价格和成本等因素不变的情况下，企业利润与销售量呈同步增长趋势。这样可以防止产品积压，有利于确立企业以销定产的经营理念。

（3）能提供每种产品盈利能力的资料，有利于管理人员的决策分析。因为管理人员制订计划、进行经营决策时，都要以各种产品盈利能力作为依据。当然用边际贡献来反映每种产品本身的盈利能力还是比较适合的，而边际贡献的计算（销售收入−变动成本=边际贡献）正是需要依据变动成本法所提供的资料。对管理人员来说，了解并掌握各种产品盈利能力的资料很重要，可以进行盈亏临界点分析，也可以进行销售量、成本和利润依存关系的分析和经营决策的分析评价。

（4）有利于推行和完善企业内部的经济责任制。变动成本法便于分清各部门的经济责任，有利于进行成本控制与业绩评价，因为一般来说，变动成本是生产车间和供应部门的可控成本，可以通过制定标准成本和建立弹性预算进行日常控制。固定成本则往往是管理部门的可控成本，可以通过制订费用预算的办法进行控制。

（5）有利于成本计算的简化。变动成本法把固定成本全额从当期的销售收入中扣除，不计入产品成本。这样，可使得产品成本计算中的费用分配大为简化，并且可以避免间接费用分摊中的主观随意性。

2. 变动成本法的缺点

变动成本法也有其本身无法克服的缺点。具体表现在以下几点。

（1）变动成本计算不符合传统的成本概念的要求。因为按照传统的成本概念，产品成本应该包括变动成本和固定成本。因此，在变动成本法下产品成本不能反映产品生产的全部耗费，从而不能用它来衡量企业管理水平的高低以及制定价格或作为存货计价的依据。

（2）所确定的成本数据不符合通用会计报表编制的要求，不便于编制对外报表。若用变动成本法编制对外财务报表会与现行的对外披露信息的相关法规不符，影响国家及有关投资各方的利益。因为目前各国都规定对外报表要按完全成本法编制。

（3）所提供的成本资料较难适应长期决策的需要。因为长期决策要解决的是生产能力的增加或减少和经营规模的扩大或缩小问题。从长期来看，确定固定成本的相关范围不可能不变，超出了相关范围就要发生变化，因此，变动成本法提供的资料无法适应长期决策的需要，只能为短期经营决策提供选择最优方案的有关资料。

（4）变动成本与固定成本划分很困难。变动成本与固定成本在一定程度上是假设的结果，尤其是很多混合成本项目无论采用哪些方法进行分解都只能相对准确。

案例分析

海韵有限公司在宣布企业业绩考评报告后，三车间负责人感觉本车间这几年一直关注成本的降低活动，也有成效，但是这次业绩考核结果显示却没有完成指标。便向管理会计人员进行咨询，要求得到解释。海韵公司自 2001 年成立伊始从事物流业务，一直在同行受到好评，而近期实行全员责任制，三车间的改革是根据近 3 年时间自营增值业务（主要是库存货物的改包装、贴标签等）的成本数据而制订的费用控制方法。

主要消耗材料进行定额管理。产品耗用包装木材，单件定额 6 元；人工工资实行计件，单件 3 元；包装过程需用剪刀 1 把，单件 1.3 元；手套每包装 10 套领用 1 副，单价 1 元。当月固定资产折旧费 8 200 元，摊销办公费 800 元，保险费 500 元，租赁仓库费 500 元，当期计划包装产量为 5 000 套。

车间实际组织生产时，根据当月订单组织生产 2 500 件，车间负责人充分调动生产人员工作积极性，改善工艺，严把质量关，减少了废品，使材料消耗定额由每件 6 元降到了 4.5 元，领用剪刀 2 400 把，价值 3 120 元。但是业绩考评却反映没有完成任务，令人困惑。

要求：使用管理会计的相关内容分析出现这一考核结果的原因。重点分析完全成本法的缺点。

【自 测 题】

自学自测　扫描此码

【复习思考题】

一、思考题

1. 简述成本分类的概念。
2. 简述混合成本的分解方法。
3. 比较变动成本法与完全成本法的异同。
4. 什么是边际贡献？为何判定边际贡献即可判定是否盈利？
5. 变动成本法有哪些优点？

二、练习题

1. 某厂的维修成本在相关范围内的变动情况见表 6-23。

表 6-23 维修成本资料 单位：元

月份	机器工作小时	维修成本
1	22	23
2	23	25
3	19	20
4	12	20
5	12	20
6	9	15
7	7	14
8	11	14
9	14	16

要求：

（1）用回归直线法将维修成本分解为变动成本和固定成本。

（2）当机器工作小时为 25 小时，维修成本是多少？

（3）相对于高低点法和散布图法而言，回归直线法有什么优缺点？

2. 红光公司最近两年只生产和销售一种产品，有关该产品的产销基本情况以及按完全成本法编制的两年利润的数据见表 6-24、表 6-25。

表 6-24 红光公司产品的基本情况

基本资料	第一年	第二年
生产量/件	8 000	10 000
销售量/件	8 000	8 000
销售单价	15	15
单位变动生产成本/元	8	8
固定生产成本总额	24 000	24 000

表 6-25 红光公司利润表

摘要	第一年	第二年
销售收入	120 000	120 000
销售成本	88 000	83 200
销售毛利	32 000	36 800
销售及管理费用	20 000	20 000
税前利润	12 000	16 800

假设红光公司的固定生产成本是以生产量为基础分摊于该产品，另设每件该产品分摊变动销售及管理费用 1 元。

要求：

（1）按完全成本法分别计算第一年、第二年该产品的产品单位成本。

（2）第一年和第二年的产品销售量相同，销售单价和成本水平均无变动，为什么第二年的税前利润较第一年高出 4 800 元。

（3）按变动成本法编制第一年和第二年的利润表。

（4）对两种不同方法编制的利润表进行对比，你认为哪种方法较为合适?为什么?

3. 某企业生产甲产品，共计 2 000 件，售价 20 元/件。期初存货为零，期末存货 200 件，本期销售 1 800 件。生产过程中共发生直接材料费 7 000 元，直接人工费 4 000 元，制造费用 4 000 元，其中变动性制造费用 1 000 元，固定性制造费用 3 000 元。销售费 9 000 元，其中变动部分 3 000 元，固定部分 6 000 元。管理费用 8 000 元，其中变动部分 1 000 元，固定部分 7 000 元。

要求：

（1）分别用变动成本法和完全成本法计算该企业的产品成本和期间成本。

（2）分别用变动成本法和完全成本法计算产品的期末存货成本和本期销货成本，并分析产生差异的原因。

（3）分别用变动成本法和完全成本法计算编制利润表。

4. 假设某公司只生产一种产品，第一年、第二年产量分别为 16 000 件和 10 000 件，销售量分别为 14 000 件和 12 000 件。每件产品售价为 60 元，生产成本为：单位变动成本 20 元，每年发生的固定生产成本为 80 000 元，每件分摊的变动销售及管理费用为 5 元，固定销售及管理费用每年 60 000 元。

要求：

（1）分别采用两种方法计算产品的单位成本。

（2）分别采用两种方法计算税前利润。

（3）分析两种成本计算的税前利润发生差异的原因，并进行调整。

5. 假设某公司 2018 年度有关成本与产量的记录如下（单位：元）。

生产量	100 000
销售量	70 000
直接材料	320 000
直接人工	400 000
变动性制造费用	300 000
固定性制造费用	150 000

要求：

（1）按照完全成本法，计算期末存货成本及单位成本。

（2）按照变动成本法，计算期末存货成本及单位成本。

第 7 章

本量利分析

【本章学习目的和要求】

本章主要在成本习性分析的基础上，进一步分析了成本、业务量和利润直接的关系，通过本章的学习，应理解盈亏平衡点的含义及给经营管理带来的影响，分析盈亏平衡点上下的不同区域对利润的影响及实现目标利润的方法，熟练掌握本量利及边际贡献分析的基本原理。

7.1 本量利分析的基本含义

在管理会计中将企业生产产品所发生的成本划分为固定成本和变动成本有一个重要的应用，这就是本量利分析（cost-volume-profit analysis，CVP 分析），或称盈亏平衡分析（break-even analysis），1904 年英国出版的会计百科全书中就出现了简单的盈亏平衡分析图，1922 年美国哥伦比亚大学的会计学教授 W.劳腾斯特劳赫充实了这一分析方法，提出了完整的本量利分析理论。20 世纪 50 年代以后，本量利分析在西方会计实践中得到了广泛的应用，在理论上也更加趋于完善，成为现代成本管理的重要组成部分。

7.1.1 本量利分析的意义和前提条件

1. 本量利分析的意义

所谓本量利，就是在成本习性的要求下，将成本划分为固定成本和变动成本的基础上，研究成本、销售量和利润三者之间数量变化关系的一种分析方法。

传统上，我们一般都会认为销售量的增加能够带来利润的增加，但是，到底销售量的变化在多大程度上影响着利润的变化，本量利分析可给出这个问题的答案。完全成本法是无法提供这样的信息的。本量利分析在分析销售量与利润之间的关系时，也充分强调了成本的变化在其中的作用，正是由于固定成本的作用，销售量的增加能够使利润成倍地增加。这样的分析提供的会计信息，对于企业合理计划和有效控制生产经营过程极为有用。

本量利分析可以用来预测成本、收入和利润，并据以编制利润计划；估计销售量、成本水平，并根据估计销售量的大小决定企业产品的定价水平，综合以上变量的变化测算利润；为各种经营决策提供必要的信息，等等。

2. 本量利分析的前提条件

要想正确地使用盈亏平衡分析，必须具备以下必要的前提。

1）成本可分解

在使用盈亏平衡分析时，很重要的一个依赖就是进行成本的性态分析，即一个企业的成本要能够通过一定的方法将其分解成固定成本和变动成本，这是最基本的条件。如果不能将成本分解成固定成本和变动成本，就不能满足基本公式的要求，也就不能使用本量利分析。

2）相关范围内销售量的变化不影响价格

这是指企业无论怎样改变自己的产销量，产品在市场上的价格不会因此而受到影响，而且企业在生产能力可承受的范围内，市场上有多少的需求量，企业就能够生产多少，不需要增加固定资产的投资。在这种情况下，企业就可以比较准确地运用销售量和销售收入，以及销售量和变动成本之间的线性关系更好地处理问题。

3）产销平衡

这也是本量利分析所必需的一个重要前提，也就是假定企业能产多少就能销多少。在盈亏平衡分析中不考虑产品积压的问题，假设企业所作的预测等是理性的、合理的，考虑了所有可能的影响因素，也正确地估计了市场的需求状况。

4）企业的产品品种结构稳定

如果企业的产品只有一个品种，结构肯定是稳定的，不存在不稳定的问题，但是一个企业往往有许多的产品品种以应付市场的需求，那么在多产品品种的情况下，如果产品品种的结构不是很稳定，一段时间甲产品生产得多，另一段时间乙产品生产得多，由于各产品的销售价格和生产成本不尽相同，在这种情况下使用本量利分析就不能更好地分析价格、成本和业务量之间的变化关系。

5）产品成本的计算是以变动成本为基础的

企业的产品成本必须以变动成本为基础，而所有的固定成本都作为期间成本处理。

以上是运用本量利分析的基本前提，了解了这些基本前提有助于了解盈亏平衡分析的运用。同时，这些基本前提也是在提醒人们，现实与理论之间总有一定的差距，在实际运用当中必须注意这些条件的满足，否则，不会产生好的效果。企业在进行盈亏平衡分析时，必须动态地把握企业的经营条件、市场需求、价格、生产要素、品种结构等因素的实际变动情况，结合使用风险性分析等技术，并考虑现实的完全成本法，调整修正盈亏平衡分析的结论，克服盈亏平衡的局限性。

7.1.2　本量利分析的基本模型

1. 盈亏平衡的基本模型

在财务会计当中，有个公认的会计公式来计算企业所获得的利润，即

$$收入 - 费用 = 利润 \tag{7-1}$$

我们在管理会计当中所用的公式与其类似，只不过解说时用"成本"这个词汇代替了"费用"。往往我们把公式的顺序倒过来，即

$$利润 = 收入 - 成本 \tag{7-2}$$

如果没有特别说明所得税时，一般情况式（7-2）所计算出的利润就表示为"税前利润"，即纳税之前的利润，换一种说法就是：

$$税前利润 = 净利润 + 所得税 = 收入 - 成本$$

收入，也就是销售收入，是企业出售产品提供劳务所获得的货币量：

$$销售收入 = 销售价格 \times 销售量$$

成本，即总成本，就是企业为了生产既定的产量而产生的所有耗费，根据变动成本法的要求，所有的成本都可以根据与产品产量的关系划分成变动成本和固定成本。因此进一步把制造费用划分成变动性制造费用和固定性制造费用，而其他的期间费用，不经特别说明时就认为它们是固定的。

假设销售单价为 s，固定成本总额为 a，单位变动成本为 b，利润为 P，则：

$$总成本（y） = 变动成本 + 固定成本$$
$$= 销售量 \times 单位变动成本 + 固定成本 = bx + a$$

$$利润（P） = 总收入 - 总成本$$
$$= 销售量 \times 销售价格 - 销售量 \times 单位变动成本 - 固定成本$$
$$= 销售量 \times （销售价格 - 单位变动成本） - 固定成本$$
$$P = x(s - b) - a = sx - (a + bx) \tag{7-3}$$

式（7-3）是表明销售量、产品成本和利润三者之间关系的基本方程式，是后续其他扩展模式的基础。

式（7-3）中的利润 P，在管理会计中是指未扣除利息和所得税以前的"营业利润"，也就是西方财务会计中所谓的"息税前利润"。至于按销售额的一定百分率计算缴纳的税金及附加都视作变动成本处理。

2. 本量利分析基本模型的用途

本量利分析具有简便易行、应用广泛的特点，因而易于被广大的企业管理人员所掌握，目前已经作为一种现代管理方法，在国内外的企业管理中广泛应用，尤其是在规划企业经济活动和确定经营决策等方面具有重要的作用。

（1）本量利分析模型可用于保本点预测

根据 $P = sx - (a + bx)$ 的公式，令 $P = 0$，可得 $x_0 = \dfrac{a}{s - b}$

（2）本量利分析模型可用于目标销售量或者目标销售额的预测。

根据 $P = sx - (a + bx)$，推导 $x = \dfrac{a + P}{s - b}$；此即为目标利润。

（3）本量利分析模型可用于成本的预测。

根据 $P=sx-(a+bx)$，推导可得 $b=\dfrac{sx-a-P}{x}$；$a=sx-bx-P$。

（4）本量利分析模型还可用于利润的敏感性分析、生产决策和定价决策、不确定性分析、全面预算、责任会计与业绩评价等方面，将在后续章节中陆续介绍。

例 7-1　某企业本年度只生产和销售 A 产品，单价为 20 元/件，单位变动成本为 12 元/件，全年固定成本为 50 000 元。问当该产品的利润为零时的销售量和销售额各是多少？

解： 销售量 $x_0=\dfrac{a}{s-b}=\dfrac{50\,000}{20-12}=6\,250$（件）

销售额 $sx=12\times6\,250=75\,000$（元）

例 7-2　若例 7-1 中的企业目标利润为 20 000 元，问该企业的目标销售量是多少？

解： 目标销售量 $x=\dfrac{a+P}{s-b}=\dfrac{50\,000+20\,000}{20-12}=\dfrac{70\,000}{8}=8\,750$（件）

例 7-3　若例 7-2 中的 A 产品的产销量、固定成本总额及销售单价不变，但将该产品的目标利润确定为 30 000 元，为了保证目标利润的实现，该产品明年的单位变动成本应修正为多少时，才能实现该目标利润？

解： 由于 a、s、x 的数值不变，提高了目标利润，则

预计的单位变动成本 $=b=\dfrac{sx-a-P}{x}=\dfrac{20\times8\,750-50\,000-30\,000}{8\,750}=10.86$（元/件）

即单位变动成本为 10.86 元/件时，可实现目标利润 3 万元。

7.2　单一品种与多品种的盈亏平衡分析

7.2.1　盈亏临界点的含义

盈亏临界点就是企业处于不盈也不亏的状态，根据盈亏平衡的基本公式，在销售价格、变动成本和固定成本不变的情况下，使利润为零时的销售量，确定为盈亏平衡点（的销售量）。从另一个角度来讲，如果企业的销售量达不到保本点的销售量，企业就会产生亏损，销售量越小，亏损就越大；如果企业的销售量超过保本点的销售量，意味着企业能获取利润。通常销售量越大，获取的利润就越多。

盈亏平衡点亦称保本点（break-even point，BEP），是管理会计中一个十分重要的概念，因为保本是获利的基础，任何一个企业预测目标利润时，首先要预测保本点，超过保本点，再扩大销售量或增加销售额才有可能获得利润。

7.2.2　单一品种的盈亏临界点分析

当企业只生产一个品种的产品时，盈亏临界点的计算比较简单，只要设定利润为

零，就可以求解出盈亏临界点的销售量。

$$盈亏临界点的销售量 \times （单价 - 单位变动成本） - 固定成本 = 0$$

$$盈亏临界点的销售量 = 固定成本 / （单价 - 单位变动成本）$$

$$= 固定成本 / 单位边际贡献 \qquad （7\text{-}4）$$

盈亏临界点的销售收入计算公式为

$$盈亏临界点的销售收入 = 盈亏临界点的销售量 \times 单价$$

$$= （固定成本/边际贡献） \times 单价$$

$$= 固定成本/边际贡献率 \qquad （7\text{-}5）$$

例 7-4　某企业只生产一种乙产品，单位变动成本为 10 元，固定成本为 20 000 元，计划销售单价为 15 元。

要求：计算该企业的盈亏临界点的产销量和盈亏临界点的销售收入。

解： 盈亏临界点的产销量 = 20 000 / (15 - 10) = 4 000（件）

盈亏临界点的销售收入 = 4 000 × 15 = 60 000（元）

7.2.3　多品种情况下的盈亏临界点计算

在企业生产多个产品品种的情况下，每一种产品都具有自己的边际贡献，这些边际贡献有可能相同，也有可能不同，多数情况下各产品往往具有不同的边际贡献。可以想象，企业在更新产品品种的时候，必然尽可能地降价销售旧的品种中的边际贡献低的产品，而新品种的产品往往又会使用高定价的策略，所以新产品的边际贡献就高。在盈亏平衡分析中，由于多产品的销售量相加是无意义的，因而在多品种的情况下我们一般用以下的方法来计算企业的盈亏临界点的销售额。

1. 综合边际贡献率法

这种方法比较简单，只需将各产品品种的边际贡献与各种产品的销售收入分别汇总，然后相除就可以得出结果，即

综合边际贡献率 =（各种产品边际贡献之和 / 各种产品销售收入之和）×100%

盈亏临界点的综合销售额 = 固定成本 / 综合边际贡献率

例 7-5　某企业同时生产三个品种的产品资料见表 7-1。

表 7-1　三品种资料　　　　　　　　　　　　　　　　单位：元

品种	销售量/件	销售单价	单位变动成本	销售收入	边际贡献	变动成本	固定成本
A	2 000	65	40	130 000	50 000	80 000	
B	3 000	50	30	150 000	60 000	90 000	
C	4 000	30	20	120 000	40 000	80 000	
合计				400 000	150 000	250 000	100 000

要求：计算盈亏临界点的综合销售额。

解：综合边际贡献率 = 150 000 / 400 000 × 100% = 37.5%

盈亏临界点的综合销售额 = 100 000 / 37.5% = 266 666.66（元）

2. 加权边际贡献率法

这种方法利用企业产品的结构，以各个产品的销售量为权重计算企业所有产品的加权边际贡献率，然后根据加权边际贡献率再计算企业盈亏临界点的综合销售额，最后再分别计算各个产品的盈亏临界点的销售量。当然，这里使用的是盈亏临界点的综合销售额，而不是采用单个产品品种的销售额。其计算公式如下。

某个产品的销售比重 = 某个产品的销售收入 / 多产品的销售收入总额

加权边际贡献率 = $\sum$（某个产品品种的边际贡献率 × 该产品的销售比重）

盈亏临界点的综合销售额 = 固定成本 / 加权边际贡献率

盈亏临界点的某个产品的销售额 = 盈亏临界点的综合销售额 × 该产品的销售比重

例 7-6　仍以例 7-5 资料，计算盈亏临界点的综合销售额，以及各个产品在盈亏临界点的销售额。

解：A 产品的边际贡献率 = （65 − 40）/65 × 100% = 38%

B 产品的边际贡献率 = （50 − 30）/50 × 100% = 40%

C 产品的边际贡献率 = （30 − 20）/30 × 100% = 33.33%

A 产品的销售比重 = 130 000/400 000 × 100% = 32.5%

B 产品的销售比重 = 150 000/400 000 × 100% = 37.5%

C 产品的销售比重 = 120 000/400 000 × 100% = 30%

加权边际贡献率 = 38% × 33.33% + 40% × 32.5% + 33.33% × 30% = 35.76%

盈亏临界点的综合销售额 = 100 000 / 35.76% = 279 642.05（元）

A 产品在盈亏临界点的销售额 = 279 642.05 × 32.5% = 860 437.07（元）

B 产品在盈亏临界点的销售额 = 279 642.05 × 37.5% = 745 712.13（元）

C 产品在盈亏临界点的销售额 = 279 642.05 × 30% = 932 140.16（元）

综合边际贡献率法和加权边际贡献率法在实质上是一致的，只是所需资料的详略程度不同。综合边际贡献率法只需要掌握或者能够预计到企业总的销售收入和边际贡献水平，就可以计算出盈亏临界点的综合销售额，而不需要知道特别详细的资料，因此，这种方法比较简单，也比较粗略。加权边际贡献率法则需要比较详细的企业生产销售资料，用这种方法计算的结果会比较精确一些。

3. 分别计算法

这种方法首先是以一定的标准将整个的固定成本在各种产品之间进行分配，计算出每一种产品的盈亏临界点的销售额，然后再将各种产品的盈亏临界点的销售额加以汇总，以此求得盈亏临界点的综合销售额。

此方法的关键是在各个产品之间合理分配固定成本。在固定成本中，有些可以分清楚是由哪个产品品种产生的，这种固定成本称为专属固定成本；有些固定成本无法分清楚应该由谁来承担，这种固定成本称为共同固定成本，共同固定成本就需要采用合适的分配标准进行分配。通常可采用的标准有销售额，产品的重量、长度、体积，产品生产所需工时，产品的边际贡献等。

例 7-7 仍按例 7-5 的资料，假定固定成本中没有专属固定成本。要求以销售收入为标准，运用分别计算法计算各种产品在盈亏临界点的销售额和盈亏临界点的综合销售额。

解： A 产品的销售比重 = 130 000 / 400 000×100% = 32.5%

B 产品的销售比重 = 150 000 / 400 000×100% = 37.5%

C 产品的销售比重 = 120 000 / 400 000×100% = 30%

A 产品应该承担的固定成本 = 100 000×32.5% = 32 500（元）

B 产品应该承担的固定成本 = 100 000×37.5% = 37 500（元）

C 产品应该承担的固定成本 = 100 000×30% = 30 000（元）

A 产品的盈亏临界点销售额 = 65×32 500 / (65 − 40) = 84 500（元）

B 产品的盈亏临界点销售额 = 50×37 500 / (50 − 30) = 93 750（元）

C 产品的盈亏临界点销售额 = 30×30 000 / (30 − 20) = 90 000（元）

盈亏临界点的综合销售额：84 500 + 93 750 + 90 000 = 268 250（元）

4. 主要产品边际贡献率法

一个企业往往会有多种产品，单一产品是很难在市场上占有一席之地的，但是企业一般也不会平均分配资源给各个产品，通常情况是只有几个品种的产品在企业的销售收入中占有了主导的地位，其他的产品品种一般起到烘托和辅助主导产品的作用。这时为了计算简便，可以用主要产品的边际贡献率来计算替代盈亏临界点的综合销售额，公式如下：

盈亏临界点的综合销售额 = 固定成本 / 主要产品的边际贡献率

这种方法要求主要的产品品种在企业的生产经营中占有绝对的主导地位，其所提供的边际贡献应该是企业补偿全部固定成本的主要来源。

5. 联合单位法

这种方法是根据企业的各个产品品种的产销量之间的比例，将多种产品品种的价格和单位变动成本进行综合，组合成一个综合产品，以此来确定盈亏临界点的综合销售额，然后再根据产销量之间的比例分别计算出各个产品品种在盈亏临界点的销售额。

例 7-8 仍按例 7-5 的资料，要求用联合单位法计算各个产品在盈亏临界点的销售额和盈亏临界点的综合销售额。

解： A∶B∶C = 2 000∶3 000∶4 000 = 1∶1.5∶2

联合价格 = 80 × 1 + 50 × 1.5+30 × 2 = 215（元）

联合单位变动成本 = 40 × 1+30 × 1.5+20 × 2 = 125（元）

盈亏临界点的综合销售量 = 100 000 / (215 − 125) = 1 112（件）

盈亏临界点的综合销售额 = 1 112 × 215 = 239 080（元）

A 产品在盈亏临界点的销售量 = 1 112 × 1 = 1 112（件）

B 产品在盈亏临界点的销售量 = 1 112 × 1.5 = 1 668（件）

C 产品在盈亏临界点的销售量 = 1 112 × 2 = 2 224（件）

A 产品在盈亏临界点的销售额 = 1 112 × 80 = 88 880（元）

B 产品在盈亏临界点的销售额 = 1 668 × 50 = 83 400（元）

C 产品在盈亏临界点的销售额 = 2 224 × 30 = 66 720（元）

6. 边际贡献保本率法

这种方法利用边际贡献保本率来计算盈亏临界点的综合销售额和各种产品的盈亏临界点的销售额。

边际贡献保本率 =（固定成本 / 边际贡献）× 100%

与边际贡献保本率相对应的是边际贡献创利率：

边际贡献创利率 =（税前利润/边际贡献）× 100%

边际贡献保本率+边际贡献创利率 = 1

盈亏临界点的综合销售额 = 总销售收入×边际贡献保本率

这个公式可以推导如下：

盈亏临界点的销售额 = 固定成本 / 边际贡献率

　　　　　　　　 = 固定成本 /（边际贡献 / 销售收入）

　　　　　　　　 = 销售收入 ×（固定成本 / 边际贡献）

　　　　　　　　 = 销售收入 × 边际贡献保本率

故：某产品在盈亏临界点的销售额 = 该产品的销售收入×边际贡献保本率

全部产品税前利润 = 边际贡献×边际贡献创利率

例 7-9　仍按例 7-5 的资料，要求用边际贡献保本率法计算各个产品在盈亏临界点的销售额和盈亏临界点的综合销售额。

解：边际贡献保本率 = 100 000 / 180 000 × 100% = 55.56%

盈亏临界点的综合销售额 = 430 000 × 55.56% = 238 908（元）

A 产品在盈亏临界点的销售额 = 160 000 × 55.56% = 88 896（元）

B 产品在盈亏临界点的销售额 = 150 000 × 55.56% = 83 340（元）

C 产品在盈亏临界点的销售额 = 120 000 × 55 = 66 672（元）

7.2.4　盈亏临界点的盈亏平衡的图解法

用图形的方式来描述企业生产经营的保本点是盈亏平衡分析常用的方法，这是因为图形更加形象生动、更加直观地说明了问题的答案。盈亏平衡的图解一般可以有四种表现形式。

1. 盈亏平衡的基本图

盈亏平衡的基本图如图 7-1 所示。

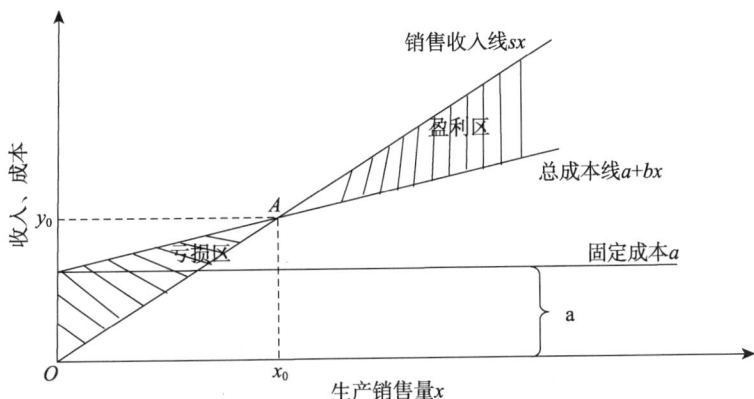

图 7-1　盈亏平衡的基本图

对盈亏平衡基本图的解释如下。

（1）图中横坐标表示企业的产销量，纵坐标表示产品的生产成本和销售产品的收入。

（2）从图中可以很明确地看出，固定成本是一条与横坐标平行的直线，这就表示固定成本不会随着企业产销量的变化而变化，这正是变动成本法将企业生产经营的成本划分为变动和固定两部分的原因，并且一般固定成本的起点在零点以上，说明无论企业生产与否，固定成本总是存在的。

（3）变动成本是一条与横坐标具有一定角度的向右上方倾斜的直线，斜率为单位变动成本，表明变动成本随着产销量的变化而变化，变动成本的起点从零点开始，显然，没有产销量也就不会发生变动成本。

（4）总成本曲线是固定成本曲线和变动成本曲线加总而得的，直观上就是把变动成本曲线向上调整一个固定成本的数额，斜率和变动成本一样。

（5）销售收入曲线和变动成本曲线相似，也是一条向上倾斜的曲线，只不过斜率比变动成本曲线的斜率陡峭，斜率为单位售价，也正是因为比变动成本曲线的斜率陡峭，同时也就比总成本曲线的斜率陡峭，企业的生产经营才会有盈利。若销售收入曲线斜率小于总成本的曲线斜率，就会使这两条直线永远不会相交，也就永远不会有盈利。

（6）销售收入曲线和总成本曲线的交点就确定了企业生产经营的保本点的销售量。在这一点时企业的利润为零，达到盈亏平衡。在保本点销售量的基础上，再增加企业的产销量，企业就会出现盈利，在图形上所得的盈利总额就是两条曲线交叉点以上的交叉区域的面积；减少企业的产销量，企业就会出现亏损，在图形上亏损的总额就是两条曲线交叉点以下的交叉区域的面积。

（7）从图中可以看出，企业如果不生产，最大的亏损额就是固定成本的数量。若企业虽然在生产，但其经营利润只能弥补变动成本而不能完全弥补固定成本，那么这时企业应该继续生产。这是因为如果企业完全不生产，那么就要亏损整个的固定成本，而我们一般认为固定成本是沉没的，虽然亏损但仍能弥补部分固定成本总比不生产而亏损整个固定成本强。

（8）在图中我们可以看到，变动成本曲线的斜率和总成本曲线的斜率是一样的，而总成本曲线和销售收入曲线的交叉点又确定了企业生产经营的保本点的产销量，所以变动成本曲线的斜率越大，说明企业的单位变动成本越高，如果企业产品的单位销售价格不变，则保本点的销售量就会比较大；反之，变动成本曲线的斜率越小，说明企业的单位变动成本越小，如果企业产品的单位销售价格不变，则保本点的销售量就会比较小。另外，如果企业产品的单位变动成本保持不变，则企业产品的销售价格越高，保本点的销售量就越小，反之，企业产品的销售价格越低，保本点的销售量就越大。

（9）图是在根据盈亏平衡分析所需要的假设前提而作，所以所有的曲线都是假设前提下成立的最简单的曲线。

2. 盈亏平衡贡献图式

盈亏平衡贡献图如图 7-2 所示。

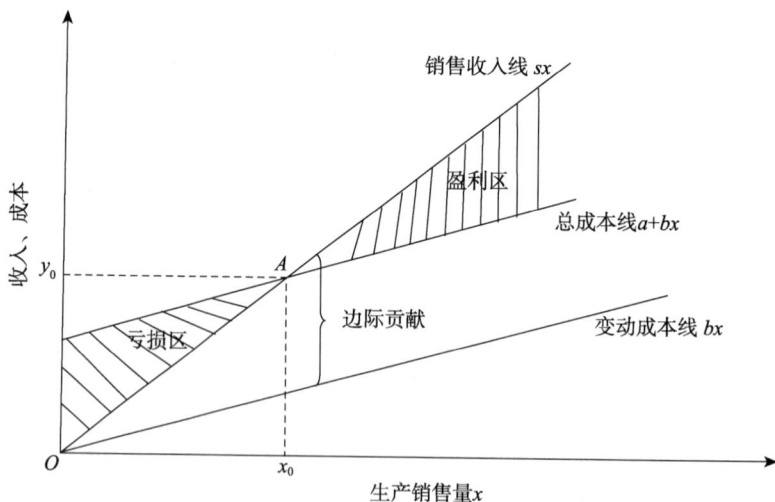

图 7-2　盈亏平衡贡献图式

这个图的特点就是没有画出固定成本曲线，而是用总成本曲线和变动成本曲线之间的竖直距离来表示，同时用销售收入曲线与变动成本曲线之间的竖直距离来表示边际贡献，这样图就可以直观地反映边际贡献与各个因素的关系。另外，销售收入曲线与变动成本曲线之间的夹角表示边际贡献率。

从图中可以得出以下结果。

（1）保本点的销售量所在的位置正好就是边际贡献等于固定成本的位置，也就是总成本曲线与变动成本曲线之间的竖直距离和销售收入曲线与变动成本曲线之间的距离相等的位置。当销售量大于保本点的销售量时，边际贡献大于固定成本，边际贡献多出固定成本的部分就是企业的利润；当销售量小于保本点的销售量时，边际贡献比固定成本小，边际贡献不能弥补的那部分固定成本就是企业的亏损。

（2）当销售单价不变时，即销售收入曲线的斜率不变时，单位变动成本越小，即变动成本曲线的斜率越小，则销售收入曲线和变动成本曲线之间的夹角越大，也即边际贡献率越大，同时也就是边际贡献越大，企业的利润就越多，与此相同的是单位变动成本不变，而销售单价上涨的情况；反之，销售单价不变，单位变动成本增加会减小边际贡献率，与此相同的是单位变动成本不变而销售单价下降的情况。当然，最好的情况是，销售单价上涨而同时单位变动成本下降；最坏的情况是，销售单价下降而单位变动成本上升。

3. 盈亏平衡单位图

盈亏平衡单位图如图 7-3 所示。

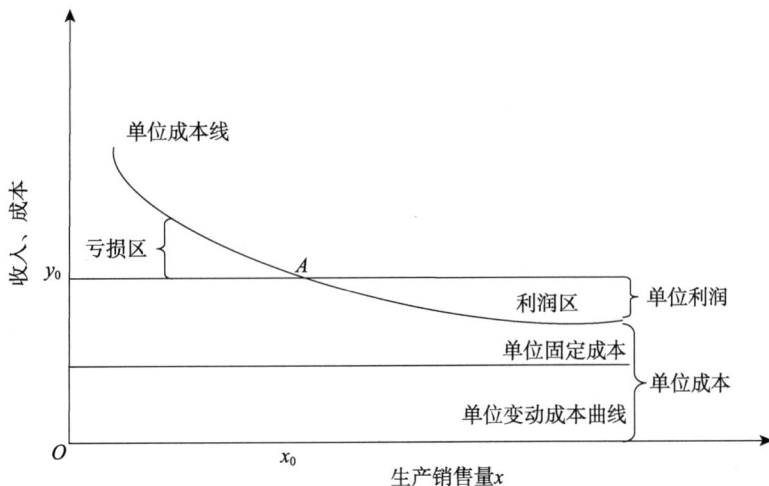

图 7-3　盈亏平衡单位图

这个图中的曲线用的都是单位曲线，即单价曲线、单位变动成本曲线和单位固定成本曲线，其中体现了这样一些现象：

（1）单位销售价格和单位变动成本都是与横坐标轴平行的曲线，说明了进行盈亏平衡分析时，假设单位价格和单位变动成本不随着业务量的变化而变化；而单位固定成本曲线则是一条半支双曲线,这说明了单位固定成本随着业务量的增长而逐渐减小;总的单位成本曲线就是单位变动成本曲线和单位固定成本曲线之和。

（2）这个图所确定的保本点销售量为单价曲线和总的单位成本曲线的交点。在保本点销售量的右方,企业的总的单位成本曲线低于单位售价曲线,所以企业有利润;而在保本点销售量的左方,总的单位成本曲线高于单位售价曲线,所以企业出现亏损。

（3）如果提高单位售价,也就意味着单位售价曲线向上移动,很显然,保本点向左方移动;反之,则向右方移动。而单位变动成本的降低使得单位变动成本曲线向下移动,进而使得总单位成本曲线下移,保本点向左移动;反之,则使得保本点向右移动。

4. 盈亏平衡利量图

盈亏平衡的利量图（如图 7-4 所示）省却了有关的成本曲线,直接用利润曲线,另外画出一条边际贡献曲线作为辅助反映有关的成本。

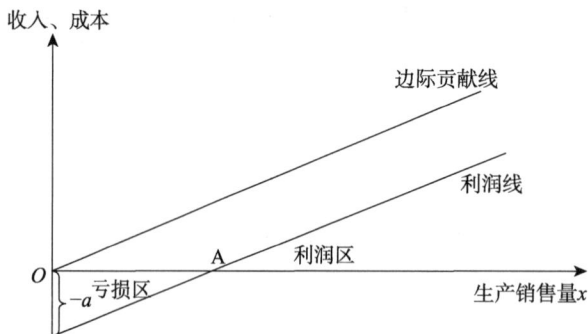

图 7-4　盈亏平衡利量图

边际贡献曲线和利润曲线具有相同的斜率,它们是平行的,这两条曲线之间的竖直距离表示固定成本。可以很明显地看出,当边际贡献为零时,企业亏损,亏损的数额为固定成本,当利润曲线与横坐标抽相交时,得出保本点销售量。边际贡献曲线的斜率为销售单价与单位变动成本之间的差额。

7.3　安全边际、保本作业与经营杠杆

7.3.1　安全边际

盈亏平衡中的保本点有一个很好的作用,即可计算企业的安全边际。所谓安全边际就是企业目前的或者预测的销售量（额）超过盈亏临界点（保本点销售量顺）的部分,也即企业目前的和预测的销售量（额）与盈亏临界点的距离。这个距离能够反映企业实际经营的安全程度,具体有以下三种表现形式。

1. 安全边际量

安全边际量是一个绝对数，是用业务量的绝对数量来反映企业经营的安全程度。计算公式如下。

安全边际量 = 目前的或者预测的销售量 − 盈亏临界点的销售量

2. 安全边际额

这也是一个绝对数，只不过是用金额的形式来反映。它的计算公式为

安全边际额 = 目前的或者预测的销售额 − 盈亏临界点的销售额

= （目前的或者预测的销售量 − 盈亏临界点的销售量）× 单价

= 安全边际量 × 单价

3. 安全边际率

安全边际率是一个相对数，用公式表示如下：

安全边际率 = 安全边际量/目前的或者预测的销售量 × 100%

= 安全边际额/目前的或者预测的销售额 × 100%

= （1 − 盈亏临界点的销售量/目前的或者预测的销售量）× 100%

这三个用于反映企业安全边际程度的值，都是越大说明企业的生产经营越安全；反之，这些值比较小，则说明企业生产经营的安全程度不高。显然，如果这些反映安全边际的值不高，则说明企业的产销量非常接近于保本点的销售量，这显然不安全，一旦销售量出现下滑，就会出现亏损；反之，这些反映安全边际的值比较高，则说明企业的产销量远远超过保本点的销售量，这样就比较安全，企业不大会因为销售量的一点下滑而出现亏损的局面。

西方国家的企业曾经根据统计规律，将企业生产经营的安全程度划分为五种程度，如表 7-2 所示。

表 7-2　企业生产经营安全程度检验标准表

安全边际率	10%以下	10%~20%	20%~30%	30%~40%	40%~50%
安全程度	危险	不安全	较安全	安全	很安全

这样所设定的检验标准仅仅是一个参考，不同的国家、行业、企业会有不同的标准，即使是同一个企业，在不同的时期，不同的经营环境，也会有不同的安全程度的标准。

安全边际的三个指标都是与盈亏临界点相比较而言的，而企业的产销量如果已经超过保本点的销售量，则保本销售量能够弥补完固定成本，所以安全边际所产生的边际贡献就是企业的利润，用公式表示如下：

利润 = 目前的或者预测的销售量 ×（单价 − 单位变动成本）− 固定成本

= （安全边际量 + 保本点销售量）×（单价 − 单位变动成本）− 固定成本

$\quad$ = 安全边际量 ×（单价 − 单位变动成本）

$\quad$ = 安全边际量 × 单位边际贡献

$\quad$ = 安全边际额 × 边际贡献率

所以，销售利润率 = 安全边际率 × 边际贡献率

例 7-10　某企业只生产一种产品，其生产成本资料为：单位变动成本是 8 元，固定性制造费用是 10 000 元/年，销售及管理费用是 20 000 元/年，企业的产品销售单价为 18 元，企业计划今年完成销售量 5 000 件。

要求：计算企业的保本点销售量、安全边际量、安全边际额、安全边际率，以及评价企业的经营安全程度，并计算在计划水平下的企业利润和销售利润率。

解：保本点的销售量 =（10 000 + 20 000）/（18 − 8）= 3 000（元）

$\quad$ 安全边际量 = 5 000 − 3 000 = 2 000（元）

$\quad$ 安全边际额 =（5 000 − 3 000）× 18 = 36 000（元）

$\quad$ 安全边际率 =（5 000 − 3 000）/ 5 000 × 100% = 40%

企业的安全边际率在计划水平下为 40%，按照表 7-2 所提供的标准，企业在这一销售量水平下是安全的。

利润 = 5 000 ×（18 − 8）− 10 000 − 20 000 = 20 000（元）

或　　 =（5 000 − 3 000）×（18 − 8）= 20 000（元）

销售利润率 = 40% ×（18 − 8）/ 18 = 22.22%

7.3.2　保本作业

另外一个反映企业生产经营安全程度的指标为保本作业率，它反映的是企业目前的或者预测的销售量（额）中含有多大比重的保本点销售量（额）。换言之，保本点销售量（额）在目前的或者预测的销售量（额）中占有多大的份额，用公式表示为

保本作业率 = 保本点销售量（额）/目前的或者预测的销售量（额）× 100%

保本作业率越低，企业的生产经营就越安全，或者说安全程度越高；反之，保本作业率越高，企业的生产经营越不安全，或者说安全程度越低。这个指标正好同安全边际率相反，它们之间具有互补的关系。

$\quad$ 安全边际率 + 保本作业率

= 安全边际量/目前的或者预测的销售量 + 保本点销售量/目前的或者预测的销售量

=（安全边际量 + 保本销售量）/目前的或者预测的销售量

= 1

7.3.3　经营杠杆

杠杆，具有四两拨千斤的作用。经营杠杆反映的是企业的销售量出现变化之后所引起的利润大幅变化的现象，也可以说反映的是企业的利润对销售量变化的敏感性。

企业的经营杠杆系数（度）（degree of operating leverage，DOL）通常用经营杠杆系数来表示。经营杠杆系数就是利润的变化率与销售量的变化率之间的比率（或称为倍数），用公式表示如下：

经营杠杆系数 =（利润的变化量 / 利润）/（销售量的变化量 / 销售量）

利润的变化量 = 报告期的利润 – 基期的利润

（分母上的利润一般用基期的利润。）

销售量的变化量 = 报告期的销售量 – 基期的销售量

（分母上的销售量，和利润一样，用的是基期的销售量。）

经营杠杆可用下列公式表示：$DOL = (EBIT + a)/EBIT$ 或者 $DOL = Tcm/(Tcm - a)$

式中，a 为固定成本；$EBIT$ 为（基期的）息税前利润；Tcm 为边际贡献。

从这个表达式中可以看出，固定成本的存在使得企业的经营出现杠杆的作用。只要固定成本不为零，经营杠杆系数就大于 1，这就说明当企业的销售量增加 1 个百分点，企业的利润就会出现大于 1 个百分点的涨幅。如果企业的固定成本为零，则企业的生产经营不会出现杠杆的作用，销售量的增长和利润的增长是同步的。但是，几乎不存在企业没有固定成本的情况，所以经营杠杆效应在企业中是客观存在的。

经营的杠杆系数有以下一些变化的规律。

（1）只要企业的固定成本不为零，那么经营杠杆系数一定会大于 1。

（2）在其他因素不变的情况下，随着企业销售量的增长，经营杠杆系数也在逐渐减小；相反经营杠杆系数随着销售量的减少而增大。

（3）在其他因素不变的情况下，企业固定成本的增加会增大经营杠杆系数，反之，企业固定成本的减少会减小企业经营杠杆系数。

（4）高的经营杠杆系数说明企业的利润对产销量的变化非常敏感，同时也就是说企业的风险比较大。企业销售量的增长当然是好事，但是，在高的经营杠杆系数的情况下，一旦企业的销售量减少就会出现利润的大幅下滑。

（5）企业的经营杠杆系数与企业的安全边际率互为倒数。

安全边际率 =（目前的销售收入 – 保本点的销售收入）/ 目前的销售收入 × 100%

保本点的销售收入 = [固定成本 /（单位售价 – 单位变动成本）] × 单位售价

目前的销售收入 = 目前的销售量 × 单位售价

所以，安全边际率 = 利润 / 边际贡献 × 100%

           = 1 / 经营杠杆系数

例 7-11 某企业只生产一种产品，其生产成本资料为：单位变动成本是 8 元，固定性制造费用是 10 000 元/年，销售及管理费用是 20 000 元/年，企业的产品销售单价为 18 元，企业今年完成的销售量为 5 000 件。

要求：计算企业的经营杠杆系数。

解：经营杠杆系数 = 5 000 ×（18 – 8）/ [5 000 ×（18 – 8）– 30 000] = 2.5

7.3.4 盈亏临界点的敏感性分析

在根据基本数据计算出盈亏临界点以后，如果预计销售量与盈亏临界点销售量之间的差数（安全边际）不大，就要进行敏感性分析，以把握和控制实际经营过程销售单价、单位变动成本和固定成本的变化范围，从而保证企业不出现亏损情况。

在本量利模型的分析中重点关注的是影响利润的某个因素发生变动时，它所引起的利润变动的大小，即它对利润产生影响的程度，从利润角度来说，就是利润对该因素的变动是否敏感。如果该因素产生较小的变动就会引起利润较大幅度的变动，即表明利润对该因素的变动很敏感；反之，如果该因素发生较大幅度的变动只会引起利润小幅度的变动，即表明利润对该因素的变动不敏感。

1. 敏感系数

这里所说的相关因素其实就是指销售单价、销售量、单位变动成本和固定成本，这四项的单一变化或者几项同时变化都会对利润产生影响。但它们的敏感程度并不同，这里可引入敏感系数这一指标，敏感系数是反映利润对某一因素的敏感程度的指标。

敏感系数的计算公式如下：

$$敏感系数 = \frac{目标值变动百分比}{因素值变动百分比}$$

这个指标反映，在影响利润的其他因素不变的条件下，某一因素单独变动某个百分比所引起的目标值（利润）的变动的百分比，敏感系数的正负号反映某一因素变动方向与目标值（利润）变动方向的关系，正号表示同向关系，负号表示反向关系。经营杠杆系数实质上就是销售量对利润的敏感系数。

例 7-12 某企业拟生产并销售 A 产品 6 500 件，单价 400 元，单位变动成本 300 元，固定成本总额 600 000 元，假设单价、销售量向上变动 1%，单位变动成本和固定成本总额向下变动 1%。

要求：（1）计算利润对各因素变动的敏感系数。

（2）分析各因素对利润敏感性系数的强弱。

解： 未变动情况下的利润 $= sx - a - bx$

$$= 400 \times 6\,500 - 600\,000 - 300 \times 6\,500$$

$$= 2\,600\,000 - 600\,000 - 1\,950\,000 = 50\,000（元）$$

（1）计算销售单价上升 1% 时的利润敏感系数。

单价上升 1%，单价为 $400 \times (1+1\%) = 404$（元）。

此时的利润 $= sx - a - bx = 404 \times 6\,500 - 600\,000 - 300 \times 6\,500$

$$= 2\,626\,000 - 600\,000 - 1\,950\,000 = 76\,000（元）$$

$$敏感系数 = \frac{目标值变动百分比}{因素值变动百分比} = \frac{(76\,000 - 50\,000)/50\,000}{1\%} = 0.52$$

（2）计算销售量上升 1% 时的利润敏感系数。

销售量上升 1%，销售量为 6 500（1 + 1%）= 6 565（件）

则此时的利润 $= sx - a - bx = 400 \times 6\ 565 - 600\ 000 - 300 \times 6\ 565$

$$= 2\ 626\ 000 - 600\ 000 - 1\ 969\ 500 = 56\ 500（元）$$

$$敏感系数 = \frac{目标值变动百分比}{因素值变动百分比} = \frac{(56\ 500 - 50\ 000) / 50\ 000}{1\%} = 0.13$$

（3）计算单位变动成本下降 1% 时的利润敏感系数。

单位变动成本下降 1%，单位变动成本 = 300 ×（1 − 1%）= 297（元）

则此时的利润 $= sx - a - bx = 400 \times 6\ 500 - 600\ 000 - 297 \times 6\ 500$

$$= 2\ 600\ 000 - 600\ 000 - 1\ 930\ 500 = 69\ 500（元）$$

$$敏感系数 = \frac{目标值变动百分比}{因素值变动百分比} = \frac{(69\ 500 - 50\ 000) / 50\ 000}{1\%} = 0.39$$

（4）计算固定成本总额下降 1% 时的利润敏感系数。

固定成本下降 1%，则固定成本 = 600 000 ×（1 − 1%）= 594 000（元）

此时的利润 $= sx - a - bx = 400 \times 6\ 500 - 594\ 000 - 300 \times 6\ 500$

$$= 2\ 600\ 000 - 594\ 000 - 1\ 950\ 000 = 56\ 000（元）$$

$$敏感系数 = \frac{目标值变动百分比}{因素值变动百分比} = \frac{(56\ 000 - 50\ 000) / 50\ 000}{1\%} = 0.12$$

通过以上计算，发现因素变动导致敏感系数不同。敏感系数排序见表 7-3。

表 7-3　敏感系数排序

因素值	单价	销售量	单位变动成本	固定成本
变化 1%	0.52	0.13	0.39	0.12
敏感系数顺序	1.00	3.00	2.00	4.00

此例说明了相关因素变动 1% 之后的，利润的变化状况和顺序排位，单价第一，单位变动成本第二，销售量第三，固定成本的影响最小，排位第四。

以上是相关因素单独变化影响利润的分析，实务中，不一定如此简单且孤立存在，极有可能是相互制约、互为影响的。那么，若多种因素同时出现变化的情况会如何呢？

例 7-13　仍以例 7-12 的数据为例，单价上升 1%，单位变动成本增加 0.5%，固定成本上升 1% 时保本点为多少？

$$x = \frac{a}{s - b} = \frac{600\ 000 \times (1 + 1\%)}{400 \times (1 + 1\%) - 300 \times (1 + 0.5\%)} = \frac{606\ 000}{404 - 301.5} = \frac{606\ 000}{102.5} = 5\ 912.195（件）$$

2. 影响利润的相关因素下限临界值

例 7-12 中，A 产品售价为 400 元，单位变动成本为 300 元，固定成本总额为 600 000 元，预计销售量为 6 500 件，盈亏临界点销售量：600 000 /（400 − 300）= 6 000（件），因此安全边际仅为 500 件（6 500 − 6 000），安全边际率仅为 8.33%（500 / 6 000），所以如果销售单价、单位变动成本和固定成本等因素在实际经营过程中一定会发生变化，而这个变化极有可能是导致企业亏损的变化，为此必须进行各相关因素的下限临界值分析。

（1）销售单价变化的最低允许值。

如果其他因素不变，使利润为零时的销售单价变化的最低允许值计算如下：

根据预计销售量×（销售单价－单位变动成本）－固定成本＝0

展开预计销售量×销售单价－预计销售量×单位变动成本－固定成本＝0

得销售单价＝固定成本/预计销售量+单位变动成本

将有关数据代入，得

销售单价＝600 000 / 6 500+300＝392.31（元）

即当销售量为 6 500 件时，售价的最低限度为 392.31 元，低于这一价格，企业就会产生亏损。

（2）单位变动成本变化的最高允许值。

如果其他因素不变，单位变动成本变化的最高允许值可计算如下：

根据：预计销售量×（销售单价－单位变动成本）－固定成本＝0

得：单位变动成本＝销售单价－固定成本 / 预计销售量

将有关数据代入，得

单位变动成本＝400－600 000 / 6 500＝307.69（元）

即当销售量为 6 500 件时，单位变动成本的最高限度 307.69 元，高于这一数值，企业就会产生亏损。

（3）固定成本变化的最高允许值。

如果其他因素不变，固定成本变化的最高限度计算如下：

根据：预计销售量×（销售单价－单位变动成本）－固定成本＝0

得：固定成本＝预计销售量×（销售单价－单位变动成本）

将有关数据代入，得

固定成本＝6 500×（400－300）＝650 000（元）

即当销售量为 6 500 件时，固定成本的最高允许值为 650 000 元，高于这一数值，企业就会产生亏损。

通过上述敏感性分析可看出，只要掌握和控制了各因素的变化范围允许值，就可保证企业不发生亏损。

7.4 本量利分析的扩展

7.4.1 目标利润分析

1. 目标利润的实现

由于本量利分析是使得利润为零时的分析，则目标利润存在时，就必须分析含有利润的销售量及销售额的实现值。

$$目标销售量 x = \frac{a+P}{s-b} = \frac{固定成本总额 + 税前目标利润}{单价 - 单位变动成本} = \frac{固定成本总额 + 税前目标利润}{单位边际贡献}$$

$$目标销售额 = sx = \frac{\frac{a+P}{s-b}}{s} = \frac{固定成本总额 + 税前目标利润}{边际贡献率}$$

2. 考虑税收影响

实务中的税收是完全存在的,上述不考虑税收的情况只是在简化问题分析时才会出现。且

税后目标利润 = 税前目标利润(1 - 所得税税率)

$$税前目标利润 P = \frac{税后目标利润 P_1}{1 - 所得税税率 R}$$

$$税后目标利润应有的销售量 x_p = \frac{a+P}{s-b} = \frac{a + \frac{P_1}{1-R}}{s-b} = \frac{固定成本 + \frac{税后目标利润}{1 - 所得税税率}}{单位边际贡献}$$

$$税后目标利润对应的销售额 = sx_p = \frac{固定成本 + \frac{税后目标利润}{1 - 所得税税率}}{边际贡献率}$$

本量利分析中目标利润的分析也称为保利分析。

例 7-14 例 7-12 中的所得税设为 25%时,问:当利润为 50 000 万元时的销售量和销售额各为多少?

$$税后目标利润销售量 x_p = \frac{a+P}{s-b} = \frac{a + \frac{P_1}{1-R}}{s-b} = \frac{600\ 000 + \frac{4\ 800}{1 - 25\%}}{400 - 300} = \frac{606\ 400}{100} = 6\ 064(件)$$

$$税后目标利润销售额 = sx_p = \frac{固定成本 + \frac{税后目标利润}{1 - 所得税税率}}{边际贡献率} = 400 \times 6\ 064 = 2\ 425\ 600(元)$$

7.4.2 盈亏临界点的概率分析

上面所述及的成本—业务量—利润依存关系的分析,是假定销售单价、单位变动成本和固定成本总额是一个定值。但是,在实际工作中,这三个变量往往会受各种各样因素的影响,对它们的预期变动很难事先掌握得十分准确,只能大概估计它们将在一定范围内变动,并估计在这个范围内有关数值出现的概率如何,所以要计算保本点就必须借助概率性分析等。

概率,是指某一事件发生的可能性,这种可能性的大小可用 0 与 1 之间的数来表示,即越接近于 1,可能性越大;越接近于 0,可能性越小。将概率引进到盈亏临界点分析模式中,其目的就是通过考虑各种要素的变化情况及各种情况出现的概率大小,

来合理地确定保本点，使保本点的确定更具科学性。

例 7-15　某企业下年度 A 产品的售价预计将在 500 元至 400 元之间波动，单位变动成本和固定成本也存在不确定因素，经专家判断，A 产品售价为 500 元的概率为 0.8，400 元的概率为 0.2；单位变动成本 300 元的概率为 0.7，250 元的概率为 0.3；固定成本 500 000 元的概率为 0.8，600 000 元的概率为 0.2。根据以上资料进行盈亏临界点的概率分析见表 7-4。

表 7-4　盈亏临界点的概率分析表

销售单价	单位变动成本	固定成本	保本点销售额	联合概率	期望值
500 （概率 0.8）	300 （概率 0.7）	500 000 （概率 0.8）	1 250 000	0.448	560 000
		600 000 （概率 0.2）	1 500 000	0.112	168 000
	250 （概率）0.3	500 000 （概率 0.8）	1 000 000	0.192	192 000
		600 000 （概率 0.2）	1 200 000	0.048	57 600
400 （概率 0.2）	300 （概率 0.7）	500 000 （概率 0.8）	2 000 000	0.112	224 000
		600 000 （概率 0.2）	2 400 000	0.028	67 200
	250 （概率 0.3）	500 000 （概率 0.8）	1 333 333	0.048	64 000
		600 000 （概率 0.2）	1 600 000	0.012	19 200
合计				1.000	1 352 000

在表 7-4 中，由于销售单价、单位变动成本和固定成本各有两种情况出现，所以各种情况的随机组合就有 8 种（2×2×2）组合，每一种组合都有一个保本点销售额。

例如，第一种组合销售单价为 500 元，单位变动成本为 300 元，固定成本为 500 000元，则盈亏临界点销售额等于 1 250 000 元，即

盈亏临界点销售额 = 500 000 / [（500 − 300）/ 500] = 1 250 000（元）

而这三个因素同时出现的可能性（联合概率）是由这三个因素的个别概率决定的，根据概率论的原理，联合概率等于个别概率之积，所以第一种组合的联合概率 0.448是由 0.8×0.7×0.8 计算而得出的。将各种组合下的盈亏临界点销售额乘以各该组合的联合概率就得出各种组合的盈亏临界点销售额在盈亏临界点期望值中的比重；最后将各种组合所占的比重加总起来就是保本点销售额的期望值。这是在各种因素不确定的情况下最可能出现的保本点销售额，所以较具代表性。

在采用这种方法时应注意：由于各因素的变化范围及其概率都是人为设定的，所以它们的准确与否将直接影响最终保本点销售额的期望值的准确性。因此，在对各因素的变化范围及其概率进行分析时，应特别注意其客观性。

7.4.3　本量利的非线性分析

本章前述中提出了本–量–利分析的一些基本假设，如相关范围假设、模型线性假设等，在盈亏临界点和实现目标利润分析时，也往往假设某一因素变动而其他因素

不变的情况居多。但现实经济生活中，情况往往复杂得多。如收入、成本与业务量之间为不完全线性关系或者完全非线性关系等。本节主要介绍的是不完全线性关系下，如何运用本－量－利分析的基本原理和方法去进行盈亏临界点分析。

当本量利分析中的诸因素表现为完全线性关系时，不论是确定盈亏临界点还是目标利润，都非难事。完全线性关系下的收入线和总成本线均为直线，两条不平行的直线交点就是盈亏临界点，并分为亏损区域与盈利区域。但是，如果上述因素表现为不完全的线性关系，情况略微复杂，收入线和总成本线就会表现为一条折线，两条折线的交点（盈亏临界点）可能不止一个，折线多时还会变得复杂；亏损区域与盈利区域也可能不止一个，区域界限也会变得模糊。

例 7-16　设某企业为生产和销售单一产品的企业，产销可以做到基本平衡。假定通过对有关数据的收集、整理、分析和预测，所提供的可用于本量利分析的产量、收入、变动成本与固定成本等有关数据见表 7-5。

表 7-5　生产能力 0~50%情况下的状况

生产能力利用率/%	产量/件	单价/元	销售收入/元	单位变动成本	变动成本总额/元	固定成本总额/元	总成本/元	利润/元
0	0	0	0	0	0	20 000	20 000	−20 000
10	30	650	19 500	500	15 000	20 000	35 000	−15 500
20	60	650	39 000	500	30 000	20 000	50 000	−11 000
30	90	650	58 500	500	45 000	20 000	65 000	−6 500
40	120	650	78 000	440	52 800	20 000	72 800	5 200
50	150	650	97 500	440	66 000	20 000	86 000	11 500

此时的情况是单价及固定成本总额未变，但是单位变动成本在生产能力利用率上升至 40%的时候发生了变化。

当生产能力 0~30%时的利润：$P = sx - a - bx = 650 \times 90 - 20\,000 - 500 \times 90 = -6\,500$（元）（亏损）

当生产能力 40%时的利润：$P = sx - a - bx = 650 \times 120 - 20\,000 - 440 \times 120 = 5\,200$（元）（盈利）

当生产能力 50%时的利润：$P = sx - a - bx = 650 \times 150 - 20\,000 - 440 \times 150 = 11\,500$（元）（盈利）

从图 7-5 中可以看出，单位变动成本的细微改变，依然可以将其近似地看成一条直线，其结果仍然可以反映通常意义上的本量利分析的基本模型。

例 7-17　接例 7-16，出现下列情况：单价和单位变动成本在 90%的生产能力利用率时，发生了变化，固定成本在生产能力利用率达到 50%的时候，发生了跳变，见表 7-6。

显然，上述诸因素之间并非完全线性关系，简单地描述产量与收入、成本之间的关系是不可能的。下面我们仍然以 x 轴表示生产能力的利用率（表示产销量也一样），

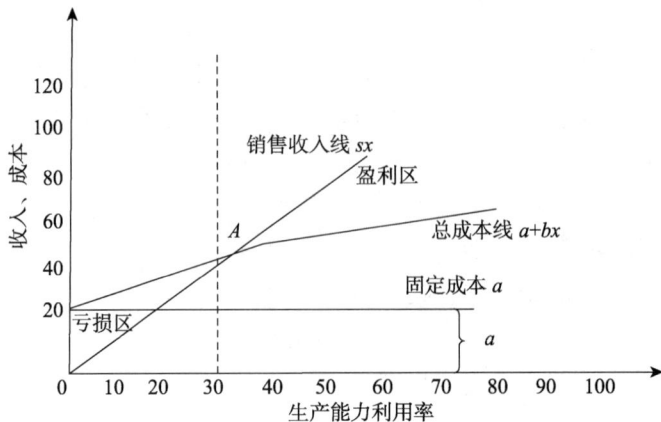

图 7-5 生产能力 0~50%情况下的本量利分析图

表 7-6 生产能力 50%~100%情况下的状况

生产能力利用率/%	产量/件	单价/元	销售收入/元	单位变动成本	变动成本总额/元	固定成本总额/元	总成本/元	利润/元
50	180	650	117 000	440	79 200	20 000	20 000	97 000
50	180	650	117 000	440	79 200	40 000	119 200	−2 200
60	210	650	136 500	440	92 400	40 000	132 400	4 100
70	240	650	156 000	440	105 600	40 000	145 600	10 400
80	270	650	175 500	440	118 800	40 000	158 800	16 700
90	300	600	180 000	380	114 000	40 000	154 000	26 000
100	330	600	198 000	380	125 400	40 000	165 400	32 600

以 y 轴表示收入和成本，然后将上述有关数据标入直角坐标系中，合并图 7-6 中的内容，近似地描述本量利关系。如图 7-6 所示。

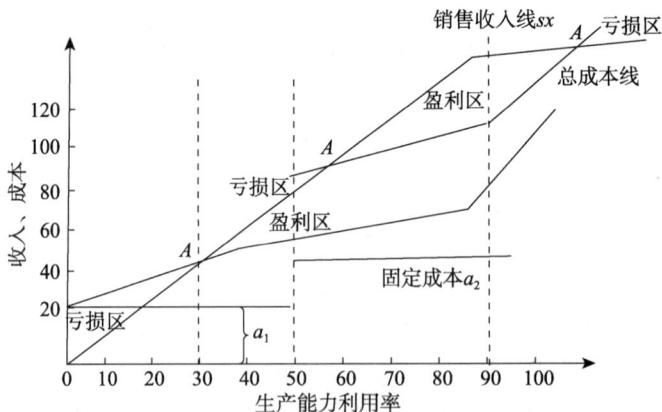

图 7-6 生产能力 0~100%情况下的本量利分析图

从图 7-6 中可以看出，固定成本线、变动成本线、收入线以及由固定成本线和变动成本线所决定的总成本线都是折线，而且都不宜近似地看成直线。就固定成本线来说,当企业生产能力的利用率达到50%时,它从原来的20 000元跳跃式地增加到40 000元,这一情况就是混合成本中的半固定成本的现象。

就变动成本线而言,它在企业生产能力利用率分别达到40%和90%时发生了转折。单位变动成本发生变化通常有这样一个规律:产量很低时,难以获取采购环节和生产环节的批量效益,所以单位变动成本较高;随着产量的逐步提高,批量效益开始显现并不断提高,单位变动成本也逐渐降低;当然当产量超出合理的界限后,各种不经济的因素会出现,单位变动成本会上升,而且上升的幅度可能还比较快。

其他还有某一因素线性而其他完全非线性或其他因素全部非线性等多种情况,这里不再详述。

案例分析

在一个新城入城口有一个加油站,加油站内设有一所卖报纸和杂货的商店,该商店在本地社区的销售每周达到3 600元。除此之外,来买汽油的顾客也会光顾该商店。

经理估计,平均每100元花费在汽油上的车主会另花费20元在商店的货品上。在汽油销售量波动时,这比率仍维持不变。本地社区的销售与汽油的销售是独立的。

汽油的边际贡献率是18%,而货品的边际贡献率是25%。现行的汽油销售价是每升6.8元,而每周的销售量为16 000升。

场地费每周固定成本为4 500元,而每周工人薪金是固定的3 600元。

经理非常关心将来的生意,因为一个近期的公路发展计划将会夺去油站的生意,而汽油销售量是利润最敏感的因素。

要求:

(1)计算:

①现行每周的利润。

②汽油销售的保本量。

③如果汽油销售跌到8 000升,会有多少利润(损失)。

(2)如果由于公路发展,汽油销售跌到8 000升,但又想保持在①部分的利润水平,假设成本没有改变,那么每升的汽油售价应该是多少?

(3)根据(1)、(2)的回答,以及案例中的资料,对加油站的前景提出建议。

【自　测　题】

【复习思考题】

一、思考题

1. 本量利分析的作用有哪些？

2. 本量利与盈亏平衡是什么关系？

3. 说明盈亏平衡图解法的特点。

4. 安全边际给我们什么启示？

5. 企业面临多品种生产时，有哪些盈亏平衡分析方法？

6. 盈亏临界点上的边际贡献是不是利润？为什么？

二、练习题

1. 假设某企业的有关成本资料如下：

销售单价	30 元
单位变动成本	21 元
固定成本总额	1 188 000 元

要求：

（1）计算以实物量表示的盈亏临界点销售量。

（2）计算该企业税前目标利润为 90 000 元时应达到的销售量。

（3）计算该企业目标税后利润为 135 000 元时应达到的销售量（假设所得税税率为 25%）。

（4）假设变动成本中有 50% 为人工成本，固定成本中有 20% 为人工成本。此时，人工成本已上升 20%，求盈亏临界点销售量（以实物量表示）。

2. 假设某企业生产一种产品，单位售价 60 元，单位直接材料费用、单位直接人工费用和单位直接销售费用分别为 30 元、10 元和 10 元。年销售量 40 000 件，年固定成本 500 000 元，生产能力有剩余。

请回答下列问题（以下各小题均各不相关）。

（1）是否该停止生产该产品？

（2）若生产能力无法转移，且有客户追加订货，单位订价为 55 元，企业为此需追加固定成本 25 000 元。请问企业是否该接受该订单？

（3）假设该企业为充分利用剩余生产能力而将该产品进一步加工，需要再租入一台专用设备，该设备每年需支付租金 75 000 元，并且每单位产品需追加变动成本 5 元，但售价可上升 10%。请问该方案是否可行？

（4）若该企业只生产一种产品，则其盈亏临界点销售额（量）为多少？

3. 假设某厂只生产甲产品，该产品单位售价为 8 元，单位变动成本 5 元，固定成本总额为 30 000 元，预计全年销售量为 12 000 件。

要求：

（1）作盈亏临界图。

（2）计算以实物量和金额表示的盈亏临界点销售量。

（3）计算安全边际及安全边际率。

（4）计算本年的预计利润。

第 8 章

作业成本计算与作业成本管理

【本章学习目的和要求】

理解传统成本计算方法的缺陷与作业成本计算方法产生的背景，掌握作业成本法的计算要点，掌握成本动因和资源动因的分析，能够运用作业成本法的思想进行作业成本管理。了解作业成本的应用条件，了解作业成本计算与作业成本管理的异同点。

8.1 作业成本计算法的原理

8.1.1 ABC 的意义与目的

作业成本计算（activity based costing，ABC）是资源、作业以及成本计算对象和绩效评估的计算工具。作业成本法（以下简称"ABC 法"）是一种以作业为基础，以成本驱动理论为基本依据，通过分析成本发生的动因，对构成产品成本的各种主要间接费用采用不同的间接费用率进行成本分配的成本计算方法。ABC 法实施的主要目的是正确核算间接费用。

ABC 法的原理并不复杂，它将产品生产或提供劳务所消耗的资源成本按消耗资源的作业累积，再按受益原则依据成本动因将作业成本追溯至产品或劳务。采用作业成本法可以使成本计算更为真实，有利于作业管理和资源使用效率的评价。

1. ABC 的背景和目的

传统的成本计算方法对于不能直接归属于产品的间接制造费用在产品成本计算过程中要采用一定的分配方法分配到产品中去，如前第 3、4 章所介绍的制造费用分配方法。在传统的成本计算过程中，制造费用是采用以业务量（volume-based）为基础的成本分配方式，按一个或少数几个分配基础分配制造费用，常用的分配基础如直接人工工时、直接人工成本、机器加工工时等。这种传统分配方法在传统的生产环境中是比较合适的，传统生产工艺流程较为简单，间接制造费用所占的比重不大；市场对产品的个性要求不明显，产品结构相似，产品品种较为单一，差别较小，并且采用同一分配基础不会对成本计算结果造成太大的错配。

随着经济的发展和市场的丰富，市场呈现产品多样化、客户个性化等特点，制造业产品生产不断提升竞争能力，导致不同产品要求的工艺过程不同，操作程序不同，在作业链中流动的路径不一样，产品生产对不同作业的需用量不同。进一步的技术革新使得自动化控制逐渐普及，企业采取需求拉动生产（pull production）、适时采购和制造系统（just-time purchase and production，JIT）、全面质量控制（total quality control，TQC）等模式，以及采用电脑辅助设计（computer-Aided Design，CAD）、电脑辅助制造（computer-aided manufacturing，CAM）和电脑整合制造（computer-integrated-manufacturing，CIM）等新技术能够较短时间内生产出数量少、品种多、质量高的产品。原来的许多直接制造费用，尤其是直接人工成本大大下降，间接制造费用在全部成本中的比重极大提高，制造费用的分配方法的选择对产品成本计算的影响显得越来越大。在高科技广泛应用于生产过程、市场需求多样化的环境下，采用传统的成本分配方法就可能对成本的计算结果造成歪曲。

ABC 法是极力排除制造费用分配的随意性，产品多样化使得增加的制造费用按照以作业的成本动因为基础进行分配较为合适。ABC 追踪作业与成本的关系，按作业来归集和分配成本，其结果是产品成本被正确计算，为产品战略的合理性收益分析提供了可能。

2. 传统成本计算

传统的成本计算，是为核定计算利润、编制财务报表服务的。这样的成本计算往往经过以下三个阶段。

第一阶段，依据各个项目的差异进行分配和计算。不同部门的费用在不同部门里进行分配，部门的共同费用（如折旧等）就要选择合适的分配基准（如建筑物的面积等）对制造部门和辅助部门进行分配。

第二阶段，由于产品并不经过辅助部门，所以辅助部门分配的制造间接费用，是采用了如直接分配法、顺序分配法、交互分配法等某一种方法，对制造部门进行分配，这样辅助部门费用就分配给了制造部门。

第三阶段，制造部门中归集的制造间接费用，按照直接人工时间或者机器作业时间等分配标准，分配给各产品。第三阶段也就是我们常说的品种法的计算过程之一。

传统的成本分配方法可用图 8-1 来详解。

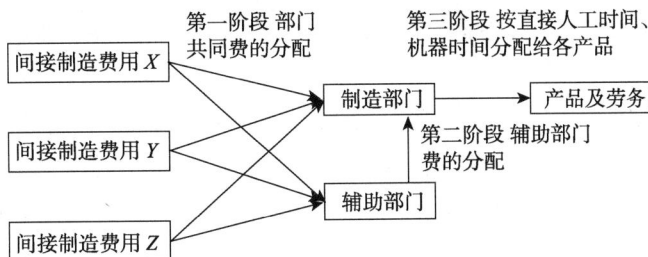

图 8-1　传统的成本分配方法

3. ABC 的间接费计算方法

ABC 法并非成本计算程序的重新设计，而是对间接成本归集和分配方式的改变，由传统的以产品为中心分配成本改为以作业为中心的成本积累及分配。作业成本的思路是：产品生产要耗费作业，而作业活动需耗费资源。由此资源成本构成作业成本，作业成本应分配于产品。

ABC 法不再对制造部门和辅助部门的制造间接费用进行归集，制造间接费用将通过作业中心，对细分的成本库（以作业为核心区分的成本单元）核算成本。这相当于传统成本核算的第一阶段，此时作业中心中测定了各种不同的单元成本。

作业中心依据成本动因归集各有关联的作业，如图 8-2 所示的长方形的点和线，这些点与传统的成本计算有很大的不同，即传统的成本计算是一定要经过制造部门和辅助部门来归集计算的，ABC 法以成本库来归集发生的成本。从这个角度来说 ABC 法有革命的意味。

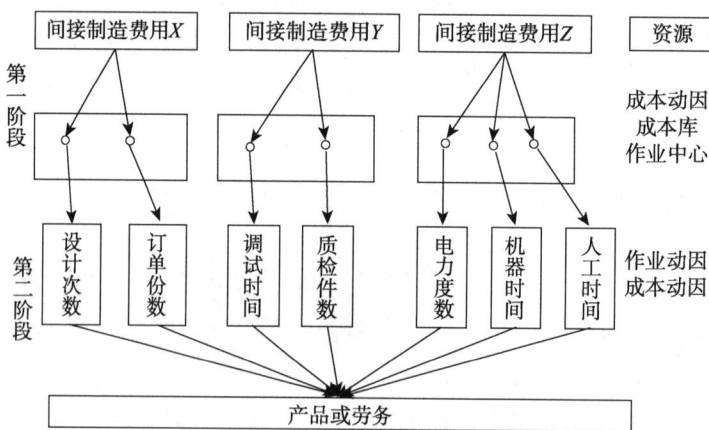

图 8-2　ABC 法的成本分配原理

将成本库中归集的成本，依据各自不同的成本动因分配给产品，这相当于传统的成本分配方法的第三阶段。因此关于 ABC 法的结构可分析总结如下。

（1）传统的计算方法中第二阶段的分配，即将辅助部门费用分配给制造部门被ABC 法排除了，辅助部门费用分配给制造部门的计算过程，应该说是相当地烦琐，而省去这个过程，对于成本管理而言是无疑是革命性的。ABC 法将成本分配的三个阶段变为两个阶段。

然而，排除辅助部门费用的分配计算，则会变换结构，如图 8-2 设置了作业中心和成本库。ABC 法均可以作业形式进行分配，这样成本库的数量会变多，通常成本库的数量在 80~150 个，如此这般反而增加核算成本，因此在一定程度上必须利用信息处理技术。

（2）关于将制造间接费用分配到产品的分配标准，不仅有通常的直接人工时间、机器作业时间等与作业操作有关的标准，还有如设计次数、部件的数量、订单的数量、质检件数等作业标准成本动因被使用。

（3）传统的间接制造费用的分配不准确导致的成本计算的偏差，ABC 法可纠正达到正确的成本计算。

8.1.2 ABC 法的基本概念

ABC 法就是对作业、资源及成本计算对象的成本与业绩进行测定的一种方法，ABC 的本质是成本信息的提供为目的和成本测定的手段的一种诉求。这与后述的 ABM 以业务改善与变革为目的的成本管理手段形成鲜明的对照，下面对作业、资源、成本动因的概念进行分析。

1. 作业

作业是指企业生产经营过程中相互联系、各自独立的活动，作业可以作为企业划分控制和管理的单元。从管理角度来看，作业是企业生产过程中的各工序和环节；从作业成本计算角度来看，作业是基于一定的目的、以人为主体、消耗一定资源的工作。区分不同作业的标志是作业的目的；作业可以被分为增值作业和非增值作业，作业的范围可以被限定。

因此，企业经营过程中的每项环节，或是生产过程中的每道工序都可以视为一项作业。作业的类型和数量会随着企业的不同而不同，企业整个经营过程可以划分为许多不同的作业。作业的划分是从产品设计开始，到物料供应，从生产工艺流程的各个环节、质量检验、总装，到发运销售的全过程。常见的作业有产品设计、材料搬运、包装、装运、订单处理、机器调试、销售收账、采购、设备运行、开发货单、售后服务、储存、质量检验、发货、人员培训，等等。成本降低的需求使得作业分析被要求尽可能地细分，但过分细分作业也会导致分析的成本过高。决定作业的项目数量、费用效益必须考虑，决定作业必须考虑的事项有如下三个方面。

（1）成本信息需要正确到何种程度？每一个作业都能够对应成本动因，作业活动项目数越多，则产品成本的信息越正确。

（2）能够容忍的测定成本为多少？过于细分作业，其工作费用会变得高昂。但作业的项目不能太少，应根据产品的多样化，产品数量的关系，考虑必须进行的作业所需成本。

（3）信息技术的利用程度。如何充分利用信息技术，构筑成本计算系统是 ABC 法能够实施的关键。

根据上述概念，我们还需将作业进一步细分。企业可按照受益对象、层次和重要性，将作业分为以下五类，并分别设计相应的作业中心。

（1）单位水平作业（unit level activity）。这类作业是生产单位产品时所从事的作业，能使每单位产品都受益从而使产品产量增加。此类作业成本将随产品数量增加而成比例增加。如直接材料、直接人工、机器运转消耗的电力、按产量法计提的折旧等。这类作业成本高低通常与产品的产量成正比。如果产量增加一倍，则直接人工成本也会增加一倍。单位水平作业也称产量级作业，是指明确地为个别产品（或服务）实施的、使单个产品（或服务）受益的作业。该类作业的数量与产品（或服务）的数量成正比例变动。包括产品加工、检验等。

（2）批量水平作业（batch level activity）。这类作业随批量而成比例增加，但与产量多少无直接关系。例如，机器调整准备成本、订单处理成本，检验及生产规划成本、产品批量检验成本等。若降低这类成本，只能设法减少作业批数来实现。这种作业的成本与产品批数成比例变动，是该批产品所有单位产品的固定（或共同）成本。例如，机器从生产某批产品，转向生产另一批产品时，就需要对机器进行准备。当生产批数越多时，机器准备成本就越多，但与产量多少无关。批量水平作业也称批别级作业，为一组（或一批）产品（或服务）实施的、使该组（或批）产品（或服务）受益的作业。该类作业的发生是由生产的批量数而不是单个产品（或服务）引起的，其数量与产品（或服务）的批量数成正比变动。包括设备调试、生产准备等。

（3）产品水平作业（product level activity）。此类作业成本是为维持特定产品线存在所发生的各种成本。例如，产品开发与设计、设计改良、产品生产安排、制造过程改善、购买零部件管理、处理工程变更、测试线路、处理客户关系、营销等。这类作业成本与特定产品线相联系，而与产品产量、批量无关。这种作业的目的是服务于各项产品的生产与销售。这种作业的成本与单位数和批数无关，但与生产产品的品种成比例变动。产品水平作业也称品种级作业，指为生产和销售某种产品（或服务）实施的、使该种产品（或服务）的每个单位都受益的作业。该类作业用于产品（或服务）的生产或销售，但独立于实际产量或批量，其数量与品种的多少呈正比变动。

（4）客户级作业（customer level activity）。这类作业是指为服务特定客户所实施的作业。该类作业保证企业将产品（或服务）销售给个别客户，但作业本身与产品（或服务）数量独立。包括向个别客户提供的技术支持活动、咨询活动、独特包装等。

（5）维持水平作业也称生产能力层次作业（facility level activity）。这类作业成本是指为维持生产环境而发生的成本。如厂房折旧、厂务管理、厂房维修、人事管理等。这类作业成本通常与总体生产能力相关，为全部生产产品的共同成本。

作业水平的分类能为作业成本信息的使用者和设计者提供帮助，因为作业水平与作业动因的选择有着内在关系。因此可见，传统成本法只考虑了单位水平作业，其制造费用的分配主要采用与单位有关动因的概念。也称设施级作业，为提供生产产品（或服务）的基本能力而实施的作业。

2. 作业链

企业一系列前后有序的作业集合体就是作业链。作业链贯穿于企业生产经营过程的始终。作业有增值作业和不增值作业。增值作业是指能增加顾客价值或企业价值的作业，如生产、制造、装配、产品质量检查、销售服务等作业；不增值作业是指不能增加顾客价值或企业价值的作业，如搬运作业。在企业中应努力增加增值作业，减少和消除不增值作业。企业通过作业链分析有利于消除不增值作业，并减少增值作业的资源耗费，以提高经济效益。

在后续的 ABM 分析中经常会使用附加价值的概念，它是指在作业链中的价值表现，即价值链。价值链包含每一个作业价值的形成和转移，从而构成价值运动过程。企业作业链的形成过程同时也是价值链的形成过程。

3. 成本动因

成本动因是指引发成本发生的驱动因素，是决定执行的作业所需的工作量和工作耗费的因素。这些因素包括本作业与前一作业相关的因素，也包括本作业内部的因素。一个作业可能具有多个动因。成本动因解释了作业发生的原因，成本动因还可按其不同要求有多种分类。

1）成本动因按其在 ABC 法计算中的作用分类

（1）资源动因。按照 ABC 法的规则，作业量的多少决定着资源的消耗量，资源消耗量的高低与最终的产品量没有直接的关系。资源动因反映作业消耗资源的情况。资源消耗量与作业量的这种关系称为资源动因。资源动因作为一种分配基础，是将资源成本归集、分配到作业的标准。在分配资源的过程中，由于资源是逐项地被分配到作业的，因此产生了作业成本要素。将每个作业成本要素相加就形成了作业成本库。通过对成本要素和成本库的分析，可以揭示哪些资源需要减少，哪些资源需要重新配置，最终确定如何改进和降低作业成本。例如，假设人工方面的费用主要与从事各项作业的人数有关，那么就可以按照人数来向各作业中心（作业成本库）分配人工方面的费用，这里的从事各项作业的人数，就是一个资源动因。

（2）作业动因。作业动因是成本动因的一种形式，它是将作业中心的成本分配到成本对象（产品或劳务、顾客）中的标准，作业动因反映产品消耗作业的情况，是将资源成本逐项归集、分配到作业，形成作业成本归集、分配到产品的标准，也是资源消耗与最终产出沟通的中介，通过实际分析，可以知道哪些作业是多余的，应如何改进，如何降低作业的成本。例如，假设在各种产品或劳务的每份订单上所耗用的费用基本相当，那么就可以按照订单份数来向各种产品或劳务分配订单作业成本，这里的订单份数就是一项作业动因。

2）成本动因按其性质分类

（1）积极性成本动因。积极性成本动因是指产生收入或利润的作业的动因。如销售订单、生产通知单。

（2）消极性成本动因。消极性成本动因是指引起不必要的工作和利润减少的作业的动因。

（3）其他分类

还有将成本动因分为业务动因、持续动因和强度动因等。业务动因包括生产准备次数、取得订单数量以及设备调试次数等。持续动因表示每一项作业耗用的时间，它运用于不同性质产出具有完全不同的耗费的作业。强度动因是在某些特殊情况下，将作业执行中实际耗用的全部资源单独归集，并将该项单独归集的作业成本直接计入某一特定产品。有些作业活动采用持续动因仍欠准确，则可采用强度动因。

4. 资源

资源，是指所进入制造中心（作业中心）的人力、物力、财力。资源是成本的源泉，一个企业的资源包括直接人工、直接材料、生产维持成本（如采购人员的工资成本）、间接制造费用以及生产过程以外的成本（如销售费用）。资源进入制造中心，并非都被消耗，即使被消耗也不一定都是对形成最终产出有意义的消耗。因此，ABC法把资源作为成本核算对象，是要在价值形成的最初形态上反映被最终产品吸纳的有意义的资源耗费价值。资源成本信息的主要来源是总分类账。

5. 成本库

成本库是指将同一成本动因导致的费用项目归集在一起的成本类别。成本库把间接费用的分配与产生这些费用的原因——成本动因联系起来。不同的成本库选择不同成本动因的分配标准，以此来改善单一费用分配标准，提高成本信息的可靠性和准确性。

分配率的选择。分配率是指将某一成本库耗用的可归集的总成本，除以该成本库对应的总作业量。作业成本法对分配率的选择是作业成本法应用的关键，其意义和作用类似于制造成本法的制造费用分配率。

常见的成本动因例见表8-1。

表8-1　成本动因例

成本库	成本动因
会计	被要求的报告、被消费的金额
人事	职务变更、雇用活动、训练时间、咨询时间
数据处理	处理数据、报告、程序时间、程序变更
生产技术	各工厂耗费时间、工艺资料的变更、产品的变更
质量管理	发现问题、分析样品、在现场的时间
物料搬运	材料库出货金额、处理的交易数、与搬运工作有关的人员
效用	直接消费量、占用面积
生产现场	直接操作时间、机器时间、移动数量、材料消费量

8.1.3　ABC法与传统制造费用分配的不同

如上所述，我们知道了ABC法的分配原理是将成本动因作为分配的标准，而传统的成本核算方法（图8-3），早期都是按照人工工时进行间接制造费用的分配的，随着对成本分配问题进一步认识，分配基准逐渐发生变化，增加了新的分配基准。

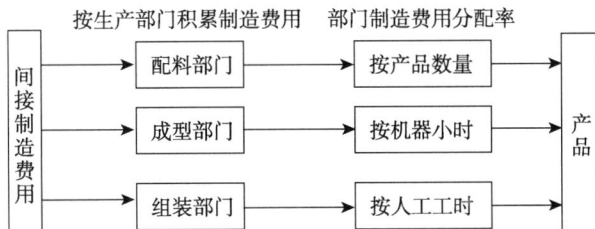

图 8-3 传统成本分配法

8.2 作业成本计算法的应用

例 8-1 甲企业在 2018 年 10 月的生产量、作业中心、分配基准、间接制造费用等数据见表 8-2，数字、金额、成本动因经过简单假设生产量单位为个，金额单位为元。

表 8-2 甲企业作业参数

产品名称	生产量	组装作业	机械加工	设计作业	设置作业	仓库作业	物料搬运	合计
A	10	1	1	1	1	1	3	
B	100	9	10	1	2	3	7	
数量合计	110	10	11	2	3	4	10	
间接费用合计		800	770	420	270	240	500	3 000

表中，A 为多品种少批量产品，B 为大批量生产的产品。为了更方便理解成本动因，表中显示了比率。

解 1：以直接人工时间作为标准。

采用直接人工小时计算时，组装作业反映的间接费用使用直接时间来分配，这样分配率的计算如下。

分配率 = 制造间接费用 ÷ 直接人工时间

= 3 000 ÷ 10 = 300（元/小时）

分配金额：A = 300 × 1 = 300（元）；B = 300 × 9 = 2 700（元）

单位成本：A = 300 ÷ 10 = 30（元/个）；B = 2 700 ÷ 100 = 27（元/个）

解 2：以直接人工时间与机器时间为标准。

这是具有一定自动化和机器化程度的企业通常采用的方法，对应自动化的部分采用机器时间作为分配基准，而在企业中常会遇到的组装、设计、仓库、物料搬运等以人为中心的作业则以直接人工时间为分配基准。

（1）直接人工时间分配。

分配率 = 制造费用 ÷ 直接人工时间

= 2 230 ÷ 10

= 223（元/小时）

分配金额：A = 223 × 1 = 223（元） B = 223 × 9 = 2 007（元）

（2）机器时间分配。

$$分配率 = 制造间接费用 \div 机器时间$$
$$= 770 \div 11$$
$$= 70（元/小时）$$

分配金额：A $= 70 \times 1 = 70$（元）　　B $= 70 \times 10 = 700$（元）

综合以上单位成本：

$$A = （223+70）\div 10 = 29.3（元/个）$$
$$B = （2\,007+700）\div 100 = 27.07（元/个）$$

解1和解2的计算结果相差不太明显，原本期望以机器时间作为分配基准，以应对机器化程度的提高，但并不能反映如此。原因还在于并不是以作业的实际过程为分配基准，而是以与作业无关联的直接人工时间来分配的。

解3：根据ABC法分配成本。

作业成本法（ABC法），首先，组装作业采用直接人工时间，机械加工的成本以机械时间分配。这一点与传统的成本计算一样。

其次，设计、设置、仓库、物料搬运等辅助支持作业的成本，以作业为基准的成本动因进行分配，这个理由就是这些作业与业务量并不成正比，是因辅助作业发生而产生的，因此，按各自的发生种类进行成本动因分析。按这种方法计算如表8-3所示。

表8-3　作业动因

1. 分配率的计算

作业种类	成本动因	间接制造费用分配基准	分配率
组装作业	直接人工时间	800÷10	80
机械加工	机械时间	770÷11	70
设计作业	设计次数	420÷2	210
设置作业	设置次数	270÷3	90
仓库作业	领发次数	240÷4	60
物料搬运	部件数	500÷10	50

2. 分配作业

作业种类	A	B	合计
组装作业	80×1=80	80×9=720	800
机械加工	70×1=70	70×10=700	770
设计作业	210×1=210	210×1=210	420
设置作业	90×1=90	90×2=180	270
仓库作业	60×1=60	60×3=180	240
物料搬运	50×3=150	50×7=350	500
合　计	660	2 340	3 000
生产量	10	1 000	110
单位成本	66	23.4	27.27

比较发现，A 和 B 的单位成本相差 3 倍左右。

比较以上三种成本计算的方法见表 8-4。

表 8-4　三种成本计算方法的比较

产品	直接人工时间法	直接人工与机器时间法	ABC 法
A	30	29.30	66
B	27	27.07	23.4

根据 ABC 法，发现多品种少批量的 A 产品成本花费了大量的成本，其单位成本是大批量生产的 B 产品单位成本的 3 倍。

8.3　作业成本管理

8.3.1　作业成本管理的内容和特点

1. 作业成本管理是作业成本计算的延伸与升华

作业成本管理（activity-based management，ABM）是改善顾客价值的同时，降低成本，尽可能完善和提升利润的工具。

19 世纪 80 年代后半期的美国企业由于经济危机的原因，多数企业围绕着兼并及放弃亏损产品的形式进行了重组活动，ABC 作为那个时代的产品战略（如舍弃亏损产品）相当有效，被迅速导入多数的美国企业，可是在 19 世纪 90 年代的前半期，企业家认识到，以重组来应对经济的再生是很困难的，这是美国企业界对过程改善来达到经济再生的思考的背景，过程改善对于过程管理重整是必要的，这是对成本、质量、服务及速度等重要的绩效评估尺度进行的再设计。

为实现流程再造，ABC 有必要向 ABCM（或称 ABM）转换。即 80 年代的 ABC 产品战略转向 90 年代成本降低的作业成本管理。作业成本管理的主要目标是通过作业尽量为顾客提供更多的价值，并从中获取更多的利润。但是，并不是所有的作业都能增加转移给顾客的价值。企业的作业通常可分为必要作业与不必要作业两大类。若某项作业对顾客或组织而言是必要的，能为企业最终商品增加价值，则为必要作业或增值作业；若某项作业对顾客或组织而言并无多大作用，不能为企业最终商品增加价值，则为不必要作业或不增值作业。由此可见，企业要实行作业成本管理，首先就要明确作业的耗费，而要达到这一点，就必须以作业成本法计算为基础。作业成本法作为追踪作业、动态反映作业成本的信息系统，可以为改进企业作业链而进行的作业成本管理提供所需信息。因而可以说作业成本管理是作业成本法的延伸与升华。

2. ABC 与 ABM 的本质区别

ABC 与 ABM 的本质区别在于 ABC 是以产品成本的核算为中心的一种计算方法，

而 ABM 则是追求过程改善。二者的关系用图 8-4 来反映更贴切。

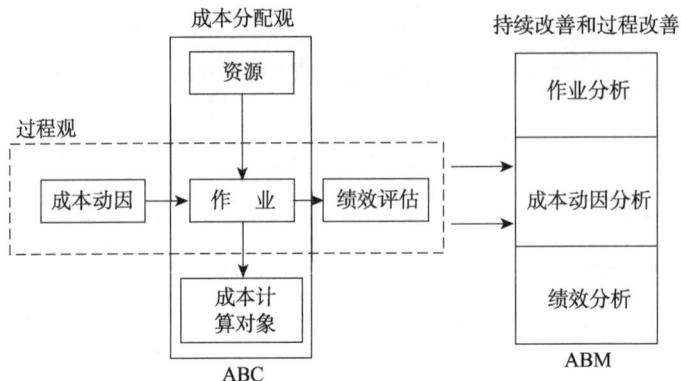

图 8-4 ABC 与 ABM 的关系

ABC 主要提供关于资源、作业及成本对象的有关信息。它是以"成本对象引起作业需求，而作业需求进而引起资源需求"为基本依据，将资源首先分配至作业，再由作业分配至成本对象。ABC 体现了成本分配观。

ABM 提供"何种因素引起作业以及作业完成效果如何"的信息。企业可以利用这些信息不断优化经营过程，从而实现持续改善。作业管理体现了作业成本法的过程观，其目的在于对作业链进行持续改善，以便使企业获得竞争优势。

3. 价值链分析是作业成本管理的基本方法

作业成本管理将成本看作"增值作业"和"不增值作业"的函数，并以"顾客价值"作为衡量增值与否的最高标准。这样，一方面，将顾客的需求与企业作业的发生、资源的消耗、成本的形成等联系起来，另一方面，通过顾客价值将企业的收入与顾客的需求联系起来。从而有利于从作业的角度权衡成本和顾客价值，保证企业经营决策与企业价值最大化目标相一致。这实际上是价值链分析方法在经营管理中的实际应用。价值链分析作为作业成本管理的基本方法，其主要作用在于：一是找出无效和低效的作业，为持续降低商品成本，提高企业竞争能力提供途径；二是协调、组织企业内部的各种作业，使各种作业之间环环相扣，形成较为理想的"作业链"，以保证每项必要作业都以最高效率完成，保证企业的竞争优势；三是与同行的价值链进行对比分析，发现自己的优势与劣势，进而为扬长避短、改善成本构成和提高作业的质量及效率指明方向。

4. 作业成本管理的特征

我们已经初步了解到 ABC 作为 ABM 集合的一个部分存在是有价值的，但是 ABM 的存在必然有新的内容支撑，才会被开发和利用成新的战略成本的管理方法，如常见的 TQM（全面质量管理）、JIT、顾客满意、授权、工厂中心的经营、持续改善以及细腻的制造活动等。

那么 ABM 到底有哪些特征，能够为我们做些什么呢？表 8-5 进行了简单的归纳。

表 8-5　ABM 的特征

①ABM 的目标不是自愿分配，而是实施有效的作业
②能够根据作业分析与顾客的关联度
③各过程之间的作业合理地联系在一起
④能够排除无效作业（非附加价值）
⑤能够持续改善过程和作业
⑥避免重复作业，进行有效的作业
⑦测定标准作业，根据结果进行弹性作业
⑧改变过去的成本构成要素形成的内部资料，取而代之的是容易理解的以作业为评估基准的报告

作业成本管理追求更有效的经营过程，其目标是通过过程的改善（如缩短交货期、缩短产品的开发周期等）达到经济活动的效果提升。

8.3.2　作业成本管理

作业成本管理的设计与运行必须考虑作业分析、成本动因分析和业绩计算三个方面的要求，并按次序组织衔接，循环进行。企业若要成功导入 ABC 或 ABM，如下四点要求不可或缺：①最高管理层必须支持；②必须使参加者容易理解和协助；③系统设计必须是人人都能够参与，信息就被充分掌握；④有关人员必须是将此作为自己的工作充分掌握，并齐心协力。

1. 作业分析

作业分析仅认识和区分作业，无法满足企业管理的需要，还需要通过认识和分析作业，将作业作为成本核算和管理的对象，改善企业的经营管理，降低成本。必须认识到作业分析首先是对一个企业所从事的主要作业进行的分辨和确认，从而为描述其经营以及确定其发生的成本和实现的业绩奠定一个清晰、明确的基础。作业分析的目的就是辨别并力求摆脱不必要或不增值的作业；对必要作业的成本高低进行排序，选择排在前面的作业做重点分析；将本企业的作业与同行先进水平的作业进行比较，以判断某项作业或企业整体作业链是否有效，寻求改善的机会。

作业分析的核心是识别增值作业和非增值作业。

增值作业与非增值作业是站在顾客角度划分的，最终增加顾客价值的作业是增值作业；否则就是非增值作业。在一个企业中，区别增值作业和非增值作业的标准就是看这个作业的发生是否有利于增加顾客的价值。作业管理的核心就是识别出不增加顾客价值的作业，从而找到需要改进的地方，对于增值作业，企业要做的就是努力提高其执行效率。作业管理中下一道工序即被称为顾客，不局限于针对企业外部客源。

非增值作业就是指对增加顾客没有贡献，或者经消除而不会降低产品价值的作业，如等待加工专业、材料或者在产品堆积作业、产品或者在产品在企业内部迂回运送作业、产品废品清理作业、次品处理作业、返工作业、无效率重复某工序作业、由于订单信息不准确造成没有准确达到需要再次送达的无效率作业，等等。由此可以看出，在企业所从事的作业中非增值作业占有相当大的比重，存在巨大的改进潜力，企业应合理安排作业及各作业之间的联系，尽可能地减少非增值作业的执行。

2. 价值链分析

1）识别价值链

为便于价值链分析，需要树立横向的组织观点，从产品投入开始，直到产品和顾客见面为止。这样企业生产经营过程由为特定顾客或市场生产产品的一系列作业组成。实施价值链分析，关键是根据其对企业竞争优势的贡献大小来区分价值作业。例如，如果订货对于企业与顾客的作用很重要，这个作业就应该属于营销领域的增值作业。总之，虽然每一个企业都存在技术、产品设计、制造过程、营销、顾客服务等一般过程，但不同的行业其价值链的构成是不相同的，有的长一些，有的短一些，如纯商业性的企业就不存在生产制造活动。每一类活动的重要性也不相同。批发商认为进货和发货最重要，而对于一般制造业而言，质量和服务却是最重要的。为了实现企业价值链内部优化的目标，必须从企业实际出发，分析企业特定的价值链构成及相应的竞争力，通过比较达到提高企业价值的目的。

2）识别产品成本

价值链分析的下一步是追溯或分配成本和评估各价值生产过程。尽管企业还保存有内部报表和成本会计信息，但这种信息根本不能适应作业成本及价值链分析的要求。企业不得不将数据重新分类，或者利用成本研究来分配成本和评估各价值生产过程。

估算每个价值生产作业的完全成本时，通常涉及作业生产能力或实际生产能力的完全利用。企业管理者和设备销售商往往能较正确地估算出生产能力。如果生产能力估算悬殊，企业要分析最终成本，以评估不同生产能力分析的敏感度。一旦成本发生偏离实际的变化，企业应该为更真实的长期能力估算收集更多的信息。

3）识别成本动因

价值链分析的下一步也是识别各价值生产过程的成本因素，通过了解影响成本的因素，企业可以在其成本改进的初步阶段就指明首先推行的项目。为了确定其相关成本优势，企业也应该了解竞争者的成本因素。成本动因是构成成本结构的决定性因素。成本动因分析的目的，就是通过对各类不增值作业根源的探索，摆脱无效或低效的成本动因。

4）识别各价值生产过程的中间环节

单一的价值作业是不连续的，但也不是完全独立的。同一条价值链中的大多数作业相互依赖。企业一定不要忽略相互依赖的作业之间的价值链联系，因为它们很可能会影响到总成本。例如，一个价值链过程的成本改进程序可以降低或者增加其他过程中的成本和（或）收入。在价值链中，将一个过程中的货物和服务运送到另一个过程会增加成本；而减少这种运送则会降低购货、开发票以及其他的登记成本。

5）识别获得相关成本优势的机遇

许多企业往往实行行政化的全面成本降低指令（如每个部门都被要求降低 10%），由于没有战略性地降低成本，这类企业的努力常以失败而告终。这种指令性的全面成本降低法往往没有辨析重要问题。关键在于并不是提高不重要作业的效率，而是要更好地满足顾客的需求。

通过价值链分析可知，一个企业不再简单地全面削减成本，而是在各价值生产过程中降低成本，提高效率。例如，某企业可能要降低各生产过程的投入费用，如工资；选择是自制还是外购零部件。降低过程投入费用经常是指降低工资，将生产转移到劳动力成本较低的国家或地区。供应商在与企业签订长期合同时，可能愿意降低价格。企业可利用合作伙伴关系，在成本、质量、时间、交货以及技术方面取得优势。一些过程可以提供比其他过程更多的机会。为了最大限度地降低成本，企业应该优化价值创造过程。

开展成本价值链分析可以大幅度降低成本。例如，数年来，美国运输公司为达到其收入目标，依靠减少员工来降低成本。但是，这种减少是很有限的，该公司不得不寻找与人力资源无关的方法来降低成本。因此，它通过三种途径着手设计其经营方式，即成本再设计（使用更有效的加工或减少操作阶段），结构再设计（使用更少的设备），以及战略再设计（要求工作完成方式的根本改变），这些措施合在一起大大降低了成本。

8.3.3　作业管理的主要方法

尽管作业成本管理在不同行业、不同经济技术条件、不同规模的企业实施各具特点，但是根据作业成本管理的基本原理，具体实施时，一般应遵循下列方法进行操作。

1. 作业消除

作业消除就是消除非增值作业，即先确定非增值作业，进而采取有效措施予以消除。如将原材料从集中保管的仓库搬运到生产部门，将某部门生产的零件搬运到下一个生产部门都属于非增值作业，如果条件许可，将原料供应商的交货方式改为直接送达原材料使用部门。改善过程布局，缩短运输距离，都可消减甚至消除非增值作业。

2. 作业选择

作业选择就是尽可能列举各项可行的作业并从中选择最佳的作业。不同的策略经常产生不同的作业。如不同的产品销售策略会产生不同的销售作业，而作业会引起成本的发生，因此不同的产品销售策略，会引发不同的作业及成本。在其他条件不变的情况下，选择作业成本最低的销售策略，可以降低成本。

3. 作业减低

作业减低就是改善必要作业的效率或改善在短期内无法消除的非增值作业。如减少整理准备次数，就可以改善整理准备作业，达到降低成本的目的。

4. 作业分享

作业分享就是利用规模经济效应提高必要作业的效率，即增加成本动因的数量但不增加作业成本，这样可以减低单位作业成本及分摊于产品的成本。如新产品在设计时如果考虑到充分利用现有其他产品使用的零件，就可以免除新产品零件。

8.3.4 作业成本管理的应用

企业管理者利用作业成本的信息所欲采取的行动常被称为作业成本管理的策略。如产品重新定价、获利能力分析、选择替代产品、重新设计产品、改进生产过程和经营策略、技术投资和消减产品。

1. 产品重新定价

当某些产品被大公司所控制，在高度的竞争市场中销售时，购买者很难对其从质量和性能上进行划分，因此市场中的客户就会很容易地更换供应商以获得低价格的产品。除非对该供应商有很强的忠诚度（或该产品的更换成本很高），否则小公司必须遵循行业领导者的价格政策。在这种情况下，即使经过了一次详细的成本分析，公司也不能变更其价格政策。这些公司必须注重于别的方面，而不是用定价来提高它们产品的盈利性，这些方面包括创新设计、新产品替代、消减产品线或改进生产程序。

然而，有些公司在价格调整方面拥有一定的决定权，尤其是对于那些高度顾客化的产品。当产品不在高度竞争的市场上销售时，管理者通常是根据产品标准成本确定的成本加成率或者根据现有的类似产品的价格进行推断来定价。当价格政策是根据传统的标准成本制定时，由于制造费用的分配是通过直接人工或机器小时来实现的，管理者将会作出并不出色的价格政策。例如，某水笔生产企业的某种蓝色产品笔的价格是在竞争激烈的市场环境中建立起来的，而企业另一个产品紫红色笔，在外形和生产过程都与蓝色笔相似，但由于其独特的颜色，价格会稍高于普通的蓝色笔。此外该企业还要为这种产品付出更高的关于产品发展、改进、购买、接受、检查、准备，以及维护所需资源等方面的成本。通常情况下，对于一位顾客而言，买笔的花费只是他全部花费中所占很小的一部分（如购买特殊颜色的笔是用来书写婚礼请柬，其只占整个婚礼花费的极少一部分），同时顾客也许愿意为高品质、可靠的产品以及特殊产品的独特性支付高价。

在进行初步的作业成本分析之后，企业往往会将那些特殊的、顾客化的和豪华产品的价格大幅度提升，一旦那些低产量的特殊产品的成本被正确地分配后，那些高产量的普通产品的成本就会下降，而且，成熟产品的成本也会降低。虽然这样的成本看上去降低不多，但高产量的成熟产品通常在竞争市场上销售，其利润的增长本身就很有限。采用作业成本法计算成本，这些产品中没有分配它根本没有耗用的资源成本，因而其获利水平其实更高，此时，公司就可以降低这些产品的售价以提高产品的销售量，产量增加只引起单位水平作业成本的增加，而没有引起批量水平成本和产品水平成本的增加。

2. 获利能力分析

除帮助企业管理者识别制造费用分配的核心以外，作业成本法还使管理者能够识别到是什么原因使得为一些顾客提供服务比为其他的顾客更昂贵或者更便宜，表 8-6，反映了有隐性成本（高服务成本）和隐性利润（低服务成本）的顾客特征。

所有的公司都能大致识别高服务成本顾客的部分或全部特征。有时，公司幸运地遇到一些低服务成本的顾客，但当顾客发现他的行为降低了供应商的成本之后要求降低价格时，低服务成本客户不利的一面就会展现。

表 8-6　高服务成本和低服务成本顾客的特征

高服务成本顾客	低服务成本顾客
购买定做产品	购买标准产品
小批量订货	大批量订货
不能预期的订单要求	可预期的订单要求
特殊交货方式	普通交货方式
交货方式有变化	交货要求无变化
手工加工	机器加工
大量的售前准备	很少的售前准备
大量的售后服务	无售后服务
（营销、技术和销售资源）	（普通价格和订货）
（安装、培训、保证、现场服务）	
需要公司保留存货	随生产补充
付款缓慢（高应收账款）	及时付款

公司对顾客实行作业成本分析时，这些区别可以通过图 8-5 看出。纵轴表示向顾客销售产品获得净收益，它等于销售净价，即在扣除销售折扣和折让后的净价，再减去制造成本（这是按照作业成本法所计量的成本）。横轴表示服务顾客的成本，包括与订单相关的成本，加上作业成本法的顾客成本模型中得到的服务于每一特定顾客所需的营销、技术、销售和管理费用。图 8-5 表示，当公司以不同的方式获得盈利性顾客，一些顾客可能很容易服务，但他们同时要求很低的价格。在这种情况下，净毛利低，但通过与供应商的密切合作，公司降低了服务所需的成本。高服务成本顾客（具有图 8-5 左侧所示的调整）同样可以获利（它们属于图 8-5 的右上角）。如果从这些顾客获得的毛利高于提供服务所需资源的成本，公司可以考虑单一菜单制价格，即价格的制定不仅要考虑产品的特性，还要考虑按作业成本法计算的服务成本。

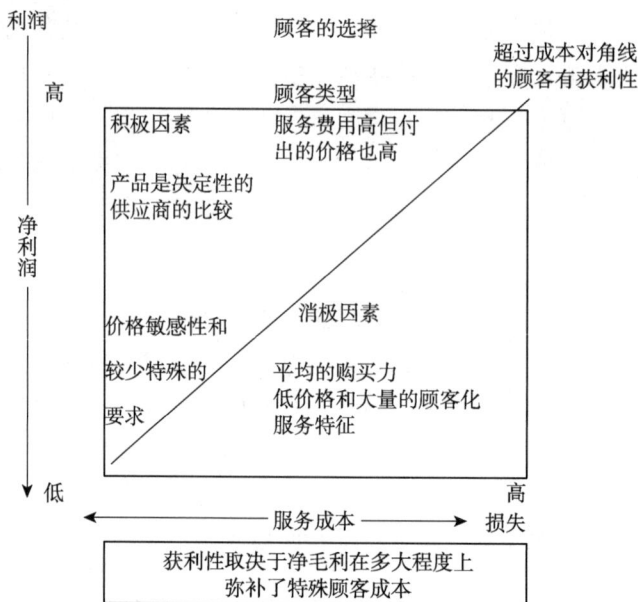

图 8-5　顾客的选择

在图 8-5 中的左侧能够产生高毛利且只需很低的服务成本。这些顾客应受到严密的观察，因为他们面对竞争时很脆弱。当有竞争者威胁时，管理者可向他们提供适当的折扣、激励以及特殊服务，以保住这些高获利性顾客。

而对图中右下方的部分，他们有很高的服务成本，却只能提供低利润。公司通过使用净毛利中的作业清单和作业成本法下计算出的服务成本来改进同这些顾客的关系，使他们向图 8-5 的左上方移动，以实现盈亏相抵并获利。

3. 重新设计产品

一些产品之所以昂贵是由于其设计不合理，在没有作业成本法引导产品设计及开发的情况下，工程师往往忽略许多零部件及产品多样性和复杂的生产过程所引起的成本。他们为性能而设计产品，却不考虑增加独特部件、寻找新卖主和复杂生产过程需要的成本。通过出色的设计来削减产品成本的最好机会是产品的初次设计时。作业成本法将揭示一些设计中存在的非常昂贵的复杂部件以及独特的生产过程，它们很少增加产品的绩效和功能，可以被删除或修改。产品的重新设计是一个非常有吸引力的选择，因为它通常不会被顾客发现，如果设计成功地完成了，公司也不必进行重新定价或者进行产品替代。

案例分析

华远公司生产三种电子产品，分别为 A、B、C。产品 A 是三种产品中工艺最简单的一种，公司每年销售 10 000 件；产品 B 工艺相对复杂一些，公司每年销售 20 000

件，在三种产品中销售最大；产品 C 的工艺最为复杂，公司每年销售 4 000 件。公司设有一个生产车间，主要工序包括零部件排序准备、自动插件、手工插件、压焊、技术冲洗及烘干、质量检测和包装。原材料和零部件均外购。目前华远公司一直采用传统成本核算方法计算产品成本。

（1）传统成本核算法下的成本核算。

①华远公司资料见表 8-7。

表 8-7　华远基本成本资料

项目	产品 A	产品 B	产品 C	合计
产量/件	10 000	20 000	4 000	
直接材料/元	500 000	1 800 000	80 000	2 380 000
直接人工/元	580 000	1 600 000	160 000	2 340 000
制造费用/元				3 894 000
年直接人工工时/元	30 000	80 000	8 000	118 000

②以直接人工工时为分配基础的制造费用分配见表 8-8。

表 8-8　制造费用分配

项目	产品 A	产品 B	产品 C	合计
年直接人工工时/小时	30 000	80 000	8 000	118 00
分配率	3 894 000 ÷ 118 000 = 33			
制造费用	990 000	2 640 000	2 640 000	3 894 000

③传统成本法下的产品成本计算见表 8-9。

表 8-9　传统成本法计算

项目	产品 A	产品 B	产品 C
直接材料/元	500 000	1 800 000	80 000
直接人工/元	580 000	1 600 000	160 000
制造费用/元	990 000	2 640 000	264 000
合计	2 070 000	6 040 000	504 000
产量	10 000	20 000	4 000
单位产品成本	207	302	126

从表 8-9 中可知，三个产品 A、B、C 的单位成本分别为 207 元、302 元和 126 元。

（2）公司遇到的困境。公司采用成本加成定价法作为定价策略，按照单位产品成本的 110% 设定目的售价，见表 8-10。

近几年，公司在产品销售方面出现了一些问题，产品 A 按照目标售价正常出售。但来自外购公司的竞争，使得公司将产品 B 的价格降低到 300 元，远低于目标售价 332.2

表 8-10　成本加成法

项目	产品 A	产品 B	产品 C
单位产品成本	207	302	126
目标售价（单位售价×110%）	227.7	332.2	138.6
实际售价	227.7	300	190

元。产品 C 的售价定于 138.6 元，由于公司收到的订单数量非常多，超过其制造能力，因此公司将产品的售价提高到 190 元。即使在 190 元这一价格，公司收到的订单依然很多，其他公司在产品 C 的市场上无力参与竞争。上述情况表明，产品 A 的销售级盈利状况正常，产品 C 是一种高盈利低产量的优势产品，而产品 B 是公司的主要产品，年销售量很高，但按现在实际售价却造成巨额亏损，因此产品 B 成为公司管理人员关注的焦点。在分析过程中，管理人员（尤其是营销人员）对传统成本计算提供的成本资料的正确性产生了怀疑。他们决定运用作业成本法重新核算产品成本。

（3）公司使用作业成本法计算。

①制造费用的重新计算见表 8-11。

表 8-11　制造费用归集

制造费用	金额/元
装配	1 212 600
材料采购	200 000
物料处理	600 000
启动准备	3 000
质量控制	421 000
产品包装	250 000
工程处理	700 000
管理	507 400
合计	3 894 000

②各作业成本库的成本动因分配见表 8-12，单位作业成本计算见表 8-13。

表 8-12　成本动因分配表

制造费用	成本动因	作业量 产品 A	产品 B	产品 C	合计
装配	机器工时/小时	10 000	25 000	8 000	43 000
材料采购	订单数量/份	1 200	4 800	14 000	20 000
物料处理	处理移动/次	700	3 000	6 300	10 000
启动准备	准备次数/次	1 000	4 000	10 000	15 000
质量控制	检验工时/小时	4 000	8 000	8 000	20 000
产品包装	包装次数/次	400	3 000	6 600	10 000
工程处理	工程处理时间/小时	10 000	18 000	12 000	40 000
管理	直接人工/小时	30 000	80 000	8 000	118 000

表 8-13 单位作业成本计算表

制造费用	成本动因	年制造费用	年作业量	单位作业成本
装配	机器工时/小时	1 212 600	43 000	28.2
材料采购	订单数量/份	200 000	20 000	10
物料处理	处理移动/次	600 000	10 000	60
启动准备	准备次数/次	3 000	15 000	0.2
质量控制	检验工时/小时	421 000	20 000	21.05
产品包装	包装次数/次	250 000	10 000	25
工程处理	工程处理时间/小时	700 000	40 000	17.5
管理	直接人工/小时	507 000	118 000	4.3

③产品成本分配见表 8-14。

表 8-14 成本分配表

	单位作业成本	A 产品		B 产品		C 产品	
		作业量	作业成本/元	作业量	作业成本/元	作业量	作业成本/元
装配	28.2	10 000	282 000	25 000	705 000	8 000	225 600
材料采购	10	1 200	12 000	4 800	48 000	14 000	140 000
物料采购	60	700	42 000	3 000	180 00	6 300	378 000
启动准备	0.2	1 000	200	4 000	800	10 000	2 000
质量控制	21.05	4 000	84 200	8 000	168 400	8 000	168 400
产品包装	25	400	10 000	3 000	75 000	6 600	165 000
工程处理	17.5	10 000	175 000	18 000	315 000	12 000	210 000
管理	4.3	30 000	129 000	80 000	344 000	8 000	34 400
合计			734 400		1 836 200		1 323 400

④产品成本合计见表 8-15。

表 8-15 产品成本合计

项目	产品 A	产品 B	产品 C
直接材料	500 000	1 800 000	80 000
直接人工	580 000	1 600 000	160 000
装配	282 000	705 000	225 600
材料采购	12 000	48 000	140 000
物料处理	42 000	180 000	378 000
启动准备	200	800	2 000
质量控制	84 200	168 400	168 400
产品包装	10 000	75 000	165 000
工程处理	175 000	315 000	210 000
管理	129 000	344 000	34 400
合计	1 814 400	5 236 200	1 563 400
产量/件	10 000	20 000	4 000
单位产品成本	181.44	261.81	390.85

（4）分析比较。分析比较两种成本计算法下的结果，产品 A 和产品 B 在作业成本法下的产品成本都远远低于传统成本计算法下的产品成本，这为公司目前在产品 B 方面遇到的困境提供了很好的解释。两种成本计算的结果见表 8-16。

表 8-16　成本计算表

项目	产品 A	产品 B	产品 C
产品成本（传统成本计算法）	207.00	302.00	126.00
产品成本（作业成本计算法）	181.44	261.81	390.85
目标售价（传统成本法下产品成本×110%）	227.7	332.2	138.6
目标售价（作业成本法下产品成本×110%）	199.58	287.99	429.94
实际售价	227.70	300.00	190.00

这样我们就可以发现，根据作业成本法计算的产品成本，产品 B 的目标售价是 287.99 元，公司原定的目标售价为 332.2 元，明显不合理。产品 A 的实际售价 227.70 元，高于重新制订的目标售价 199.58 元，属于高盈利产品。而产品 C 在传统成本法下的目标售价显然低估了，导致实际售价低于作业成本计算得到的结果，也就解释了产品 C 的订单一直源源不断的原因。

【自　测　题】

自学自测　扫描此码

【复习思考题】

一、思考题

1. 作业成本法的诞生背景是怎样的？
2. 作业成本法与传统成本计算法有何区别？
3. 如何划分作业？如何确定成本动因？
4. 什么是作业成本管理？
5. 什么是增值作业？

二、练习题

1. 海运公司共生产 4 种产品,其有关成本数据见表 8-17、表 8-18。

表 8-17 成本数据表

产品	年产量/件	单位消耗/元	单位人工/元	单位机时/小时
A	10	6	5	2
B	100	3.6	0.4	0.3
C	20	9	2	5
D	90	20	1	2

表 8-18 金额合计数为 9 900 元,归集为制造费用,按机器工时分配。

表 8-18 作业消耗表

产品	启动数	订单数	加工次数	备件数	物料	人工	机器费用
A	1	1	1	1	60	50	20
B	3	3	3	1	360	40	30
C	1	1	1	1	180	40	100
D	3	3	3	1	1 800	90	180
所耗单位	8	8	8	1	2 400	220	330
金额	960	1 000	200	2 000	240	2 200	3 300

要求:

(1)按传统成本计算法求各产品的单位成本和总成本。

(2)按作业成本计算法求各产品的单位成本和总成本。

2. WH 自动化仪表厂专门生产各种型号的仪器仪表,该工厂的成本核算采用作业成本法,并把整个企业的生产流程分为三个作业中心:机器加工中心、电器焊接中心、总装作业中心。其 201×年的预算资料见表 8-19。

表 8-19 WH 自动化仪表厂 201×年预算资料

作业中心	201×年预算费用	作业成本动因	分配比率
机器加工中心	200 000	零件个数	0.25
电器焊接中心	2 000 000	零件个数	2.50
总装作业中心	2 000 000	直接人工工时	25.00

201×年 6 月,该企业生产了 A、B 两种显示仪,有关产品资料见表 8-20。

表 8-20 A、B 产品材料资料

产品	数量/台	直接材料成本/元	零件个数	直接人工工时/小时
A	5 000	600 000	100 000	7 500
B	100	25 000	3 500	500

要求：

（1）计算 6 月 A、B 两种产品的总成本和单位成本。

（2）假设已经将开发费用、售后服务费用都分摊到每种产品上，A、B 两种产品的分摊单位成本见表 8-21。用作业成本法计算 A、B 两种产品的总成本和单位成本（包括上述过程、研究与开发费用和售后服务费用）。

表 8-21　研发与售后费用

产品	研究与开发费用	售后服务费用
A	60	110
B	146	236

第 9 章

预 测 分 析

【本章学习目的和要求】

本章在了解预测分析相关概念的基础上，掌握预测分析的基本概念、特点、程序及基本内容；掌握定量和定性两类预测分析方法的特征和关系；熟练掌握销售预测中的平滑指数法和序列回归法的应用；熟悉销售预测中的其他方法以及各种方法的特征和适用范围。重点掌握成本预测的因素分析法；重点掌握目标利润的本量利分析法、经营杠杆系数法在利润预测中的应用；一般了解资金需求预测的基本方法。

9.1 预 测 概 述

9.1.1 预测的概念及意义

1. 预测的概念

预测（predict）是进行科学决策的前提，根据研究对象现有的信息资料，结合对象的影响因素，运用科学的方法，预测目标及其发展趋势，减少未来不确定性。

本章的预测分析是指财务人员根据企业过去一段时期的财务活动，结合影响企业财务活动的各种因素，运用经济预测的基本原理和数理统计的方法，对企业未来的财务活动的销售量、成本、利润与资金需求作出科学估计的过程。

预测直接为企业的决策服务，是决策科学化的前提条件。没有符合客观实际的预测，不可能作出最优化的决策，科学的预测是决策的基础。同时，预测也是企业编制预算的基础，它所提供的许多数据最终被纳入预算（详见第 12 章预算管理）。

2. 预测的意义

预测体现经营管理的事先性，即帮助管理人员认识和控制未来的不确定性，使对未来的无知降到最低限度，使财务计划的预期目标与企业所处环境和经济条件尽量保持一致，并对经营计划的实施效果做到心中有数。经营预测对于提高公司经营管理水平和经济效益有着十分重要的作用。具体表现在以下几个方面。

（1）预测是进行经营决策的重要依据。决策的关键是预测，通过预测为决策的各种方案提供有关销售及成本利润的依据，以供决策者权衡利弊，进行正确选择。

（2）预测可帮助企业合理安排收支，提高资金使用效益。把握企业在计划期内的资金流入与流出，收入与成本开支是否平衡，做出长、短期规划，确保资金管理的主动性。

（3）预测是提高企业管理水平的重要手段。预测不仅为科学的决策和计划提供支持，也有利于培养各级管理人员的超前思维，以及利用科学方法和现代化的管理手段，提升管理会计人员的素质。

另外，预测的作用大小受其准确性的影响。准确性越高，作用越大。影响预测准确性的因素分为主观和客观因素。主观因素主要指预测者的素质，包括预测经验和数理统计分析能力等；客观因素主要是指企业所处内外部环境及政策变化。

9.1.2　预测的种类及其遵循的原则

1. 预测的种类

为了便于研究和掌握预测，人们往往依据不同的标准对其进行分类。

（1）按预测所跨越的时间长度分为长期预测、中期预测和短期预测。长期预测主要是指 5 年以上的财务变化以及趋势的预测，主要为企业今后长期发展的重大决策提供财务依据。中期预测主要是指 1 年以上、5 年以下的财务变化及其趋势的预测，是长期预测的细化、短期预测的基础。短期预测则是指 1 年以内的财务变化及其趋势的预测，主要为编制年度计划、季度计划等短期计划服务。

（2）按预测的内容可分为销售预测、成本预测、利润预测和资金预测。具体内容将在本章详细介绍。受篇幅限制，资金预测不再介绍，可参阅财务管理学相关内容。

（3）按预测方法可分为定性经营预测和定量经营预测。

2. 预测遵循的原则

预测分析时一般遵循以下原则。

（1）连续性原则。预测必须以过去和现在的资料为依据来推断未来的财务状况。

（2）关键因素原则。预测时应集中精力于主要项目，而不必拘泥于面面俱到，以节约时间和费用。

（3）客观性原则。预测建立在客观性基础上，才能得出正确的结论。

（4）科学性原则。预测时，一方面要使用科学方法（数理统计方法）；另一方面要善于发现预测变量之间的相关性和相似性等规律，进行正确预测。

（5）经济性原则。预测要讲究经济效益，即涉及预测成本和收益问题。尽力做到用最低的预测成本达到较为满意的预测质量。

9.1.3　预测分析的程序及方法

1. 预测分析的程序

预测分析一般可按下列几个步骤进行。

1）确定预测的对象和目标

预测首先要明确预测的对象和目标，然后根据预测的目标、内容和要求确定预测的范围和时间。企业应根据具体的要求，如产品种类等，达到所制订的目标。

2）制订预测计划

预测计划包括预测工作的组织领导、人事安排、工作进度、经费预算等。

3）收集整理资料

资料收集是预测的基础。企业应根据预测的对象和目的，明确收集资料的内容、方式和途径。资料包括财务和非财务的，统计和经验的，调查和测试等。对收集到的资料要进行加工、整理、归纳和分析，找出与预测对象有关的各因素之间的相互依存关系。

4）选择适当的预测方法

预测方法的选择不仅要考虑预测对象的特点，还要考虑预测方法本身的特点，预测的方法分为定性和定量两种。对于信息数据资料齐全、可以建立数学模型的预测对象，根据与此目标有相关的影响因素关系，可分析整理有关预测信息资料的，则应确定恰当的定量方法，如因果预测方法、趋势预测方法等。而缺乏数据信息资料、无法定量分析的预测对象，可使用定性方法，结合经验按照其逻辑性，制定预算的程序。

5）进行实际预测

根据确定的预测方法进行财务预算，并得出初步的预测结果。

6）评价与修正预测结果

实测结果与预测会出现预测误差。随着时间的推移，历史数据的有效性会降低，应及时地进行比较，分析其可能产生的差异，找出原因，及时修订预测数据和预测方法，提高预测的正确性和可靠性。分析评价要考虑影响未来发展的内外因素的新变化，根据误差大小进行修正或重新预测，以确定最佳预测值，为决策服务。

7）提出预测报告

预测对象的预测方法需要通过多次评价和测试后，确定适合企业自身情况的预测方法。对于预测所反映的客观事物发展变化的内在关系，最终以一定形式（如报告）提交给企业管理者，为决策提供判定依据。

2. 预测分析的方法

经营预测的具体方法种类很多，分析对象、目的、时间以及精确程度等因素会影响具体方法的选择与运用。但归纳起来可分为两大类：定性分析法和定量分析法。

1）定性分析法

定性分析法（qualitative analysis）又称非数量分析法，是一种直观性的预测方法，是指由有关方面的专业人员根据个人经验和知识，结合预测对象的特点进行综合分析，对事物的未来状况和发展趋势作出推测的一种预测方法。

定性方法主要是由熟悉情况和业务的专家根据过去的经验进行分析、判断，提出预测意见，然后再通过一定的形式（座谈会、函询调查征集意见等）进行综合，作为预测未来的主要依据。它一般不需要进行复杂的定量分析，可在缺乏完备的统计资料、有关变量之间缺乏明显的数量关系或主要因素难以定量分析等条件下应用。

定性分析法的特点是计算量较少，主要根据人们积累的实际经验和掌握的科学知识进行判断，因此常常称该方法为判断分析法或集合意见法。

2）定量分析法

定量分析法（quantitative analysis）又称数量分析法，是指在完整掌握与预测对象有关的各种要素统计资料的基础上，运用现代数学方法对数据进行科学的加工处理，据以建立能够反映有关变量之间规律性联系的各种预测模型的方法体系。定量分析法又可分为趋势预测分析法和因果预测分析法两类。

（1）趋势预测分析法。趋势预测分析法（trend analysis）也叫趋势外推分析法，是指以指标本身过去的变化趋向作为预测的依据，将时间作为制约预测对象变化的自变量，把未来作为历史的自然延续，属于按事物自身发展趋势进行预测的一种动态预测方法。

趋势预测法立足于以往对有关指标起影响作用的诸因素，将目前和将来仍然起作用的延伸趋势作为预测未来的依据。具体做法是以过去的资料数据为基础，运用一定的数学方法进行加工、改制和延伸，借以确定有关指标在一定期间的预测值。其基本原理是企业过去和现在存在的某种发展趋势将会延续下去，且过去和现在发展的条件同样适用于未来，可以将未来视为历史的自然延续。因此，该法又称时间序列分析法。具体有算术平均法、移动平均法、趋势平均法、加权平均法、指数平滑法等。

（2）因果预测分析法。因果预测分析法（causal analysis）是指根据预测对象与其相关变量之间存在的因果函数关系，按预测因素（非时间自变量）的未来变动趋势来推测预测对象（因变量）未来水平的一类相关预测方法。

因果预测分析法是从一个指标与其他指标的相互联系中进行分析，将它们之间的规律性联系作为预测的依据。采用这一类方法进行预测，通常是以一个指标的变动情况为基础，来推断另一个指标的变动将达到什么程度。所以，它不是将一个指标本身孤立起来进行预测，而是从有关指标的相互联系中进行预测。对这些变量内在规律性的研究可建立一定的数学模型，在已知自变量的条件下，可利用模型直接推测预测对象的水平。

3）定性方法与定量方法的关系

定性分析法和定量分析法在实际应用中并非相互排斥，而是相互补充、相辅相成的。定量分析法虽然较精确，但许多非计量因素无法考虑，如国际政策及政治形势的变化、消费者行为的改变、投资者意向及职工情绪的波动等，这些都是定量分析法难以量化的因素。而定性分析法虽然可以将这些非计量因素考虑进去，但其准确性会在很大程度上受到预测人员的主观因素（经验、素质）的影响，使预测结论因人而异。

因此，实务中常将两者结合起来，相互取长补短，以提高预测分析的准确性和预测结论的可靠性。

9.2 销 售 预 测

9.2.1 销售预测的定义及作用

1. 销售预测的定义

销售预测（sales forecasting）通常指销售量预测，通常可借助于市场调查和企业经营实际进行销售预测。市场调查是指通过了解与特定产品相关的市场环境，作出目标产品有无现实市场或潜在市场以及市场大小的结论的过程，它是销售预测的基础。

销售量预测又称产品需求量预测，是指根据市场调查所得到的相关资料，结合本企业的实际销售状况，运用一定的分析方法研究影响销售的相关因素，预测特定产品在未来一定时间内的市场销售量水平及变化趋势，进而预测本企业产品未来销售量的过程。

销售预测可根据销售单价的已知情况扩展到销售收入预测，即首先预测的是销售量，然后通过对预测期预测的产品销售单价乘以预测销售量得到预测销售收入。销售量预测是根据以前各期的销售利润表中的销售量，选择趋势预测模型（平均法、指数平滑法和回归法）进行预测。

2. 销售预测的作用

销售预测为企业销售部门提供指引。销售预测可以调动销售人员的积极性，促使产品尽早实现销售，以完成使用价值向价值的转变。

销售预测是企业经营预测的出发点。企业可以根据销售预测资料，安排生产，实现"以销定产"的市场化经营机制。销售预测是企业经营（计划）预测的核心，是成本预测、利润预测、资金需求预测的基础，也是编制企业生产经营计划、组织生产活动和采购供应活动的前提。

9.2.2 销售预测的方法

1. 销售预测的定性分析法

销售预测的定性分析方法是指由具有丰富实践经验和广泛专业知识的预测人员根据其对事物的分析和主观判断能力对预测对象的发展趋势作出推断的预测方法。

常用的定性分析方法包括判断分析法和调查分析法。这类方法主要是在企业所掌握的数据资料不完备、不准确的情况下使用，除需对内、外部影响因素分析之外，还需对市场动态、产品特点和竞争对手情况等资料进行分析研究，作出企业产品的未来销售情况的判断。

1）判断分析法

判断分析法（judgement analysis method）是通过熟悉市场未来变化以及具有丰富经验和综合判断能力的经营管理人员、专家教授、推销人员或本企业管理人员、销售人员对企业预测期的产品销售业务情况进行综合研究，得出推测和判断结果的方法的统称。

判断分析法根据具体进行方式的不同又可分为销售人员意见法、专家评估法、模拟顾客综合分析法。

（1）销售人员意见法（sales force composite）是指在销售预测中，由熟悉市场（如畅销与否、花色品种需求等）的销售人员根据他们的主观判断，把各个或各类顾客的销售预测值填入卡片或表格，然后由销售部门经理加以综合来预测企业产品在预测期的销售量或销售额的一种方法。此方法得出的预测数据比较接近实际。

同时也必须注意销售人员对宏观经济形势及微观企业的总体规划是否了解，以及个人的知识、能力、兴趣等各种因素状况，避免预测出现偏差。

（2）专家评估法（the expert evaluation method）。是指为索取未来信息的对象，组织相关领域的专家运用其专业方面的知识和经验，通过直观的归纳，对预测对象过去和现在的状况、发展变化过程进行综合分析与研究，找出预测对象变化规律及未来的发展状况，并做出判断。该法也称专家调查法。

专家评估法的种类主要有个人判断法、专家会议法、头脑风暴法和德尔菲法。

①个人判断法（individual judgement）又称专家个人判断法，是指依靠专家个人对政策问题及其所处环境的现状和发展趋势、政策方案及其可能结果等作出自己判断的一种创造性政策研究方法。这种方法一般先征求专家个人的意见、看法和建议，然后对这些意见、看法和建议加以归纳、整理而得出一般结论。

②专家会议法（expert meeting law）是指根据规定的原则选定一定数量的专家，按照一定的方式组织专家交换意见，通过互相启发，产生"思维共振"，发挥专家集体的智慧，进而将产生的创造性思维活动集中于预测对象，对预测对象未来的发展趋势及状况，在较短时间内得到富有成效的创造性成果，为决策提供预测依据。此法的不足之处是有时心理因素影响较大，易屈服于权威或大多数人的意见或影响等。

③头脑风暴法（brain storming，BS 法）又称智力激励法、自由思考法（畅谈法、畅谈会、集思法）。头脑风暴法又可分为直接头脑风暴法（通常简称为头脑风暴法）和质疑头脑风暴法（也称反头脑风暴法）。前者是在专家群体决策尽可能激发创造性，产生尽可能多的设想的方法，后者则是对前者提出的设想、方案逐一质疑，分析其现实可行性的方法。

为提供一个良好的创造性思维环境，应该确定专家会议的最佳人数和会议时间。经验证明，专家小组规模应严格限制在 10~15 人为宜，会议时间一般以 20~60 分钟效果最佳，便于参加者把注意力集中于所涉及的问题。

④德尔菲法（delphi method）是指专家单独、匿名表达各自的观点，同时随着过程的进展，他们有机会了解其他专家的观点的一种客观判断法。它主要是采用通信的方式，通过单独向见识广、学有专长的各有关专家发出预测问题调查表的方式来收集和征询专家们的意见，专家互不影响，并经过多次（3~5 次）反复，综合汇集、整理、归纳各专家的意见后，作出预测判断。

德尔菲法是根据有专业知识的人的直接经验，对研究的问题进行判断、预测的一种方法。其优点是简便易行，具有一定科学性和实用性，可以避免会议讨论时产生的害怕权威随声附和，或固执己见，或因顾虑情面不愿与他人意见冲突等弊病；同时也可以使大家发表的意见较快收敛，参加者也易接受结论，具有综合意见的客观性。

例 9-1　M 公司拟推出新产品 A，公司没有该产品销售记录，公司聘用有关专家预测该产品的销售收入。企业有关人员将产品的样品、特点、用途、成本费用以及同类产品的售价和市场需求情况向 9 位专家作了详细介绍，并向专家发放书面意见书，由专家提出个人判断。经过三次反馈，专家判断的结果见表 9-1。

表 9-1　德尔菲法应用　　　　单位：万元

专家编号	第一次判断			第二次判断			第三次判断		
	最低	最可能	最高	最低	最可能	最高	最低	最可能	最高
1	300	1 500	1 800	1 000	1 400	1 700	1 000	1 400	1 800
2	600	900	1 300	400	1 000	1 300	800	1 100	1 300
3	900	1 400	1 600	800	1 200	1 700	1 100	1 200	1 500
4	1 300	1 600	3 000	1500	1 800	2 900	1 000	1 300	2 500
5	400	800	1 000	300	400	700	600	850	1 300
6	600	1 000	1 500	600	1 000	1 500	600	1 200	1 500
7	600	900	1 100	400	600	800	800	1 000	1 300
8	600	700	1 200	500	600	1 000	700	950	1 100
9	1 000	1 100	1 900	800	1 000	1 900	600	900	1 200
平均数	700	1 100	1 600	700	1 000	1 500	800	1 100	1 500

一般可采用以下方法来确定销售收入的预测值。

（1）简单算术平均值法。在预测时，最终一次判断是综合前几次的反馈作出的，因此在预测时一般以最后一次判断为主。根据上述 9 位专家第三次（最后一次）判断的最低值、最可能值、最高值，采用简单算术平均法来计算新产品 A 的销售收入预测值如下。

销售收入预测值 =（800+1 100+1 500）/3 = 1 133（万元）

（2）加权算术平均法。将上述 9 位专家第三次判断的最低销售量、最可能销售量、最高销售量，分别赋予权数为 0.2、0.5、0.3。则利用加权算术平均法来预测营销售收入如下。

销售收入预测值 = 0.2×800+0.5×1 100+0.3×1 500 = 1 160（万元）

（3）中位数加权平均法。中位数计算，可将第三次判断按预测值高低排列如下：

最低可能值：600，700，800，1 000，1 100；

最可能值：800，1 000，1 200，1 400，1 500；

最高可能值：1 200，1 300，1 500，1 600，1 800，2 500。

最低可能值的中位数为第三项的 800；

最可能值的中位数为第三项的 1 200；

最高可能值的中位数为第三、四项平均值（1 500+1 600）/2 = 1 550。

对上述三个中位数分别赋予权数 0.2、0.5、0.3，以其加权平均数作为销售收入的预测值。将最可能销售量、最低销售量和最高销售量分别按 0.50、0.20 和 0.30 的概率加权平均，则预测平均销售量为

销售收入预测值 = 0.2×800 + 0.5×1 200+0.3×1 550 = 1 225（万元）

（4）模拟顾客综合分析法。模拟顾客综合分析法（simulation of customer comprehensive judgement method）是指先请各位专家模拟成各种类型的顾客，通过比较本企业和竞争对手的产品质量、售后服务和销售条件等作出购买决策，然后把这些"顾客"准备购买本企业产品的数量加以汇总，形成一个销售预测值，作为决策的依据。

2）调查分析法

调查分析法（survey analysis）是通过对指定产品在市场上的供求情况和消费者购买意向的详细调查，了解各因素对该产品市场销售的影响状况，并据以推测该种产品市场销售量或销售额的一种分析方法。在这类方法下，其预测的基础是市场调查所取得的各种资料，然后根据产品销售的具体特点和调查所得资料情况，采用具体的预测方法进行预测。该法包括对产品分析调查和对顾客意象分析调查。

（1）对产品分析调查。对产品分析调查又称产品生命周期分析法，任何一种产品都有其生命周期，从产品研制成功投入市场开始，到被市场淘汰为止，一般要经过投入、成长、成熟和衰退四个阶段。投入期，销售量不大，处于上升阶段；成长期，销售量迅速增加；成熟期，销售增长缓慢，趋于下降；衰退期，销售量急剧下降，逐渐被淘汰。判断生命周期，确定销售增长比率，可提高销售预测结果的准确性。还应了解科技水平、社会经济发展水平、消费水平的影响，并不是每一种产品均需经过上述四个阶段。并且近年来产品的生命周期出现不断缩短的趋势，因此预测中应注意使用适当的增长率和方法进行预测。

（2）对顾客意向分析调查。某种产品销售情况的好坏直接取决于市场的需求。顾客是销售预测最有价值的信息来源。利用专门的调查机构了解消费人群的水平、心理、习惯、个人喜好，可以了解产品的发展潜力。采用顾客意向调查法进行销售预测，准确性较高。

2. 销售预测的定量分析法

销售定量分析法主要是根据有关的历史资料，运用现代数学方法对历史资料进行

分析加工处理，并通过建立预测模型对产品的市场销售趋势进行研究，进而作出推测的方法。销售定量分析法主要包括趋势预测分析法和因果预测分析法。这类方法应在拥有尽可能多的数据资料的前提下运用，以便能通过对数据类型的分析，确定具体适用的预测方法，对产品的市场需求作出定量估计。

1）趋势预测分析法

趋势预测法（trend forecast）又称趋势分析法（trend method），是基于变量与时间存在的相关关系，应用事物发展的延续性原理来预测事物发展的趋势。首先把本企业的历年销售资料按照时间（年或月）的顺序排列构成一个时间序列以观察其变化趋势，然后运用数理统计的方法来预计、推测计划期间的销售数量或销售金额，故也称"时间序列预测分析法"。该法具体又包括：算术平均法、加权平均法、趋势平均法、指数平滑法等。

这类方法的主要优点是收集信息方便、迅速，考虑时间序列发展趋势，使预测结果能更好地符合实际；分析中的每个数据各种相关因素综合作用的结果，包含其内在规律，预测对象随时间变化的规律能反映出各种相关因素综合作用的变化趋势。不足之处在于未对市场供需情况的变动因素加以考虑。

一般来讲，平均数能反映出社会经济现象的发展过程和规律，从而可以预测经济现象未来发展的趋势和水平。

例 9-2　某公司 20×8 年 1—12 月销售收入情况见表 9-2。

表 9-2　　20×8 年 1—12 月销售收入　　　　　单位：万元

月份	1	2	3	4	5	6	7	8	9	10	11	12
销售收入	10	11	12	15	18	20	25	30	24	26	25	24

下面以表 9-2 中的数值为例，介绍趋势预测分析法在销售预测中常用的几种方法。

（1）算术平均法。算术平均法是指将过去若干期的销售量算术平均数，作为未来的销售预测数的一种方法。其计算公式如下：

$$预测期销售预测数 = 各期销售量总和/期数 = \frac{X_t + X_{t-1} + \cdots + X_{t-n+1}}{n}$$

在生产和销售受季节性因素影响的企业，可以根据历史同期的实际销售资料，用计算平均数的方法，预测本年度某月的销售量。历史资料的期数，应视情况选定，一般建议以 3~5 个期间为宜。数目太少，易受偶然性因素的影响。

例 9-3　某公司某产品近年来的 2 月都是销售旺季。现需要预测本年 2 月的销售量，可取前 5 年每年 2 月的实际销售量进行加权平均。假定前 5 年每年 2 月的该产品的销售量分别为 198 吨、197 吨、205 吨、206 吨、204 吨，则 5 年的算术平均数为

$$Q = \frac{198+197+205+206+204}{5} = 202 \text{（吨）}$$

根据计算出来的平均数，再考虑预测期内各种增减变动因素，经过调整后，即可

作为月预测期的销售量。该方法的优点是计算简单，但缺点是把各个月间的差异平均化，没有考虑到近期的发展趋势，因而所测出的预计数量与实际数量会发生较大的误差。因此，这种方法一般只适用于销售额基本稳定的产品。

（2）加权平均法。加权平均法是先根据过去若干期的销售量或销售额，按其距离预测期的远近分别进行加权（近期所加权数大些，远期所加权数小些，以弥补算术平均法的缺点），权数的确定一般可以采取自然权数法和饱和权数法两种；然后计算其加权平均数，并以此作为计划期的销售预测值。

例如，预测7月的销售量以4月、5月、6月的历史资料为依据；若预测8月的销售量，则以5月、6月、7月的资料为准。一般情况下，预测数受近期实际销售的影响程度较大，因此越接近预测期的实际销售情况所加权数应越大。

加权平均法又可分为自然权数法和饱和权数法。

①自然权数法是按自然数的顺序确定各期权数的方法，预测期销售量的公式表示为

$$预测期销售量 = \frac{\sum(某期实际销售量 \times 预期权数)}{各期权数之和}$$

$$= \frac{nX_t + (n-1)X_{t-1} + \cdots + X_{t-n+1}}{n + (n-1) + \cdots + 1}$$

②饱和权数法是按概率方法设置各期的权数并使各期权数之和为1。如已知期数为3期，可设 $W_1 = 0.1$，$W_2 = 0.3$，$W_3 = 0.6$；如已知期数5期，可设 $W_1 = 0.10$，$W_2 = 0.10$，$W_3 = 0.15$，$W_4 = 0.25$，$W_5 = 0.4$，依此类推。

不论是自然权数法，还是饱和权数法，在设定各期权数时，应遵循"近大远小"的原则，即离预测期越近，赋权越大，以保证近期的数字对预测值的影响大于远期的。

（3）趋势平均法。所谓的趋势平均法就是根据一组若干期间的历史数据（如实际销售量）为基础分别移动计算前后相邻数期的平均值，再计算相邻两期平均值的变动趋势，然后再分别移动前后相邻期数的变动趋势平均数，最后以趋势平均值为主要依据，计算该期间预测的销售量的一种预测方法。

这种方法的特点是将各期的发展平均化，消除偶然因素对预测值的影响和预测值落后于实际变化的滞后效应。

预测值 = 5期销售平均值 + 预测期与基期的时间间隔 × 3期销售平均值

例 9-4　某企业经营某产品 20×8 年全年 12 个月的时间销售量见表 9-3，要求预测下年度 1 月的销售量。

表 9-3　某企业 20×8 年全年的销售量数据　　　　单位：千件

月份	1	2	3	4	5	6	7	8	9	10	11	12
实际销售量	30	32	36	40	38	34	42	44	48	54	50	52

解：5 期和 3 期趋势平均数预测见表 9-4。

表 9-4　5 期和 3 期趋势平均数预测表　　　　　　　　　单位：千件

月份	实际销售量	5 期销售平均值	变动趋势	3 期趋势平均值
1	30			
2	32			
3	36	35.2①		
4	40	36.0	0.8②	
5	38	38.0	2.0	1.467③
6	34	39.6	1.6	1.733
7	42	41.2	1.6	2.133
8	44	44.4	3.2	2.667
9	48	47.6	3.2	2.800
10	54	49.6	2.0	
11	50			
12	52			
1	?			

注：① 5 期销售平均值＝（30+32+36+40+38）÷5＝35.2

　　② 变动趋势＝（36－35.2）＝0.8

　　③ 3 期趋势平均值＝（0.8+2.0+1.6）÷3＝1.467

各列中其他数据均按照此方法计算。

在表 9-4 距离预测期下年度 1 月最近的"3 期趋势平均值"2.800（千件）在 20×8 年 9 月，与预测期相距 4 个月。

根据公式：预测值＝5 期销售平均值＋预测期与基期的时间间隔×3 期销售平均值

$$= 47.6 + 4 \times 2.8 = 58.8（千件）$$

（4）指数平滑法。指数平滑就是遵循"近大远小"的原则，对全部历史数据采用逐步衰减的不等加权办法进行数据处理的一种预测方法，也称指数移动评价法。指数平滑法通过对历史时间序列进行逐层平滑计算，消除随机因素的影响，识别经济现象基本变化趋势，并以此预测未来。它是短期预测中最有效的方法。它利用加权因子（使用指数平滑系数）来进行预测，保留了赋权"近大远小"的思想。指数平滑法是同类预测法中最精确的预测方法，因为最近的观察值已经包含了最多的未来情况的信息。

采用指数平滑法进行预测时，首先由远及近地按照一定的平滑系数计算各期的平滑值；然后，直接以最后一期的平滑数作为下一期的预测值，或在进行趋势修正的基础上确定预测值。若 F_t 代表预测期销售预测值，F_{t-1} 代表上期预测值，A_{t-1} 代表上期实际值，α 代表平滑系数（$0 \leqslant \alpha \leqslant 1$），则公式如下。

$$F_t = \alpha \times A_{t-1} + (1-\alpha) F_{t-1}$$

实际工作中 α 通常取 0.3~0.7 之间，并取较小数。

例 9-5　借用例 9-4 的数据。用指数平滑法预测下年度 1 月的销售量。按照上述公式计算，设基期的销售预测值为 32，并取 α 为 0.3，可编制结果见表 9-5。

表 9-5 指数平滑法计算

月份	实际值 A_{t-1}	0.3×上期实际值 A_{t-1}	上期预测值	0.7×上期预测值 F_{t-1}	本期平滑值 F_t
1	30	—	—	—	32.0
2	32	9.0	32.0	22.4	31.4①
3	36	9.6	31.4	21.98	31.58
4	40	10.8	31.58	22.11	32.91
5	38	12.0	32.91	23.04	35.04
6	34	11.4	35.04	24.53	35.92
7	42	10.2	35.93	25.15	35.35
8	44	12.6	35.35	24.74	37.35
9	48	13.2	37.35	26.15	39.35
10	54	14.4	39.35	27.55	41.95
11	50	16.2	41.95	29.37	45.57
12	52	15.0	45.57	31.90	46.90
下年度 1 月		15.6	46.90	32.83	48.43

注：① = 0.3 × 30 + 32 × 0.7 = 9 + 22.4 = 31.4　第二期之后的本期平滑值亦如此计算。

故下年度 1 月的销售预测值 = 0.3 × 52 + （1 − 0.3）× 46.90 = 48.43（千件）

平滑系数取值的大小体现了不同事物的因素在预测中所起的不同作用，当 $\alpha = 1$ 时，下期预测值等于本期实际值。换言之，增加平滑系数 α 的值，则相应提高近期销售量对预测值的影响作用。而适当缩小平滑系数 α 的值，则近期实际资料对预测结果的影响就小，当 $\alpha = 0$ 时，下期预测值等于本期预测值。平滑系数小可使这种方法求得的平均值反映预测值变动的长期趋势。

2）因果预测分析法

因果预测分析法是指依据过去掌握的历史资料，根据事物之间的因果联系，找出预测对象的变量与其相关变量之间的依存关系，从而建立起相应预测数学模型，利用数学模型的求解来确定对象在计划期的销售量或销售的一种方法。

因果预测分析法在销售预测中常用的主要是线性回归分析法、生产量预测法和销售比例推算法。

（1）线性回归分析法。

回归分析（regression analysis method）主要是研究事物变化中的两个或两个以上因素之间的因果关系，并找出其相关性规律，应用回归数学模型，预测事物未来的发展趋势。由于在现实的市场条件下，企业产品的销售量往往与某些变量因素（如国民生产总值、个人可支配收入、需要的价格弹性或收入弹性等）之间存在一定的函数关系，利用这种关系，选择最恰当的相关因素建立起预测销售量或销售额的数学模型，即可对事物的发展趋势进行预测，如轮胎与汽车，面料、辅料与服装，水泥与建筑之间存在着依存关系，而且都是前者的销售量取决于后者的销售量。故可以利用后者现成的销售预测的信息，采用回归分析的方法来推测前者的预计销售量（额）。回归分析法主要包括一元回归直线法（预测对象的相关因素有一个）与多元回归法（预测对象的相关因素有两个或两个以上）。

线性回归分析法根据直线方程 $y = a + bx$，解答思路同混合成本的分解。

①一元回归直线法。

预测分析中直线方程 $y = a + bx$ 中 y 为销售量预测值；x 为预测期序数，a 为常数，b 为某时期内 y 的变化率（直线斜率）。

根据 $y = a + bx$，可求得 a、b 的值（具体求法在第 6 章变动成本计算中有所介绍）。

$$\begin{cases} a = \dfrac{\sum y - b \sum x}{n} \\ b = \dfrac{n \sum xy - \sum x \cdot \sum y}{n \sum x^2 - \left(\sum x \right)^2} \end{cases}$$

但采用直线预测法进行销售预测时，由于 x 代表时间的预测期序数，是一种时间的间隔期，并且间隔时间是相等的，所以可以进行简化运算。

设 $\sum x = 0$。若实际观察期为奇数，则可取 x 的间隔期为 1，将 $x = 0$ 置于所有观测期的中间，其余上下均以 1 递增或递减；若观察期为偶数，则可取 x 的间隔期为 2，将 $x = +1$ 和 $x = -1$ 置于所有观察期的中间两期，其余上下均以 2 递增或递减。由于简化可使 $\sum x = 0$，因此使 a 和 b 的计算公式可简化为

$$\begin{cases} a = \dfrac{\sum y}{n} \\ b = \dfrac{\sum xy}{\sum x^2} \end{cases}$$

例 9-6 某企业经营甲产品，2011 年至 2018 年的时间销售量见表 9-6，要求用一元回归直线法预测该产品 2019 年的销售额。

表 9-6　甲产品 2011—2018 年销售量　　　　　　　　　　单位：万元

年度	2011	2012	2013	2014	2015	2016	2017	2018
实际销售量	30	36	40	46	54	58	54	50

解： 首先，按一元回归直线法的基本要求，用简化的方式对已知数据进行整理，见表 9-7。

表 9-7　用简化的方式整理已知数据

n	y	x	x^2	xy
1	30	−7	49	−210
2	36	−5	25	−180
3	40	−3	9	−120

续表

n	y	x	x^2	xy
4	46	-1	1	-46
5	54	$+1$	1	54
6	58	$+3$	9	174
7	54	$+5$	25	270
8	50	$+7$	49	350
$n=8$	$\sum y = 368$	$\sum x = 0$	$\sum x^2 = 168$	$\sum xy = 292$

将有关数据代入 a、b 的简化公式得：

$$\begin{cases} a = \dfrac{\sum y}{n} = \dfrac{368}{8} = 46 \\[2mm] b = \dfrac{\sum xy}{\sum x^2} = \dfrac{292}{168} = 1.738\,1 \end{cases}$$

所以，根据直线方程可得：$y = 46 + 1.738\,1x$

根据此公式推得 2019 年的销售额为 $y = 46 + 1.738\,1 \times 9 = 61.642\,9$（万元）

同样，检验奇数的情况，假设以上数据仅仅是 2012 年至 2018 年的，那么预测销售量该如何完成。经简化处理的计算见表 9-8。

表 9-8　简化处理的计算表

n	y	x	x^2	xy
1	36	-3	9	-108
2	40	-2	5	-80
3	46	-1	1	-46
4	54	0	0	0
5	58	$+1$	1	58
6	54	$+2$	5	108
7	50	$+3$	9	150
$n=7$	$\sum y = 338$	$\sum x = 0$	$\sum x^2 = 28$	$\sum xy = 82$

将表中数字代入公式：

$$\begin{cases} a = \dfrac{\sum y}{n} = \dfrac{338}{7} = 48.285\,7 \\[2mm] b = \dfrac{\sum xy}{\sum x^2} = \dfrac{82}{28} = 2.928\,6 \end{cases}$$

$y = 48.285\,7 + 2.928\,6x$；据此预测 2019 年的销售预测值为 $y = 48.285\,7 + 2.928\,6 \times 4 = 60$（万元）

②多元回归法。企业的经营活动往往受多方面因素的影响，即一个因变量和几个自变量存在依存关系。例如，有的企业的产品是供应若干个其他企业生产用的零部件，

因此生产零部件的企业的产品销售量受其他企业生产量的影响。在因变量同时受两个或两个以上的自变量的影响的情况下，就要用多元回归法进行预测。

（2）生产量预测法。企业在一定时期的产品量之间存在如下的钩稽关系，在产销量较稳定的企业中，可根据产销量之间的关系求出预测期的销售量。其计算公式为

预测期产品的销售量 = 预测期期初产品的结存量

+ 预测期产品生产量 − 预测期期末产品结存量

一些生产正常且产量均衡以及期初、期末产品结存量差异不大的企业，也可直接以预测期产量作为预测期销售量。

（3）销售比例推算法。销售比例推算法是指在基年实际销售量的基础上以销售发展速度为比例来估算预测期销售量的一种方法。计算公式如下。

$$计划年度销售量 = 基年度销售量 \times \frac{基年度销售量}{基年度前一年销售量}$$

或　计划年度销售量 = 基期年度销售量 × (1+预期销售增长率)

预计销售增长率可以权衡企业外部机会和威胁，内部优势与劣势，根据以前年度的销售增长率调整预期销售增长率。

例 9-7　某产品基年度销售量为 8 100 吨，基年度前一年的销售量为 7 200 吨，预测下一年度销售量为

$$x = 8\ 100 \times 8\ 100/7\ 200 = 9\ 112.5（吨）$$

从上述计算结果来看，计划年度销售量完全受基期年度发展变化的影响，局限性较大。因此，也可以用历年销售平均增长率进行推算。

如该企业该产品历年平均销售增长率为 10%，则计划年度预测销售量应为

$$x = 8\ 100 \times（1+10\%）= 8\ 910（吨）$$

显然，以上两种计算方式均存在一定的误差。因此，销售比例推算法一般只适用于销售量稳定增长、历年销售增长率波动不大的产品预测或用于销售量的预算。

9.3　成 本 预 测

9.3.1　成本预测的概念

1. 成本预测的定义

成本预测（cost forecast）是指运用一定的科学方法，对未来成本水平及其变化趋势作出科学的估计。通过成本预测，掌握未来的成本水平及其变动趋势，有助于减少决策的盲目性，使经营管理者易于选择最优方案，作出正确决策。

成本费用预测是在分析成本费用历史数据、将要采取的技术组织措施和影响成本费用高低的各种主要因素的基础上，对企业未来的成本费用水平和变动趋势进行预计、测算，为经营决策和编制计划提供依据。

2. 成本预测的分类

（1）按预测的期限划分，成本预测可以分为长期预测和短期预测。长期预测指对1 年以上期间进行的预测，如 3 年或 5 年；短期预测指 1 年以下的预测，如按月、按季或按年。

（2）按预测内容分为两类：制订计划或方案阶段的成本预测；在计划实施过程中的成本预测。

3. 成本预测的程序

（1）根据企业总体目标提出初步成本目标。

（2）初步预测在目前情况下成本可能达到的水平，找出达到成本目标的差距。初步预测，就是不考虑任何特殊的降低成本措施，按目前主客观条件的变化情况，预计未来时期成本可能达到的水平。

（3）考虑各种降低成本方案，预计实施各种方案后成本可能达到的水平。

（4）选取最优成本方案，预计实施后的成本水平，正式确定成本目标。

以上成本预测程序表示的只是单个成本预测过程，而要达到最终确定的成本目标，这种过程必须反复多次的预测、比较及对初步成本目标的不断修改、完善，才能最终确定的成本目标，并依据本目标组织实施成本管理。

4. 成本预测的意义及局限性

成本预测是进行成本决策和编制成本计划的依据，是增强企业竞争力和提高企业经济效益的主要手段。但由于根据历史资料推测未来，成本预测就具有不可避免的局限性，这种局限性主要体现在不准确（近似）这一点上。可靠性与近似性的对立统一是成本预测的显著特点。

9.3.2 成本预测的方法

1. 因素分析预测法

因素分析预测法主要是通过分析成本费用升降的各种因素，如直接材料、人工成本、劳动生产率、制造费用、废品率等因素的未来变动对现有产品成本的影响程度，从而预测成本降低数额和降低程度。具体计算方法如下。

（1）计算影响计划年度产品成本的各项技术经济指标的增长（降低）率。这些技术经济指标包括：业务量、各种消耗定额、劳动生产率、工资，各种费用、废品损失、价格等。

（2）计算按上年平均单位成本计算的计划年度成本费用。

如果预测是在计划期进行的，那么公式为

$$基年平均单位成本 = \frac{\sum 基年某商品实际总成本费用}{\sum 基年某商品实际业务量}$$

如果预测是在上年第四季度进行的，则

基年预计平均单位成本

$$=\frac{\sum[(某商品1—10月业务量×1—9月平均单位成本)+(10—12月预计产量×10—12月单位成本)]}{\sum[(1—9月实际业务量)+(10—12月预计业务量)]}$$

根据上述得到的基年（预计）平均单位成本得：

按上年平均单位成本计算的计划年度总成本费用

$$=\sum 某商品基年(预计)平均单位成本×该商品计划年度的业务量$$

（3）计算按上年平均单位成本计算的计划年度总成本费用中各成本项目的比重。其计算公式为

各成本项目的比重

$$=\frac{\sum 基年某商品单位成本费用中某成本项目的数额×该产品计划年度预计业务量}{\sum 基年某商品平均单位成本×该商品计划年度的计划业务量}$$

（4）计算各项经济指标变动对可比产品成本降低率和降低额的影响程度。

①计算由于材料消耗定额变动对产品成本的影响。按下列公式进行测算：

材料消耗定额降低形成的成本降低率＝材料消耗定额降低率×材料费占成本的百分比

材料消耗定额降低形成的成本降低额＝材料消耗定额降低形成的成本降低率

　　　　　　　　　　　　　　　　×按上年平均单位成本计算的计划年度总成本

②计算由于材料价格降低形成的成本降低率和降低额，可按下列公式测算：

材料价格下降形成的成本降低率

＝材料价格降低率×（1－材料定额降低率）×材料费用占成本的比重

材料价格下降形成的成本降低额

＝材料价格下降形成的成本降低率×按上年平均单位成本计算的计划年度总成本

③计算由于劳动生产率的提高超过工资增长所形成的成本降低率和降低额。当生产工人的工资水平不变时，劳动生产率提高，意味着单位时间内产量增加，单位产品分摊的工资费用就减少，产品成本随之降低。

虽然工人平均工资的增长同单位产品中工资费用的增长是同步的，但是，如果工人工资水平增长幅度大于劳动生产率增长幅度，产品成本就会上升；反之，如果工人工资水平增长幅度小于劳动生产率增长幅度，产品成本则会下降。计算公式为

$$工资费降低形成的成本降低率=\left(1-\frac{1+平均工资增长率}{1+劳动生产率增长率}\right)×工资费占成本比率$$

工资率降低形成的成本额

＝工资率降低形成的成本降低率×按上年平均单位成本计算的计划年度总成本

④计算由于生产增长超过间接费用增长所形成的成本降低率和降低额。间接费用中，有一部分是固定性费用，如办公费、折旧费等，这部分费用不随业务量的增减而变动，因此，当业务量增加时，单位产品分摊到的间接费用相应减少；当业务量减少

时，单位产品分摊到的间接费用则相应地增加。计算公式为

$$间接费用降低形成的成本降低率 = \left(1 - \frac{1}{1+业务量增长率}\right) \times 间接费用占成本比率$$

间接费用降低率形成的成本降低额

$$= 间接费用降低形成的成本降低率 \times 按上年平均单位成本费用计算的年度总成本$$

⑤计算由于减少废品损失所形成的成本降低率和降低额，可按下列公式测算：

$$废品减少形成的成本降低率 = 废品损失减少率 \times 废品损失占成本的比重$$

废品减少形成成本降低额

$$= 废品减少形成成本降低额 \times 按上年平均单位成本计算的计划年度总成本$$

（5）计算计划年度成本降低率和降低额的预测值，即把上述结果进行累加。

（6）根据上述资料计算成本预测值，公式为

$$计划年度成本预测值 = \left(\sum 计划业务量 \times 上年平均单位成本\right)(1 - 成本计划降低率)$$

$$= \sum 计划业务量 \times 上年平均单位成本 - 成本计划降低额$$

例 9-8 M 公司计划 20×8 年度生产甲、乙两种产品，甲产品计划生产 3 000 台，乙产品计划生产 1 500 台。20×7 年度的成本资料见表 9-9。

表 9-9　不同产品成本资料表　　　　　　　　　　　单位：元

产品	原材料成本	燃料动力	直接工资	间接费用	平均单位成本
甲	160	5	100	20	285
乙	1 000	20	350	60	1 430

有关技术经济指标的变动情况预计如下。

（1）计划年度生产增长 10%。

（2）原材料消耗定额降低 5%。

（3）原材料价格预计上涨 2%。

（4）燃料和动力消耗定额降低 8%。

（5）劳动生产率提高 6%。

（6）直接工资增长 4%。

（7）间接费用增长 3%。

要求：根据上述资料，测算该公司计划年度的总成本费用。

解：（1）计算按上年平均单位成本计算的计划年度总成本费用。

$$285 \times 3\,000 + 1\,430 \times 1\,500 = 3\,000\,000（元）$$

（2）计算按上年平均单位成本计算的计划年度总成本中各成本项目的比重。

原材料：$\dfrac{160 \times 3\,000 + 1\,000 \times 1\,500}{3\,000\,000} \times 100\% = 66\%$

燃料和动力：$\dfrac{5 \times 3\,000 + 20 \times 1\,500}{3\,000\,000} \times 100\% = 1.5\%$

直接人工工资：$\dfrac{100\times3\,000+350\times1\,500}{3\,000\,000}\times100\%=27.5\%$

间接费用：$\dfrac{20\times3\,000+60\times1\,500}{3\,000\,000}\times100\%=5\%$

（3）计算由于各项技术经济指标变动引起的成本降低率和降低额。

①由于原材料消耗定额降低而形成的节约：

降低率 = 5% × 66%＝3.3%

降低额 = 3.3% × 3 000 000 = 99 000 （元）

②由于原材料价格上升引起的成本变动：

降低率 = −2% ×（1−5%）× 66% = −1.254%

降低额 = −1.254% × 3 000 000 = −37 620（元）

③由于燃料、动力消耗定额降低形成的节约：

降低率 = 8% × 1.5% = 0.12%

降低额 = 0.12% × 3 000 000 = 3 600 （元）

④由于劳动生产率增长幅度超过平均工资增长而形成的节约：

降低率 = $\left(1-\dfrac{1+4\%}{1+6\%}\right)\times27.5\%=0.518\,9\%$

降低额 = 0.518 9% × 3 000 000 = 15 566.037 7 （元）

⑤由于生产增长超过间接费用的增长而形成的节约：

降低率 = $\left(1-\dfrac{1}{1+10\%}\right)\times5\%=0.454\,5\%$

降低额 = 0.454 5% × 3 000 000＝13 636.363 6 （元）

（4）计算计划年度成本降低率和降低总额。

总降低率 = 3.3% + (−1.254%) + 0.12% + 0.518 9% + 0.454 5% = 3.139 4%

总降低额 = 99 000 + (−37 620) + 3 600 + 15 566.037 7 + 13 636.363 6 = 94 182 （元）

或　总降低额 = 3 000 000 × 3.139 4% = 94 182 （元）

（5）确定计划年度成本预测值。

成本费用预测值 = 3 000 000 × (1−3.139 4%) = 2 905 818 （元）

或　成本费用预测值 = 3 000 000 − 94 182＝2 905 818 （元）

因素分析预测法能够反映计划期成本比上期增减的原因及幅度，同时又具有简便灵活的特点。

2. 成本变动趋势预测

成本变动趋势预测是根据成本的历史数据资料，按照成本性态并运用数学统计方法，对未来一定期间可能实现的成本水平进行预测。成本变动预测是成本预测的踪影内容，企业未来一定期间可能实现的成本水平，都同成本增减变动的一般趋势有关。成本预测趋势是在成本性态分析基础上进行的，其预测方法与混合成本的分解相类似，具体方法有加权平均法、高低点法和回归分析法（包括一元回归分析法和多元回归分析法）等。由于具体方法如前所述，这里就不再详述了。

3. 工业工程法

工业工程法（industrial engineering），在成本预测中指运用工业工程的研究方法，逐项研究决定成本高低的每个因素，在此基础上直接估算固定成本和单位变动成本的一种成本估计方法。

使用工业工程法估计成本的基本做法如下。

（1）选择需要研究的成本项目。

（2）观察运行方法并记录全部事实，主要是投入的成本和产出的产量。

（3）进行全面的科学分析，研究出最实用、最有效、最经济的新的工作方法。

（4）把新的方法确定为标准的方法，并测定新方法的每项投入的成本，将与产量有关的部分归集为单位变动成本，将与产量无关的部分汇集为固定成本。

工业工程法，可以在没有历史成本数据、历史数据不可靠，或者需要对历史成本分析结论进行验证的情况下使用。尤其是在建立标准成本和制定预算时，使用工业工程法，比历史成本分析更加科学。

4. 学习曲线法

学习曲线（the learning curve），也称为经验曲线（practice curves），是一种动态生产函数，在产品的生产过程中，由于生产技能、知识和经验的获得，随着累积产量的增加，单位产品的成本会以一定的比例下降。就形式而言，它是一条表示单件生产时间和连续总生产量之间的关系曲线。它反映了这样一种现象：当工人开始做一项新的工作，效率往往不高；但经过一定时期的熟悉和锻炼之后，由于积累了一定的技术知识和操作经验，工作效率就会逐步提高。通常是累计产量每增长一倍，累计平均单位产品所耗工时通常会出现按同一比率下降的趋势，这个比例即"学习率"。单位工时的下降，会使单位产品成本降低。但劳动生产率的提高和单位产品成本的下降是有一定限度的，工时和成本的降低，开始速度较快，之后随着生产的增长，工时和成本的下降速度放缓，直至停滞。

对于生命周期较短、经常需要更新换代、手工操作比重较大、分工较细的产品，通常采用学习曲线法进行成本预测。通过学习可带来成本的降低，其原因可以归结为以下因素。

（1）随着生产经验的丰富，提高了操作人员的操作速度。

（2）降低报废率和更正率。

（3）改进了操作程序。

（4）因生产经验带来产品设计的改进。

（5）价值工程和价值分析的应用。

5. 目标成本预测法

目标成本预测是为实现目标利润所应达到的成本水平或应控制的成本限额而进行的预测，目标成本是企业未来一定期间成本控制工作的奋斗目标。企业根据现有产品的市场、价格状况和相应的利税要求来确定目标成本，并利用原产品的生产、经营和新产品的设计、试制来保证目标成本的达到，既可按全部产品确定目标成本，也可按品种确定目标成本。具体的预测工作是在全面分析预测期内各个产品的种类、数量、利润和税额等因素的基础上进行的。确定目标成本的方法可归纳为如下几种。

1）根据目标利润确定目标成本

（1）按全部产品预测目标成本。在对企业全部产品进行目标成本预测时，应从企业总体出发，考虑企业所经营的全部产品，提出企业整体必须达到的目标成本。其计算方法是：

目标成本 = 预计销售收入 − 预计应交税金 − 目标利润

式中，预计销售收入是指未来一定预测期内，计划销售各种产品的销售收入总额，其计算时，应在参考销售预测的基础上结合市场供求关系、竞争状态等因素确定产品的价格和相应的数量。预计应交税金，一般按照国家规定的计税办法处理。目标利润是指企业的全部目标利润的总额，一般是在利润基础上予以确定，且必须与目标成本的预测期间保持一致。

（2）按单项产品确定目标成本。按照不同的单项产品的具体情况分别进行预测，其一般公式为

单位产品目标成本 = 预计单位产品销售价格 − 预计单位产品销售税金 − 预计单位产品目标利润

例 9-9　某企业经营甲产品，预计下年度产销 5 000 件，单位售价 150 元，单位税金 20 元，目标利润 12 万元，要求预测该产品的目标成本。

解：单位产品目标成本 = 150 − 20 − 120 000/5 000 = 106（元/件）

2）参考同行业先进成本水平确定目标成本

在预测目标成本时，不可能完全只看本企业的情况，还必须考虑竞争对手的情况，当同行的成本水平较自己先进时，同类产品就会面临激烈的竞争，此时管理者就要结合自身情况，并从市场条件出发，确定产品的目标成本。方法有以下两种。

一种是竞争性的。有关产品市场竞争激烈时，管理者必须以市场条件出发恰当地确定产品的目标成本，预测具有竞争力的目标成本的公式如下。

$$目标成本 = \frac{具有竞争能力的市场价格}{单位产品售价} \times 单位产品实际成本$$

例 9-10 假定某产品实际单位成本为 75 元，而有竞争力的市场价格为 110 元。单位产品销售价格为 125 元，则：

$$目标成本 = 110 \div 125 \times 75 = 66（元/件）$$

另一种是仅以先进成本水平为赶超目标，努力寻找差距，结合自身情况，进一步挖掘潜力，降低成本。在这种情况下，有关产品的目标成本通常采用比较法进行测算。因此在各项目中，仅以先进成本水平为赶超目标，其计算式如下：

目标成本 = 本企业某种产品实际成本 − 本企业某种产品实际成本与先进企业同种产品实际成本差额

例 9-11 某企业经营乙产品，经调查测算，该产品和某先进企业生产的同类产品有关成本资料见表 9-10。

表 9-10　差 额 核 算

项目	本企业实际成本水平	先进企业实际成本水平	差额
直接材料	30	25	5
直接人工	10	12	
变动性制造费用	7	6	1
固定性制造费用	12	13	
销售及管理费用	4.8	4.3	0.5
合计	63.8	60.3	6.5

根据表 9-10 中有关数据，企业经营乙产品的单位目标成本应为：63.8 − 6.5 = 57.3（元）

3）考虑资金利用率来确定目标成本

资金利润率是指企业在一定时期内实现的利润总额与资金平均占用额的比率。在实际工作中，企业不仅要保证完成未来一定期间的经营目标和销售利润目标，而且还要使投资者投入的资金被有效地运用，还要能保值增值，因此通过对成本、资金、利润三者之间关系的研究，可按资金利润率来确定目标成本，计算公式如下：

目标成本 = 预计销售收入 − 预计应交税金 − 预定资金利润率×资金平均占用额

式中的资金利润率的计算以利润总额与资金平均占用额的比值的百分比来确定，即

$$资金利润率 = \frac{利润总额}{资金平均占用额}$$

例 9-12 某企业生产销售甲产品，某资金平均占用额为 240 万元，该产品本年度每件售价 40 元，实际获得利润 40 万元。经预算，甲产品下年度预计产销 5 万件，而其销售价格则必须下降 10%，资金利润率参照同行先进水平，须比上年度净增 5%，预计应交税金 50 万元，该企业下年度目标成本为多少？

解：（1）计算预定的资金利润率 = 40/240 × 100% + 5% = 21.67%

（2）计算目标成本 $40 \times (1 - 10\%) \times 5 - 50 - 240 \times 21.67\% = 78$（万元）

9.4 利润预测

9.4.1 利润预测的含义

利润预测（profit forecast）是指在销售预测的基础上，按照影响企业利润变动的各种因素，预测企业未来应当达到和可以实现的利润水平，或按照实现目标利润的要求，预测需要达到的销售量或销售额。

目标利润是企业生产经营活动最终取得的财务成果和企业目标，关系到企业的生存与发展，是反映和衡量企业经营成果和工作业绩的主要依据。利润预测是对企业未来某一时期可实现的利润的预计和测算。它是按影响企业利润变动的各种因素，预测企业将来所能达到的利润水平，或按实现目标利润的要求，预测需要达到的销售量或销售额。

正确的目标利润预测，可促使企业为实现目标利润而有效地进行生产经营活动，并根据目标利润对企业经营效果进行考核。

企业的利润包括营业利润、投资净收益、营业外收支净额三部分，所以利润的预测也包括营业利润的预测、投资净收益的预测和营业外收支净额的预测。在利润总额中，通常营业利润占的比重最大，是利润预测的重点，其余两部分可采用简便方法进行预测。

9.4.2 利润预测的方法

利润预测是根据过去营业情况和市场未来需求对预测期企业利润所进行的预计和测算。对利润的预测可依据具体的情况采用不同方法。

1. 本量利分析

我们已经在第 7 章介绍过本量利分析（CVP 分析），即成本、业务量和利润分析（cost-volume-profit analysis），它是在成本性态分析和变动成本计算模式的基础上，以数学化的会计模型，通过成本、业务量和利润三者关系的分析，找出三者之间联系的规律的一种定量分析方法，能有效地作出经营决策和进行目标控制。

在经营过程中，成本、业务量和利润实际上涉及经营过程的销售量、销售成本、销售单价和销售利润四个因素。本量利分析的基本内容是确定产品销售的保本点。超过保本点的销售量后，销售越多，销售利润的增长也就越快，这是刺激当今生产经营过程不断向规模经济过程发展的一个重要的内在因素，也是销售利润预测的真正目的。本量利分析在第 7 章已经很详细地分析了，这里省略。

2. 市场调研法

市场调研法是先根据政府或专业调查机构所提供的信息和本企业的调查结果，预测各细分市场的需求潜量；然后把它们加以汇总求得总的市场需求潜量；最后将总需求潜量乘以本企业的市场占有率，作为销售收入的预测值。

例 9-13 某公司生产一种专用工具。该工具应用于家电生产和办公用具生产。公司拥有京、津、沪三个分市场，其市场占有率分别为 50%、40% 和 30%。该公司通过调查家电、办公用具企业在各分市场中的数目、年销售额及每千万元销售额所需该工具的件数，得到数据见表 9-11。

表 9-11 调查数据表

行业	京			津			沪		
	厂商数	平均年销售额/千万元	每千万元销售额需要该工具数	厂商数	平均年销售额/千万元	每千万元销售额需要该工具数	厂商数	平均年销售额/千万元	每千万元销售额需要该工具数
家电	10	5	20	6	4	20	8	6	20
办公用具	5	2	3	4	3	3	3	1	3

要求：根据上述资料进行销量和销售收入预测（已知该工具每件的市场价格为 3 万元）。

解：（1）编制需求潜量计算表（表 9-12）。

表 9-12 需求潜量计算表

市场及行业		厂商数	平均年销售额	每千万元销售额所需工具件数	该工具的需求潜量
北京	家电业	10	5	20	1 000
	办公用具	5	2	3	30
	小计				1 030
天津	家电业	6	4	20	480
	办公用具	4	3	3	36
	小计				516
上海	家电业	8	6	20	960
	办公用具	3	1	3	9
	小计				969

可见，公司预计销售量为 1 012 件。销售收入为：1 012×3 = 3 036（万元）。

3. 季节指数法

季节指数法主要应用于季节性商品的销售收入预测。其计算公式为

$$销售收入预测值 = \sum 销售数量 \times 商品单价$$

$$销售数量 = \frac{\sum 某季、月实际销售数量}{\sum 某季、月季节指数} \times 该季某月季节指数$$

例 9-14 某公司 20×6—20×8 年的销售量如表 9-13 所示,该公司只生产一种商品。现已知 20×9 年 1—4 月销量 23 万、29 万、90 万、97 万件,试预测 5 月的销量。

表 9-13　20×6—20×8 年销售数据表　　　　　　　　　　单位:万件

年份	1	2	3	4	5	6	7	8	9	10	11	12
20×6	9	20	41	63	148	232	204	126	41	21	17	12
20×7	15	20	51	90	139	237	241	88	42	23	17	18
20×8	17	24	66	91	141	251	197	97	79	50	26	20

已知该商品具有很强的季节性。5 月是其销售旺季,其他各月为销售淡季。

下面运用季节指数法进行预测。

解:(1)计算各月平均销量和季节指数。计算过程见表 9-14。

表 9-14　平均销量和季节指数计算表　　　　　　　　　　单位:万件

月份	20×1	20×2	20×3	各月平均销量	季节指数
1	9	15	17	13.67	16.51
2	20	20	24	21.33	25.77
3	41	51	66	52.67	63.62
4	63	90	91	81.33	98.25
5	148	139	141	142.67	172.34
6	232	237	251	240.00	289.93
7	204	241	197	214.00	258.52
8	126	88	97	103.67	125.23
9	41	42	79	54.00	65.23
10	21	23	50	31.33	37.85
11	17	17	26	20.00	24.16
12	12	18	20	16.67	20.13
全年各月平均数	77.83	81.75	88.25	82.61	—

(2)将有关数据代入公式。

$$F_5 = \frac{23+29+90+97}{16.5+25.8+66+98.2} \times 172.3 = 199.42（万元）$$

$$F_6 = \frac{23+29+90+97}{16.5+25.8+66+98.2} \times 289.9 = 335.53（万元）$$

$$F_7 = \frac{23+29+90+97}{16.5+25.8+66+98.2} \times 258.5 = 299.18（万元）$$

$$F_8 = \frac{23+29+90+97}{16.5+25.8+66+98.2} \times 125.2 = 144.90 \text{（万元）}$$

在销售量确定之后，再乘以该商品的单价，就可求得销售收入的预测值。

4. 经营杠杆系数法

经营杠杆系数是企业生产经营中由于存在固定成本而导致息税前利润的变动率，相当于销售额（营业额）变动率的倍数。

根据经营杠杆系数，若固定成本不变，则用下列公式预测计划期的经营利润：

计划期经营利润＝基期经营利润×（1+产销量变动率×经营杠杆系数）

通过计算企业的经营杠杆可以对企业未来的利润以及销售变动率等指标进行合理的预测。通过计算企业计划期的销售变动率来预测企业的销售。这有利于进行较快的预测。与此同时，可以进行差别对待，针对不同的产品来预测不同的销售变动率，有利于企业进行横向和纵向的比较。

保证目标利润实现的预期销售变动率通过如下公式进行计算：

$$\text{保证目标利润实现的预算销售变动率} = \frac{\text{计划期目标利润} - \text{基期利润}}{\text{基期利润} - \text{经营杠杆系数}}$$

由于基期利润与经营杠杆系数属于已知资料，所以只要计划期目标利润确定了，即可计算出保证目标利润实现的预算销售变动率。

5. 相关比率法

相关比率法是根据利润与有关指标之间的内在关系，对计划期间的利润进行预测的一种方法。常用的相关比率主要有销售收入利润率、资金利润率等。

利润＝预计销售收入×销售收入利润率

利润＝预计平均资金占用额×资金利润率

6. 因素测算法

因素测算法是在基期利润水平的基础上，根据计划期间影响利润变化的各项因素，预测出企业计划期间的利润额。它以本量利分析法的基本原理为基础。影响利润的主要因素有销售量、销售价格、变动成本、固定成本总额、所得税税率等。

计划期利润＝基期利润 ± 计划期各种因素的变动而增加或减少的利润

案例分析

案例 1　玉带自动化仪表厂的主打产品是中型长图记录仪，其销售的主要地区为华中地区，根据查询历史资料可知，决定玉带自动化仪表厂的中型长图记录仪的销售量的主要因素是华中地区的工业企业成套项目的新建及更新，表 9-15 是最近 5 年相关的华中地区成套项目工业需要量（仅指玉带自动化仪表厂所占份额部分）以及玉带自动化仪表厂中型长图记录仪销售量的有关资料。

表 9-15　销售量资料

年度	相关成套工程	中型长图记录仪
2014	100	350
2015	130	410
2016	170	480
2017	200	550
2018	230	620

试问：

（1）根据上述资料如何建立中型长图记录仪的销售量预测模型？

（2）如果 2019 年的相关成套项目工程为 260 套，预测该公司中型长图记录仪的销售量为多少？

案例 2　海华科技公司只生产"海华 MP4"一种产品，该公司是 1999 年成立的高科技公司，成立以来，一直遵循科技和质量并抓的思想，销售量呈逐年上升的良好势头，2018 年国内 MP4 的市场非常好，该公司实现销售量 10 000 个。产品的市场单价为每个 200 元，生产的单位成本为每个 150 元，固定成本为 400 000 元。

2018 年底，海华科技公司开始预测 2019 年该公司利润情况，以便为下一步的生产经营做好准备。经过讨论，公司财务总监李伟决定按同行先进的资金利润率预测 2019 年该公司的目标利润基础，并且通过行业的一些基础资料得知行业先进的资金利润率为 20%，预计公司的资金占用额为 600 000 元。

假如你是海华科技公司外聘的财务顾问，请你利用灵敏度指标进行测算，并给出你的咨询方案，即企业若要实现目标利润，应该采取哪些单项措施？

【自　测　题】

自学自测　扫描此码

【复习思考题】

一、思考题

1. 预测分析的基本方法有哪些？何谓定量分析法？何谓定性分析法？

2. 什么是趋势预测法？它有哪几种具体的预测方法？

3. 什么是销售预测？常见的销售预测方法有哪些？

4. 什么是成本预测？常见的成本预测方法有哪些？

5. 什么是利润预测？常见的利润预测方法有哪些？

二、练习题

1. 目的：通过练习，要求掌握简单趋势平均法、加权平均法和指数平滑法，并进行销售量预测。

资料：某铸造厂1—6月的铸件销售量见表9-16。

表 9-16　各月销量表

月份	1	2	3	4	5	6	合计
销售量/只	950	1 050	1 100	1 100	1 200	1 200	6 600

要求：

（1）应用简单趋势平均法预测7月的销售量。

（2）应用加权趋势平均法预测7月的销售量。

2. 目的：通过练习，要求掌握指数平滑法的预测方法。

资料：同表9-16。

要求：应用指数平滑法预测2月、3月直至7月的销售量。

3. 目的：通过练习，要求掌握预测的趋势平均法。

资料：某一家具厂1—12月的销售额资料见表9-17。

表 9-17　全年各月销售量表

月份	销售额	5期平均销售额	变动趋势	3期变动趋势平均值
1	200			
2	220			
3	260			
4	300			
5	280			
6	240			
7	320			
8	340			
9	380			
10	440			
11	400			
12	500			

要求：

（1）根据表列要求填满空格。

（2）试对下年 1 月的销售额按照 9 月的 3 期变动趋势平均值和 10 月的 5 期平均销售额进行预测。

4. 目的：通过练习，要求掌握利用回归直线法预测成本的方法。

资料：某制造企业历年制造产品的平均单位成本资料见表 9-18。

表 9-18 平均单位成本资料

年份	单位成本	单位售价	备注
20×4	34	50	
20×5	36	50	
20×6	38	55	
20×7	38	55	
20×8	39	55	

要求：

（1）用回归直线法写出单位成本与时间的回归直线方程。

（2）根据上述求出的回归直线方程预测 20×9 年制造产品的单位成本。

（3）求出以单位成本为自变量、单价为应变量的回归方程，并利用回归方程求出 20×9 年单位售价的预测数。

第 10 章

短期经营分析

【本章学习目的和要求】

本章介绍了决策成本和经营决策的分析方法，目的在于全面了解决策中有别于财务成本用于决策的特殊成本特定含义及使用前提，初步掌握实现利润最大化和成本最小化的决策分析方法的原理及具体运用，最后介绍了定价决策的方法。通过本章学习重点了解各类成本的含义，熟练掌握短期经营决策常用的分析方法。

10.1 决策理论概述

10.1.1 决策分析的意义及分类

实际上，人们在日常生活中采取任何行动之前都会碰到需要作出决策的问题。例如，某人从上海去北京出差到底是乘飞机还是坐高铁需要快速决策。这些行动方案的决策比较简单，只要稍微思考，就可作出决定。但是对于一个企业的经济生活来说，许多决策就会复杂许多。如在计划年度生产什么产品能赚钱？生产多少数量比较合适？采用什么工艺进行生产，生产出的产品如何定价可获利最大？等等。这些问题就不那么简单容易了。

在市场经济条件下，竞争是不可避免的。强调企业要做好经济管理决策是 20 多年来工业发达国家管理现代化的一个新发展。对企业来说"管理的重点是经营，经营的重心在决策"，企业如何制订近、远期管理目标以及如何为实现这些目标而作出最优的决策是非常重要的。对于近期的一年之内的经营决策，称为短期经营决策。在短期经营决策中还会遇到一些因不同的目的而出现的特殊成本概念及运用这些成本概念帮助企业作出短期经营决策。管理决策者必须懂得要使企业立于不败之地，必须面向市场，要在竞争中击败对手，就必须对未来客观经济的发展趋势作出科学的决策。从广泛的意义来说，决策是一种有目的的选择行为，决策的本质就是择优。

正确的经济决策需要经过以科学预测分析所提供的高质量的信息为基础，借助科学的理论和方法，进行必要的计算、分析和判断，从可供选择的方案中，选取最满意的方案。

那么什么是"决策分析"呢？说得通俗点，"决策"就是人们为了达到预定目标，从两个或两个以上的备选方案中通过比较分析，选择一个最优的行动方案的过程。最简明的定义就是："对未来的行动方案作出决定。"因此从广泛的意义来说，决策是一种有目的的选择行为，决策的本质就是择优。经营决策的目的就是使企业的目标最优化。

再全面一些概括：管理会计人员为了有效地参与企业管理、协助管理层作出正确的判断和决策，在充分调查研究的基础上，利用财务信息和其他非财务信息，根据企业自身的条件、所处的环境并借助科学的理论和专门的方法，对生产经营活动或固定资产投资活动的一次性特殊问题的各种备选方案可能导致的结果，进行测算和对比分析，权衡利弊得失，选出最优方案，这个过程就叫作"决策分析"。

决策分析的分类可通过不同角度，采用多种分类标准进行分类。

1. 按时间长短分类

企业的经营决策按照其涉及的时间划分，可分为两类：长期投资决策和短期经营决策。

（1）长期投资决策。一年以上的涉及企业发展方向和规模的重大问题的决策，都属于长期决策。如企业设备的改建、更新等，其涉及的金额大、时间长，并且必须考虑货币的时间价值和风险价值。管理会计里又称之为资本支出决策。

（2）短期经营决策。一年以内的相关经济活动，包括生产、销售、定价等决策即短期经营决策。它的主要特点是不涉及货币的时间价值。

2. 按信息资料的不同分类

（1）确定型决策。与决策相关的那些信息资料是肯定的，并且能明确用具体的数字表示，可以从完全确定的情况中选择最合适的决策方案。

（2）不确定型决策。与决策相关的那些信息资料是不肯定的，甚至可能出现结果的概率也是无法预计的。对于这类决策通常称为不确定型决策。

（3）风险型决策。与决策有关的信息资料对于未来的结果不能完全肯定，只能预计可能的情况，而无论选择哪一种方案都有风险。因此该类决策称为风险型决策。

3. 决策分类的其他方法

决策的分类方法除上述几种以外，还有以下分类方法。

（1）按决策的层次分类，有上层决策、中层决策、基层决策等，并进一步细分为个人决策和集体决策。

（2）按相同决策出现的重复程度，可以分为程序性决策和非程序性决策。

（3）按目标的多少可以分为单目标决策、多目标决策。

（4）按使用的分析方法不同，有定性分析方法和定量分析方法。

（5）按涉及的范围不同可划分为微观经济决策和宏观经济决策。

本书所介绍的多属微观层面决策的一些方法。

10.1.2 决策分析的原则和程序

1. 决策分析的原则

（1）全面性原则。在决策分析过程中既要考虑内部条件也要考虑外部环境，既要考虑定性分析也要考虑定量分析，既要考虑眼前利益也要考虑长远利益，既要考虑局部利益也要考虑整体利益。

（2）满意性原则。从多种方案中选择最为满意的方案，同时兼顾社会效益和经济效益。这里的满意较之最优是更为实际的思想。

（3）真实可行原则。要求拟定的方案在技术上、经济上切实可行，否则决策分析就会失去意义。所收集的信息必须全面、准确、信息度高，以保证决策结果的正确。

2. 决策分析的程序

决策分析必须符合科学性，因此决策必须按照科学的程序来进行。决策分析不论是短期经营决策，还是长期投资决策，一般而言，应该包括提出目标，拟订方案、比较分析、检查反馈、选择最优等步骤。

（1）确定决策目标。决策目标是决策分析的出发点和归结点。即要明确解决什么问题，达到什么目的。一切决策都是从发现问题开始的。进一步明确问题的性质，把总目标划分为许多有关的具体目标是决策的前提。

（2）拟订备选方案。针对决策目标提出"可行性"方案，做到技术上适当，经济上合理。决策者必须尽可能地收集有关的信息资料，包括定性的和定量的财务信息，以及非财务的信息，包括国家经济政策、人的心理活动、生活习惯等各种非计量因素的影响。这是决策程序的重要步骤。

（3）比较分析。通过比较，进行取舍，选出最满意的决策方案，这是科学决策的基础与保证，也是整个决策过程中最关键的环节。

（4）检查反馈。决策方案确定和实施后，就必须对实施情况进行监督检查，把实施结果与检查目标进行比较，进行差异分析，并对目标和实施情况进行适当修正。

（5）考虑各种影响因素，选定最优方案。结合对国家经济政策，消费者的心理、习惯等各种非计量因素的影响，对备选方案经过多次分析、比较，最后选取最优方案。

10.2 经营决策中的特殊成本概念

决策分析的目的是选取最优方案，而成本又是众所周知的反映生产经营的一项综合性指标，是衡量各种经济效益的一个重要参数，在决策分析中起着重要的作用。管理会计的决策分析中除了运用成本习性的概念外，还存在一些其他必须考虑的因素，因此常用一些特殊的决策成本概念，帮助决策以避免发生决策失误。这些特殊的决策成本同日常所说的生产成本和费用既有联系又有区别。它们的联系是在决策分析中着重考虑的一些成本概念都以传统的成本数据为基础，并对此进行必要的加工处理，以适应不同情况的需要。区别是有的决策成本，不一定都要求记录在账簿上，但却是正确评价不同备选方案的依据。本节将具体地分析各种特殊成本的概念。

1. 差量成本

准确地说，差量成本（diffrential cost）通常有广义和狭义之分。

广义的差量成本是指两个备选方案的预期成本的差异数，亦被称为"差别成本"或"差额成本"。不同方案的经济效益的高低一般可通过差量成本的计算明显地反映出来。因此计算差量成本有助于人们进行决策分析，确定最优方案。

例如，某工厂的甲零件若自制，预期的单位成本（包括直接材料、直接人工和制造费用）为 28 元，如果向市场采购，预期的单价为 30 元，则自制方案较外购方案优越，单位零件的差量成本为 2 元。

至于狭义的差量成本，是指出于生产能力利用程度的不同（如增加产量）而形成的成本差异，亦称"增量成本"（ineremental cost）。在"相关范围"内差量成本表现为变动成本，但是当生产能力发生变动时，差量成本也可能包括固定成本。

关于差量成本同变动成本的区别，我们用下面例子来说明。

例 10-1　某企业生产某产品，最大生产能力为每月 50 件，若开工率达 80%，月固定成本总额 2 400 元，单位变动成本为 30 元。现计算每增加或者减少 10 件的差量成本。

解：差量成本计算见表 10-1。

表 10-1　差量成本计算表

产量（件）	总成本			产量每增加 10 件的差量成本总额			单位变动成本 b	单位固定成本 a/x	合计	产量每增加 10 件的差量成本		
	变动成本 bx	固定成本 a	合计	x 部分	a 部分	合计				a 部分	bx 部分	合计
20	600	2 400	3 000				30	120	150			
30	900	2 400	3 300	300	0	300	30	80	110	−40	0	−40
40	1 200	2 400	3 600	300	0	300	30	60	90	−20	0	−20
50	1 500	2 400	3 900	300	0	300	30	48	78	−12	0	−12
60	1 920	3 240	5 160	420	840	1 260	32	54	86	+6	2	+8

从表 10-1 可以看出：产量在生产能力范围以内（20~50 件）差量成本总额与变动成本总额的差异是一致的，都为 300 元。但是如果超出相关范围，若产量为 60 件，则差量成本总额就要包括变动成本总额的差额（420 元）和固定成本增加额的差额（840元），合计为 1 260 元。此时差量成本就不等于变动成本。因此，不能简单地在变动成本总额与差量成本总额之间无条件地画上等号。

与差量成本相对应的另一个概念是"差量收入"。差量收入就是指两个备选方案的预期收入的差额。如果两个备选方案的预期收入相等或不涉及预期收入，则可认为差量收入为零。

2. 边际成本

从经济学的角度看，边际成本（marginal cost）指因产量或销量增加或者减少一个单位所引起的生产总成本的变动数额。它是由于多（或少）生产一个单位的产品而相应增加（或减少）的成本额。显然，差量成本和单位变动成本都是边际成本的具体表现形式。

边际成本的实质就是指在企业的生产能力的相关范围内，每增加或减少一个单位产量所引起的成本变动。例如，某企业销售一种产品 1 000 件，其成本为 150 000 元，而当销售量为 1 001 件时，成本总额为 150 150 元。销售量增加 1 件，使得成本总额增加 150 元，这增加的 150 元即为销售该商品的边际成本。边际成本在相关范围内表现为"单位变动成本"。超出这个范围边际成本和单位变动成本就不相一致了。边际成本可以用来判明增加（或减少）某种商品的采购（或销售）数量在经济上是否合算。边际成本一般情况下属于相关成本，在作决策时必须予以考虑。

与边际成本相对应的另一个概念是"边际收入"。边际收入是指由于生产、销售量变动一个单位所引起的总收入的变动额。

边际成本与边际收入是进行边际分析的主要内容，这种分析方法可以在产品生产、定价等决策领域中得到有效的应用。

根据西方微观经济学的理论，边际成本的内涵是随产量变动的变动率，是成本函数的一阶导数，由此引申出与边际成本分析相联系的两条重要规律，在短期决策中非常有用。

（1）当某产品的平均成本与边际成本相等时，其平均成本最低。

（2）当某产品的边际收入与边际成本相等时，企业实现的销售利润最大。

上述规律在企业短期经营决策中可用来判断增减产量在经济上是否合算，非常有效，此时边际成本与单位变动成本一样。

3. 专属成本与共同成本

专属成本（specific cost）主要是指可以明确归属于某类、某种产品或者某个方案等的固定成本，如专门用于某种产品的生产和销售的专用设备的折旧费、保险费，包括专用的厂房等。由于变动成本基本上属于专用成本，没有必要进行专门的分类。因此管理会计所提到的专属成本均指固定成本。

与专属成本相对应的成本概念是共同成本（common cost），共同成本是指某几类、某几种或者某几个部门、某几个方案共同负担的成本，如企业管理人员的工资、福利费，管理部门固定资产的折旧费、修理费等均属共同成本。

4. 沉没成本

沉没成本（sunk cost）也称"沉落成本"或"旁置成本"。历史成本与沉落成本由于都是过去已经发生的，一经支出就一去不复返，是现在和将来的任何决策都无法改变这项历史事实的成本。因此沉没成本实质上与历史成本是同义词。

例如，某流通企业 10 年前购置一台设备，原价 1 万元，累计折旧 8 000 元，由于技术更新，这台设备已完全过时，因而被淘汰，此时，该设备的账面净值 2 000 元是原始支出中无法收回的部分，即沉没成本。

历史成本是指过去已经发生的实际成本。它在传统的财务会计中作为资产入账的依据，是有用的历史信息；但在管理会计中对于决策来说，则是无须考虑的无关成本。

5. 重置成本

重置成本是指按目前市场价格水平重新购置一项原有资产所需支付的成本。例如，两年前购进的一批存货，其单位历史成本为 500 元，目前再从市场购进同一种存货，则其单位购进成本为 750 元，制定该商品的售价时，应以哪个购进成本为依据呢？如果从历史成本角度定价，按 700 元出售账面上就可以赚 200 元，但按单价 700 元售出后，重新购进时单价为 750 元，实际上不但没赚，反而每单位商品亏损 50 元。因此在短期经营决策中，一般需将重置成本作为重点考虑的对象。

6. 付现成本

付现成本（out-of pocket cost）指那些由于未来某些决策所引起的需要在将来动用现金支付的成本。

当企业在进行短期经营决策时，如碰到本身的货币资金比较拮据，近期内又没有应收账款可以收回，临时向市场筹措资金又比较困难或借款利率较高时，管理者在决策分析过程中对"付现成本"的考虑往往会比对"总成本"的考虑更为重视，并会选择未来利益虽小但"付现成本"也小的方案来代替"总成本"最低的方案。通常这是一种不得已的选择。例如，某企业的一台高炉设备受损停工，必须检修，否则要造成每天 5 000 元的停工损失。现在有两家工厂要求前来维修，出价不一。其一出价 40 000 元，一次性付款。其二出价 48 000 元，但可以分期 3 个月支付，每月 16 000 元。两个备选方案特点各异：第一方案总成本低，但付现成本高。第二方案总成本高，但是付现成本低。如果企业的现金周转比较困难，企业可动用的资金不多，只能拿出 16 000 元左右，银行又不同意贷款，并且，预计近期也不可能收回大笔应收账款，作为管理者应该选择要价高，但付现成本较少的方案，只有这样才能尽快恢复生产，以弥补要价较高而多支出的成本。因此，不得不去选择第二方案。

7. 机会成本

机会成本（opportunity cost）是指在使用资源的决策分析过程中，选取某个方案而放弃其他方案所丧失的"潜在收益"（可能实现的所得），由于每项资源往往有多种用途（有多种使用的机会），但用于某一方面就不能同时用于另一方面。也就是说，在某一方面的所得，正是由于放弃另一方面的机会而产生的。如在个人理财方面，某人从银行活期存款账户中取出 5 万元购买国库券作为短期投资，其机会成本就是他放弃的银行存款所能获得的利息收入。

因此在决策分析中，必须把已放弃方案可能获得的潜在收益，作为被选用方案的机会成本，才能对该方案的经济效益作出全面的、合理的评价，最后正确判断被选用的方案是否真正最优。

机会成本不构成企业的实际支出，也无须记入账册，但终究是正确进行决策分析必须认真加以考虑的现实因素。如果忽视了机会成本，往往会造成决策失误。因此，在评价最优方案时，必须把放弃的次优方案（机会成本）可能取得的利益看成是最优方案的机会，应考虑从被选用的"最优方案"所得中加以补偿。这样，才能对拟选方案是否真正最优作出全面的评价。

西方国家对于需要经过比较复杂的估计、推算才能确定的机会成本称为"假计成本"或"估算成本"（imputed cost），这是机会成本的一种特殊形式。如利息就是一种最常见的估算成本。

另外，还有一个与机会成本概念相反的成本叫实支成本。实支成本（outlay cost）是指过去和现在实际发生的现金流出，并应记入账册的成本。它与机会成本是相反的概念。正由于实支成本只局限于已确认的实际支出的成本，所以很明显，当前与未来的决策均无法改变其历史事实和用途，故在决策分析中一般无须加以考虑。

8. 可避免成本与不可避免成本

可避免成本（escapable cost）的含义是指与特定方案相联系的通过管理者的决策可改变其数额或是否发生的成本。即当某个备选方案被采用时，相应的成本就会发生，而不被采用时其相应的成本就不会发生，则该成本为可避免成本。例如在酌量性固定成本中，广告费、新产品研究开发费、职工培训费等就属此类，很显然这些成本项目对企业的业务经营肯定有好处，但其支出数额的多寡并非绝对不可改变，一般都是管理者根据计划期的具体情况和财务负担能力作出开支数额的决定。例如某企业准备扩大经营范围，若该方案要实施，就需增加相应的营业面积，增加资金 5 万元，那么这其中的 5 万元的开支是否发生，完全取决于该方案是否被采用，因此该 5 万元就是可避免成本。

与可避免成本相对应的成本概念是不可避免成本（unescapable cost），即同目前的决策方案无直接联系的成本。如在相关范围内的约束性固定成本就是典型的不可避免成本。由于不可避免成本不与备选方案相关联，有关备选方案的取舍对其不存在影响，所以在对其分析评价时可以不予考虑。

9. 相关成本与无关成本

成本的相关性，是指成本中的一部分与当前或未来的决策有关联的特性。根据这个特性，可产生两个新的成本概念：相关成本和无关成本。

相关成本（relevant cost），是指与未来决策有关联的、在决策分析时必须加以考虑的成本。如机会成本、假计成本、差量成本、边际成本、重置成本、付现成本、可避免成本、可延缓成本和专属固定成本等都属于这一类。

无关成本（irrelevant cost）也叫非相关成本，是指过去已经发生或虽未发生，但对未来决策没有影响的，在决策时不必加以考虑的成本。如历史成本、沉落成本、共同成本、不可延缓成本、不可避免成本等都属于这一类。另外，在各个备选方案中项目相同、金额相等的未来成本也属于无关成本。

10.3　生产经营决策分析方法

10.3.1　生产经营决策的内容

生产经营决策一般涉及的范围在一年以内，是企业短期经营决策的重要内容之一。该类决策通常要为企业作出生产什么产品、生产多少及如何去组织安排生产等决策，这主要是因为企业为增强竞争能力，准备开发新产品或推出新的服务项目时会考虑究竟生产哪种新产品或提供哪种新服务项目最为有利。

而正在生产的企业中，每批生产多少数量，怎样选择最优的产品组合，选择什么工艺进行加工生产，根据什么标准分配生产任务，等等，都是生产经营决策的内容。

生产决策所涉及的问题很多，不同类型的问题需要不同的决策分析方法，但是它们的最终目标是一致的，即在现有的生产条件下，如何最合理、最有效、最充分地利用企业的现有资源，取得最佳的经济效益和社会效益。因此，生产决策的正确与否，最终都将通过效益指标反映出来。

正是由于企业生产决策所面临的问题多种多样，因而决策分析所采用的具体方法也很多。并且主要是应用数学工具对决策过程可选择的多种方案进行定性、定量的描述和分析，提供数量依据，为决策者提供选择最佳方案的方法。具体地讲，包括生产过程中产品品种选择决策、接受或拒绝特殊订货的决策、自制与外购方案的决策、半成品是否深加工问题决策、产品组合优化决策等方面。

10.3.2　生产经营决策分析的方法

在决策过程中选择的决策方案，按决策问题中有关因素的状态的不同，管理决策可分为确定性决策（决策方案有一个明确的结果）、风险性决策（决策方案可归纳为几种结果的一个，而事先仅仅知道每种结果的概率），以及不确定性决策（决策方案可归结为几种结果的一个，甚至事先也不能知道每种结果的概率）。这三类决策分析方法不大相同，下面我们就以这三类决策分析方法分别来进行分析。

1. 确定性决策分析方法

（1）边际贡献分析法。边际贡献分析法是在成本性态分析的基础上，通过比较各备选方案边际贡献的大小来确定最优方案的分析方法。因为在短期经营决策中固定成本通常比较稳定，只需要对产品的边际贡献进行分析即可。

在这里，"贡献"是指企业的产品或劳务对企业利润目标的实现所做的贡献。传统会计认为只有当收入大于完全成本时，才形成贡献，而管理会计则认为只要销售收入大于变动成本，就会形成贡献。因为固定成本总额在相关范围内，并不随业务量（产销量）的增减变动而变动，因此，收入减去变动成本后的差额（边际贡献）越大，则减去不变的固定成本后的余额（利润）也就越大。换言之，边际贡献的大小反映了备选方案对企业利润目标所做贡献的大小。

例 10-2 某企业正使用的一台机器，可生产 A 产品也可生产 B 产品，它的最大生产能力为 80 000 小时，当生产 A 产品时每吨需 20 个定额工时，生产 B 产品时每吨需 8 个定额工时。该 A、B 产品的销售单价及成本资料见表 10-2。

表 10-2　销售单价及成本资料　　　　　　　　　单位：元

产品名称	A 产品	B 产品
销售单价	2 500	1 500
单位变动成本	1 500	1 000
固定成本总额	40 000	

根据以上资料，该企业生产哪种产品才是最佳选择？

解： 不管生产哪种产品其固定成本总额没有变化，即在此相关范围内是保持不变的。也就是说在该决策分析中固定成本属于无关成本可以不考虑。根据边际贡献法可编制分析计算表（表 10-3）。

表 10-3　边际贡献分析　　　　　　　　　　　单位：元

指标	A 产品	B 产品
最大产量/吨	80 000 ÷ 20 = 4 000	80 000 ÷ 8 = 10 000
销售单价	2 500	1 500
单位变动成本	1 500	1 000
单位边际贡献	1 000	500
边际贡献总额	1 000 × 4 000 = 4 000 000	500 × 10 000 = 5 000 000

由表 10-3 可以看出，就 A、B 两产品的单位边际贡献而言，A 要比 B 大，但 A 产品的边际贡献总额比 B 产品的边际贡献总额要小。所以生产 B 产品为最佳决策。

在运用边际贡献法进行各备选方案的择优决策时，必须注意以下几点。

①在不存在专属成本的情况下，直接比较不同备选方案的边际贡献总额，就能够正确地进行择优决策。

②若有专属成本的情况下，首先应计算各备选方案的剩余边际贡献（边际贡献总额减去专属成本后的余额），然后通过比较不同备选方案的剩余边际贡献（或边际贡献）总额，才能够正确地进行择优决策。

③由于企业的某项资源（如原材料、人工工时、机器工时等）可能受到限制，应通过计算，比较各备选方案的单位资源边际贡献额。

不能简单地直接将单位边际贡献作为方案择优的标准，因为，单位边际贡献额大的产品，未必提供的边际贡献总额也大。而边际贡献总额的大小，既取决于单位产品边际贡献的大小，也取决于该产品的产销量，因此我们应该选择边际贡献总额最大的。

（2）差量分析法。在管理会计中把不同备选方案指标之间的差额叫"差量"。也就有"差量成本""差量收入""差量边际贡献"等说法。管理会计人员在比较不同备选方案的差量收入、差量成本的基础上选出最优方案的方法，叫差量分析法。

如果两个备选方案的差量收入大于差量成本，则前一个方案为优。反之差量收入小于差量成本时，则后方案为优。显然在计算差量收入与差量成本时，方案的前后排列次序必须保持一致。差量分析法的基本原理见表 10-4。

表 10-4　差量分析法原理

项目	方案 A	方案 B	差量
收入 R	R_A	R_B	$R_A - R_B$
成本 D	D_A	D_B	$D_A - D_B$
利润 P	$P_A = R_A - D_A$	$P_B = R_B - D_B$	$P_A - P_B = (R_A - R_B) - (D_A - D_B)$

从表 10-4 中可以发现差量收入与差量成本的差额，实际上就是两个方案利润的差额。即当 $P_A - P_B > 0$ 时，差量收入要大于差量成本，此时应选择 A 方案，若小于零则应选择 B 方案。

必须说明的是，差量分析法是针对待定的两个方案进行的，属于"劣中选优"的方法，只能解决这两个方案中哪个比较好的问题；若存在有两个以上的备选方案，要从中选择最优方案就必须进行两两比较，在多次选择的基础上选出最优方案。

（3）本量利分析法。本量利分析法是根据各个备选方案的成本、业务量和利润三者之间的依存关系，来选定特定情况下的最优方案的一种方法。前面介绍的边际贡献法和差量分析法都适用于收入成本方案的选择。在企业的生产经营过程中，还有许多决策问题不涉及收入，那么本量利分析简化为本量分析，也称成本无差别点法。其要求是：区别不同业务量水平，各个方案中总成本最低者为最优。即用成本平衡的思想来进行方案的择优选择。

成本平衡点也称成本分界点，是指两个备选方案的预期成本相等时对应的业务量水平，它主要用于业务量水平未确定情况下的决策分析。

按照成本性态分析的原理，用直线方程来表示（$y = a + bx$），成本分界点是指在该业务量水平时，两个不同方案的总成本相等，在该业务量水平的下方不同方案就会有不同业务量的优劣区域。利用这一特点来进行最优化方案选择的方法，也称为本量分析法。

例 10-3 假定某企业生产需要某种零件，若选择外购可以 25 元的单价购入；若选择自制则其单位变动成本为 15 元，并且固定成本需要增加 30 000 元。请分析该零件的年需要量为多少时，自制方案为最优方案。

根据以上的数据，利用产量成本关系，可进行自制与外购方案的优劣比较。

解：令 $y = a + bx$，即

$$y_1 = 25x$$
$$y_2 = 15x + 30\ 000$$

式中，y 为年需要量。

根据成本平衡点的原理，令 $y_1 = y_2$，即

$$25x = 15x + 30\ 000$$
$$x = 3\ 000（件）$$

即成本平衡点为 3 000 件。

分析：

（1）当产量为 3 000 件时，两方案的成本比较：

外购：$25 \times 3\ 000 = 75\ 000$（元）

自制：$15 \times 3\ 000 + 30\ 000 = 75\ 000$（元）

两方案都是可取的。

（2）当产量 > 3 000 件时，如 3 500 件。

外购：$25 \times 3\ 500 = 87\ 500$（元）

自制：$15 \times 3\ 500 + 30\ 000 = 82\ 500$（元）

自制的总成本要低于外购的总成本，应该选择自制的方案。

（3）当产量 < 3 000 件时，如 2 500 件。

外购：$25 \times 2\ 500 = 62\ 500$（元）

自制：$15 \times 2\ 500 + 30\ 000 = 67\ 500$（元）

外购的总成本要低于自制的总成本，应该选择外购的方案。

本例用图 10-1 来表示。

利用本量分析法（无差别点法）可以为在一定的条件下整合生产计划提供选择的余地。即利用产量确定的情况下检测成本，来确定最优方案。

（4）线性规划法。线性规划法是 20 世纪 40 年代前后发展起来的，是运筹学中比较重要的一个分支，在生产经营中得到比较广泛的应用。尤其在物流管理方面备受重视。它主要是针对如何更有效地利用人力、物力、财力资源，在现有的经济资源和技术条件下，能使有限的生产资源得到充分利用，从而达到提高经济效益的目的。

经营决策，实际上也就是完成寻找最佳方案的过程，而线性规划法则是一个最好的数学工具。它是在满足一定的约束条件下，使目标函数最优化的一种数学模型。

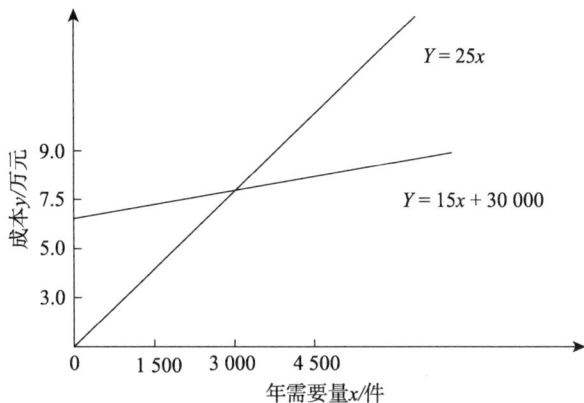

图 10-1　本量分析法

所谓 "线性" 是指所有变动因素的相互影响是呈现直线关系。因此凡是属于线性规划的问题都应具有以下特点：①在问题中必须有一个 "目标函数"。通过函数的形式表现在一定条件下可能达到的最优结果，如利润最大或成本最小等。②在问题中还必须包括若干个 "约束条件"。使目标函数实现极值时，必须遵守这些约束条件。

线性规划决策分析的特点是约束条件和目标函数都是决策变量的一次函数。因此，线性规划问题可以概括为在一组线性约束条件下，求线性目标函数的最优解。借助于计算机的使用，能更方便得到最优解。

例 10-4　某企业拟生产 A、B 两种产品,其市场的最大订货量分别为 800 件和 2 000 件，A、B 产品均需要经过甲、乙两车间的加工才能完成。甲、乙两车间的最大生产能力分别为 1 800 工时和 3 000 工时。产品资料见表 10-5。要求：据以确定该企业的最优产品组合情况。

表 10-5　单位产品消耗工时及单位边际贡献

生产车间（单位边际贡献）	单位产品加工工时		车间限制因素/小时
甲车间	2 工时	0.5 工时	1 800
乙车间	1 工时	1.5 工时	3 000
单位边际贡献	5 元/件	3 元/件	

该例题是多种限制条件下的多种产品的最优化产量组合问题，可运用线性规划的图解法对其求解。

解：设 A 产品的产量为 x_1，B 产品的产量为 x_2，边际贡献总额用 S 表示，根据线性规划法的基本要求，确定目标函数和约束条件。

目标函数：$S = 5x_1 + 3x_2$

约束条件：
$$\begin{cases} 2x_1 + 0.5x_2 < 1\ 800 & (L_1) \\ x_1 + 1.5x_2 \leqslant 3\ 000 & (L_2) \\ 0 \leqslant x_1 \leqslant 800 & (L_3) \\ 0 \leqslant x_2 \leqslant 2\ 000 & (L_4) \end{cases}$$

建立以 x_1 为纵轴、以 x_2 为横轴的平面直角坐标系，同时能够满足以上 4 个约束条件的可行解区如图 10-2 所示。多边形 ABCDO 内任何一点所对应的坐标点都满足上述约束条件，构成多组可行的组合方案。

L_1：$2x_1 + 0.5x_2 = 1\,800$

　　　$x_1 = 0$，$x_2 = 3\,600$　（0，3 600）

　　　$x_2 = 0$，$x_1 = 900$　　（900，0）

L_2：$x_1 + 1.5x_2 = 3\,000$

　　　$X_1 = 0$，$x_2 = 2\,000$　（0，2 000）

　　　$X_2 = 0$，$x_1 = 3\,000$　（3 000，0）

L_3：$x_1 = 800$

L_4：$x_2 = 2\,000$

可得由于各顶点的坐标分别为 A（0，800），B（800，400），C（480，1 680），D（0，2 000），O（0，0）。其相应的目标函数值为：

$S_A = 5 \times 0 + 3 \times 800 = 2\,400$（元）

$S_B = 5 \times 800 + 3 \times 400 = 5\,200$（元）

$S_C = 5 \times 480 + 3 \times 1\,680 = 7\,440$（元）（极大值）

$S_D = 5 \times 0 + 3 \times 2\,000 = 6\,000$（元）

$S_0 = 0$

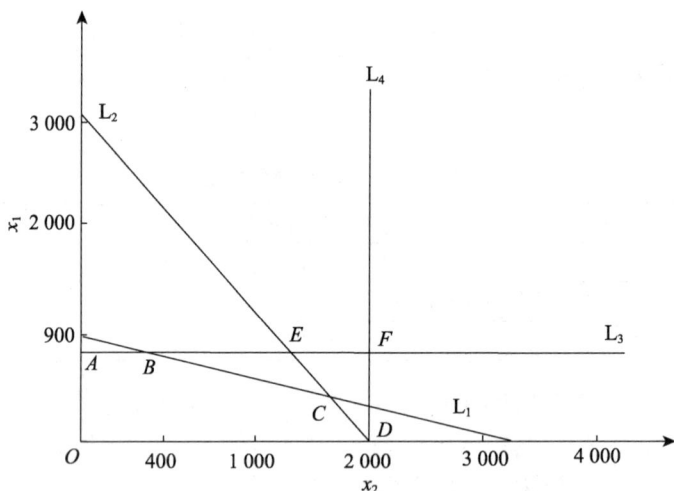

图 10-2　线性规划图示法

通过以上比较可知，当安排生产 A 产品 480 件，B 产品 1 680 件时企业能够获得最大的边际贡献总额。

2. 风险性决策分析方法

风险性决策是在明确决策目标情况下，依据通过预测得到不同自然状态下多种方案的目标值及其出现概率作出的决策。由于未来的状态并不为决策者所肯定，仅仅依据以往的经验或者历史资料了解其出现的概率，无论作何选择都有一定的风险，故被称为风险性决策。

在风险性决策中，由于存在不同的自然状态下的不可控因素的原因，在同一决策方案中往往会出现几种可能的不同结果。

例 10-5　某企业研制出一种新产品，有两种规格可以选择，其成本和销售价格在一定的范围内不会发生变化，但市场的销售状况有一定的不定因素：销路好的话可以销售 1 400 件，销路一般可以销售 1 000 件，销路差的只能销售 700 件。要求：作出应选择哪种规格产品的决策，具体资料见表 10-6。

表 10-6　某企业甲、乙规格产品相关资料

产品规格	销售价格/元/件	单位变动成本/元/件	固定成本/元	预计销路状况		
				1 400 件	1 000 件	700 件
甲	50	20	35 000	0.2	0.6	0.2
乙	70	35		0.3	0.4	0.3

解：可以确定甲、乙产品的预计单位边际贡献：

甲产品的单位边际贡献 = 50 - 20 = 30（元/件）

乙产品的单位边际贡献 = 70 - 35 = 35（元/件）

由于存在多种销路水平，应根据其相应的概率求其销售量的期望值，再比较其边际贡献的大小。

甲产品的销量期望值 = 0.2 × 1 400 + 0.6 × 1 000 + 0.2 × 700 = 1 020（件）

乙产品的销量期望值 = 0.3 × 1 400 + 0.4 × 1 000 + 0.3 × 700 = 1 030（件）

其边际贡献总额分别为

甲：1 020 × 30 = 30 600（元）

乙：1 030 × 35 = 36 050（元）

计算结果表明：生产乙产品的预期边际贡献总额比甲产品的高 5 450（36 050 - 30 600）元，所以应选择生产乙产品。

10.3.3　生产经营决策的应用

1. 零部件的自制与外购的决策分析

对于零部件的自制与外购决策问题，通常采用差量分析法进行分析。

例 10-6　某企业在生产过程中需要 A 零件 1 000 件，如自制，需购置一台专用设备，将发生固定成本 3 500 元，自制单位变动成本为 5 元；如果外购，则可按每件 8 元的价格购入。试问：自制和外购哪个决策更优？

解：分析见表 10-7 所示。

表 10-7　差量分析表

项目	自然状态		
	自制	外购	差量
差量成本			
自制：变动成本	1 000 × 5 = 5 000		
固定成本	3 500		
小计	8 500		
外购：购入成本		1 000 × 8 = 8 000	
差量损益			500

从表 10-7 中可以知道，很显然外购的成本要低于自制的成本，应该选择外购。

因此，在这类问题中已知需要量的时候可以采用差量分析方法，但是如果尚未确定需要量，就可以使用前述的成本无差别点法来解决。

如果在自制与外购决策问题中还有其他有利可图的机会，就必须考虑机会成本的概念。如上例中外购比自制的成本要低 500 元就选择外购。但是如果有自制的机会成本存在（如可以将不自制而闲置的设备去出租），例如，不用于自制的设备出租每月可有 120 元的收入，则全年有 1 440 元的收入。那么结果会如何？具体分析见表 10-8。

表 10-8　分 析 计 算

项目	自然状态		
	自制	外购	差量
差量成本			
自制：变动成本	1 000 × 5 = 5 000		
固定成本	3 500		
小计	8 500		
外购：购入成本		1 000 × 8 = 8 000	
减：机会成本		120 × 12 = 1 440	
小计		6 560	
差量损益			8 500 − 6 560 = 1 940

这样，我们就会知道机会成本是外购的机会收益，仍然选择外购方案。当然若具体的成本参数不同，结论也会不同。

2. 亏损产品停产与否的决策分析

在生产亏损产品的情况下，是否应该停止亏损产品的生产以便降低损失，或者转产其他产品，其决策的关键在于观察边际贡献总额的状况。

亏损产品是否提供了边际贡献是关键。如果没有提供边际贡献则应该停产或者转产。

例 10-7　某企业生产 A、B、C 三种产品的有关资料见表 10-9 所示。在期末结算时 A、B 两产品分别获得收益 16 000 元和 20 000 元，而 C 产品则亏损 6 000 元。要求：作出 C 产品是否停产或者转产的决策分析。

表 10-9　生产数据资料

项目	A	B	C
销售量	2 000	1 000	800
单价/（元/件）	20	50	37.5
单位变动成本	6	15	33.75
固定成本	36 000（按各产品销售金额比例分配）		

解：具体分析见表 10-10。

表 10-10　分 析 计 算

项目	A	B	C	合计
销售收入总额	40 000	50 000	30 000	120 000
变动成本总额	12 000	15 000	27 000	54 000
边际贡献总额	28 000	35 000	3 000	66 000
固定成本总额	40 000 ÷ 120 000 × 36 000 = 12 000	50 000 ÷ 120 000 × 36 000 = 1 5000	30 000 ÷ 120 000 × 36 000 = 9 000	36 000
利润（或亏损）	16 000	20 000	（6 000）	30 000

可以看出：A、B、C 三种产品提供的边际贡献分别为 28 000 元，35 000 元，3 000 元。这说明 C 产品尚能提供边际贡献，故不宜停产。若停产 C 产品，则固定成本就只由 A、B 两产品负担，利润额将会减少。

但是，若有转产的可能，那么转产的决策分析就应是，转产产品不占用其他产品的生产能力，并且能够提供比亏损产品更多的边际贡献，则转产方案可行，否则就不必转产。

例如，上例中因 C 产品亏损欲转产 D 产品，而 D 产品的资料如下：

销售数量　　　　900 件

销售单价　　　　40 元/件

单位变动成本　　23 元

单位边际贡献　　17 元

边际贡献总额　15 300 元

因 D 产品的边际贡献总额比 C 产品的边际贡献总额要多，所以转产方案是可行的。为了验证这一决策的正确性，也可以通过比较转产前后总利润来说明，见表 10-11。

表 10-11　考虑 D 产品的边际贡献分析

项目	A	B	D	合计
销售收入总额	40 000	50 000	36 000	126 000
变动成本总额	12 000	15 000	20 700	47 700
边际贡献总额	28 000	35 000	15 300	78 300
固定成本总额	40 000 ÷ 126 000 × 36 000 = 11 428.6	50 000 ÷ 126 000 × 36 000 = 1 428.57	36 000 ÷ 12 600 × 36 000 = 10 285.7	36 000
利润（或亏损）	16 571.4	20 714.3	5 014.3	42 300

可以发现 D 产品能够补偿固定成本，并获利。

3. 半成品深加工的决策分析

在某些企业中，某些产品在完成一定的加工阶段后，在最终完工前，可以作为半成品出售，也可以继续加工成完工产品后再销售。如纺织品企业，在棉花加工成印染布匹的过程中，分棉纱、白布、印染布等不同形态，既可以出售半成品棉纱或白布，也可以加工并出售最终产品——印染布。这种进一步加工情况在许多企业里都会遇到。继续加工后再出售，售价可以进一步提升，但是增加一道或多道工序的生产成本。所以，为了在这两种方案中作出一个正确的选择，就必须计算出进一步加工后的预期所增加的收入是否超过进一步加工时所必须追加的成本。

对于这一类问题，可以采用差量分析法来分析。即分析其差量成本与差量收入，继续加工所能增加的收入是否大于继续加工所增加的成本。而继续加工前的已投入成本属于无关成本，不影响后续决策不予考虑。

若继续加工所增加的收入大于继续加工所增加的成本，则应作出继续加工的决策；反之，则以出售半成品为最优决策。

即当（继续加工后的销售收入 − 半成品的销售收入）大于（继续加工后的成本 − 半成品的成本）时，应继续加工。

例 10-8　某企业每年生产、销售 A 产品 8 000 件，单位变动成本 15 元，单位固定成本 3 元，销售单价 20 元。如果继续加工成 B 产品，则售价可提高到 30 元，但是单位变动成本也需增加至 21 元，问究竟应否将 A 产品继续加工成 B 产品呢？

解：很显然，A 产品继续加工前发生的成本不会对是否继续加工产生影响，而继续加工后：

差量收入 =（30 − 20）× 8 000 = 80 000

差量成本 =（21 − 15）× 8 000 = 48 000

可多获得差量利润 32 000 元。

但是若另外还需增加专属固定成本 15 000 元时又该如何？

其实也一样，只需差量成本追加 15 000 元，再比较即可。结果仍然有 17 000（32 000 − 15 000）元的利润，所以仍以继续加工的决策为最优决策。

4. 特殊订货的决策分析

是否接受特殊订货，对企业而言，只要利用企业的剩余生产能力可完成特殊订货，并且对方出的定价比正常生产的产品的售价要低，即可接受。特殊情况具体来说，有几种情况分析如下。

第一种情况，不涉及追加固定成本的情况。那么只要对方的单位售价大于单位变动成本，即有单位边际贡献即可接受特殊订货。

例 10-9　某企业生产 A 产品，其单位变动成本为 60 元，单位成本为 70 元，该产品售价为 80 元。但该产品的年生产能力是 6 000 件，生产能力利用率只有 80% 即产量 4 800 件。现有一客户。要求以 65 的价格订货 1 000 件。问是否应该接受该特殊订货？

解：该企业还富有生产能力 1 200 件（6 000 – 4 800），因此，利用其剩余的生产能力来生产，不会增加新的固定成本。并且对方的单价 65 元要大于单位变动成本 60 元，即有 5 元的边际贡献存在，接受该订货可为企业增加边际贡献总额 1 000 × 5 = 5 000 元。因此，可以接受这笔追加的订货。

第二种情况，涉及固定成本追加的情况。追加的生产量所形成的边际贡献额必须大于固定成本的追加额（或专用的固定成本），方可接受追加订货。所以满足（追加订货量 ×（单位售价 – 单位变动成本）– 追加的固定成本 > 0）的条件，即可。

例 10-10　某企业 H 产品生产能力为 2 500 件，目前正常销售量为 1 600 件，其单价为 10 元，单位成本为 8 元（其中单位变动成本 6 元）。现有一客户要求追加订货 800 件，出价只有 7.5 元/件，而且还有一些特殊要求，不得不购买一种专用设备，追加固定成本的支出 800 元，问是否应该接受该项特殊订货？

根据上述可知：800 ×（7.5 – 6）– 800 = 400（元）

也可根据差量分析法把接受订货和拒绝订货作为两个方案来处理，进行差量分析：

$$差量收入 = 800 × 7.5 = 6 000（元）$$
$$差量成本 = 800 × 6 + 800 = 5 600（元）$$

差量收入大于差量成本，说明可以接受此项订货，预期利润可增加 400 元。因此，接受这类特殊订货的关键是对方出价高于产品的变动成本，且能超额补偿追加的固定成本；或者差量收入大于差量成本，方案可行。

5. 品种决策分析

品种决策主要是为了解决生产什么产品的问题，一般情况企业既可生产甲产品又可生产乙产品，但是有可能无法同时生产甲、乙两种产品时，就要求企业必须根据现有的资源条件，在这两种产品中作出正确的选择。关键是看谁能够提供更多的利润。

例 10-11　某企业在开发新产品的过程中有如下三个方案可供选择：A 产品的单位机时为 20 机时，单价为 60 元/件，单位变动成本为 50 元/件；B 产品的单位机时为 10 机时，单价为 80 元/件，单位变动成本为 66 元/件；C 产品的单位机时为 8 机时，单价为 50 元/件，单位变动成本为 35 元/件。固定成本总额为 1 400 元，企业的机器总机时为 1 000 机时。问应生产何种产品？

解：根据资料编制分析计算表见表 10-12。

表 10-12 分 析 计 算

指标	A	B	C
最高产量/件	$1\,000 \div 20 = 50$	$1\,000 \div 10 = 100$	$1\,000 \div 8 = 125$
销售单价/（元/件）	60	80	50
单位变动成本/（元/件）	50	66	35
单位边际贡献	$60 - 50 = 10$	$80 - 66 = 14$	$50 - 35 = 15$
边际贡献总额	$50 \times 10 = 500$	$100 \times 14 = 1\,400$	$125 \times 15 = 1\,875$

由于固定成本是针对生产三种产品的固定成本总额，因此这里只要比较边际贡献即可。而 A、B、C 三种产品的边际贡献比较的结果表明，生产 C 产品为最优产品选择。企业可得利润 475 元（1 875 - 1 400），生产 B 产品将无利可图，利润为零。而生产 A 产品企业将亏损 900 元。

若仍以上述资料为例，如果生产 C 产品将追加专属固定成本 700 元，结果又将如何？由于专属固定成本是相关成本，必须考虑，这样 C 产品的利润将变成亏损（475 - 700 = -225）。A、B、C 三种产品都将无利可图，必须对单价和成本的因素重新进行考虑，才有可能对 A、B、C 三种品进行选择。

10.4 定价决策分析

产品的价格是影响市场需求变化的一个重要因素，企业的经营决策过程中定价决策是决策分析中比较重要的一个环节，定价决策的正确与否，直接左右着企业的竞争状况。

10.4.1 定价决策的目标

定价目标，就是每一个产品的价格在实现以后应达到的目的。例如，追求最大利润、提高投资利润率和市场占有率等都可以是定价的目标。

企业要做好定价工作，必须明确：第一是确定定价目标，保证企业合理的盈利水平；第二是定价方法，从制订定价策略到掌握定价技巧；第三是合理定价，正确反映企业经济效益水平，从而促进企业管理水平的提高。

获取最大利润是多数企业定价的最重要目标。但在竞争激烈的情况下，任何企业想靠长期维持不合理的高价来获取最大利润是不可能的，因为这会遇到需求的减少、替代品的盛行、竞争者的加入等，所以高价不可能是企业获取最大利润的良策。必须明确这里的最大利润有两个方面的含义：一是企业长期最大利润，而不是短期最大利润；二是企业全部产品的最大利润，而不是每一个单一产品的最大利润。

同样，任何企业投资都希望获得预期的报酬，多数是希望获得长期的报酬，追求一定的投资利润率或投资收益率是企业经常采用的注重长期利润的一种定价目标，它是企业力图保持的长期稳定收益。在选择利润率时，要慎重研究分析，既要能够保证利润目标的实现，又要能被消费者接受。

市场占有率是指企业产品销量在同类产品的平均销售总量中所占的比重，也称市场份额。它是反映企业经营状况好坏和产品竞争能力强弱的一个重要指标。能否维持和提高市场占有率，对企业来说有时比获得预期收益更为重要，因为市场占有率的高低，直接影响到能否长期稳定地获得收益。企业应具有潜在的生产经营能力，有充足的后劲，才能在价格上掌握主动权。

企业的定价目标是多种多样的，目标选择取决于能否为企业带来利润。

10.4.2　定价决策应考虑的因素

产品的价格是否合理，不能简单地一概而论，因为影响价格的制定有多种因素，以下分别讨论各种因素。

1. 供求因素

在确定商品价格时，应首先考虑价值规律的作用。从经济学的角度来考虑，商品的需求量与它的价格往往是反比例的关系，商品的价格增加时，需求量减少，当价格降低时，需求量增加。在确定商品价格时必须考虑并尽力反映当时的供求关系。

但是销售者的供应量，却与价格呈同方向的变化，当价格上升时，销售者愿供给的数量增加，价格下降时，销售者愿意供应的数量减少。所以，供应及需求曲线呈相反方向变化。

若以图形来表示，生产供应曲线和市场需求曲线的交点 A 为供需平衡点。在这一点上可以达到价格和数量的相对平衡。

P 是市场稳定价格，Q 是市场产销平衡量。供求的变化如图 10-3 所示。

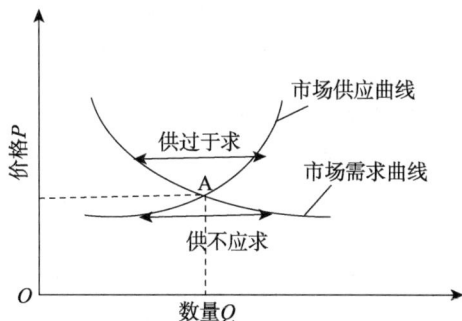

图 10-3　产销平衡图

当供给减少、供给曲线向左移动时，平衡点向左上方移动，即平衡价格上升，而平衡数量下降。

当供给增加、供给曲线向右移动时，平衡点向右下方移动，即平衡价格下降，而平衡数量上升。

2. 价值因素

从经济学理论中，我们知道价格是商品价值的货币表现，商品价值是形成价格的基础，价格也围绕着价值而波动。制定价格必须以价值为基础，这主要是由于：以价值为基础制定商品价格，有利于企业进行经济核算，有利于正确衡量技术措施和投资方案的经济效果，因此，定价决策过程应充分反映商品的价值。

3. 成本因素

成本也是影响定价过程中的基本因素，是定价的主要依据之一，企业生产并销售产品，产品价格应该包括总成本和相应的利润，否则企业将无利可图。因此产品成本在客观上成了定价时的重要因素。

4. 商品生命因素

商品从投入市场开始到完全退出市场为止所经历的全部时间称为商品的生命周期。

一般而言，商品的市场生命周期包括四个阶段，即投入期、成长期、成熟期、衰退期（图 10-4）。不同商品的生命周期及各阶段时间分布都不相同，因此其定价策略也应有所不同。

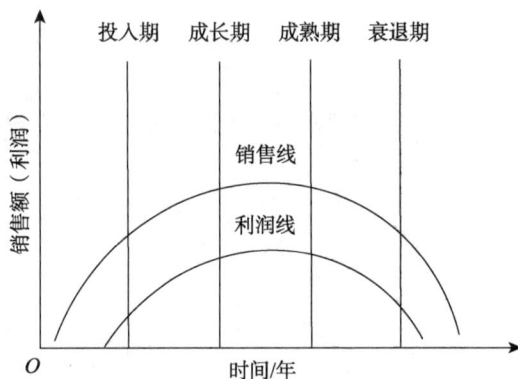

图 10-4　商品生命周期图

投入期的价格，既要补偿高成本，又要能为市场所接受，其收益比较少；成长期和成熟期，商品的销售量增加，市场的占有率扩大，此时的收益最丰厚；进入衰退期，其价格也趋于下降，商品收益也减少。

因此，商品处在不同阶段的需求变化规律不同，应掌握不同的变化规律，制定相应的定价策略，以确定产品适当的价格。

10.4.3　定价方法

1. 成本定价法

成本定价法以成本为基础,在产品的价格制定过程中是以成本作为其客观依据的。成本是企业生产和销售所发生的各项费用的总和,是构成产品价格的基本因素,也是价格的最低经济界限。

以成本作为定价的方法有很多,常用的有如下两种。

(1)完全成本定价法。完全成本定价法也称全额成本定价法,它是在某种产品预计完全成本(包括变动成本和固定成本)的基础上,追加一定的销售利润,以此二者之和作为产品销售价格的一种定价方法。公式如下:

$$售价 = \frac{产品完全成本总额}{产量} \times (1+加成的利润比例) \tag{10-1}$$

例 10-12　某企业预计在下年度生产某产品 10 000 件,直接材料费 280 000 元,直接人工费 80 000 元,制造费用总额 240 000 元,销售与管理费用 100 000 元,加成的比例定为 70%,则该产品的基本售价为

$$售价 = \frac{280\,000 + 80\,000 + 240\,000}{10\,000} \times (1+70\%) = 102\,(元)$$

102 元中有 60 元的制造成本和 42 元的加成,加成中包含了 10 元的销售及管理费,须知成本加成是以制造成本为基础的。

(2)变动成本定价法。这是以产品的单位变动制造成本为加成的基础定价的一种方法。在某种产品预计变动成本(不包括固定成本)的基础上,追加一定的边际贡献。即

$$售价 = 单位变动成本 \times (1+加成比例) \tag{10-2}$$

例如,当单位变动成本为 15 元,预定加成比例为 25%,产品定价为 15×(1+25%)=18.75(元)

若企业的生产能力还有剩余,在不追加固定成本的情况下,只要产品单位边际贡献大于零,即所定价格大于单位变动成本,企业就可盈利,因此特殊产品的定价公式为

特殊订货单价 = 单位产品变动成本 + 单位产品正常预期利润

变动成本定价法与完全成本定价法相比较,产品价格更具竞争力,通常实力雄厚或者具有一定条件的企业才使用。

2. 弹性定价法

价格弹性是度量商品价格所引起需求量变动程度的指标。商品的需求会受到价格高低的影响,但也不是每样商品的市场需求都受价格影响,即使受价格影响,其影响程度也有大有小。

有的商品需求受价格变动影响甚微或不受影响。如米、面、油等,它们的价格变

动（下降），对消费量影响不大，即使降价人们不会因此而大量食用。我们称其为缺乏价格弹性或者无价格弹性。而价格变动对销售量有较大影响的，称为有价格弹性或富于弹性。特别是高档消费品一类是最明显的例子。因此企业价格需要考虑的因素是价格弹性。

价格弹性是定价中很关键的因素，弹性大小是以弹性系数来表示的，计算如下。

设 P 和 Q 分别代表初始的价格和需求量，P_1 和 Q_1 分别代表新价格和新需求量。其弹性系数表达式为

$$E = \frac{(Q_1 - Q)/Q}{(P_1 - P)/P} \quad\quad (10\text{-}3)$$

式中，（$Q_1 - Q$）为需求量的增量；（$P_1 - P$）为价格的增量。

弹性系数 E 是以绝对值来表示的，但是它的分子和分母都必须以百分数表示，属于相对数，是变动比率。

$|E|$ 的大小可以反映价格的变动对需求量的影响。弹性系数 $|E|$ 大于 1，当价格提高时会造成销售收入的减少，当价格下降时会造成销售收入的增加。

因此，当 $|E|$ 大于 1 时价格的提高或者下降与销售收入的增加或者减少总是呈反方向变化的。弹性系数 $|E|$ 小于 1，价格的下降或提高与销售收入的减少和增加方向完全一致。若弹性系数 $|E| = 1$，价格提高或下降的百分比与销售量增加或者减少的百分比是相同的，因此销售收入始终保持不变。

了解价格弹性原理，可利用价格弹性采用不同的定价方法。

将上式变形得

$$P_1 - P = \frac{(Q_1 - Q)/Q}{Q \times E}$$

$$P_1 = P + \frac{(Q_1 - Q)P}{Q \times E} = P\left(1 + \frac{Q_1 - Q}{Q \times E}\right)$$

例 10-13　某企业计划年度生产销售的微波炉 36 400 台，销售价格 460 元，销售量为 29 900 台，该产品的价格弹性在–3 左右，问计划单位产品价格在什么范围较合适？

$$P_1 = P\left(1 + \frac{Q_1 - Q}{Q \times E}\right) = 460 \times \left[1 + \frac{36400 - 29900}{29900 \times (-3)}\right] = 426.67 \,(\text{元}/\text{台})$$

即单价适当下调至 426.67 元，仍可完成预期销售目标 36 400 台。

3. 最优价格定价法

一种商品如果价格优惠，销售量就会增加，但价格定得过低，单位边际贡献就小，就不能保证有足够的利润。在成本一定的情况下，售价高一点，可以使单位边际贡献大一些，但又会影响销路。

由于价格因素与商品的销售量、销售收入、销售成本及销售利润都有密切关系，分析时必须全面考虑。前面曾经介绍过边际成本的重要规律：当某产品的边际收入与

边际成本相等时，可使企业实现最大的利润，因此可利用边际成本的概念作为最优价格定价基础。此时边际收入与边际成本的差额，即边际利润为零。最大利润时的销售价格即为最佳售价，根据最佳售价确定价格的方法称为最优价格定价法，也称边际成本定价法。它们之间的相互关系，一般可以从销售量变动所引起的销售收入同销售成本的对比来说明。

例 10-14　某企业销售的产品售价及相应的销售预测量见表 10-13，固定成本为 1 000 元，单位变动成本为 10 元。要求通过分析预测，确定如何才能使企业获得最高利润及最佳的售价是多少？

表 10-13　相 关 资 料

价格/元	30	29	28	27	26	25	24	23	22	21	20
销售量/件	250	270	290	310	330	350	370	390	410	430	450

根据上述资料，整理计算后可编制核算表见表 10-14。

表 10-14　核 算 表

销售量/件	单价/元	销售收入/元	边际收入/元	销售总成本/元	边际成本/元	边际利润	销售利润
250	30	7 500		3 500	—	—	4 000
270	29	7 830	330	3 700	200	130	4 130
290	28	8 120	290	3 900	200	90	4 220
310	27	8 370	250	4 100	200	50	4 270
330	26	8 580	210	4 300	200	10	4 280
350	25	8 750	170	4 500	200	−30	4 250
370	24	8 880	130	4 700	200	−70	4 180
390	23	8 970	90	4 900	200	−110	4 070
410	22	9 020	50	5 100	200	−150	3 920
430	21	9 030	10	5 300	200	−190	3 730
450	20	9 000	−30	5 500	200	−230	3 500

从表 10-4 中可以看出，随着销售量的逐步上升，当边际收入大于边际成本时，价格的下降可以增加销售利润；但是当边际成本等于或大于边际收入时，销售利润的增长出现停滞，甚至负增长（降低），此时表明再降价实属无意义，从表中可知最高利润为 4 280 元，而此时的销售价格为 26 元，若一定要寻找边际利润为零的区域，亦可进一步细分，其实际意义不太大。

10.4.4　价格策略

1. 新产品定价策略

新产品的定价一般具有明显的不确定性。不清楚消费者对新产品的认可程度如何，新产品的消费层次又是怎样的。当企业推出一种新产品，若假定是市场上从未出现过的，那么市场上对它有多大的需求就很难确定。另外即使该产品与市场上某种产品有些近似，但它能替代多少现有产品，它的推销成本估计有多少，也不易确定，并且质量是否稳定、消费者是否满意、规模效应也未产生，等等。因而许多公司在新产品投入期，都会采用不同的价格进行试销，在试销时一般有如下两种定价策略。

（1）撇脂策略（skimming strategy）。由于新产品在投放市场初期销售市场比较容易开辟，也不存在竞争对手，此时可以用较高的价格，并辅以强有力的促销手段，从而保证在初期就获得高额利润。在市场扩大时或产品趋于成长阶段后再逐渐降低。此策略可以保证初期就获得足够的利润，便于迅速收回投资。但是高额的利润会引来众多的竞争者，高价也不容易持久，因此撇脂策略只能是一种短期性策略。

（2）渗透策略（infiltration strategy）。在新产品试销初期先制定较低的价格，以占有市场为主要目的，得到市场的认可后，再逐步提升价格。这种策略能有效地排除竞争者的渗入，达到企业长期占有市场的目的，从而为后期企业带来可观的利润，并确立市场的领先地位，但是在前期会放弃一些利润。这种策略的缺点是投资回收期长，比较适合于市场需求量大，价格弹性也大的产品，所以说这是一种长远的定价策略。

2. 竞争性定价策略

这是于产品处于成熟状态时常采用的定价策略。由于市场需求量已接近饱和，对竞争对手的情况也大致有个了解，因此对于不同的竞争者应采用不同的方法，若竞争对手的市场份额、质量状况、成本状况都不如自己，可先采用低价格倾销的方法，将其逐出市场。而面对强于自己的竞争对手时，则宜紧随，保持一定的平衡，价格变动趋向一致，尽力保持自己的市场份额。若竞争双方势均力敌，则考虑采用非价格因素的方法，如在售后服务方面有所行动，争取客源，扩大市场份额；而不宜考虑采用价格策略以免两败俱伤。采用竞争性价格策略，确定降价幅度时，必须注意以下三点：第一，降价幅度必须考虑产品的价格弹性，价格弹性大，降价幅度应小；价格弹性小，降价幅度大；第二，降价应能引起消费者的注意，需广而告之；第三，降价幅度必须考虑盈利状况。

3. 变动成本策略

这种策略在企业尚有生产能力的前提下适用。只要不增加固定成本的投资，产品的售价只需高出单位变动成本即可。若有一定的专属固定成本的追加，则必须扣除这一部分成本支出后再与单位变动成本进行比较。变动成本策略是一个竞争性比较强的策略。

4. 心理定价策略

它主要是零售企业针对顾客消费心理而采用的定价策略，常用的方法主要有以下几种。

（1）尾数定价与整数定价。顾客购物时，对价格数字往往有这样的心理倾向，即偏重于价格的整数，而忽视价格的零数。例如，一件商品标价为 0.98 元，顾客会在心理上认为其价格只是以角分来计量，因而觉得比较便宜；当标价为 1 元时，顾客则会认为计量单位以元计算，因而觉得比较昂贵。其实这两种标价只差 0.02 元，而顾客却会感觉两者之间的差别很大。这种顾客在购物时对价格数字的心理倾向，会指导顾客的购物行为，从而导致商品需求的变动。这种方法下，价格尾数以 8、9 为多，能给顾客一个价格较低的印象。一般只适用于价值较小、销售量大、销售面广、购买次数多的中低档次消费品。

与尾数定价法相反，整数定价法是以整数为商品定价的一种方法。顾客购物时，特别是在选购耐用消费品或高档商品时，看重的往往是其质量，从心理上感觉，价格越高，质量应该越好。因此，为高档商品或耐用消费品定价时，常采用整数定价，给顾客一种质量好、可靠性强的印象，从而刺激其购买欲望。

（2）心理折扣定价。心理折扣定价是利用顾客求廉务实的心理特点而采取的降价促销措施。当一种商品的牌号、性能不为广大顾客所熟悉与了解，其市场的接受程度低时，采用心理折扣价格，即标示原价后再打折扣，给顾客在心理上造成物美价廉的感觉，吸引顾客，扩大商品的销量。这种方法在服装、食品零售业经常被使用。

（3）习惯性定价。习惯性定价是商品进入生命成熟期时的一种心理定价法。市场上一种商品由于销售已久，销售者经过使用以后，凭经验和感觉会对该种商品的质量、使用性能等情况在与其他类似代用品进行比较之后，作出主观评定，形成一种心理上乐于接受的习惯性价格。对于这类商品，任何生产者要想进入市场，如不具备特殊优势的话，都必须依照顾客的习惯价格定价，如日用品类。

10.5　存　货　决　策

10.5.1　存货决策的意义

工业企业在进行生产经营活动过程中，离不开原材料的采购、在产品和产成品等的生产。为了保证企业供应、生产和销售活动能顺利地进行，各种物资必须有合理的存货。工业企业存货中各种物资不仅品类繁多，而且所占用的资金数量也很大，一般可能达到企业资金总量的 30%~40%。因此，企业占用于材料物资上的资金，其利用效果如何，对企业的财务状况与经营成果都有很大的影响。

一个企业为了避免缺货而延误生产时机或丧失顾客，就必须有足够的存货。但存货过多，不仅积压资金，增加仓储成本，而且可能发生腐蚀、变质等现象，增加企业的经营风险。为避免这种情况的出现，就必须对存货的数量加以适当的规划与控制。

存货决策的主要任务就是如何权衡这两个方面，使库存既不因太多而积压资金，也不因过少而导致缺货脱销或停工待料。在保证生产、销售顺利进行的前提下，选择成本最低、效率最高的最优方案。

加强存货的管理和决策，采用科学的方法，使存货始终保持在一个最优化水平上，对于保证生产的顺利进行、加速资金周转、提高资金的利用效果具有重要意义。

10.5.2 与库存决策有关的基本概念

1. 平均库存量

平均库存量是指一个企业库存量的平均数。例如，某企业甲材料全年的需用量为 3 200 件，全年耗用均匀，每年订货 4 次，即 3 个月进货一次，每次订购 800 件，其平均库存量可用图解表示，如图 10-5 所示。

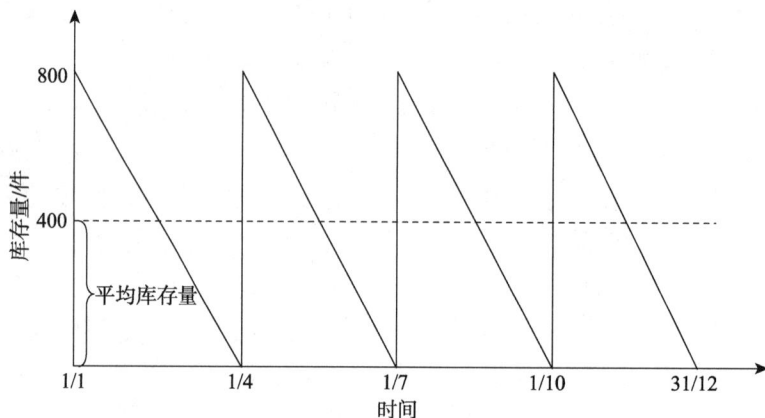

图 10-5 平均库存量图

图中纵轴代表库存量，横轴代表时间。由图 10-5 可见，平均库存量为 400 件，即订货量的 1/2，用公式表示为

$$平均库存量 = 订货量/2$$

2. 采购成本

采购成本（purchasing cost）是存货成本的主要组成部分，它是指构成存货本身价值的进价成本，主要包括买价、运杂费等。采购成本一般与采购数量成正比变化，它等于采购数量与每次采购成本的乘积。采购成本受存货的市场价格影响较大，因此，在采购存货时，应当尽可能以较低的市价采购到符合要求的存货，以降低存货的成本。在存货的市价稳定的情况下，如果一定时期的存货总需求量是固定的，并且也不存在商业折扣的情况下，采购单价也不会随采购批量的大小而变化，因此采购成本此时属于无关成本，不会影响企业的最佳订货批量的决策。存货的总采购成本也是固定的，与采购批数及每批的采购量无关。

3. 订货成本

订货成本（ordering cost）是指企业为组织每次订购业务而发生的各种费用支出，

如为订货而发生的差旅费、邮资、通信费、专设采购机构的经费等。

订货成本分为变动性订货成本和固定性订货成本。变动性订货成本与订货次数成正比，而与每次订货数量关系不大，订货次数越多，变动性订货成本越高，如采购人员的工资、差旅费、通信费、文件处理费用、付款结算的手续费用等；固定性订货成本与订货次数无关，包括维持采购部门正常业务活动所必须发生的支出，属于无关成本，不影响企业最佳订货批量的决策等。

订货的相关成本以 TC_0 表示：

$$全年订货次数(n) = \frac{全年需要量}{每次订货量} = \frac{A}{Q}$$

$$订货成本(TC_0) = P \times n = P \times \frac{A}{Q}$$

（10-4）

式中，Q 为每次进货量；P 为每次订货的变动成本。

有时将采购成本与订货成本之和称为存货的取得成本。

4. 储存成本

储存成本（storage cost）是指企业为储存存货而发生的各种费用支出，如仓储费、保管费、搬运费、保险费、存货占用资金支付的利息费、存货残损和变质损失等。存货的储存成本也可进一步细分为变动性储存成本和固定性储存成本。变动性储存成本与储存存货的数量成正比，储存的存货数量越多，变动性储存成本就越高，如存货占用资金的利息费、存货的保险费、存货残损和变质损失等。固定性储存成本与存货的储存数量无关，如仓库折旧费、仓库保管人员的固定月工资等。储存成本公式为

$$平均库存量 = \frac{每次订货量}{2} = \frac{Q}{2}$$

$$全年平均储存总成本 = \frac{单位存货的全年}{平均储存成本} \times \frac{平均}{库存量} = C \times \frac{Q}{2}$$

5. 缺货成本

缺货成本（stockout cost）是指由于存货储备不足而给企业造成的经济损失，如由于原材料储备不足造成的停工损失；或由于商品储备不足造成销售中断的损失等。存货的短缺成本与存货的储备数量呈反向变化，储存存货的数量越多，发生缺货的可能性就越小。缺货成本当然就越小。

6. 存货成本

存货储备总成本表现为取得成本、储存成本与缺货成本之和，即我们常说的存货的相关总成本，即订货成本与采购成本的变动部分。企业存货管理的最直接目标就是努力使存货的相关总成本之和趋于最小。

7. 安全储备量

安全储备量是为了应付供应上发生不可预测情况时所必需的存货量。

（1）每天的销售量（或者生产量）都不同，如果因一时销售量增加，而新的订货量尚未到达，势必会影响企业的正常生产经营。

（2）订货开始到商品到达企业并投入使用需要一定的时间，这段时间叫"交货期"。包括办理订购所需要的时间、发运所需要时间、在途运输时间、验收入库时间、使用前整理准备时间。若交货期需要5天，就必须提前5天订货。

安全储备量＝（预计每日最大耗用量－预计平均每日正常耗用量）
安全储备计算公式为×提前日数

8. 再订货点

一次订货到达企业后，存货还剩余多少时必须进行下一次的订货，此时的存货量叫作再订货点。

公式如下：

$$再订货点 = 交货期 × 平均每日销售量 + 安全储备量 \qquad (10\text{-}5)$$

例 10-15 某企业生产甲产品的安全储备量为 600 件，平均每日销售量为 100 件，交货期为 6 天，试确定再订货点。

再订货点 = 100 × 6 + 600 = 1 200 件

即再订货点为 1 200 件。

如果该商品每次的订货量为 3 000 件。其再订货点用图表示如图 10-6 所示。

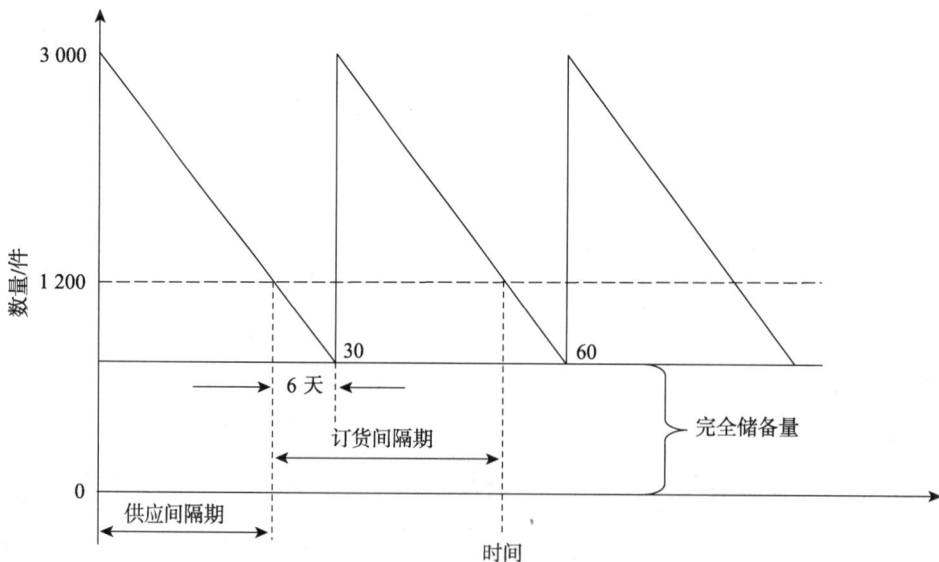

图 10-6　再订货图/天

10.5.3 存货决策的方法

1. 经济订货批量模型

经济订货批量就是指在一定条件下，能使存货相关总成本之和趋于最低时的订货量，经济批量控制法是最基本的存货定量控制方法，其目的在于决定进货时间和进货批量，以使存货的总成本最低。在这一决策过程中，经济订货量模型及其扩展模型有着广泛的应用。经济批量模型的应用则需具备下列前提条件。

（1）存货的年需要量和日消耗量都固定不变，采购单位成本也固定不变（即没有数量折扣）。

（2）订货提前期不变，即从开始订货到入库的时间不变。

（3）订货次数与订货成本呈线性变化，储存成本与平均储存水平成线性变化。

（4）每批的订货 Q 都能够一次全部达到。

（5）订货资金充足，仓库储量没有限制，供货、运输单位没有任何附加条件。

（6）不允许存在缺货（即不需要安全储量）。

由于商品（或者材料）的每次订购数量直接影响存货总成本，因而要使存货上耗费的总成本能够在满足销售（或者生产）正常需要的前提下达到最低水平，关键在于如何确定某种存货的每次订购数量，因为每次订货数量增大时，订货次数就会相应减少，随之订货成本减少，而储存成本则会增加。同时缺货成本会因为出现缺货可能性的下降而减少或消失。

反之，当每次订货数量减少时，订货次数就会相应增加，使订货成本增加，储存成本减少，缺货成本则因为缺货的可能性上升而增加。

所以，随着订货次数、每次订货数量的变动，存货总成本中订货成本、储存成本、缺货成本的增减变动方向是不一致的，并互为消长，关键在于必须确定一个存货总成本最低的订货数量，即经济订货量，以及经济订货量下的订货批次，即最优订购次数。

订货（相关）总成本＝储存＋订货＋缺货＋采购

　　　　＝变动储存成本＋变动订货成本（其他为无关成本）

　　　　＝平均存货量×单位存货年变动储存成本＋每次变动订货成本×次数

　　　　$= Q/2 \times C + P \times A/Q$　　　　　　　　　　　　　　（10-6）

式中，A 为年需要量。即不考虑缺货成本和采购成本（它们是无关成本），那么根据数学模型计算就可以获得存货的相关成本。

2. 批量模型的确定方法

（1）逐次测试法

例 10-17 海云公司对某种材料的全年需要量为 4 000 kg，每次的变动性订货成本 P 为 20 元，每次订货批量为 Q，单位存货的变动性储存成本 C 为 4 元，按存货的相关成本计算公式，不同配比的采购批量的相关总成本见表 10-15。

表 10-15　逐次测试计算表

项目	单位	不同的订货批量							
每次订货批量（Q）	kg	40	80	200	400	500	1 000	2 000	4 000
订货次数（A/Q）	次	100	50	20	10	8	4	2	1
平均库存量（$Q/2$）		20	50	100	200	250	500	1000	2000
全年相关订货总成本（$P\times A/Q$）	元	2 000	1 000	400	200	160	80	40	20
全年相关储存总成本（$C\times Q/2$）	元	80	200	400	800	1 000	2 000	4 000	8 000
全年相关总成本（TC）	元	2 080	1 200	800（最低）	1 000	1 160	2 080	4 040	8 020

根据给定资料，分别将不同的订货量代入上述公式逐次计算，编入表得知每次订货量为 200 kg 时的成本最低为 800 元。

（2）图示法。图 10-7 为例 10-7 的示意图。

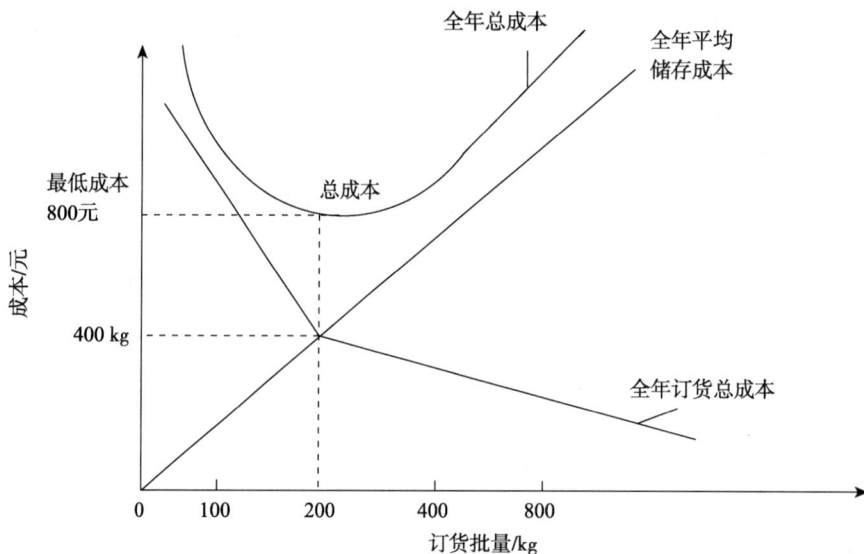

图 10-7　相关成本与订货批量的线型图

（3）公式法。建立数学模型：根据上述分析内容，其相关总成本=订货成本+储存成本

即 $TC = P \times A/Q + C \times Q/2$　　　　　　　　　　（10-7）

以 Q 为自变量，求 T 的一阶导数 TC'：

$$T' = \frac{\mathrm{d}T}{\mathrm{d}Q} = \frac{C}{2} - \frac{AP}{Q^2}$$

$T' = 0$，则

$$\frac{C}{2} - \frac{AP}{Q^2} = 0$$

$$Q^2 = \frac{2AP}{C}$$

$$Q = \sqrt{\frac{2AP}{C}} \qquad (10\text{-}8)$$

根据上述公式，可进一步推导出经济批量下的最小成本值 T：

$$T = \frac{C \cdot \sqrt{\dfrac{2AP}{C}}}{2} + \frac{AP}{\sqrt{\dfrac{2AP}{C}}} = \sqrt{2APC} \qquad (10\text{-}9)$$

如例 10-17 中的数据：

经济订购批量 $Q^* = \dfrac{\sqrt{2AP}}{C} = \dfrac{\sqrt{2 \times 4000 \times 20}}{4} = 200\,(\text{kg})$

同时，EOQ^* 下的最低成本 $T^* = \sqrt{2APC} = \sqrt{2 \times 4\,000 \times 20 \times 2} = 800\,(\text{元})$

经济订货批量下的最优订购批数 $N = A/Q^* = 4\,000/200 = 20\,(\text{次})$

3. 经济订货批量模型的扩展

如前所述，经济订货批量的运用是有一定的使用前提的，现实中存货的管理却需解决不同于确定条件的情况，如常见的有商业折扣现象，货物多时会存在陆续到货的情况，货物较少时会存在缺货情况等。下面就针对现实中最常见的几种情况进行分析。

1）有数量折扣情况下的存货决策

前述的经济订货批量的前提条件中有无数量折扣的假设，但现实情况是为了鼓励购买者多购买商品，供应商对量大的购买者往往会实行数量折扣，即规定每次订购量达到某一数量界限时，给予价格上的优惠。关于数量上的认定有商品本身的数量、一次或多次运输的数量以及存储量的限制等。这样原经济批量模型下的相关成本就由 2 项变为 3 项：

相关总成本 = 采购成本 + 订货成本 + 储存成本

在此情况下 EOQ^* 的确定步骤如下。

（1）计算不考虑折扣条件时 EOQ^* 及其相关成本之和。

（2）计算有数量折扣时相关成本之和最低时的订货量。

（3）将两种数量下的相关成本之和比较，较低者为存在数量折扣时的 EOQ^*。

例 10-18　海云公司对 A 材料的全年需要量为 18 000 个。每次的变动性订货成本为 111.751 元，每件每年储存成本为 0.45 元，每次订货批量为 Q，供应商规定：每次订货量达到 3 000 个，即可获得 2% 的价格优惠。若不足 3 000 个，材料单价仍为 50 元。

（1）计算没有数量折扣时的经济订购批量，按一般原则，当有可能获得数量折扣时，最低订购数量可由经济订购批量 Q^* 来决定。

$$Q^* = \sqrt{\frac{2 \times 18\,000 \times 111.751}{0.45}} = 2\,990\,(\text{个})$$

因此，最佳订购批量必然是 2 990 个或 3 000 个，不可能有其他订购数量比这两个数量中的一个更经济。

（2）计算不考虑数量折扣时的总成本合计额。

采购成本 = 18 000 × 50 = 900 000（元）

订购成本 = 18 000/2 990 × 111.751 = 672.75（元）

储存成本 = 2 990/2 × 0.45 = 672.75（元）

年成本合计 = 900 000 + 672.75 + 672.75 = 901 345.5（元）

（3）开始考虑数量折扣时的年折扣成本。

采购成本 = 18 000 × 50 × （1 − 2%）= 882 000（元）

订购成本 = 18 000/3 000 × 111.751 = 670.506（元）

储存成本 = 3 000/2 × 0.45 = 675（元）

年成本合计 = 882 000 + 670.506 + 675 = 883 345.506（元）

比较二者的年成本合计额，可知接受数量折扣可使存货成本降低。降低额为 901 345.5 − 883 345.506=17 999.994 元。

2）订单批量及存货储备受限制情况下的存货决策

实务中在实际订货时，往往会有这样或那样的要求，强迫你接受一些条件：如必须满一吨、使用一个集装箱或租赁一个车皮等。这时可按如下方法进行分析。

（1）计算无订货限制的 EOQ^*。

（2）检查限制批量。

（3）确定两个允许值。

（4）比较相关总成本。

（5）确定 EOQ^*。

例 10-19 由于运输集装箱的限制及物品包装等原因,海云运输公司只接受整数批量的订单[如 200、400、600 箱（件）等],不接受有零数的订单，若某公司全年需要甲部件 2 000 箱，每次订货成本 126.56 元，每件年储存成本为 2.5 元。要求：选择哪种整数订单为最优决策。

解： 首先计算不考虑订单限制的 EOQ：

$$Q^* = \sqrt{\frac{2AP}{C}} = \sqrt{\frac{2 \times 2\,000 \times 126.56}{2.5}} = 450\,(\text{箱})$$

由于 450 箱不是供应商所要求的整数批量，因而只能在 450 箱的临近数，即 400 箱和 600 箱之间进行选择，选择的方法是比较二者的年成本。

订购 400 箱时的年度总成本：

储存成本 + 订购成本 = 400/2 × 2.5 + 2 000 × 126.56/400 = 1 132.8（元）

订购 600 箱的年度总成本：

储存成本 + 订购成本 600/2 × 2.5 + 2 000 × 126.56/600 = 1 171.87（元）

从成本的大小可知，订购批量为 400 箱时的年成本较小，此方案为最佳决策。

例 10-20 海云公司在某地分公司每年需要某材料 360 000 kg，每次订货成本 1 225 元，每 kg 全年储存成本为 0.5 元，该分公司目前最大的仓库储存量为 30 000 千克，考虑到未来发展的需要。已与其他单位意向租用一间可储存 20 000 kg 该材料的仓库，年租金为 4 000 元，应如何进行存货决策？

解：（1）计算不受任何限制情况下的经济订购批量和年成本。

$$Q^* = \sqrt{\frac{2AP}{C}} = \sqrt{\frac{2 \times 360\,000 \times 1\,225}{0.5}} = 42\,000\,(\text{kg})$$

$$T^* = \sqrt{2APC} = \sqrt{2 \times 360\,000 \times 1\,225 \times 0.5} = 21\,000\,(\text{元})$$

（2）比较使用仓库与否情况下年成本。

按一次订购 30 000 kg 情况下的成本数额如下：

储存成本 = $Q/2 \times C$ = 30 000/2 × 0.5 = 7 500 元

订购成本 = $A/Q \times P$ = 360 000/30 000 × 1 225 = 14 700 元

年成本合计 = 7 500 + 14 700 = 22 200 元

（3）比较两种方案下的总成本。

不扩大仓库方案的年成本为 22 200 元，无限制情况下的存货成本为 21 000 元，但须另加仓库租金 4 000 元，所以，不租赁方案的成本是最低的，其方案为最佳方案。

3）缺货情况下的存货决策

在前述的假设条件下，是不允许有缺货现象出现的，而实务中由于各方面的原因，缺货现象却是时有发生的，因为从客观上看，从订货到货物抵达也需时间，这极有可能不是供需双方所能够控制的，从企业自身上看，企业内部的生产可能存在不稳定状况或外部的零配件供应商的供应误期。而当缺货现象出现时，必须将由此而产生的缺货成本作为相关成本来考虑。因此：

相关总成本 = 订货成本 + 储存成本 + 缺货成本

假设 L 为允许的缺货量，则在允许缺货的条件下，存货的库存变化如图 10-8 所示。

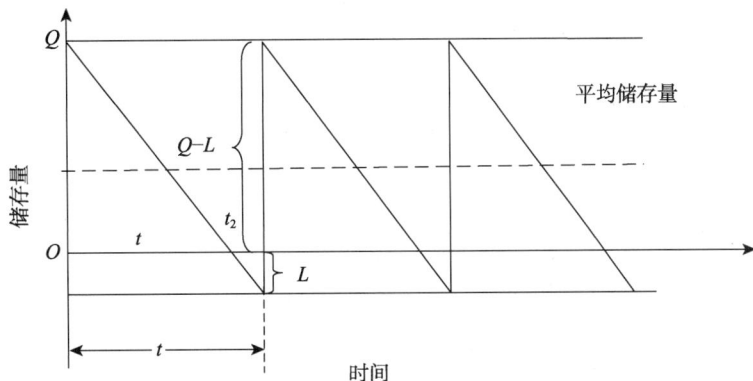

图 10-8 允许缺货条件下的储存量的变化

从图中可知，最高的存储量为 $Q-L$，假设：t 代表两次订货的时间间隔，t_1 代表存货库存量为正的期间；t_2 代表库存量为零的期间（即缺货的期间）；d 代表存货的日消耗量。则

$$t = t_1 + t_2 = \frac{Q}{d}$$

$$t_1 = \frac{Q-L}{d}$$

$$t_2 = \frac{L}{d}$$

t_1 期间平均储存量 ＝（$Q-L$）/2

t_2 期间平均储存量 ＝ L/2

存货的年平均储存量 $\overline{Q}$ 是 t 期间内的平均库存量，是 t_1，t_2 期平均库存量的再平均，可以表示为

$$t期间平均储存量 = \frac{\frac{(Q-L)}{2} \times t_1 + 0 \times t_2}{t} = \frac{(Q-L)^2}{2Q}$$

$$t期间平均缺货量 = \frac{0 \times t_1 + \frac{L}{2} \times t_2}{t} = \frac{\frac{L}{2} \times \frac{L}{d}}{\frac{Q}{d}} = \frac{L^2}{2Q}$$

例 10-21　假设某企业需要 A 材料，允许出现数量为 130 kg 的缺货，每次订货批量为 430 kg，那么存货的平均库存量为多少？该材料的平均缺货量是多少？

解： 根据上述公式，计算如下。

$$平均储存量 = \frac{(Q-L)^2}{2Q} = \frac{(430-130)}{2 \times 430} = 104.65 \,(kg)$$

$$平均缺货量 = \frac{L^2}{2Q} = \frac{130^2}{2 \times 430} = 19.65 \,(kg)$$

如果假设缺货的年单位平均成本为 H，则在允许情况下的总成本为 $T_缺$，存货的相关总成本模型可以表示为

$$T_缺 = \frac{AP}{Q} + \frac{(Q-L)^2}{2Q} \times C + \frac{L^2 H}{2Q}$$

对 $T_缺$ 求一阶偏导数，当（$T_缺$）$_{Q'} = 0$，（$T_缺$）$_{L'} = 0$ 时，所求出的 Q 即为使 $T_缺$ 最小的经济订货量，即

$$经济订购批量 Q^* = \sqrt{\frac{2AP}{C} \times \frac{C+H}{H}}$$

$$最佳缺货量 L^* = Q \times \frac{C}{C \times H} = \sqrt{\frac{2AP}{H} \times \frac{C}{C+H}}$$

$$最低含缺货相关成本 T_{缺} = \sqrt{2APC \cdot \frac{H}{C+H}}$$

例 10-22　某企业对 B 材料的全年需要量为 700 kg。每次的变动性订货成本为 35 元，每次订货批量为 Q，单位存货的变动性储存成本为 1 元，单位缺货成本为 2 元。求最低含缺货相关成本。

解：按公式可得：

$$经济订购批量 Q^* = \sqrt{\frac{2AP}{C} \times \frac{C+H}{H}} = \sqrt{\frac{2 \times 700 \times 35}{1} \times \frac{1+2}{2}} = 271.11 \text{(kg)}$$

$$最佳缺货量 L^* = Q \cdot \frac{C}{C \cdot H} = 271.11 \times \frac{1}{1+2} = 90.37 \text{(kg)}$$

$$最低含缺货相关成本 T_{缺} = \sqrt{2APC \times \frac{H}{C+H}} = \sqrt{2 \times 700 \times 35 \times 1 \times \frac{2}{1+2}} = 180.74 \text{(元)}$$

4）一次订货、陆续到货情况下的存货决策

在前述的假设条件下，存货的相关成本的确定是建立在所有的货物一次到达企业入库的假设条件上，而在实务中由于运输、装卸等各方面的原因，企业订货的货物往往是陆续到达的，储存量也是陆续增加的，这样订货全部到达后的最高值就不会等于一次到达的最高值了。这样在存货入库的过程中，存货也在不断被领用，如图 10-9 所示。在这种情况下，原来的存货基本模型需进行修正。

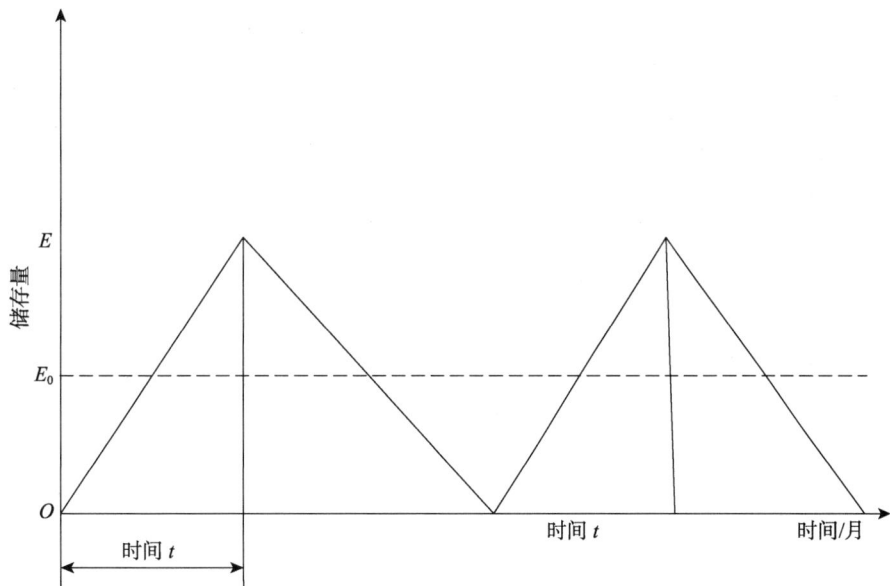

图 10-9　一次订货、陆续到货的存货决策

设 Q 表示每批订货量，P 表示每日送货量，该批货物全部到达所需天数为 t，且 $t = Q/P$；因库存每日发出量（消耗量）为 d，故送货期内存货耗用量为 $Q/P \cdot d$。

每天增加的库存量为 $P-d$；则最高的库存量为 $(P-d)t = (P-d) \cdot Q/P$

平均库存量为 $\dfrac{1}{2}(P-d)\dfrac{Q}{P}=\dfrac{1}{2}\left(Q-\dfrac{Q}{P}d\right)$

因此存货相关总成本的模型可以表示为（假设不存在缺货）：

相关总成本 = 订货成本 + 储存成本

$$T=\frac{D}{Q}\cdot A+\frac{1}{2}\left(Q-\frac{Q}{P}d\right)\cdot C=\frac{D}{Q}\cdot A+\frac{Q}{2}\left(1-\frac{d}{P}\right)\cdot C \qquad （10\text{-}10）$$

式中，D 为全年需要量；A 为平均订货成本。

当订货变动成本与储存变动成本相等时，T 存在最小值，故存货陆续到货时使用的经济订货批量公式为

$$\frac{D}{Q}\times A=\frac{Q}{2}\left(1-\frac{d}{P}\right)C$$

$$Q'=\sqrt{\frac{2AD}{C}\bigg/\left(1-\frac{d}{P}\right)}$$

将公式代入 T 公式可得：

$$T=\sqrt{2ADC\left(1-\frac{d}{P}\right)} \qquad （10\text{-}11）$$

以及最优订购批次：

$$N=\frac{D}{Q'}=\sqrt{\frac{DC}{2A}\left(\frac{P}{P-d}\right)} \qquad （10\text{-}12）$$

例 10-23 某企业对某种材料的全年需要量 D 为 16 000 件，每日送货量 P 为 50 件，每日耗用量 d 为 25 件，平均订货成本 A 为 100 元，单位储存变动成本 C 为 5 元，问经济订货量、经济订货批量下的总成本及最优订购批数是多少？

根据上述公式可得：

$$EOQ=\sqrt{\frac{2AD}{C}\bigg/\left(1-\frac{d}{P}\right)}=\sqrt{\frac{2\times100\times16\,000}{5}\bigg/\left(1-\frac{25}{50}\right)}\approx1131.37\,(\text{件})$$

$$T'=\sqrt{2ADC\left(1-\frac{d}{P}\right)}=\sqrt{2\times100\times16\,000\times5\times\left(1-\frac{25}{50}\right)}\approx2\,828.43\,(\text{元})$$

$$N=\frac{D}{Q'}=\frac{16\,000}{1131.37}=14.14\approx14\,(\text{次})$$

4. ABC 管理法

企业的存货（包括材料、在产品、产成品）品种数量繁多，特别是企业生产中所需要的原材料有成千上万种。所以在实际工作中，对这些材料物质要实行全面存货管理与控制，的确有一定的困难。对这个问题，企业可采用 ABC 分类法的原理进行分类管理，这样既能保证重点，又能照顾一般，对不同类型的物资采用不同的管理对策，以实现最经济、最有效的管理。

1）ABC 库存分类管理法的原理

ABC 分类管理法又称为重点管理法，它把库存物资按某种物资占库存物资总数量的百分比和该种物资金额占库存物资总金额的百分比的大小为标准，划分为 ABC 三类，把品种数量少，而占用资金多的项目划为 A 类；把品种数量较多、单位价值比较高的项目划为 B 类；把一些零碎的、种类很多，但单位价值不高的项目划为 C 类。对金额高的 A 类物资，应作为重点加强管理与控制；B 类物资，可按通常办法进行管理与控制；C 类物资品种数量繁多，但价值不大，可采用最简便的方法加以管理与控制。

2）ABC 库存分类管理法的程序

（1）把各种库存物资全年平均耗用总量分别乘以它的单价，计算出各种物资耗用总量及总金额。

（2）按各品种物资耗费金额的大小顺序重新排列，并分别计算各种物资所占领用总数量的比重（百分比）。

（3）把耗费金额适当分段，计算各段中各项物资领用数占总领用数的百分比，分段累计耗费金额占总金额的百分比，并根据一定标准将它们划分为 A、B、C 三类。分类的标准通常见表 10-16。

表 10-16 ABC 存货分类管理法

物资类别	占物资品种数的百分比/%	占物资中金额的百分比/%
A	5～10	70～80
B	20～30	15～20
C	50～70	1～10

例 10-24 某企业生产某种乙产品，共使用多种零件存货项目，如果所有零件均系外购，其单价及全年平均领用量等有关资料见表 10-17。要求用 ABC 法分类各品种及资金情况。

表 10-17 某企业存货品种及占用资金表

存货编号	存货品种/种	占用资金/万元
1001	530	5 550
1002	600	1 000
1003	540	620
1004	1 400	108
1005	1 200	720
1006	1 220	230
1007	310	31
1008	2 700	220
1009	630	300
2001	2 840	79
合计	11 970	8 858

根据表 10-17 所列资料，可将各类存货按其占用的资金的多少，从大到小排列，并计算各存货的资金占用额占存货资金的比重和每个类别占总品种的比重。

据此可将存货分为 A、B、C 三类，编制表 10-18 所示。

表 10-18　ABC 分类分析表

类别	存货编号	占用资金/万元	品种比重/%	资金比重/%	累计品种比重/%	累计资金比重/%
A	1001	5 550	4.428	62.655	9.440	73.944
	1002	1 000	5.013	11.289		
B	1005	720	10.025	8.128	14.536	15.128
	1003	620	4.511	6.999		
C	1009	300	5.263	3.387	76.023	10.928
	1006	230	10.192	2.597		
	1008	220	22.556	2.484		
	1004	108	11.696	1.219		
	2001	79	23.726	0.892		
	1007	31	2.590	0.350		
合计		8 858	100.00	100.00	100.00	100.00

从表 10-18 中可基本看出 A、B、C 的占比情况，若绘出坐标图，则更一目了然。如图 10-10 所示。

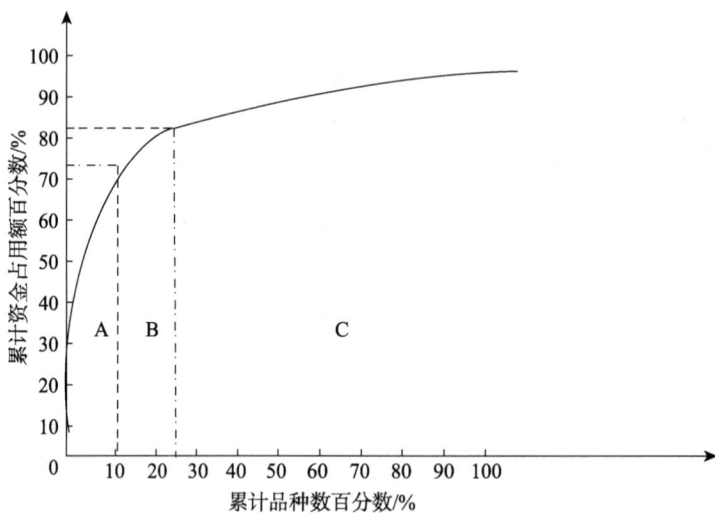

图 10-10　ABC 分类示意图

上述 ABC 三类存货中，根据各类存货的重要程度采用不同控制方法。

对 A 类物资要进行重点控制，要计算每个项目的经济订货量和订货点，尽可能适当增加订购次数，减少库存量。同时，还可为 A 类存货分别设置永续盘存卡片，以加强日常的控制。

对 B 类存货的控制，要事先为每个项目计算经济订货量和订货点。同时也要分项设置永续盘存卡来反映库存动态，但不如 A 类要求那样严格，只要定期进行概括性的检查便可以了。

对 C 类存货的控制，由于它们为数众多，而且单价又很低，存货成本也很低，因此，可适当增加每次订货数量，减少全年的订货次数。对这类物资日常的控制方法，一般可以采用一些较为简单的方法进行管理，常用的有"双箱法"。

5. 双箱管理法

所谓"双箱法"，就是将某项库存物资分装两个货箱，第一箱的库存量是达到订货点的耗用量，当第一箱用完时，就意味着必须马上提出订货申请，以便补充生产中已领用和即将领用的部分。

双箱法的特点是对于某项库存物资确定一个对应的再订货点，决定是否再次订货的是存货库存量是否达到或低于再订货点，而不是库存物资是否被领过。因而一般订货批量大而次数较少（但如果是平时登记存货收发情况的，也有可能出现相反的情况）。双箱法是基于定量原理制定的。

10.5.4　适时制管理

1. 适时生产系统理论

丰田与日产汽车创建的适时生产系统是从研究传统的生产系统开始的。意图在于消除非生产时间，使生产周期等于对产品必要加工的增值时间。传统的生产系统的产品生产总时间可用如下公式表示：

产品生产总时间 = 加工时间 + 材料整理 + 运送时间 + 等待时间 + 检验时间

按以上的时间构成项目对企业进行调查，发现大多数企业的产品生产加工时间不足总时间的10%，其余时间均为运送、检验和等待的时间。由此产生了库存投资、储存、保管、运送、损毁等浪费。适时生产系统倡导者为改变传统的生产系统，将前述公式改写为

产品生产总时间 = 增值时间 + 非增值时间

增值时间等于生产过程对产品的操作时间，非增值时间为储存、等待、运送和检验等的时间。由于非增值时间并不增加价值，故被认为纯属浪费。

适时生产系统理论的目的正是在于消除这些非增值活动的浪费，使产品总时间等于生产过程对产品的实际加工的增值时间，从而整个生产过程能够不间断地进行。为此，适时生产系统理论提出改变传统的由前向后推进式的生产系统，形成从后向前需求拉动式的生产系统，此即适时生产系统。

需求拉动式的生产系统要求生产企业必须根据客户订货或市场要求的数量、品种、质量标准和交货时间组织生产安排采购。前一生产工序必须按照后一生产工序所要求的有关在产品、半成品或零部件的数量、规格、质量和需求时间安排生产，前一生产

工序生产数量、成品质量和产出时间只能根据后一生产工序的具体要求而定，如此从后向前，直到材料采购。这种生产系统将材料采购、生产和存货管理相结合，要求企业的供、产、销各个环节密切协作配合。

2. 即时订货的存货管理

1）管理目标与条件

最佳的存货管理状态就是以最低的成本保证生产和市场的需求，这就要求存货管理系统必须保证以下两点。

（1）产成品不能缺货。

（2）存货及时供应，但不能积压。

为了保证存货管理目标的实现，克服传统经济订货量模型的不足，即时订货管理模式所要达到的目标是：货物在到达企业时就马上投入生产，即在存货购置并到达企业的时间点与存货投入生产的时间点之间没有时间间隔。因此即时订货的存货管理又称存货管理。

2）成本分析

存货成本取决于它停留在物流中的时间。与其相关的成本有以下几种。

（1）机会成本。机会成本主要是指资金利息损失成本。由于存货的存在占用了一定的资金，使得这部分资金丧失了在其他场合所能获得的收益。

（2）存货的保管费用及损耗。存货在物流线中停留的时间越短，它的储存成本就越小。以此为出发点，减少存货停留时间最有潜力的环节应该是仓储存货阶段。所以，企业购进原材料应立即投入生产，产成品下了生产线应立即发给客户，这就保证存货以最短的时间完成从原材料到满足客户需求的过程。

3）决策内容

即时订货的管理模式要求管理者必须在某一时刻作出决策，决定任何一个时间点上的进货情况。这包括在这个时点上是否购进原材料，如果购进，还需确定购进原材料的种类、数量如何。所有这些要达到的最终目标是：按照正常情况产出的产品能够即时（而不是及时）发给客户。

在这个决策过程中，对未来需求量的预计包括两个方面的内容：一是根据现有客户订单和销售合同等现实的销售信息，确定未来一段时期内的产品需求；二是根据过去的统计分析结果，估算同等时期内将要发生的突发性需求的数量和种类。所谓突发性需求，从时间上来讲就是指企业的生产周期小于客户所要求的供货周期的那部分产品需求，企业只有保持充足的存货保险储备量，才能避免这部分缺货损失。

即时订货的管理模式同时也是为了实现即时交货的实际效果。在企业销售交易比较频繁的情况下，必然会出现进货过于频繁导致存货成本迅速增加的情况，在某一个时限上，会使存货总成本增加。为了克服这一矛盾，可设定订货区间，把在同一区间的原材料购进行为集中在一次完成，这样既可以获得进货的规律性，降低进货成本，又能保证生产及交货的及时性。

案例分析

案例 1　华中制伞厂主要生产两折伞、三折伞和长柄自动伞三大类雨伞。其中两折、三折型的产品长期畅销，是企业的主要盈利产品。

根据 2018 年的市场份额统计，这两种雨伞分别占市场的同型号市场份额的 20% 和 18.5%。从 2018 年底的财务情况来看，当年的利润计划已经超额完成。市场前景非常乐观，这两类雨伞的生产能力分别占企业生产能力的 50% 和 40%，另外长柄雨伞占 10%，但是长柄雨伞由于造价高，而销售价格又不可能提高，至 2018 年已经出现亏损。对于 2019 年的市场情况，销售部门作了预测，生产部门也编制了 2019 年的产品生产计划，因此厂部会同财务和生产、销售等部门的人员一起对本厂的产品进行"会诊"共同作出产品生产的决策。会诊的结果发现长柄伞的弯柄是成本居高不下的原因，于是华中雨伞厂打算投入年折旧额 2 750 元的设备进行改进，其产品单位成本为 1 元。现在接到供应部门的信息说外省有一厂可以做，但有条件必须一次购买 3 000 件以上，此时单价为 1.55 元；若 3 000 件以下则单价为 2 元。财务部门提出外购为宜，因为本企业过去的长柄伞销售量是 3 000 多件。生产部门请财务部门再解释清楚些，你以为如何？

案例 2　CLC 电工有限公司生产各种电源插座、有两眼插座、三眼插座以及两眼带三眼的组合插座三种产品，由于装潢市场的兴旺，电源插座的市场销售形势非常好。两眼和三眼插座的需求量将增加 20%，两眼带三眼的组合插座需求量将增加 30%，2018 年的单位产品变动成本和单价及平均月销售量资料见表 10-19。

表 10-19　销售资料表

产品	材料费/元	人工费/元	合计/元	单价/元	平均产量/件
两眼插座	2.4	0.6	3	5	40 000
三眼插座	2.8	0.6	3.4	6	50 000
两眼带三眼组合插座	3.5	0.8	4.3	9	80 000

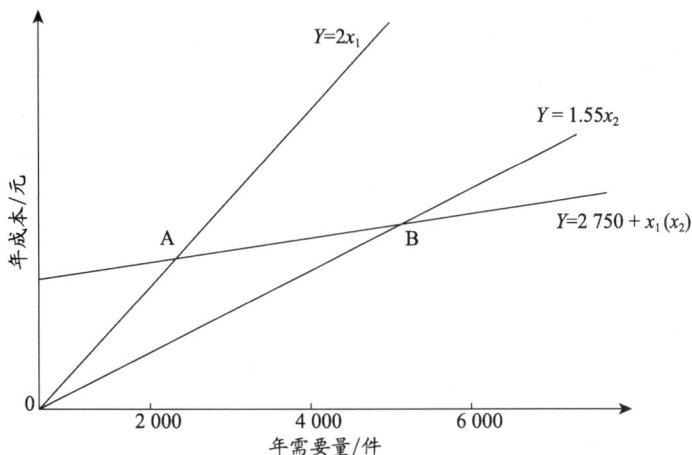

图 10-11

根据计划部门预测，2018 年企业的生产能力将大幅度提升，即由目前的 170 000 件增加到 187 000 件，但并不是这三种产品产量同时提升，将有一部分零件不得不进行外购。根据估算，若采用外购，三种产品的材料费（两眼、三眼和两带三）将分别提高 15%，18%，20%。问 2019 年该企业应如何安排才最合理呢？

【自 测 题】

自学自测　　扫描此码

【复习思考题】

一、思考题

1. 短期经营决策包括哪些内容？
2. 定价的决策方法有哪些？
3. 决策时如何应用单位边际贡献和边际贡献总额？
4. 存货管理的成本有哪些？
5. 决策成本与产品成本有何不同？

二、练习题

1. 设某厂生产甲产品若干件，单位售价为 60 元，其正常的单位成本见表 10-20。

表 10-20　正常的单位成本　　　　　　　　　　　　　　　　单位：元

项目		
直接材料		20
直接人工		14
制造费用	变动性制造费用	8
	固定性制造费用	10
合计		52

根据目前企业的生产状况，尚有一定的剩余生产能力，可以接受一批订货，假设

有一客户要求订购甲产品 2 000 件，每件出价 48 元。

要求：分析这批订货能否接受？

2. 假定某公司利用相同的生产程序，生产甲、乙两种产品，它们都可以在分离点出售，其有关资料如下：

联合成本：100 000 元

分离点分离出甲产品 1 000 000 kg，售价 0.09 元，售价总额：90 000 元；乙产品 500 000 kg，售价 0.06 元，售价总额：30 000 元

分离点甲、乙产品售价总额：120 000 元

甲产品仅能于分离点出售，乙产品则可加工制成 A 产品时再行销售，每 kg 加工成本为 0.08 元，A 产品售价为 0.16 元。

要求：根据上述资料，分析乙产品是在分离后立即出售还是继续加工后销售有利？

3. 设某厂生产甲、乙两种产品，每种产品都要经过车间 Ⅰ 和车间 Ⅱ 进行加工才能完成。车间 Ⅰ 可利用的生产能力为 9 000 机器小时，生产产品甲每单位需用 1.5 机器小时，产品乙每单位需用 1 机器小时。车间 Ⅱ 可利用的生产能力为 12 500 机器小时，生产产品甲每单位需用 1 机器小时，生产产品乙每单位需用 2 机器小时。产品甲、乙的体积都是 1 立方米，该厂产品仓库的总容积为 7 500 立方米。产品甲每单位贡献毛益为 0.30 元，产品乙每单位贡献毛益为 0.50 元。

要求：根据上述资料确定如何合理安排甲、乙两种产品的生产，才能为企业提供最大的贡献毛益（用图解求解）。

4. 假定某企业目前生产需要的零件，其外购单价为 5 元，自制的单位零件耗用的直接材料成本为 3 元，直接人工成本 1 元，变动性制造费用 0.50 元，目前该企业生产能力尚有 20% 没有充分利用，正好可以生产这批零件。假定每年的固定性制造费用为 1 000 000 元。该企业年所需的零件为 50 000 件。

要求：分析企业所需的零件是自制或外购更合理？

5. 某企业新产品开发计划中有 A、B 两种备选方案，有关资料见表 10-21。

表 10-21 有 关 资 料

产　品	A 产品	B 产品
单件定额机器小时	40	10
预计新产品单价/元	120	164
单位变动成本/元	100	140
固定成本总额/元	2800	

用于新产品开发的机器小时最多为 2 000 小时，其他因素无限制。

要求：据以确定生产何种产品更有利。

第 11 章

长期投资决策

【本章学习目的和要求】

熟练掌握资金的时间价值，熟悉现值、终值和年金的概念及计算方法。了解静态的投资决策方法，掌握动态的投资决策分析方法，灵活掌握长期投资决策方法在企业中的应用及方案优选。

11.1　长期投资决策概述

长期投资是企业为适应长远发展需要，投入的资金量大、投资回收期较长，影响企业经营获利能力的投资活动。长期投资既包括对内投资的固定资产的增加、扩建、改建和更新等方面的资金投入，也包括对外投资的购买长期债券、股票等证券的资金投入。在管理会计中长期投资一般是指对内的固定资产投资。长期投资投入资金量大，不能由当年产品的销售收入来补偿。长期投资又称为资本支出（capital expenditure），长期投资决策又叫资本预算决策（capital-budgeting decision）。

11.1.1　长期投资的特点

在长期投资中，企业将筹集的资金用于 1 年以上才能收回的投资项目，因此与短期投资相比，长期投资具有以下几个特点。

1. 投资数额大

长期投资，特别是战略性的扩大生产能力投资一般都需要较多的资金，小到几十万、几百万元的设备，大到上千万、上亿元的建设项目，其投资数额往往是企业巨额借债或其投资者多年的资金积累，所投资产在企业总资产中占有相当大的比重。长期投资决策需要企业进行缜密的可行性研究。

2. 投资周期长

长期投资项目投资规模往往较大，因而投资的回收时间少则几年，多则几十年。而且长期投资一旦实施通常较难再改变。因此长期投资对企业今后的经济效益，甚至企业的命运有着决定性的影响。

3. 投资风险大

长期投资往往是在对未来的许多不确定因素如市场占有率、资产使用寿命等预测的基础上进行决策的。而一旦企业的经营环境或行业环境等发生变化，将直接影响长期投资预期报酬的实现。投资周期长也直接导致长期投资的变现能力较差。

11.1.2　长期投资决策及程序

长期投资决策是对企业的长期投资项目的资金流量情况进行全面预测、分析和评价的活动，是对长期投资项目进行分析决策的过程。

长期投资项目对企业的生产经营活动产生长期影响，其投资额大，风险高，影响时间长，对企业的获利能力具有决定性的影响。因此，长期投资决策的正确与否，将直接影响企业的财务状况和经营成果，并最终影响企业的生存和发展。所以，长期投资决策必须按照一定的程序进行严密的论证，认真细致地做好可行性分析，确保决策科学有效，投资有效益。

企业根据市场情况和自身发展的需要，在提出投资项目初步设想后，论证其可行性并作出最终决策，需要按照以下程序进行。

1. 调查研究，收集资料

收集资料是投资活动的开端，企业需要从投资环境、项目的市场状况和企业自身的技术与管理能力三个方面进行深入考察。

首先，投资环境包括政治、经济、法律和文化环境。政治环境主要考察投资地区政府政策的稳定性及对项目的支持力度。经济环境主要有经济体制和经济政策。法律环境是指投资过程中可能涉及各项法律法规。文化环境是指项目的运行应该尽量遵循当地人的基本生活习惯和道德标准。

其次，项目的市场状况也是必须调查分析的内容。需要调查消费者的偏好，分析产品的销售潜力，并预测未来产品市场的价格状况和各种情况发生的概率。

最后，要通过所收集的资料来评价企业是否具备完成投资项目所需的关键技术和管理人员，从而保证项目的顺利运行。

2. 合理预测，提出备选方案

在调查研究的基础上，企业就可以对项目相关的情况作出合理预测，如固定资产投资规模、预期销售价格和销售量、未来竞争状况，等等，并在此基础上提出各种备选的方案。备选方案应该具备可行性和多样性，以增加选择的空间。

3. 选择最优方案

企业运用科学的决策方法并根据各指标对备选方案进行分析、比较、评价和择优。这是投资决策过程的核心环节，一旦决策失误，会严重影响企业的长期发展能力甚至导致企业破产。

4. 项目实施与事后评价

选择了最优方案后，要按照确定的方案组织实施。实施时应明确对人、财、物的责任的监控，争取在合理时间内完成项目的建设，尽早开始正式运营。在整个项目结束以后，还要对该项目的运营情况进行事后评估，与预期的结果进行差异分析，总结经验。

11.2　货币时间价值与现金流量

11.2.1　货币时间价值概念

长期投资决策中最基本和最重要的概念是货币的时间价值。货币的时间价值，是指货币经历一定时间的投资和再投资所增加的价值，也称资金的时间价值（the time value of money）。

在商品经济中，有这样一种现象，过去的 1 元钱的经济价值大于现在 1 元钱的经济价值，即使在不存在通货膨胀的情况下也是如此。为什么会这样呢？假设现在将 1 元钱存进银行，存款年利率为 10%，一年后你可以从银行取出 1.10 元，多出的 0.10 元就是货币随着时间的推移货币资金的运用而增加的价值，即货币的时间价值。在实务中，人们习惯使用相对数字表示货币的时间价值，即用增加的价值占投入货币的百分数来表示。

货币投入生产经营过程后，其数值随着时间的推移不断增长，这是一种客观的现象。企业资金的循环和周转的起点是货币资金的投入，企业用它来购买生产所需的资料，然后生产出新产品，产品出售时取得的资金量大于生产投入的资金量。资金的循环和周转及货币增值过程，都需要一定的时间，每完成一次循环，货币增加一定的数额。因此，随着时间的推移，货币在循环和周转中按照几何级数增长，使得货币具有时间价值。

货币具有时间价值，使得不同时间点上货币的时间价值不相等，因此同样 1 元钱的货币资金，若在不同时间点上投入，便不具有可比性。为了更加准确衡量投入与产出的关系，评价各项目的盈利性，我们将不同时间点上的货币通过适当的折现率折现在同一时间点上，使其具有可比性。由于货币价值随时间的增长过程与复利的计算过程在数学上类似，所以，在折算时，广泛使用复利的折算方法。

11.2.2　复利终值和现值

利息的计算有两种方法：复利和单利。所谓复利（compound interest），是指将每个计息期生成的利息和本金加在一起，计算下一期的利息，在这种计算方法下，利息还能够产生新的利息，俗称"利滚利"。而单利（simple interest）是仅以本金计算利息，不再以以前计息期产生的利息计算新利息。

终值（future value，FV），又称将来值，是现在一定量现金在未来某一时点上的价值，俗称"本利和"，通常记作 F。

现值（present value，PV），是指未来某一时点上的一定量现金折合到现在的价值，俗称"本金"，通常记作 P。

1. 复利终值

$$单利终值 = 本金 + 利息$$
$$= 本金 + 本金 \times 利息 \times 时间$$
$$= P + I$$
$$= P + P \cdot i \cdot n$$
$$= P(1 + i \cdot n) \tag{11-1}$$

按单利终值的计算公式，则各期的复利终值公式推算如下：

第一年：$F = P \times (1 + i)$

第二年：$F = P \times (1 + i) \times (1 + i) = P \times (1 + i)^2$

……

第 n 年：$F = P(1 + i)^n \tag{11-2}$

式（11-2）是计算复利终值的一般公式，式中，$(1 + n)^n$ 被称为复利终值系数或 1 元的复利终值，表示现在的 1 元按一定的利率计算若干期后值多少钱，用符号 $(F/P, i, n)$ 表示。复利终值系数可以通过查找"1 元复利终值表"直接得到。

例 11-1　本金为 1 000 元，年利率为 6%，期限为 10 年，若按单利计息，且每年计息一次，则 10 年末的本利和是多少？

解：设 F 是终值、P 是现值、i 是年利率、I 是利息、n 是按计息期计算的期数。

根据单利终值公式，

$$F = P + I = P(1 + i \times n) = 1\ 000(1 + 6\% \times 10) = 1\ 600\ 元$$

例 11-2　甲公司存入银行 10 000 元，年利率为 6%，期限为 10 年，按复利计息，求：（1）若每年计息一次，则 10 年末甲公司能从银行取出多少钱？（2）若每半年计息一次，则 10 年末甲公司能从银行取出多少钱？

解：根据复利终值计算公式可得

（1）$F = P \times (F/P, i, n) = P \times (F/P, 6\%, 10) = 10\ 000 \times (1 + 6\%)^{10} = 17\ 908（元）$

（2）$F = P \times (F/P, i, n) = P \times (F/P, 3\%, 20) = 10\ 000 \times (1 + 3\%)^{20} = 18\ 061（元）$

在实际工作中，可以通过查"1 元复利终值表"得到系数 $(F/P, i, n)$，直接代入计算。

2. 复利现值

现值计算是终值计算的逆运算，因此根据单利终值计算公式 $F = P(1 + i \times n)$，可以推出单利现值计算公式为

$$P = F/(1 + I \cdot n) \tag{11-3}$$

复利现值即本金，根据复利终值的计算公式 $F = P(1 + i)^n$，可推导出复利现值计算公式：

$$P = F/(F/P, i, n) = F(1 + i)^{-n} \qquad (11\text{-}4)$$

式中，$(1+i)^{-n}$ 为复利现值系数，记作 $(P/F, i, n)$，可以通过直接查 "1 元复利现值表" 得到。

例 11-3 甲公司期望能够在 5 年后从银行得到一笔 500 万元的资金，若按单利每年计息一次且年利率为 5%，则甲公司现在应存入银行多少钱？

解： 根据单利现值计算公式可得

$$P = F/(1 + I \cdot n) = 500/(1 + 5\% \times 5) = 400 （万元）$$

例 11-4 甲公司准备投资一部分资金建设新项目，以期望 5 年后投资建设的新项目能获得资金报酬 300 万元，则现在甲公司需要投资多少钱才能使得 5 年后恰好获取 300 万元？已知该项目的年投资报酬率为 10%。

解： $P = F (P/F, 10\%, 5) = 300 \times 0.621 = 186.3 （万元）$

从上面的计算可以看出，计算现值与折现率有密切关系，折现率越高，折算的现值就越小，折现率可以被视为投资者的期望报酬率。由于实际终值可能低于期望终值，所以所有的投资都涉及一定的风险，投资者需要一个与风险相对应的收益率。

3. 实际利率（effective rate）和名义利率（nominal rate）

在实际生活中，复利的计息期可能并不是一年，有可能是季度、月等，当计息期小于一年时，利息在一年内复利 m 次时，给出的年利率叫名义利率（用 r 表示），由于一年中复利 m 次，计息基础在不断增大，因此最终得到的利息要比按名义利率计算的利息高。实际利率（用 i 表示）与名义利率之间 r 的关系是：

$$1 + i = \left(1 + \frac{r}{n}\right)^m$$

即

$$i = \left(1 + \frac{r}{n}\right)^m - 1 \qquad (11\text{-}5)$$

式中，i 为实际利率；r 为名义利率；m 为每年复利次数。

例 11-5 若把本金 1 000 元存入银行 5 年，年利率 8%，每季度复利一次，则 5 年后本利和是多少？

每季度利率 = 8%/4 = 2%

总复利次数 = 5 × 4 = 20

5 年后本利和 $F = P\left[1 + \dfrac{r}{4}\right]^{20} = 1\,000 \times (1 + 2\%)^{20} = 1\,486 (元)$

实际的利息收入 $I = 1\,486 - 1\,000 = 486 （元）$

当一年内复利多次时，实际得到的利息要比按名义利率计算的利息高，例 11-5 中计算的实际利息为 486 元，要比按每年复利一次计算的利息 469 元[1 000 × $(F/P, 8\%, 5)$ − 1 000]多 17 元，即一年多次复利时，实际利率高于名义利率 8%。

例 11-6　接例 11-5，实际利率是多少?

根据 $F = P(1+i)^5$

$$1\ 486 = 1\ 000 \times (1+i)^5$$
$$(1+i)^5 = 1.486$$

即 $(F/P, i, 5) = 1.486$

查表可知，$(F/P, 8\%, 5) = 1.469$; $(F/P, 9\%, 5) = 1.538$

由内插法:

$$求得年实际利率 \frac{1.538 - 1.469}{1.486 - 1.469} = \frac{9\% - 8\%}{i - 8\%}$$

例 11-7　某企业计划在 2014 年 1 月 1 日发行债券，票面利率 10%，每年 7 月 1 日和 1 月 1 日计息。

要求: 计算该债券的实际年利率。

解: $i = \left(1 + \dfrac{10\%}{2}\right)^2 - 1 = 10.25\%$

11.2.3　年金

年金 (annuity) 是指在未来若干均等间隔期所发生的等额收入或支出的款项。例如，分期付款赊购和分期偿还贷款中每期支付的款项就是年金。

很多投资并不是在未来只发生一次现金流，而是在未来期间连续产生等额的现金流。此时，就需要计算年金的终值和现值。根据每年收支款项发生的时点不同，年金可以分为普通年金、预付年金、递延年金、永续年金等形式。但任何一种年金，都建立在复利计算基础上。尽管在实际工作中，每一个项目的每年现金流入和现金流出是在不同的时间点发生的，但为了方便计算，通常采用普通年金来计算年金的终值和现值。

在年金的计算中，设定以下符号: A 为每年等额收付的金额; i 为利率; F 为年金终值; P 为年金现值; n 为期数。

1. 普通年金

普通年金 (ordinary annuity) 又称后付年金，是指每期等额收入或支出都发生在期末的款项。如图 11-1 所示。

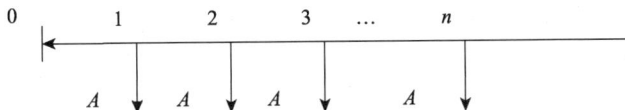

图 11-1　普通年金现金流量示意图

1) 普通年金终值计算

普通年金终值是指一定时期内每期期末等额收付款项的复利终值之和，普通年金终值的计算类似于零存整取的本利和的计算。如图 11-2 所示，每期期末存入 100 元，利率为 3%，则第 5 期期末的终值是多少？

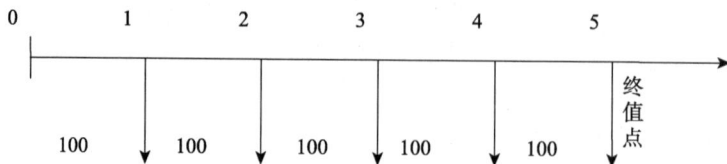

图 11-2 普通年金终值计算示意图

按照复利终值计算公式可得

第 1 年年末存入的 100 元在第 5 年年末的终值为 $100 \times (1+3\%)^4$

第 2 年年末存入的 100 元在第 5 年年末的终值为 $100 \times (1+3\%)^3$

同理，第 3、4、5 年年末存入的 100 元在第 5 年年末的终值分别为 $100 \times (1+3\%)^2$、$100 \times (1+3\%)^1$、$100 \times (1+3\%)^0$，将以上所有年金终值加总，可以得到第 5 年年末的终值为 $100 \times (1+3\%)^4 + 100(1+3\%)^3 + 100 \times (1+3\%)^2 + 100(1+3\%)^1 + 100 = 530.91$（元）。

从以上的计算过程可以看出，通过复利终值计算年金终值比较复杂，但存在一定的规律性，由此可以推导出普通年金终值的计算公式。

根据复利终值的方法计算年金终值 F 的公式为

$$F = A + A \cdot (1+i) + A \cdot (1+i)^2 + A \cdot (1+i)^3 + \cdots + A \cdot (1+i)^{n-1} \tag{11-6}$$

公式两边同时乘以 $(1+i)$ 得：

$$F \cdot (1+i) = A \cdot (1+i) + A \cdot (1+i)^2 + A \cdot (1+i)^3 + \cdots + A \cdot (1+i)^{n-1} + A \cdot (1+i)^n \tag{11-7}$$

式（11-7）减去式（11-6）：

$$F \cdot (1+i) - F = A \cdot (1+i)^n - A$$

$$F \cdot i = A \cdot [(1+i)^n - 1]$$

整理得：

$$F = A \cdot \frac{(1+i)^n - 1}{i} \tag{11-8}$$

式中，$\dfrac{(1+i)^n - 1}{i}$ 为年金终值系数，用符号 $(F/A, i, n)$ 表示。年金终值系数可以通过查"年金终值系数表"得到。

例 11-8 某人为了积蓄 10 年后孩子上大学的学费，每年年末在银行存入 5 000 元，年利率为 5%。

要求：计算 10 年后他可以从银行取出多少钱。

$$F = 5\ 000 \times (F/A, 5\%, 10)$$
$$= 5\ 000 \times 12.578$$
$$= 62\ 890\ (\text{元})$$

与普通年金终值相关的一个概念是偿债基金（sinking fund）。偿债基金是指为使年金终值达到既定金额每年末应支付的年金数额。根据普通年金终值计算公式 $F = A(F/A, i, n)$，偿债基金 $A = \dfrac{F}{(F/A, i, n)}$，通常把年金终值系数的倒数 $\dfrac{1}{(F/A, i, n)}$ 称为偿债基金系数，记作 $(A/F, i, n)$。

例 11-9　某企业计划在 5 年后还清 2 000 000 元的债务，从现在起每年年末等额存入银行一笔款项，如果银行存款年利率为 10%，每年计一次复利。

要求：计算企业每年应存入多少钱。

解： $A = \dfrac{F}{(F/A, i, n)} = 2\,000\,000/(F/A, 10\%, 5) = 2\,000\,000/6.105\,1$

$= 327\,594.96$（元）

2）普通年金现值计算

普通年金现值是指一定时期内每期期末等额收付款项的复利现值之和。如图 11-3 所示，每期期末存入 100 元，利率为 3%，则这些存款在 0 时点的现值是多少？

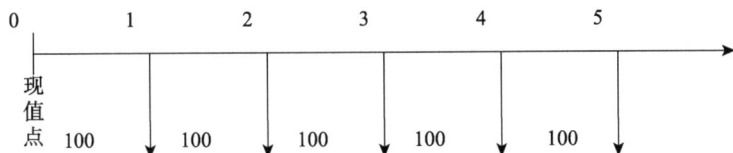

图 11-3　普通年金现值计算示意图

第 1 年年末存入的 100 元在 0 时点的现值为 $100(1+3\%)^{-1}$，

第 2 年年末存入的 100 元在 0 时点的现值为 $100(1+3\%)^{-2}$，

同理第 3、4、5 年年末存入的 100 元在 0 时点的现值分别为 $100(1+3\%)^{-3}$、$100(1+3\%)^{-4}$、$100(1+3\%)^{-5}$，将以上各年年金在 0 时点的现值加总，即可得到这些存款在 0 时点的总现值为 447.92 元。

假如我们设连续 n 年每年年末的年金为 A，则由以上计算过程可总结出年金现值计算公式：

$$P = \frac{A}{(1+i)} + \frac{A}{(1+i)^2} + \frac{A}{(1+i)^3} + \ldots + \frac{A}{(1+i)^{n-1}} + \frac{A}{(1+i)^n} \tag{11-9}$$

公式两边同时乘以 $(1+i)$，则有：

$$P \times (1+i) = A + \frac{A}{(1+i)} + \frac{A}{(1+i)^2} + \frac{A}{(1+i)^3} + \ldots + \frac{A}{(1+i)^{n-2}} + \frac{A}{(1+i)^{n-1}} \tag{11-10}$$

式（11-10）减去式（11-9）得：

$$P \times (1+i) - P = A - \frac{A}{(1+i)^n}$$

$$P = A \times \frac{1-(1+i)^{-n}}{i} \qquad\qquad （11\text{-}11）$$

式中，$\dfrac{1-(1+i)^{-n}}{i}$ 通常称为年金现值系数，用符号（P/A，i，n）表示。年金现值系数可以通过查 "年金现值系数表" 得到。

例 11-10　林海准备存入银行一笔钱，使他能够在接下来的 5 年中每年年末从该银行账户取出 10 000 元给父母做赡养费，假设银行存款利率为 6%，则他现在应该一次性存入多少钱才能满足需要呢？

分析：这个问题可以简单表述为 $i = 6\%$，$n = 5$，$A = 10\,000$，求年金现值是多少？

解：$P = 10\,000 \times （P/A，i，n）= 10\,000 \times （P/A，6\%，5）= 10\,000 \times 4.212\,4$
$\qquad = 42\,124$（元）

与普通年金现值系数相对应的一个概念是投资回收系数（capital recovery factor）。投资回收系数是给定年金现值（即投资额）和投资回收期，计算项目的年回报额达到多少时才值得投资该项目。根据年金现值公式 $P = A（P/A，i，n）$ 得到 $A = \dfrac{P}{（P/A,i,n）}$，

即投资回收系数是年金现值系数的倒数 $\dfrac{1}{（P/A,i,n）}$。

例 11-11　企业计划以 10% 的利率借款 200 000 元，投资于某个寿命为 6 年的项目，银行贷款利息按复利计算。

要求：计算每年至少要收回多少现金投资该项目才是合理的。

解：$A = \dfrac{P}{P/A,10\%,6} = \dfrac{200\,000}{4.355\,3} = 45\,921.06$（元）

即每年至少要收回 45 921.06 元，投资该项目才是合理的。

2. 预付年金

与普通年金不同，预付年金（prepaid annuity）是收付款项都在每期期初进行。如图 11-4 所示。

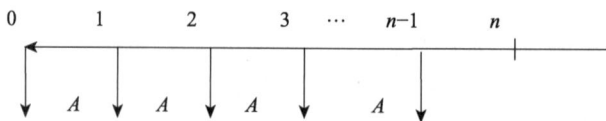

图 11-4　预付年金现金流量示意图

1）预付年金终值计算

由复利终值计算公式，可知预付年金终值的计算公式：

$$F = A(1+i)^n + A(1+i)^{n-1} + A(1+i)^{n-2} + \cdots + A(1+i)^2 + A(1+i) \qquad （11\text{-}12）$$

由等比数列求和公式整理得：

$$F = A\left[\frac{(1+i)^{n+1}-1}{i}-1\right] \tag{11-13}$$

从以上公式中可以看出，预付年金终值系数相当于在普通年金终值系数（F/A，i，n）的基础上，期数加 1，系数减 1，即可表示成$[(F/A,i,n+1)-1]$。也可以将预付年金理解为每期都提前 1 期支付普通年金，则预付年金终值系数也可表示为（F/A，i，n）（$1+i$）。因此在实际工作中计算预付年金终值，先查表找出 $n+1$ 期的普通年金终值系数，然后用该系数减 1，计算出 n 期预付年金终值系数，再乘以预付年金即可方便地算出 n 期的预付年金终值。

例 11-12　某人连续 5 年每年年初存入银行 5 000 元，年利率 8%，每年复利计息一次。

要求：计算第 5 年年末他可以从银行取出本利和多少钱。

解： $F = 5\,000 \times [(F/A,i,n+1)-1] = 5\,000 \times (7.336-1) = 31\,680$（元）

或 $F = 5\,000 \times (F/A,8\%,5)(1+8\%) = 31\,680$（元）

2）预付年金现值计算

预付年金现值计算公式为

$$P = A + \frac{A}{1+i} + \frac{A}{(1+i)^2} + \frac{A}{(1+i)^3} + \cdots + \frac{A}{(1+i)^{n-1}} \tag{11-14}$$

由等比数列的求和公式整理得：

$$P = A\left[\frac{1-(1+i)^{-(n-1)}}{i}+1\right] \tag{11-15}$$

式（11-5）中的$\left[\frac{1-(1+i)^{-(n-1)}}{i}+1\right]$与普通年金现值系数（$P/A$，$i$，$n$）相比，期数减 1，系数加 1，即表示成$[(P/A,i,n-1)+1]$。也可以将预付年金理解为每期都提前 1 期支付普通年金，则预付年金现值为（P/A，i，n）（$1+i$）。

例 11-13　某企业 2014 年 1 月 1 日购入政府新发行的债券，该债券期限 5 年，每年 1 月 1 日可领取利息 20 000 元，银行存款年利率 10%。

要求：计算企业购进时政府债券的价值是多少。

解： $P = 20\,000[(P/A,10\%,5-1)+1] = 20\,000 \times (3.169\,9+1) = 83\,398$（元）

或 $P = 20\,000(P/A,10\%,5)(1+10\%) = 20\,000 \times 3.790\,8 \times 1.1 = 83\,398$（元）

3. 递延年金

递延年金是指款项的首次收付发生在若干期以后的年金。如图 11-5 所示，m 为递延期，n 为支付期，每期支付年金为 A。

1）递延年金终值的计算

从递延年金现金流量示意图中我们可以看出，递延年金终值的大小与递延期 m 无关，只与后面连续支付的 n 期有关，因此计算方法与普通年金相同。递延年金终值计

算公式为

$$F = A(F/A, i, n) \qquad （11-16）$$

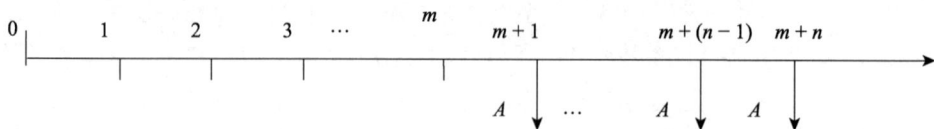

图 11-5　预付年金现金流量示意图

2）递延年金现值的计算

递延年金现值的计算方法简单地说有两种：一是将递延年金转化为两个连续支付的普通年金之差；二是通过两次折现来计算。

第一种方法的计算过程如下：假设前面 m 期的每期期末也有连续支付的年金 A，则递延年金的现值就等于 $m + n$ 期年金的现值减去前面 m 期年金的现值。即递延年金现值公式为

$$P = A \times (P/A, i, m + n) - A \times (P/A, i, m) = A \times [(P/A, i, m + n) - (P/A, i, m)] \qquad （11-17）$$

第二种方法的计算过程如下：现以 m 期期末的时点为 0 时点，将后面 n 期的年金都换算成在 m 时点的现值，再将 m 时点看作终值点，利用复利现值公式将其折算到真正的 0 时点。按照这种计算方法，递延年金现值公式为

$$P = A(P/A, i, n)(P/F, i, m) \qquad （11-18）$$

例 11-14　某企业拟发行一种长期债券，该债务期限为 10 年，前 3 年不偿还本息，从第 4 年年末至第 10 年年末每年偿还本息 200 元。市场利率为 10%。

要求：计算这种长期债券的现值是多少？

解：方法一：$P = A[(P/A, 10\%, 10) - (P/A, 10\%, 3)] = 200 \times (6.144\,6 - 2.486\,9)$
　　　　　　$= 731.54$（元）

　　　方法二：$P = A(P/A, 10\%, 7)(P/F, 10\%, 3) = 200 \times 4.868\,4 \times 0.751\,3 = 731.53$（元）

4. 永续年金

永续年金是无限期定额收付的年金。由于永续年金是持续不断、没有终止的，因此永续年金没有终值。永续年金的现值可以通过普通年金的现值公式推导。

普通年金现值公式：$P = A \dfrac{1 - (1+i)^{-n}}{i}$

因为当 $n \to \infty$ 时，有 $\lim\limits_{x \to \infty} \dfrac{1 - (1+i)^{-n}}{i} = \dfrac{1}{i}$，因此永续年金现值公式：

$$P = \frac{A}{i} \qquad （11-19）$$

也可以将永续年金视为普通年金的特殊形式，即期限趋于无穷大的普通年金。

例 11-15　某学校拟建立一项永久性奖学金，每年计划颁发 10 000 元，银行存款

年利率为 10%。

　　要求：计算该学校为了保证奖学金的正常发放，现在应一次性存入银行多少钱。

　　解： $P = A/i = 10\,000/10\% = 100\,000$ （元）

　　即学校现在应一次性存入银行 100 000 元。

11.2.4　现金流量折现模型

　　在长期投资项目的决策过程中，常常需要分析该投资项目的现金流入与现金流出情况来进行判断。

1. 现金流量的含义

　　现金流量（cash flows）是指在投资活动过程中，由于引进一个项目而引起的现金支出或现金收入增加的数量。在投资决策分析中所说的"现金"是一个广义的概念，它不仅包括货币资金，也包含了与项目相关的非货币资源的变现价值，如项目投入的厂房、设备和材料等。

　　长期项目投资决策中使用现金流量作为判断依据而不是会计利润，其原因如下。

　　（1）在长期项目投资决策中，项目产生的现金流量不同于它产生的会计利润，而且现金流量往往比会计利润的计算更重要。由于现金流量表明了投资项目在未来期间货币资金的实际收支，它不受人为因素的影响，可以序时动态地反映投资资金的流向与回收之间的投入产出关系，从而使决策者能够站在投资主体的立场上准确、完整、全面地评价投资项目的经济效益。

　　（2）会计利润受到权责发生制的制约，不同的固定资产折旧方法、无形资产摊销方法、存货估价方法等会计估计带有一定的主观和可操纵性，利润的计算结果可能也有很大不同。因此使用现金流量指标能够比会计利润更科学、更客观地评价投资项目。

　　（3）由于现金流量信息与项目计算期的各个时点密切结合，能使用货币时间价值的原理进行动态投资效果的综合评价。

2. 现金流量的假设

　　（1）全投资假设。在确定项目的现金流量时，不区分自有货币和借入货币等具体形式的现金流量，全部看作投资额，作为现金流出计算。

　　（2）建设期投入全部资金假设。不论项目的原始总投资是一次投入还是分次投入，除特殊情况外，假设它们都是在建设期内投入的。

　　（3）时点指标假设。为了方便利用货币时间价值原理，不论现金流量具体内容所涉及的价值指标实际上是时点指标还是时期指标，均按照时点指标处理。

　　（4）项目计算期假设。投资项目从开始建设到最后报废清理结束的全部时间称为项目计算期。项目计算期分为原始投资期、项目投产和项目终了期三个阶段。项目计算期的第一年年初记为 0 年，称为建设起点，项目计算期的最后一年年末称为终结点。

假定项目最终报废清理均发生在终结点。

（5）现金流量符号的假设。假设现金流入用正值表示，现金流出用负值表示。

3. 现金流量的内容

现金流量由现金流入量和现金流出量两部分构成，但现金流量有现金流入量、现金流出量和净现金流量三个具体概念。

1）现金流入

现金流入（cash in flows）是指由于实施某项投资而引起的现金收入的增加额，是整个投资及其回收过程中所发生的实际现金收入，主要包括项目投产后每年的营业收入、固定资产报废时的残值收入，以及项目结束时收回垫付的流动资金。

（1）营业现金收入。营业现金收入是生产经营期现金流入的重要项目。它实质是指每期以现金形式收回的产品销售收入和当期收回的应收账款之和。为了简化计算过程，一般假定正常经营年度内各期发生的赊销额与回收的应收账款大体相等。这样营业现金收入在数额大体就等于当期营业收入净额，即每期实现的销售收入扣除折扣、折让后的净额。

（2）固定资产残值收入。原项目投资形成的资产在中途变价出售或报废清理时收到的残值收入，是由于当初投资该项目引起的，应作为投资方案的一项现金流入。

（3）垫支的营运资金收回。在项目寿命期终了时收回的原先垫支的与项目相关的各项流动资产上的营运资金。

2）现金流出

现金流出（cash out flows）是由于投资某个项目而引起的现金支出的增加额，是整个投资及其回收过程中所发生的实际的现金支出，主要包括建设投资支出、垫支流动资金、经营期发生的付现成本和各项税款等。

（1）建设投资，主要是指在项目建设期为了形成一定生产规模和经营能力购置的固定资产、无形资产和递延资产等项目的投资。

（2）垫支的流动资金，是指投资形成的生产规模和经营能力要投入使用必须投入营运资金，包括正常生产的原材料、半成品、存货的占用等。

（3）营运成本，是指项目投产后，为满足正常生产经营活动而用货币资金支付的制造成本和期间费用，也即付现成本，是生产经营过程中最主要的现金流出量。某年的营运成本等于当年的总成本（含期间费用）扣除该年折旧额和无形资产摊销后的差额。如果是节约的营运成本则成为本期的现金流入，把它放在现金流入量中。

（4）各项税款，主要是指项目投产后依法缴纳的、单独列明的各项税款，包括消费税、所得税等，但不包括价外核算的增值税。

3）现金净流量

现金净流量（net cash flow, NCF）是指一定期间现金流入量和现金流出量的差额。当现金流入量大于流出量时，净流量为正值；反之，净流量为负值。

各年的现金流入和现金流出计算如下。

现金流入量 = 营业收入 + 固定资产残值收入 + 垫支的营运资金的收回

现金流出量 = 建设投资 + 垫支的流动资金 + 营业成本 + 各项税款 + 销售费用
+ 管理费用 − 固定资产折旧 − 无形资产摊销

某年的净现金流量 = 某年的现金流入量 − 某年的现金流出量

4. 现金流量计算示例

例 11-16　水星公司准备投资建设某个项目，投资总额为 1 500 万元，分两期投入，第一年年初和第二年年初分别投入 1 000 万元和 500 万元，第二年年末投入 600 万元的流动资金，第三年年初该项目投入运营。预计该项目期限为 6 年，每年可取得营业收入 1 000 万元，发生营业成本 900 万元，假定营业收入和营业成本均在年末。假定该投资项目采用使用年限平均法提取折旧，期满时无残值。试计算该投资项目的现金流量。

解：建成后每年固定资产折旧 = 1500 ÷ 6 = 250（万元）

$$NCF_0 = -1\,000 \quad NCF_1 = -500 \quad NCF_2 = -600 \text{（万元）}$$

$$NCF_3 = NCF_4 = NCF_5 = 1\,000 - (900 - 250) = 350 \text{（万元）}$$

$$NCF_6 = 1\,000 - (900 - 250) + 600 = 950 \text{（万元）}$$

11.3　长期投资分析方法

长期投资决策评价的方法按照是否考虑资金时间价值因素可以分为两大类：一类是不考虑资金时间价值的方法，即非贴现的现金流量法（non discounted cash flow method），又称为静态分析法；另一类是考虑资金时间价值因素的方法，即贴现的现金流量法（discounted cash flow method），又称动态分析法。

11.3.1　静态分析法

1. 投资回收期法

静态投资回收期指以投资项目的经营净现金流量抵偿原始总投资所需要的全部时间。一般说来，回收期越短，表明该项投资的效果越好，风险程度也越小。静态投资回收期的计算方法分两种情况：一是各年现金净流量相等；二是各年现金净流量不等。

1）年现金净流量相等。

$$\text{投资回收期} = \text{原始投资总额} \div \text{年现金净流量} \tag{11-20}$$

2）年现金净流量不等。

在这种情况下，通常采用逐年扣减的方法。

例 11-17　某企业有两个投资项目，两个项目均需要在项目初始点投资 200 万元，除此外无其他投资。甲项目寿命期 5 年，每年的现金净流量为 50 万元。乙项目的寿命期也为 5 年，但各年的现金净流量不等，分别为 35 万、55 万、60 万元、50 万元、30 万元。要求分别计算甲、乙项目的投资回收期，并根据投资回收期选择较优的方案。

解：甲项目的投资回收期为

$$投资回收期 = \frac{原始投资总额}{年现金净流量} = \frac{200}{50} = 4（年）$$

乙项目的年现金净流量不等，可以通过列表法计算，见表 11-1。

表 11-1　乙项目现金流量

年度	1	2	3	4	5
年现金净流量	35	55	60	50	30
尚未收回投资	165	110	50	—	—

因此乙项目的投资回收期 = 3 + 50/60 = 3.83（年）

由于乙项目的投资回收期小于甲项目的投资回收期，所以应选择投资乙项目。

静态投资回收期法概念简单，计算方便，利用该指标评价项目可促使企业尽快回收投资，降低风险。但是它没有考虑资金时间价值，更没有考虑投资期满后的现金流量状况，因此难以全面衡量方案的经济效益。所以静态投资回收期法只作为辅助性的决策方法使用。

2. 平均报酬率法

平均报酬率（average rate of return）是指投资项目的年平均净利润与初始投资额的比率，也叫会计报酬率或会计收益率。这个比率越高，说明项目获利能力越强。平均报酬率的计算公式如下。

$$平均报酬率 = \frac{年平均利润}{初始投资额} \times 100\% \tag{11-21}$$

进行投资决策时，应遵循以下基本的决策标准：若投资方案的平均报酬率大于或等于期望的平均报酬率，则接受该投资方案；若投资方案的平均报酬率小于期望的平均报酬率，则拒绝该投资方案；如有若干投资方案可以选择，在资金条件有限的前提下，应选平均报酬率最高的投资方案。

例 11-18　某企业投资建设某生产线，有甲、乙两个方案可以选择，方案的具体情况见表 11-2。

表 11-2　甲乙方案具体情况资料表

方案	初始投资/元	使用年限/年	净残值/元	产销量/件	年平均利润/元
甲	80 000	5	0	10 000	20 000
乙	120 000	5	5000	20 000	27 000

要求：用平均报酬率法作出投资决策。

解：甲方案：$平均报酬率 = \dfrac{年平均利润}{初始投资额} = \dfrac{20\,000}{80\,000} \times 100\% = 25\%$

乙方案：$平均报酬率 = \dfrac{年平均利润}{初始投资额} = \dfrac{27\,000}{120\,000} \times 100\% = 22.5\%$

由于甲方案的平均报酬率大于乙方案的投资报酬率，应该选择甲方案。

平均投资报酬率法用于评价长期投资项目也简单易懂、计算方便，但同样没有考虑货币时间价值，不同时点的现金流量被看作有相同的价值，而且这种方法没有考虑项目的现金流量情况，仅依据年均投资报酬率法进行计算，会导致投资决策方案不够科学。因此，年均投资报酬率法也只作为辅助方法，通常在事后的考核评价中使用。

11.3.2　动态分析法

动态指标主要是指考虑货币时间价值的原理，利用贴现指标进行决策的方法。常见的贴现指标包括净现值、现值指数和内含报酬率三种。

1. 净现值法

所谓净现值（net present value，NPV），是指从项目投资开始直至项目寿命终结现金流入量与现金流出量按照预定的贴现率折现的现值的差额，它反映的是一项投资的获利能力，即项目计算期内各年净现金流量现值的代数和。因此，简单地说是未来报酬的总现值减去原始投资额的现值之差。贴现率可以是企业的资本成本，也可以是企业要求的最低收益率水平。净现值的计算公式如下。

$$NPV = \sum_{t=0}^{n} \frac{NCF_t}{(1+i)^t} \; ; \; 或 \; NPV = \sum_{t=1}^{n} \frac{I_t}{(1+i)^t} - \sum_{t=0}^{n} \frac{O_t}{(1+i)^t} \quad （11\text{-}22）$$

式中，n 为项目计算期；i 为现金流量的贴现率；NCF_t 是第 t 年时点上的现金净流量；I_t 为投资项目第 t 年的现金流入量；O_t 为投资项目第 t 年的现金流出量。

净现值越大，说明一个投资方案的经济效益越好，越值得投资；净现值越小，说明该投资方案的经济效益越差。评价一个投资方案经济效益的标准是：NPV 大于 0，投资该项目；NPV 小于 0，放弃该项目；多个项目进行选择时，选择 NPV 最大的项目。

例 11-19　假设某企业有 A、B、C 三个投资方案，具体资料见表 11-3。

表 11-3　投资方案数据　　　　　　　　　　　　　单位：万元

时间	0	1	2	3	4
NCF（A 方案）	−10 000	3 500	3 500	3 500	3 500
NCF（B 方案）	−10 000	8 000	3 000	2 000	1 000
NCF（C 方案）	−10 000	1 000	2 000	3 000	8 000

假设贴现率为 10%，试计算三种方案的净现值，并判断哪个方案最优。

解：A 方案投产后各年的净现金流量相等，可以采用年金现值系数计算。B、C 方案只能逐年计算。

A 方案： $\mathrm{NPV_A} = \sum_{t=0}^{n} \frac{\mathrm{NCF}_t}{(1+i)^t} = 3\,500 \times (P/A, 10\%, 4) - 10\,000 = 1\,094.65$ （万元）

B 方案： $\mathrm{NPV_B} = \sum_{t=0}^{n} \frac{\mathrm{NCF}_t}{(1+i)^t} = \frac{8\,000}{(1+10\%)} + \frac{3\,000}{(1+10\%)^2} + \frac{2\,000}{(1+10\%)^3} + \frac{1\,000}{(1+10\%)^4} - 10\,000$

$\qquad\qquad = 11\,937.71 - 10\,000 = 1\,937.71\,(万元)$

C 方案：

$$\mathrm{NPV_c} = \sum_{t=0}^{n} \frac{\mathrm{NCF}_t}{(1+i)^t} = \frac{1000}{(1+10\%)^0} + \frac{2000}{(1+10\%)^2} + \frac{3000}{(1+10\%)^3} + \frac{4000}{(1+10\%)^4} - 10\,000$$

$$= 280.04\,(万元)$$

通过以上计算可知，B 方案的净现值最大，所以选择 B 方案。

净现值法是长期投资决策评价中最常用的方法，它考虑了资金的时间价值，使得不同时间发生的现金流量的差异得以体现，并且完整地考虑了项目计算期内全部现金流量，体现了流动性与收益性的统一，通过贴现率的高低考虑了项目的投资风险。

但净现值也存在以下缺点：①净现值是一个绝对数，当不同项目的投资额不等时，仅用净现值难以确定投资项目的优劣；②净现值指标的计算复杂，且较难理解和掌握；③净现值的计算需要以较准确的净现金流量的预测为基础，还要正确选择贴现率，这都为实际工作增加了难度。

2. 现值指数法

现值指数（present value index method，PVI），又称为获利指数，是指投资项目未来现金流入量现值同其现金流出量现值之间的比值。其计算公式如下。

$$现值指数 = \frac{投资收益现值}{原始投资额} = 1 + \frac{净现值}{原始投资额} = 1 + 净现值率$$

$$或\ \mathrm{PVI} = \frac{\displaystyle\sum_{t=1}^{n} \frac{I_t}{(1+i)^t}}{\displaystyle\sum_{t=0}^{n} \frac{O_t}{(1+i)^t}} \qquad\qquad (11\text{-}23)$$

式中，$\displaystyle\sum_{t=0}^{n} \frac{O_t}{(1+i)^t}$ 为原始投资额；$\displaystyle\sum_{t=1}^{n} \frac{I_t}{(1+i)^t}$ 为未来报酬的总现值。

现值指数是一个相对指标，以现金流量为计算基础，并且考虑了资金的时间价值，以比率的方式表现，可以用于不同投资规模方案的比较。利用这一指标进行项目决策的标准是：如果 PVI≥1，方案为可行方案；如果投资方案的 PVI<1，方案不可行；如果几个方案的现值指数都大于 1，那么现值指数越大，方案越好。但采用现值指数进行互斥方案的选择时，应在保证现值指数大于 1 的条件下，使投资收益最大化。现

值指数法比净现值法实用。

例 11-20 水星公司需投资 200 万元引进一条生产线，该生产线投产后可使用 4 年，采用直线法折旧，期满无残值。该生产线建设期为 1 年，建设投资分别于年初年末投入 100 万元，预计投产后每年可获净利润 15 万元。如果该项目的行业基准贴现率为 8%，计算该项目的现值指数并评价该项目的可行性。

解： 年折旧额 = 200/5 = 40（万元）

$$现值指数 = \frac{投资收益现值}{原始投资额} = \frac{15(P/A,8\%,4) \times (P/A,8\%,1) + 40 \times (P/A,8\%,5)}{\left| -100 - 100 \times (P/F,8\%,1) \right|} = 1.07$$

由于该项目的现值指数大于 1，根据判断标准，该项目可行。

现值指数法和净现值法一样考虑了资金的时间价值，它可以从动态的角度反映投资项目的资金投入与总产出之间的关系，但是无法直接反映投资项目的实际收益率，比净现值指标计算更复杂，也需要预设折现率，具有较大主观性。因此，在实务中通常并不要求直接计算现值指数，如果需要考核这一指标，可在求得净现值的基础上推算出来。

3. 内含报酬率法

内含报酬率（internal rate of return，IRR）又叫内部收益率或内部报酬率，是投资项目本身实际可以实现的收益率，是指项目在计算期内各年净现金流量现值累计等于零时的折现率，即能使投资方案净现值等于零的折现率就是该方案的内含报酬率。通过内含收益率指标，可以判断项目的实际收益是否高于资金成本，从而确定投资方案是否可行。若内含收益率大于资本成本，方案可行；反之，则不可行。在多个互斥的备选方案中，选择内含报酬率最大的方案进行投资。

显然，内含报酬率 IRR 满足下列等式：

$$NPV = \sum_{t=1}^{n} \frac{I_t}{(1+i)^t} - \sum_{t=0}^{n} \frac{O_t}{(1+i)^t} = 0 \tag{11-24}$$

式中，i 为内含报酬率；NCF_t 为第 t 年现金净流量。

不同投资方案中各期现金流量不同，内含报酬率的计算方法有两种。

（1）如果各年的现金流量相等，可直接查年金现值系数表求解。

首先，用初始投资额除以每年的现金净流量，得到其年金现值系数，计算公式如下。

$$年金现值系数 = \frac{初始投资额}{各年现金净流量}$$

其次，在年金现值系数表中找出相同期数中与上面计算的年金现值系数相等或相近的系数对应的折现率。

最后，采用内插法计算出投资方案的 IRR。

（2）如果投资方案各年的现金流量不同，则用测试法求解。其测试过程为：先设定一个贴现率，计算其对应的净现值。如果净现值为零，结束测试过程，设定贴现率即为所求的内含报酬率；如果净现值为正，提高贴现率再测试；如果净现值为负，降低贴现率再测试。经过反复测试，找到两个净现值接近于零的贴现率，再用内插法计算内含报酬率。

例 11-21　水星公司拟购入一生产线，该投资方案需投资 200 000 元，期初一次投入。建设期为 1 年，需垫支流动资金 40 000 元，到期可全部收回。使用寿命 4 年，采用直线法计提折旧，假设设备无残值，设备投产后每年销售收入 120 000 元，每年付现成本 35 000 元，所得税税率为 25%，水星公司的资本成本为 10%。判断该投资方案是否可行。

解： 该方案的各年现金净流量并不完全相同，采用测试法：

生产线每年折旧额 = 200 000/4 = 50 000（元）

$NCF_0 = -200\,000$，$NCF_1 = -40\,000$

$NCF_2 = NCF_3 = NCF_4 = (120\,000 - 35\,000 - 500\,000) \times (1 - 25\%) + 50\,000 = 76\,250$（元）

$NCF_5 = 76\,250 + 40\,000 = 116\,250$（元）

当折现率为 10%，净现值为：

$$
\begin{aligned}
NPV_1 &= \sum_{t=0}^{5} NCF_t (1+10\%)^{-t} \\
&= -200\,000 - 40\,000 \times (P/F, 10\%, 1) + 76\,250 \times (P/F, 10\%, 2) + 76\,250 \\
&\quad \times (P/F, 10\%, 3) + 76\,250 \times (P/F, 10\%, 4) + 116\,250 \times (P/F, 10\%, 5) \\
&= 8\,193.51 (元)
\end{aligned}
$$

当折现率为 12% 时，净现值为

$$
\begin{aligned}
NPV_2 &= \sum_{t=0}^{5} NCF_t (1+12\%)^{-t} \\
&= -200\,000 - 40\,000 \times (P/F, 12\%, 1) + 76\,250 \times (P/F, 12\%, 2) + 76\,250 \\
&\quad \times (P/F, 12\%, 3) + 76\,250 \times (P/F, 12\%, 4) + 116\,250 \times (P/F, 12\%, 5) \\
&= 6\,565.49 (元)
\end{aligned}
$$

采用内插法得：

$$
\frac{12\% - IRR}{IRR - 10\%} = \frac{-6565.49 - 0}{0 - 8193.51}
$$

$$
IRR = 11.11\%
$$

即该方案的内含报酬率为 11.11%，大于公司的资本成本 10%，因此该方案为可行方案。

内含报酬率以现金流量的计算为基础，考虑了资金时间价值，能直接反映项目的实际投资报酬水平，不受贴现率高低的影响，能够对不同的投资项目进行优先排序，概念也易于理解。使用内含报酬率法有一个前提，就是流入的现金在进行再投资时其收益率和计算的内含收益率是一致的，在实际情况下很难实现，该指标的计算过程也比较复杂，特别是每年 *NCF* 不相等的投资项目，一般要经过多次测试才能求得 IRR，有时可能出现多个 IRR，难以进行决策。

11.3.3 含息回收期法

企业进行投资决策时，若使用自有资金，那么投资决策过程在企业内部就可以完成。但如果依靠外部力量，如银行的贷款，就必须通过银行审查，也就把投资决策过程延长到外部，如银行。银行考虑的回报期间公式如下。

$$\frac{本金+利息}{年现金净流量}=回收期 \leqslant 融资期间 \qquad (11\text{-}25)$$

对比以上的静态回收期和动态回收期法就会发现含息回收期法的不同：第一是分子由投资额变成本金和利息之和；第二是有了一个银行的外加条件，所借款项必须在融资期间内收回，否则该项目就不会被接受。这样就可以知道只要该项目的回收期间小于融资期间，企业就有盈利。企业管理者就只需要根据是否有能力还款来判断该项目的好坏。

下面以等额还款法为例。设：n 为还款期间，NCF 为年现金净流量，P 为原始投资额（融资额），则上面公式就可以进一步变化成为

$$回收期=\frac{融资额+利息}{NCF}=\frac{还款总额}{NCF}=\frac{nA}{NCF} \qquad (11\text{-}26)$$

式中：A 为每期相等的还款额。且根据年金现值公式

$$A=\frac{P}{(P/A,i,n)}，则回收期间=\frac{nA}{NCF}=\frac{nP}{NCF(P/A,i,n)}$$

例 11-22 假设水星公司原始投资额为 2 000 万元。该项目的预计寿命为 6 年，预计年现金流入量 400 万元。资本成本 8%，还款期间 6 年，还款方式为等额还款法。根据含息回收期法判断该投资项目是否可行。

解：回收期间 $=\dfrac{nA}{NCF}=\dfrac{nA}{NCF(P/A,i,n)}=\dfrac{6\times2\,000}{400\times4.623}=6.49$(年)

6.49 年大于 6 年，故该投资项目不可行。

11.4 长期投资决策方法应用

如前所述，投资项目的主要评价指标是净现值、现值指数和内含收益率等。这些指标从不同的角度对投资项目进行评价，各有其不同的适用范围、自身特征、优缺点和局限性。因此，必须分别不同的目的和用途，正确使用不同的评价指标，对投资方案进行对比与优选。投资回收期和年平均报酬率一般作为辅助指标，其结果可供参考。

为正确地进行方案的对比与选优，首先要从不同投资方案之间的关系着眼，将投资方案区分为独立方案和互斥方案两类。若方案之间存在相互依赖关系，不能相互取代，则称为独立方案。若几个方案之间有取必有舍，不能同时并存，则称为互斥方案。

11.4.1　单一独立投资项目的决策

对单一独立方案而言，其投资决策的目的是评价其在经济上是否可行。独立方案投资决策常用的评价指标是净现值和内含收益率。

在资金总量允许的情况下，若方案的净现值为正，内含报酬率大于设定的折现率，则该方案在经济上可行；若净现值为负，内含报酬率小于设定的折现率，则说明该方案在经济上不可行。由于没有其他竞争方案，只要投资方案本身可行，就可以接受。

净现值评价指标（NPV）和内含收益率评价指标（IRR）之间的关系（i 是折现率）：

NPV$\geq$0，IRR$\geq i$　方案可行；

NPV$<$0，IRR$< i$　方案不可行。

当静态投资回收期或平均报酬率等辅助指标的评价结论与净现值等主要指标的评价结论相互矛盾时，应当以主要指标的结论为准。在利用净现值、现值指数或内含报酬率指标对同一个独立项目进行评价时，不会得出相互矛盾的结论，因为它们都是建立在现金流量计算的基础上的。

例 11-23　某企业计划购进一台设备，价值 200 000 元，预计使用 5 年，净残值为 20 000。设备刚开始投产时投入营运资金 10 000 元，在设备报废时收回。若投资使用该设备，每年可增加税后净利润 25 000 元。假定设备采用直线法计提折旧。企业设定的折现率为 10%。

要求：计算该项目的净现值、现值指数、内含报酬率、静态投资回收期，并判断该项目是否可行。

解： 该设备每年计提折旧 =（200 000 - 20 000）/5 = 36 000 元

各年现金净流量

NCF_0 = - 100 000 - 10 000 = - 110 000（元）

$NCF_1 = NCF_2 = NCF_3 = NCF_4$ = 25 000 + 20 000 = 45 000（元）

NCF_5 = 25 000 + 20 000 + 10 000 = 55000（元）

该项目的净现值为

NPV = - 110 000 + 45 000 ×（P/A，10%，4）+ 55 000 ×（P/F，10%，5%）

　　= - 110 000 + 45 000 × 3.169 9 + 55 000 × 0.620 9

　　= 66 795（元）

该项目的现值指数 PVI =（45 000 × 3.169 9 + 55 000 × 0.620 9）/11 000 = 1.607 23

内含报酬率的计算：当折现率为 28% 时，NPV = 6 850 元；当折现率为 32% 时，NPV = - 1 971 元。

利用内插法：$\dfrac{32\% - IRR}{IRR - 28\%} = \dfrac{-1971 - 0}{0 - 6850}$

求得该项目的内含报酬率 IRR = 31.11%

该项目的静态回收期 $= 2 + \dfrac{20\,000}{45\,000} = 2.44$(年)

由于该项目的 NPV > 0，PI > 1，IRR > 10%，因此该项目是可行的，并且风险不大。

例 11-24　水星公司拟购入一生产设备，该生产设备需投资 200 000 元，采用直线法计提折旧，使用寿命 5 年，5 年后设备残值为 20 000 元。5 年中每年的销售收入 120 000 元，付现成本第一年 40 000 元，以后逐年增加修理费 2 000 元，水星公司适用的所得税税率 25%。投资人要求的必要收益率为 10%。

要求：计算购买该设备的投资方案的净现值、现值指数和内含报酬率，并判断该项目是否可行。

解：每年计提折旧 = $\dfrac{200\,000 - 20\,000}{5}$ = 36 000（元）

各年现金流量 NCF_0 = − 200 000（元）

NCF_1 =（120 000 − 40 000 − 36 000）×（1 − 25%）+ 36 000 = 69 000（元）

NCF_2 =（120 000 − 40 000 − 36 000 − 2 000）×（1 − 25%）+ 36 000 = 67 500（元）

NCF_3 =（120 000 − 40 000 − 36 000 − 2 000 × 2）×（1 − 25%）+ 36 000
　　　= 66 000（元）

NCF_4 =（120 000 − 40 000 − 36 000 − 2 000 × 3）×（1 − 25%）+ 36 000
　　　= 64 500（元）

NCF_4 =（120 000 − 40 000 − 36 000 − 2 000 × 4）×（1 − 25%）+ 36 000 + 20 000
　　　= 83000（元）

该项目的净现值为

NPV = − 200 000 + 69 000 × (P/F, 10%, 1) + 67 500 × (P/F, 10%, 2)
　　　+ 66 000 × (P/F, 10%, 3) + 64 500 × (P/F, 10%, 4) + 83 000
　　　× (P/F, 10%, 5) = − 200 000 + 69 000 × 0.909 1+67 500×0.826 4 + 66 000
　　　× 0.751 3+64 500 × 0.683 0 + 83 000 × 0.620 9
　　　= 63 683.9 元

该项目的现值指数 PI = 1 + 63 683.9/200 000 = 1.318

内含报酬率的计算如下。

当折现率为 20% 时，NPV = 7 029.95 元；当折现率为 24% 时，NPV = − 1 0237.7 元。

利用内插法：$\dfrac{IRR − 20\%}{24\% − IRR} = \dfrac{0 − 7\,029.95}{−10\,237.7 − 0}$

求得该项目的内含报酬率为

由于该项目的 NPV > 0，PVI > 1，IRR > 10%，因此购买设备的投资方案是可行的。

从以上例题可以看出，不论利用净现值、现值指数还是内含报酬率，得出的决策结果都是相同的，即当净现值大于零，或现值指数大于 1，或内含收益率大于设定的折现率，则该投资项目可行。

11.4.2　多个互斥项目的比较和优选

企业在进行投资决策时，常常会遇到有多个可供选择的投资项目且这些项目不能同时并存，企业只能选择一个项目的情况，这就是互斥项目的投资决策问题。互斥方案的决策过程就是在每一个入选方案已具备财务可行性的前提下，利用具体决策方法比较各个方案的优劣，利用评价指标从各个备选方案中找出最优方案的过程。互斥方案决策的方法主要有净现值法、净现值率法、差额投资内含报酬率法和年均净现值法等。

当对两个或两个以上的投资项目作出互斥选择时，净现值法、现值指数法和内含报酬率法得出的结论可能相互矛盾。造成这种情况的原因主要有以下几点。

（1）不同项目的初始投资额不相同。

（2）不同项目的现金流量的时间分布不同。例如：某两个项目的现金流量可能完全相同，但流入流出的时点不同。

（3）不同项目具有不同的使用寿命期限。

需要指出的是，上述原因只是产生投资项目优选排列冲突的必要条件，而非充分条件。因此有可能存在某些互斥项目在上述三个方面都不相同，但在按净现值、现值指数和内含报酬率进行优选排序时却没有出现任何冲突。

正是由于存在上述冲突，在进行互斥项目的选择时，要采用不同的方法进行决策。如果是投资额相同且项目计算期相等的互斥方案决策，可选择净现值或内含报酬率大的方案作为最优方案；如果是投资额不相等而项目计算期相等的互斥方案比较决策，可选择差额净现值法或差额内含报酬率法来进行方案决策；如果是投资额和项目计算期都不相同的互斥方案比较决策，可采用年均净现值法，哪个方案年均净现值大，哪个方案最优。

例 11-25　水星公司准备投资 100 000 元建设新项目，有 A、B 两个项目可供选择，这两个项目的资金成本率都是 5%，其相应现金流及贴现指标见表 11-4。

表 11-4　A、B 项目的相关情况表

	年份	项目 A	项目 B
现金流情况	0	−100 000	−10 000
	1	40 000	4 000
	2	40 000	4 000
	3	40 000	5 000
净现值/元		8 929.9	1 756.8
现值指数		1.089 3	1.175 7
内含报酬率/%		9.7	13.78

如果是单一独立项目的决策选择，则这两个项目都是可行的。但是，由于公司的投资资金有限，只有 100 000 元，只能单独选择 A 方案，或单独选择 B 方案。在对 A、B 两项目进行决策时，会发现用净现值、现值指数和内含报酬率三种方法判断的结果是相互矛盾的。按照现值指数和内含报酬率来决策，应该优先选择 B 项目，但如果考虑净现值指标，项目 A 能给公司带来更多的价值——8 929.9 元大于 1 756.8 元。

1. 项目期限相等

1）投资额相等

对使用年限相等并且投资额相等的互斥方案进行决策时，净现值、现值指数、内含报酬率等评价指标均可，且它们得出的结论是一致的。最常用的决策分析方法是净现值法和内含报酬率法，哪个方案的净现值或内含报酬率高，选择哪个方案。

例 11-26 水星公司拟投资 100 000 元购建一条生产线，期末净残值为 0。现有 A、B 两个方案可供选择，经济寿命期均为 5 年。A 方案每年现金流量均为 30 000 元，B 方案各年的现金流量分别为 0、20 000 元、20 000 元、50 000 元和 90 000 元。假定企业的资本成本率为 15%。试采用净现值法选择最优方案。

解： 由于 A、B 方案的投资额相同，因此，可通过比较两个方案的净现值选择最优方案。

A 方案的净现值：$NPV_A = 30\,000 \times (P/A, 15\%, 5) - 100\,000$

$$= 30\,000 \times 3.352\,2 - 100\,000 = 566（元）$$

B 方案的净现值：$NPV_B = 20\,000 \times (P/F, 15\%, 2) + 20\,000(P/F, 15\%, 3)$

$$+ 50\,000(P/F, 15\%, 4) + 90\,000(P/F, 15\%, 5) - 100\,000$$

$$= 20\,000 \times 0.756\,1 + 20\,000 \times 0.657\,5 + 50\,000 \times 0.571\,8$$

$$+ 90\,000 \times 0.497\,2 - 100\,000 = 1\,610（元）$$

由于 B 方案的净现值大于 A 方案的净现值，所以 B 方案为最优方案。

2）投资额不相等

对投资额不同的互斥方案，则应通过比较净现值率指标，选取净现值率大的投资方案。

例 11-27 接例 11-25，若通过净现值率指标来决策，应该选择哪个项目？

解： A 项目净现值率 = 8 929.9/100 000 × 100% = 8.93%

B 项目净现值率 = 1 756.8/100 000 × 100% = 17.57%

虽然 $NPV_A > NPV_B$，但是 B 方案的净现值率大于 A 项目，因此在不考虑其他条件时应选择投资 B 方案。

2. 项目期限不相等

对项目期限不相等的互斥项目进行决策时，不能简单使用净现值法或内含报酬率法进行比较，因为得出的结论往往不可靠，一般采用年投资回收额法进行比较分析。

例 11-28 水星公司有两个投资项目可供选择，因为公司资金有限，只能从中选择一个。公司设定折现率为 12%。A 方案投资额为 100 000 元，预计使用 4 年，每年现金净流量为 48 000 元；B 方案投资额为 160 000 元，预计使用 5 年，各年现金净流量分别为 30 000 元、50 000 元、60 000 元、90 000 元和 80 000 元。

要求：用年回收额法进行决策分析。

解：（1）计算各方案的净现值。

A 方案的净现值 $NPV_A = 48\,000 \times (P/A, 12\%, 4) - 100\,000$

$= 48\,000 \times 3.037\,3 - 100\,000$

$= 45\,790.4$（元）

B 方案的净现值 $NPV_B = 30\,000(P/F, 12\%, 1) + 50\,000(P/F, 15\%, 2)$

$+ 60\,000(P/F, 12\%, 3) + 90\,000(P/F, 12\%, 4)$

$+ 80\,000(P/F, 12\%, 5) - 16\,000$

$= 30\,000 \times 0.8929 + 50\,000 \times 0.797\,2 + 60\,000 \times 0.711\,8$

$+ 90\,000 \times 0.635\,5 + 80\,000 \times 0.567\,4 - 160\,000 = 51\,942$ 元

（2）计算各方案的年回收额。

A 方案的年回收额 $= 45\,790.4/(P/A, 12\%, 4) = 45\,790.4/3.037\,3 = 15\,076.02$（元）

B 方案的年回收额 $= 51\,942/(P/A, 12\%, 5) = 51\,942/3.604\,8 = 14\,409.12$（元）

虽然 B 方案的净现值大于 A 方案，但 A 方案的年回收额大于 B 方案，所以水星公司应该选择 A 方案。

由此可见，在投资方案决策时，首先要考虑这些项目之间是独立的还是互斥的。如果项目是独立的且没有投资限额，可以用任何一种贴现方法来进行决策选择，选择净现值大的、内含报酬率高、能为企业带来最大收益的项目。若待选择的各个项目之间是互斥的，要考虑这些项目的投资规模是否一致、项目期限是否相同、投资公司是否存在资本限额等。

案例分析

长江公司现在准备改善旗下一种产品的生产线的自动化水平。可供选择的是全自动化或半自动化。公司按一个 5 年期的计划运作，每一个选择每年都能制造及销售 10 000 件产品。

全自动化生产线涉及的总投资为 300 万元。产品的材料成本每件 36 元，人工及变动间接成本每件 54 元。

半自动化生产线会造成较高的材料损耗，产品的平均材料成本每件 42 元，而人工及变动间接成本预计每件 123 元。这个选择的投资总额是 750 000 元。

不论选用哪一种制造方法，成品的售价都是每件 225 元。

5 年以后，全自动化生产线的残值将会是 300 000 元，而半自动化生产线将没有任何残值。管理层使用直线折旧法，而他们对资本投资所要求的投资报酬率是 16%。折旧是唯一的增量固定成本，不考虑所得税影响。

在分析这类投资机会时，公司需计算每件产品的平均总成本、年净利润、年保本销售量以及净现值。

要求：

（1）请计算应该呈交给长江公司管理层的数据，以协助他们作出投资分析。

（2）评论上述所计算的数据，并对该投资选择作出建议。

【自　测　题】

自学自测　扫描此码

【复习思考题】

一、思考题

1. 什么是货币的时间价值？怎样计算货币的时间价值？

2. 什么是年金？年金可分为哪几种？

3. 为什么投资决策要用现金流量取代利润进行计算？

4. 什么是静态分析法？静态分析法有哪些？它们分别有什么特点和局限性？

5. 什么是动态分析法？动态分析法的优缺点有哪些？

6. 面对投资额相等或不等、项目期限相等或不等的各项目时，应该如何进行决策？

二、练习题

1. 某公司拟购置一台自动化设备，需要投资 480 000 元，该设备可用 6 年，使用期满预计净残值为 24 000 元，使用该项设备每年可增加销售收入 150 000 元，付现的营运成本每年为 50 000 元，该设备按直线法计提折旧。该公司的资金成本率为 12%，所得税税率 25%。

要求：分别用净现值法、现值指数法和内含报酬率法判断此方案是否可行。

2. 江海公司准备购建一条生产线，投资额为 20 万元，有 A、B 两个方案可以选择。A 方案每年的现金流入为 8 万元，B 方案每年的现金流入分别为 10 万元、9 万元、7.5 万元、7 万元、6 万元。假如期望的报酬率为 12%，项目的经济寿命期为 5 年。

要求：用净现值法、内含报酬率法进行方案评价。

3. A、B、C、D、E 五个投资项目，具体资料见表 11-5。

表 11-5 投资项目资料表 单位：万元

项目	原始投资	净现值	净现值率	内含报酬率
A	300	120	40	18
B	200	40	20	21
C	200	100	50	40
D	100	22	22	19
E	100	30	30	35

若可用于投资组合的资金为 600 万元，则作出投资方案的组合决策。

4. 已知某企业打算变卖一套尚可使用 5 年的旧设备，另购置一套新设备来替换它。取得新设备的投资额为 180 000 元，旧设备的折旧余额为 90 151 元，其变价净收入为 80 000 元，到第 5 年末新设备与继续使用旧设备届时的预计净残值相等。新旧设备的替换将在当年内完成（更新设备的建设期为零）。使用新设备可使企业在第一年增加营业收入 50 000 元，增加营业成本 25 000 元；从第 2—5 年内每年增加营业收入 60 000 元，增加经营成本 30 000 元。采用直线法折旧，该公司资金成本率为 10%，所得税税率 25%。

要求：通过分析对设备是否更新进行决策。

第12章

预 算 管 理

【本章学习目的和要求】

本章要求在了解全面预算的基本概念、构成内容和编制程序的基础上，熟悉全面预测的内容，掌握主要业务预算的编制方法和资金预算的编制技巧，理解各种特殊预算的编制方法，如零基预算、弹性预算、滚动预算、作业基础预算的编制原理及其方法特征。

12.1　预 算 概 述

12.1.1　预算术语（budget terminology）

1. 预算

预算（budget）是一个实体的营运计划和控制工具，在企业战略目标的指引下，它用来确定一段时间内为合理分配企业的财务、实物及人力等资源，提高企业经济效益，而对企业的生产、销售和财务等各个环节进行的统筹安排。企业可以通过预算来监控战略目标的实施进度，有助于控制开支，并预测企业的现金流量与利润。

预算可作为公司在下一阶段的行动蓝图，通常包括财务方面和非财务方面。预算主要是定量指标，而非定性指标。财务预算量化了管理层对收入、现金流量和财务状况的预期。就像财务报表不仅可以反映过去，也可以顾及未来，如预算利润表、预算现金流量表、预算资产负债表。财务预算的基础是财务数据，如产量或销售量、员工人数和即将投放市场的新产品数量。

预算应注意以下问题。

（1）预算不等于财务计划，也不等于预测。

（2）预算是包括财务预算在内的全面预算。

（3）预算可以用价值形式来反映，也可以用其他数量形式反映。

（4）预算应该有明确的目标。

（5）预算以预测为前提。

2. 全面预算

全面预算（total budget）反映的是企业未来某一特定期间（一般不超过 1 年或 1

个经营周期）的全部生产、经营活动的财务计划，它以实现企业的目标利润（企业一定期间内利润的预计额）为目的，是企业奋斗的目标。西方企业的预算之所以称为全面预算或总预算，有其特定的含义。它是全企业性的，即整个企业一定时期的供应、生产和销售，人力资源的安排。成本和利润，资本支出，现金的收支和结存以及资产、负债和股东权益等都要进行编制预算，实行预算控制。简言之，全面预算就是企业主要以货币量度表示的全部经济活动计划的综合说明。

企业生产的最终目的是获取利润，每个企业都规定预期的利润水平。因此，企业编制全面预算的前提是已经确定了目标利润。为了达到和完成预定的目标利润，企业的销售、生产、供应、财务等职能部门必须相互配合、协调一致地开展工作。销售部门要完成它们的销售目标，以保证目标利润的实现；生产部门必须根据销售部门的要求组织生产，产量不能过多（少），过多将造成库存积压，过少则可能造成市场脱销，失去销售的机会；采购部门需要备足合格的材料，以满足生产需要；财务部门通过灵活的资金调度，保证有足够的货币资金支付料款、工资和增加固定资产的支出以及偿还债务、支付股息红利等。为了使各部门预期的经济活动协调起来，达到企业的总体目标，就必须编制全面预算。

根据目标利润分解的细化指标，如销售量、生产量、成本、资金筹集额等，以销售预算为起点，进而对生产、成本及现金收支等进行预算，并编制预计利润表、预计现金流量表和预计资产负债表，以反映企业在未来期间的财务状况和经营成果。

3. 预算周期

预算周期（budget period）通常包括以下步骤。

（1）将一个实体和它的分部门作为一个整体编制预算，所有部门同意完成预算中应由自己负责的那一部分。

（2）预算被用于比较当前的绩效和期望中的绩效。

（3）检查实际结果与预算的差异，如果可能的话采取纠正措施。

（4）收集反馈信息，重新检查预算，必要时修订预算。

4. 预算循环

预算周期各个步骤形成一个周而复始的预算循环（Budget Cycle），如图 12-1 所示。

5. 预计报表

预计报表（pro forma statements）是一种以历史信息为基础的预算财务报表，它会假设某些事件已经发生过以对历史信息作出调整。预计资产负债表、预计现金流量表及预计利润表是对未来一段时间资源配置目标的预测。预计报表针对的是内部使用者，对于外部使用者，当公司会计政策变更时，追溯调整会将这项变更应用于以前期间，就好像这项变化在整个会计期间都起作用一样，在这种情况下，预计是一个补充的披露，目的是增加可比性。

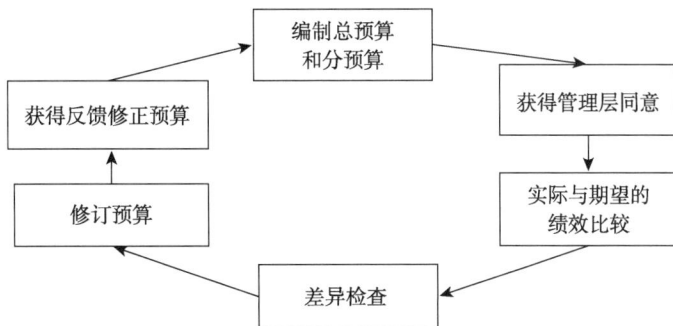

图 12-1　预算周期循环

12.1.2　预算管理

预算管理（budget management），是指企业以战略目标为导向，通过对未来一定期间内的经营活动和相应的财务结果进行全面预测和筹划，科学、合理配置企业各项财务和非财务资源，并对执行过程进行监督和分析，对执行结果进行评价和反馈，指导经营活动的改善和调整，进而推动实现企业战略目标的管理活动。

简言之，预算管理是指企业围绕预算而展开的一系列管理活动，包括预算编制、预算控制、预算分析、预算考评等多个方面。

1. 预算编制

预算编制（budgeting）是为制定预算所实施的步骤。理想的预算清晰传达了组织的目标，通常通过以下决策制定预算编制流程：确定问题与不确定性、获取信息、预测未来、选择方案作做决策、实施决策，评价业绩与学习。

预算编制可以采用自上而下、自下而上或上下结合的主动参与式编制方法。编制整个过程如下。

（1）企业决策根据长期规划，利用本量利分析等工具，提供企业一定时期的总目标，并下达规划指标。

（2）基层成本控制人员自行草编预算，使预算较为可靠、较为符合实际。

（3）各部门汇总部门预算，并初步协调本部门预算，编制出销售、生产、财务等预算。

（4）预算委员会审查、平衡各预算，汇总出企业的总预算。

（5）经过总经理批准，审议机构通过或驳回修改预算。

（6）主要预算指标报告给董事会或上级主管单位，讨论通过或者驳回修改。

（7）批准后的预算下达给各部门执行。

2. 预算控制

预算控制（budgetary control）是一个管理过程，目的是通过制定系统性的预算审批流程，协调相关方的努力和相关经营活动，分析实际结果与预算的差异并向负责方提供适当的反馈，以确保预算目标的实现。如果没有正式的控制系统，预算只不过是预测，预算中所设定的目标必须是员工认为可实现的，这样目标才具有激励作用。

预算开始执行之后，必须以预算为标准进行严格的控制；支出性项目必须严格控制在预算之内，收入项目务必完成预算，现金流动必须满足企业日常和长期发展的需要，预算控制的标准就是预算编制产生的各级各类预算指标。预算控制是整个预算管理工作的核心环节，需要企业上下各部门和全体人员的通力合作。

3. 预算分析

预算分析（budget analysis）是在预算控制过程中和预算完成后的一个尤为重要的环节，是指实际与预算差异的分析。在分析实际和预算差异的时候，一般按照以下几个步骤进行。

（1）对比实际业绩和预算标准找出差异。

（2）分析出现差异的原因。

（3）提出恰当的处理措施。

其中，预算执行过程中的差异分析可以根据周围环境和相关条件的变化帮助调控预算合理而顺利地执行；预算完成后的差异分析则可以总结预算完成情况，帮助评价预算期间工作的好坏，进而为企业评价激励制度的公平有效提供数据依据。因此，差异分析贯穿于预算管理的全过程，既为预算的执行与控制明确了工作重点，也为下期编制预测、预算提供了可借鉴的丰富经验。

4. 预算考评

预算考评（the budget evaluation）是对企业内部各级责任单位和个人预算执行情况的考核与评价。对预算的执行情况进行考评，监督预算的执行、落实，可以加强和完善企业的内部控制。在企业全面预算管理体系中，预算考评起着检查、督促各级责任单位和个人积极落实预算任务的作用。同时，从整个企业生产经营循环来看，预算考评作为一次预算管理循环的结束总结，它为下一次科学、准确地评价企业全面预算积累了丰富资料和实践经验，是以后编制企业全面预算的基础。

预算提供了明确的一定期间要求达到的经营目标，是对企业计划数量化和货币化的表现，为业绩评价提供了考评标准，是业绩评价的重要依据，便于对各部门实施量化的业绩考评和奖惩制度，使得企业有效激励相关部门和人员有了合理、可靠的依据。确立"考评与奖惩是预算管理工作生命线"的理念可以确保预算管理落实到位。严格考评不仅是为了将预算指标值与预算的实际执行结果进行比较，肯定成绩，找出差距，分析原因，改进以后的工作，也是为了对员工实施公正的奖惩，以便奖功罚惩，调动员工的积极性，激励员工共同努力，确保企业战略目标的最终实现。由此可见，预算考评与激励在整个企业全面预算体系中占有极其重要的地位。

12.1.3 全面预算的内容

全面预算是一种全过程、全方位、全员的预算，主要是针对企业的预算而言。它需要全员的参与，并且应全方位地包括涉及企业经营的全过程。从内容上看，全面预算也应注意全面性和系统性特征。所谓全面性即预算内容必须涵盖企业经营业务和财务的全部；所谓系统性即各项预算之间存在密切的内在联系，它们环环相扣，按照一定的逻辑顺序编制而成。全面预算主要包括经营预算、财务预算和资本支出预算。

1. 经营预算的编制

经营预算（也称业务预算），是反映企业预算期间日常供应、生产、销售、管理等实质性活动的预算，是指与企业日常业务直接相关的一系列预算，包括销售预算、生产预算、采购预算、费用预算、人力资源预算等。

经营预算是反映企业基本业务活动的预算，它因不同业务类型而异。如制造业中经营预算包括销售预算、生产预算、直接材料采购预算、人力资源预算、制造费用预算、管理费用预算，等等；流通业的基本业务预算则包括：销售预算、采购预算、经营费用预算、管理费用预算等。经营预算是预算内容体系中的基础，没有经营预算，预算将是无源之水、无本之木，预算目标的实现也就无从谈起。

经营预算是针对企业生产经营活动中某一方面的特定职能而编制的，具有各自特定的领域，通常又可称之为"职能预算"或"分预算"。

（1）销售预算。销售预算是安排预算期销售量的预算。它是编制全面预算的关键和起点，其他预算均以销售预算为基础。通常销售预算是在销售预测的基础上，根据企业年度目标利润确定的销售量和销售额来编制。

（2）生产预算。生产预算是安排预算期生产量的预算。它是按"以销定产"的原则，在销售预算的基础上编制的。

（3）直接材料预算。直接材料预算，又称直接材料采购预算，是用来确定预算期的材料采购数量和采购成本的预算。它是以生产预算为基础进行编制的。

（4）人力资源预算。人力资源预算是用来确定预算期内直接人工工时的消耗水平和人工成本水平的预算。人力资源预算的编制也是以生产预算为基础的，其主要内容包括预计的生产量、单位产品工时、总工时、每工时人工成本（小时工资率）和人工总成本。

（5）制造费用预算。制造费用是指生产成本中除了直接材料、直接人工以外的间接生产费用项目。其编制依据是预算期的生产业务量（如直接人工小时数或机器小时数）、基期制造费用的实际开支水平、上级管理部门下达的成本降低率以及预算期间各费用明细项目的性质等。

（6）产品成本预算。产品成本预算是生产预算、直接材料预算、人力资源预算、制造费用预算的汇总。它既是这些预算的继续，也是编制预计利润表和预计资产负债表的根据之一。

（7）销售及管理费用预算。销售及管理费用预算包括销售费用及管理费用两部分，是为产品销售活动和一般行政管理活动及有关的经营活动编制的费用预算。

2. 财务预算的编制

财务预算，是指与企业资金收支、财务状况或经营成果等有关的预算，包括资金预算、预计利润表、预计资产负债表等，是反映企业预算内预计的现金收支、经营成果和预算期末财务状况的预算。

1）资金预算

资金预算是为了反映企业在预算期间预计的现金收支的详细情况而编制的预算。

资金预算的内容包括以下四部分。

（1）现金收入。

（2）现金支出。

（3）现金余缺与现金融通。

（4）期末现金余额。

2）预计利润表

预计利润表是反映预算期间预计的全部经营活动的最终财务成果的预算，又称"利润预算"，是控制企业经营活动和财务收支的主要依据。

3）预计资产负债表

预计资产负债表是为反映企业在预算期期末那一天预计的财务状况而编制的预算。

3. 资本支出预算的编制

资本支出预算（专门决策预算），是指企业重大的或不经常发生的、需要根据特定决策编制的预算，包括投融资决策预算等；是指企业在投资项目可行性研究的基础上编制的反映长期投资项目投资的时间、规模、收益以及资金筹措方式等内容的预算。

预算管理是企业对未来整体经营规划的总体安排，是一项重要的管理工具，能帮助管理者进行计划、协调、控制和业绩评价。推行全面预算管理是发达国家成功企业多年积累的经验之一，对企业建立现代企业制度、提高管理水平、增强竞争力有着十分重要的意义。

4. 全面预算的流程图

全面预算的流程如图 12-2 所示。

12.1.4　全面预算的作用

全面预算规定了企业各级各部门在预算期间工作的目标，也是控制各项经济活动的依据和考核经营业绩的标准。全面预算的作用可概括为计划、协调、激励、控制

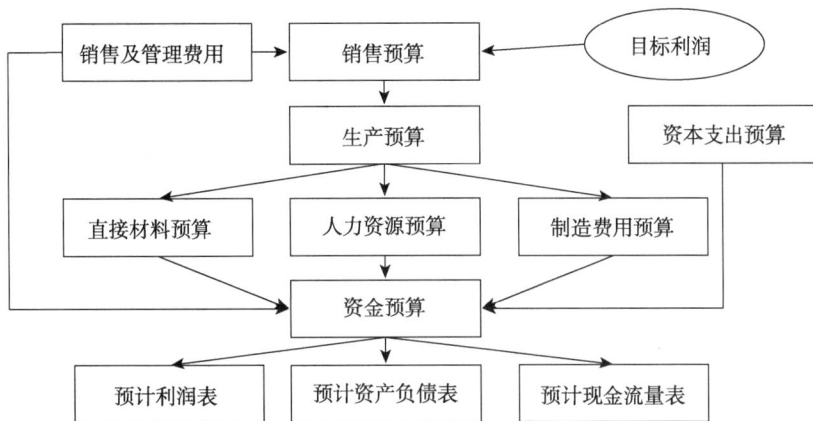

图 12-2 全面预算流程

与考核五个方面，这些作用相互之间不是孤立的，而是紧密地联系在一起的。因此，在讨论某一个作用时，就会关联到其他作用。

1. 计划

计划首先要确定企业在计划期内的主要经营目标，如目标利润、预期的投资报酬率、目标销售额、销售增长率、存货目标、市场占有率、新产品试制和投产目标等。通过预算的编制，企业的总体目标得以分解、落实，各职能部门可以认清本部门在实现企业总体目标过程中的具体任务。只有这样才能有效避免只顾本部门的利益而影响其他部门的工作或忽视企业总体利益的现象。

2. 协调

企业的各级各部门的经济活动与总体目标之间存在局部与整体的关系。通过编制全面预算应当使一个组织的各个部分融合为一个协调的整体，都为一系列共同的目标而工作。目标一致性不会自动出现，须采取一些手段使企业上层领导确定的目标能为下级所理解并接受。较好的办法是让每个职工都了解并参与，对企业有利的同时也是对职工有利的，个人利益跟企业的利益是一致的。

如果不进行协调，每个人可能只从本部门角度考虑问题。例如，销售部门可能努力扩大销售，但对生产部门的生产能力就考虑得少些；计划部门下计划生产为了充分利用企业的生产能力，提高的产量又可能超出销售部门的销售能力和市场需要；生产部门比较关心产品的质量和产品的存货水平，而销售部门则重视产品的售价；采购部门总想大批量购进材料以得到节省采购费用和价格低的好处；财务部门则更重视手中资金的有效运用及流动性状况。编制预算的目的就是要协调各部门的这些分歧。

3. 激励

要使人们积极主动地从事某项工作，必须给予激励，即在事先规定某种激励的形式以激发和鼓励人们去努力工作，充分发挥其聪明才智。激励可以是某种精神上的满足，或一定数额的奖金，或两者兼而有之。

在全面预算工作中，可以从编制程序和方法上研究如何发挥预算的激励作用。如果企业中的各个部门和个人都有机会参与预算的编制，从而使局部利益和整体利益趋于一致，由此而产生的参与感、成就感，就会认同预算，自觉地执行预算，努力实现企业的目标，预算起到了激励的作用；如果预算只是由上级确定并简单地强制下级执行，则预算就可能不为下级所接受，甚至遭到抵制，起不到激励的作用。

在编制预算时，防止企业所属各部门的本位思想，提出对本部门有利而伤及其他部门的预算。

各部门应根据企业总体目标，提出本部门的奋斗目标，编出具有能激励本部门职工积极性与创造性的预算。只有自下而上地编制预算，充分发挥全体职工的积极性和聪明才智，并经过多次讨论和修改，最终由企业领导批准的预算才能起到激励的作用。

4. 控制

全面预算是控制各项经济活动的尺度。编制预算是企业经营管理的起点，也是控制日常经济生活的依据。企业各部门编制预算时，需要分析和说明所提出的计划与应支出的金额，这种分析需说明每项需要的支出是否合理，是否能起到成本控制的作用。实践证明：企业认真地编制切实可行的预算，并以其控制各项经济活动，就可以避免不必要的支出，降低成本费用，增加收入和尽可能地创造利润。

5. 考核

任何一个企业都必须定期对各部门的工作进行考核，以便确定各部门的工作成绩，找出差距，制订措施，提高工作质量。全面预算是根据本企业的具体情况编制的，用来考核各部门的工作量有说服力。

综上所述，全面预算的首要作用是规划企业的经济活动，使企业全体职工明确奋斗目标；通过编制全面预算使各个职能部门相互沟通信息，激发广大职工的积极性和创造性，协调一致地为完成企业总体目标而努力工作。预算也是控制日常经济活动和评定各职能部门业绩的依据。

12.1.5 预算编制的特征

（1）企业应建立和完善预算编制的工作制度，明确预算编制依据、编制内容、编制程序和编制方法，确保预算编制依据合理、内容全面、程序规范、方法科学，确保形成各层级广泛接受的、符合业务假设的、可实现的预算控制目标。预算编制过程应保持独立，但应根据战略计划和预测来编制预算。

（2）企业一般按照分级编制、逐级汇总的方式，采用自上而下、自下而上、上下结合或多维度相协调的流程编制预算。预算编制流程与编制方法的选择应与企业现有管理模式相适应。职工应将预算看成计划、沟通及协调的工具而不是一种压力或惩罚措施，预算应能作为一种激励工具，促使职工为实现组织目标努力工作。

（3）预算编制完成后，应按照相关法律法规及企业章程的规定报经企业预算管理决策机构审议批准，以正式文件形式下达执行。管理层（包括最高管理层）必须接受预算，这意味着他们有责任实现预算目标。最终的预算不应轻易改变，但应包括为变化所作的具体准备以使预算足够灵活，便于运用。

（4）预算审批包括预算内审批、超预算审批、预算外审批等。预算内审批事项，应简化流程，提高效率；超预算审批事项，应执行额外的审批流程；预算外审批事项，应严格控制，防范风险。减少潜在的隐患并将资源配置到能最有效地利用这些资金的领域。

12.2 全面预算的编制原理

12.2.1 全面预算

企业的正常运转和利润获取需要行之有效的日常经营管理，其中产品的生产和销售作为日常经营的一个重要环节，无时无刻不在发生变化。所以，在一个企业的预算管理系统中，包括销售、生产、成本、费用等项目的经营预算是时效性和操作性都比较强的一种基本预算，在企业战略计划和具体生产经营之间起到承上启下的作用。

12.2.2 编制经营预算

经营预算（operating budget/operational budget），又译作业预算、运营预算，是指企业为规划和控制未来时期的生产、销售等日常性业务以及与此相关的各项成本和收入而编制的预算。

经营预算是企业总预算的基础，经营预算的编制和执行涉及一个企业内外部各方面的生产经营活动，也涉及上上下下各级工作人员。可以说，相对于资本预算和财务预算，经营预算的范围更广，使用更频繁。所以，经营预算的合理编制是非常重要的，它有利于企业日常生产经营活动的顺利开展，有利于调动全体职工的工作积极性，有利于充分明确各级工作人员的权责关系，也有利于企业内外部和企业上下级之间的沟通。

经营预算由以下七个部分组成。

（1）销售预算。

（2）生产/存货预算。

（3）直接材料预算。

（4）人力资源预算。

（5）间接/制造费用预算。

（6）产品销售成本预算。

（7）销售及管理费用预算。

其中，销售预算是经营预算中的起点及基本部分。

1. 销售预算

销售预算（sales budget）应该能够回答这些问题：销售预算基于哪些信息；销售预算与战略预算有什么联系；怎样实现营销目标，销售预算和财务目标有什么关系，怎样计算销售额和产品销售目标；怎样计算销售量和价格，怎样判断新产品的市场前景，怎样分析市场供求等。

销售预算是关于预算期的销售量和销售收入的规划，进行销售预算的目的是要确定在预算期内企业产品的销售量。由于企业需要根据产品在市场上的销售量来决定产品的生产量、材料、人工及设备和经营资金的需要量以及销售费用和管理费用支出等，所以，企业其他各项预算都将受到预算期产品销售量的制约。销售预算是其他各项预算的起点。而编制销售预算之前，必须对企业的竞争战略和所处的市场环境有一个清醒的认识。

预测销售收入是全面预算的基石，销售水平影响着全面预算中几乎所有的其他因素。销售预算的主要内容是销量、单价和销售收入。销量是根据市场预测或销货合同并结合企业生产能力确定的。单价是通过价格决策确定的。每种产品的预计销售额总计就是销售单价乘以预计销售数量。

销售预算以销售预测为基础，预测的主要依据是各种产品历史销售量的分析，结合市场预测中各种产品发展前景等资料，先按产品、地区、顾客和其他项目分别加以编制，然后加以归并汇总。根据销售预测确定未来期间预计的销售量和销售单价后，求出预计的收入：

预计销售收入 = 预计销售量 × 预计销售单价

销售预算中包括预计现金收入计算，目的是为编制资金预算提供必要的资料。第一季度的现金收入包括两部分，即上年应收账款在本年第一季度收到的货款，以及本季度销售中可能收到的货款两部分。

例 12-1 假设每季度的销售收入中，本季度收到的现金是销售收入的 60%，余下的 40%的销售收入回款待下季度收到。有的企业还会延展到下下个季度才能够收到。

销售预算主要根据企业的目标利润而进行的分解，M 公司销售预算见表 12-1，销售现金收回预算见表 12-2。

表 12-1　M 公司销售预算

20×8 年 12 月 31 日

季度	一	二	三	四	全年
预计销售量/件	90	120	150	180	540
预计单位售价/元	250	250	250	250	250
销售收入/元	22 500	30 000	37 500	45 000	135 000

表 12-2　M 公司销售现金收回预算（按照当季 60%，下季 40% 收回现金）

20×8 年 12 月 31 日　　　　　　　　　　　　　单位：元

季度	一	二	三	四	全年
应收账款期初余额	6 200				
第一季度	13 500	9 000			22 500
第二季度		18 000	12 000		30 000
第三季度			22 500	15 000	37 500
第四季度				27 000	27 000
销售现金收回预算合计	19 700	27 000	34 500	42 000	123 200

2. 生产预算

生产预算（production budget）是在销售预算的基础上，根据销售预算中的预计销售量，按产品品种、数量分别编制，以满足预算期的销售量以及考虑期初、期末产品存货的需要的生产量预算。多环节生产的产品往往还要编制每一环节的半成品预算。计划期间除必须有足够的产品以供销售之外，还必须考虑到计划期期初和期末存货的预计水平，以避免存货太多形成积压，或存货太少影响下期销售。

生产预算可以揭示出企业生产与销售和存货间的协调关系。生产量预算需要企业的生产部门会同储运、财务部门共同编制。企业必须致力于生产出充足的各种产品，来满足销售预算中预计的需要量，并提供年末预期正常的存货数量。当然这时还要考虑本年的期末存货，也就是下一年（预算年度）的期初存货数量。所以，预算期的生产量计算如下。

预计生产量 = 预计销售量 + 预计期末存货 − 预计期初存货

没有市场的产品无法实现其应有的价值，即使生产出来也只能成为长期的"存货"，所以，在市场竞争越来越激烈的环境下，企业一般都需要以销定产，根据多方考察分析可能的销售量来组织生产，也就是基于销售预算来编制其他预算。本书也遵循了这样的原则。

因此生产预算是在销售预算的基础上编制的，该预算确定企业为了满足预期销售量和完工产品期末存货而生产产成品的数量。

生产预算编制时需要注意，企业的生产与销售不可能做到"同步同量"，因此需设置一定的产成品存货，以保证能在发生意外需求时按时供货，并假设可以均衡生产。

例 12-2　运用"以销定产"原则，依据图表的基本预算数据，我们假设：

年初产成品存货 = 第一季度预计销售量 × 10%

预计期末产成品存货 = 下季度销售量 × 10%

预计期初产成品存货 = 上季度期末产成品存货

预计销售量 = （预计销售量 + 预计期末产成品存货） − 预计期初产成品存货

M 公司生产预算见表 12-3。

表 12-3　M 公司生产预算

20×8 年 12 月 31 日　　　　　　　　　　　　　　　　单位：元

季度	一	二	三	四	全年
预计销售量	90	120	150	180	540
加：预计期末存货量	12	15	18	21	21
合计	102	135	168	201	606
减：预计期初存货量	10	12	15	18	55
预计生产量	92	123	153	183	551

生产预算编制好后，除了考虑计划销售量外，还要考虑现有存货和年末存货，通过对生产能力的平衡，根据分季度的预计销售量，排出分季度的生产进度日程表或生产计划大纲，在生产预算和生产进度日程表的基础上，可以编制直接材料采购预算、人力资源预算和间接/制造费用预算。这三项预算构成对企业生产成本的统计。以生产预算为基础，可进而编制直接材料预算、人力资源预算、间接费用预算。产品成本预算和资金预算是有关预算的汇总。

生产预算在实际编制时是比较复杂的，产量受到生产能力的限制，产成品存货数量受到仓库容量的限制，只能在此范围内安排产成品存货数量和各期生产量。此外，有的季度可能销量很大，可以用赶工方法增产，为此要多付加班费。如果提前在淡季生产，会因增加产成品存货而多付资金利息。因此，要权衡两者得失，选择成本最低的方案。

生产预算明确生产活动的总进程。但单纯的生产预算往往还不足以充分显示出具体的生产活动内容，还必须进一步确定相关直接材料、直接人工和制造费用等构成要素的预算。所以，企业的生产预算还需要包括直接材料预算、人工预算和制造费用预算，但是在编制这些预算之前，必须编制产量预算，然后根据产量预算编制相应的成本、费用预算。

3. 直接材料预算

直接材料预算（purchases budget of direct materials）是以生产预算为基础，根据生产预算的每季预计生产量、单位产品的材料消耗定额、计划期间的期初期末存料量、材料的计划单价以及采购材料的付款条件等编制的预算期直接材料采购计划。

直接材料在产品生产过程和最终的成本核算中占据重要地位，直接材料预算是以产量预算为基础，关于企业生产产品所需直接原材料的投入、使用和购买情况的预算。

直接材料采购预算编制的依据，主要是包括以下几方面。

（1）生产预算的每季预计生产量。

（2）单位产品的材料消耗定额。

（3）计划期间的期初、期末存料量。

（4）材料的计划单价。

（5）采购材料的付款条件等。

直接材料采购预算的程序如下。

（1）计算某种直接材料的预计购料量。

预计材料采购量 = 生产需要量 + 计划期末预计存料量 – 计划期初存料量

（2）计算预算期某种直接材料的采购成本。

材料采购成本 = 该材料单价 × 该材料预计采购量（其中：材料单价不含增值税）

（3）计算预算期所有材料采购的总成本。

（4）计算预算期发生的与材料采购总成本相关的增值税进项税额。

某预算期增值税进项税 = 材料采购总成本 × 增值税税率

（5）计算预算期含税采购金额。

某预算期采购金额 = 采购总成本 + 增值税进项税额

（6）计算预算期内的采购现金支出。

某预算期采购现金支出 = 该期现购材料现金支出 + 该期支付前期的应付账款

（7）计算预算期末应付账款余额。

预算期末应付账款余额 = 预算期初应付账款余额 + 该期含税采购金额 – 该期采购现金支出

为便于编制资金预算，在直接材料预算中，预计材料单价是指该材料的平均价格，通常可从采购部门获得。通常还包括材料方面预期的现金支出的计算，包括上期采购的材料将于本期支付的现金和本期采购的材料中应由本期支付的现金。在实际工作中，直接材料采购预算往往还附有计划期间预计现金支出计算表，用以计算预算期内为采购直接材料而支付的现金数额，以便编制资金预算。

例 12-3　M 公司直接材料预算见表 12-4，采购直接材料的现金支出预算见表 12-5。

表 12-4　M 公司直接材料预算

20×8 年 12 月 31 日

季度	一	二	三	四	全年
预计生产量/件	92	123	153	183	551
预计单位耗材/（kg/件）	10	10	10	10	10
生产需用量	920	1 230	1 530	1 830	5 510
加：预计期末存量	246	306	366	420	420
合计	1 166	1 536	1 896	2 250	5 930
减：预计期初存量	300	246	306	366	300
预计材料采购量	866	1 290	1 590	1 884	5 630
单价/元	5	5	5	5	5
预算采购直接材料金额合计	4 330	6 450	7 950	9 420	28 150

表 12-5　M 公司采购直接材料的现金支出预算

20×8 年 12 月 31 日　　　　　　　　　　　　单位：元

季度	一	二	三	四	全年合计
应付账款期初余额	2 350				
第一季度	2 165	2 165			4 330
第二季度		3 225	3 225		6 450
第三季度			3 975	3 975	7 950
第四季度				4 710	4 710
采购现金支出预算合计	4 515	5 390	7 200	8 685	25 790

表 12-4 是 M 公司的直接材料预算。其主要内容有直接材料的单位产品用量、生产需用量、期初和期末存量等。"预计生产量"的数据来自生产预算，"预计单位耗材"的数据来自标准成本资料或消耗定额资料，"生产需用量"是上述两项的乘积。年初和年末的材料存货量，是根据当前情况和长期销售预测估计的。各季度"预计期末存量"根据下季度生产量的一定百分比确定，本例按 20%计算。各季度"预计期初存量"是上季度的期末存货。预计各季度"采购量"根据下式公式计算确定：

预计采购量 =（生产需用量 + 期末存货量）– 期初存货量

为了便于以后编制资金预算，通常要预计材料采购各季度的现金支出。每个季度的现金支出包括偿还上期应付账款和本期应支付的采购价款。本例假设材料采购的货款有 50%在本季度内付清，另外 50%在下季度付清。这个百分比是根据经验确定的。如果材料品种很多，需要单独编制材料存货预算。

4. 人力资源预算

人力资源预算通常就是指直接人工成本的预算（direct labor budget），是根据已知标准工资率、标准单位直接人工工时、其他直接费用计算标准及生产预算等资料，对一定预算期内人工工时的消耗和人工成本所作的经营预算。其主要内容有预计生产量、单位产品工时、人工总工时、每小时人工成本和人工总成本。"预计生产量"数据来自生产预算。单位产品人工工时和每小时人工成本数据来自标准成本资料。人工总工时和人工总成本是在人力资源预算中计算出来的。

人力资源预算可以反映预算期内人工工时的消耗水平和人工成本。直接人工成本通常从生产管理部门和工程技术部门获得，根据生产预算确定了每单位产出所需直接人工以及生产量，就可编制人力资源预算。

人力资源预算的基本编制程序如下。

（1）计算某种产品消耗的直接人工工时。

某产品消耗的直接人工工时 = 单位产品工时定额 × 该产品预计产量

（2）计算某产品耗用的直接工资。

某产品耗用的直接工资 = 单位工时工资 × 该产品消耗的直接人工工时

（3）计算某种产品计提的福利费等其他直接费用。

某种产品计提的其他直接费用 = 某产品耗用的直接工资 × 计提标准

（4）计算预算期某产品的直接人工成本。

预算期某产品的直接人工成本 = 该产品耗用的直接工资 + 计提的其他直接费用

（5）计算预算期直接人工成本现金支出。

直接人工成本现金支出 = 直接工资 + 计提的其他直接费用 × 支付率

例 12-4 M 公司人力资源预算见表 12-6。

表 12-6　M 公司人力资源预算

20×8 年 12 月 31 日

季度	一	二	三	四	全年
预计产量/件	92	123	153	183	551
单位产品工时/（小时/件）	10	10	10	10	10
人工总工时/小时	920	1230	1 530	1 830	5 510
每小时人工成本/（元/小时）	2	2	2	2	2
人工总成本/元	1 840	2 460	3 060	3 660	11 020

人力资源预算也是以生产预算为基础编制的。其主要内容有预算产量、单位产品工时、人工总工时、每小时人工成本和人工总成本。"预计产量"来自生产预算。单位产品人工工时和每小时人工成本数据，来自标准成本资料。人工总工时和人工总成本是在人力资源预算中计算出来的。由于人工工资都需要使用现金支付，所以，不需另外预计现金支出，可直接参加资金预算的汇总。

5. 制造费用预算

制造费用预算（manufacturing overhead budget）是一种能反映除了直接材料预算和人力资源预算和采购预算，为生产产品而发生的间接费用的预算计划。

制造费用中大部分不是直接用于产品生产的费用，而是间接用于产品生产的费用，如生产车间的管理人员的工资，辅助车间人员的工资、车间厂房的折旧费用等。所以，制造费用预算就是除直接材料和间接人工以外的其他产品成本的计划，主要由生产部门编制。

由于制造费用的发生不仅仅是为了某一种产品而产生的，所以，也不能像直接材料、直接人工成本那样在发生的时候就直接归集到相应获益产品上，只能在一定的期间内对制造费用加以汇总，然后按照一定的方法分配到相应的产品成本中。

为编制预算，制造费用通常可按其成本性态分为变动性制造费用、固定性制造费用和混合性制造费用三部分。固定性制造费用可在上年的基础上根据预期变动加以适当修正进行预计；变动性制造费用根据预计生产量乘以单位产品预定分配率进行预计。

变动性制造费用通常包括动力、维修费、直接材料、间接材料、间接制造人工等，计算变动性制造费用的关键在于确认哪些可变的具体项目，并选择成本分配的基础。

固定性制造费用通常包括厂房和机器设备的折旧、租金、财产税及一些车间的管理费用，它们支撑企业总体的生产经营能力，一旦形成短期内不会改变。

编制步骤通常都是先分析上一年度有关报表，制订总体成本目标（通常是营业收入的百分比），再根据下一年度的销售预测和成本目标，制定各项运营成本，汇总具体市场举措所需的额外成本。

为了全面反映企业资金收支，在制造费用预算中，通常包括费用方面预计的现金支出的计算，以便为编制资金预算提供必要的资料。需注意，由于固定资产折旧费是非付现项目，在计算时应予剔出。制造费用预算分为两个步骤，首先计算预计制造费用，然后再计算预计需用现金支付的制造费用，各自的计算公式如下。

（1）预计制造费用

$$= 预计变动性制造费用 + 预计固定性制造费用$$
$$= 预计业务量 \times 预计变动性制造费用分配率$$
$$+ 预计固定性制造费用$$

分解制造费用的方法主要有直接人工标准工时分配法、生产工人工资比例法、机器工时比例法、按年度计划分配率分配法等。这些方法虽然分配依据不同，但原理都是一样的。所以：

预计制造费用 = 预计直接人工小时 × 变动性费用分配率 + 固定性制造费用

预计需用现金支付的制造费用 = 预计制造费用 – 折旧

（2）制造费用总数除以一定的标准总额，这个标准可以是生产总工时、工人工资总额等。

（3）计算出每一单位该标准应分担的费用额。

（4）按照每种产品消耗的这种标准的数量，乘以标准分摊额，得出该产品负担的制造费用。以直接人工标准工时分配法为例，制造费用的分配应遵循公式：

$$制造费用分配率 = \frac{预算制造费用合计}{预算直接人工工作小时总数}$$

某产品应负担的制造费用数额 = 该产品耗用的直接人工工作时间
$$\times 制造费用分配率$$

例 12-5 M 公司制造费用预算见表 12-7。

制造费用预算通常分为变动制造费用和固定制造费用两部分。变动制造费用以生产预算为基础来进行编制。如果有完善的标准成本资料，用单位产品的标准成本与产量相乘，即可得到相应的预算金额。如果没有标准成本资料，就需要逐项预计计划产量需要的各项制造费用。固定制造费用需要逐项进行预计，通常与本期产量无关，按每季度实际需要的支付额预计，然后求出全年数。

为了便于以后编制产品成本预算，需要计算小时费用率如表 12-7 的右列。

表 12-7　M 公司制造费用预算

20×8 年 12 月 31 日

季度	一	二	三	四	全年	备注
变动制造费用						变动制造费用分配率＝变动制造费用预算合计÷标准总工时＝2 755÷5 510＝0.5（元/小时）
预计生产量/件	92	123	153	183	551	
间接人工/（1 元/件）	92	123	153	183	551	
间接材料/（1 元/件）	92	123	153	183	551	
修理费/（2 元/小时）	184	246	306	366	1 102	
水电费/（1 元/件）	92	123	153	183	551	
小计	460	615	765	915	2 755	
固定制造费用						固定制造费用分配率＝固定制造费用预算合计÷标准总工时＝9 600÷5 510＝1.74（元/小时）
修理费（4 000 元/年）	985	985	985	985	3 940	
折旧——制造（40 000 元/年）	1 000	1 000	1 000	1 000	4 000	
管理人员工资（40 000 元/年）	200	200	200	200	800	
保险费（6 000 元/年）	115	115	115	115	460	
财产税（6 000 元/年）	100	100	100	100	400	
小计	2 400	2 400	2 400	2 400	9 600	
合计	2 860	3 015	3 165	3 315	12 355	
减：折旧——制造	1 000	1 000	1 000	1 000	4 000	
现金支付费用	1 860	2 015	2 165	2 315	8 355	

　　为了便于以后编制资金预算，需要预计现金支出。制造费用中，除折旧费外都须支付现金，所以，根据每个季度制造费用数额扣除折旧费后，即可得出"现金支付费用"。

6. 产品销售成本预算

　　产品销售成本预算（cost of goods sold budget）是以产品成本预算及期末产品存货预算为基础，关于企业年末产品销售成本的预算。

　　生产预算编制完成之后，企业产品成本的各要素项目都清楚了，但还不能了解各种产品总体的成本情况和单位成本数额，无法从整个企业供、产、销的链条上把握企业的生产经营状况，所以成本预算的编制是非常重要的。一般来说，成本预算需要由财务部门根据汇总来的采购部门、生产部门、管理部门等企业各相关部门各自的预算数据整理而成。

　　存货的计划和控制可以使企业以尽可能少的库存量来保证生产和销售的顺利进行。期末产成品存货预算的编制，不仅提供了编制预计资产负债表的信息，同时也为编制预计利润表提供产品销售成本的数据。

　　成本预算的主要依据是直接材料预算、人力资源预算和间接费用预算涉及的主要成本数据，得出企业产品的总成本、各种产品各自的总成本和各种产品的单位成本。然后将产成品单位成本乘以预计期末产成品存货数量，即可得到预计期末产成品存货额。

年末预计产品销售成本可以通过以下公式来计算：

预计销售成本 = 预计总生产成本 + 期初存货成本 − 期末存货成本

式中，期初存货成本是上一年末的期末存货成本；预计生产总成本来自产品成本预算；期末存货成本是期末存货数量与产品单位成本的乘积，期末存货数量资料来自生产预算。

例 12-6 M 公司产品成本预算见表 12-8。

表 12-8　M 公司产品成本预算

20×8 年 12 月 31 日

	单位成本			生产成本（551 件）	期末存货（21 件）	销货成本（540 件）
	每千克或每小时	投入量	成本			
直接材料	5	10	50	27 550	1 050	27 000
直接人工	2	10	20	11 020	420	10 800
变动制造费用	0.5	10	5	2 755	105	2 700
固定制造费用	1.742 286 751	10	17.422 868	9 600	365.880 22	9 408.348 455
合计			92	50 925	1 941	49 908

产品成本预算，是销售预算、生产预算、人力资源预算、制造费用预算的汇总。其主要内容是产品的单位成本和总成本。单位产品成本的有关数据，来自前述的三个预算。生产量、期末存货量来自生产预算，销售量来自销售预算。生产成本、存货成本和销货成本等数据，根据单位成本和有关数据计算得出。

7. 销售及管理费用预算

销售及管理费用预算（sales and administrative expenses budget）又称营业费用预算，是指为组织产品销售活动和一般行政管理活动以及有关的经营活动的费用支出而编制的一种业务预算。

编制销售及管理费用预算的主要依据是预算期全年和各季度的销售量及各种有关的标准耗用量和标准价格资料。为了便于编制资金预算，在编制销售及管理费用预算的同时，还要编制与销售及管理费用有关的现金支出计算表。

销售及管理费用预算，包括制造业务范围以外预计发生的各种费用明细项目，如销售费用、广告费、运输费等。对于实行标准成本控制的企业，还需要编制单位生产成本预算。

（1）销售费用预算，是指为了实现销售预算所需支付的费用预算。它以销售预算为基础，同时综合分析销售收入、销售费用和销售利润的相互关系，力求实现销售费用的最有效使用。在安排销售费用时，要利用本量利分析方法，费用的支出应能获得更多的收益。在预计销售费用时，应以过去的销售费用实际支出（或上期预算）为基础，考察其支出的必要性和效果，结合预算期促销方式的变化以及其他未来情况发生的可能性，并且与销售预算相配合，按品种、地区、用途具体确定预算数额。

（2）管理费用预算，是指企业日常生产经营中为搞好一般管理业务所必需的费用预算。在编制管理费用预算时，要分析企业的业务成绩和一般经济状况，务必做到合理化。管理费用项目比较复杂，且多属固定成本，因此，企业在比较、分析过去的实际开支的基础上，应充分考虑预算期各费用项目变动情况及影响因素，确定各费用项目预计数额。值得注意的是，必须充分考虑各种费用是否必要，以提高费用支出效率。另外，为了给资金预算提供现金支出资料，在管理费用预算的最后，还可预计预算期管理费用的现金支出数额。管理费用中的固定资产折旧费、低值易耗品摊销、计提坏账准备金、无形资产摊销和递延资产摊销均属不需要现金支出的项目，在预计管理费用现金支出时，应予以扣除。在通常情况下，管理费用各期支出比较均衡，因此，各季的管理费用现金支出数为预计全年管理费用现金支出数的 1/4。

例 12-7　M 公司销售及管理费用预算见表 12-9。

表 12-9　M 公司销售及管理费用预算

20×8 年 12 月 31 日　　　　　　　　　　单位：元

销售费用：	
销售人员薪酬	2 000
广告费	5 500
包装、运输费	3 000
保管费	2 700
小计	13 200
管理费用：	
管理人员薪酬	4 000
福利费	800
保险费	600
办公费	1 400
小计	6 800
合计	20 000
每季度支付现金	5 000

12.2.3　编制财务预算

预计财务报表（projected financial statement）是专门反映企业未来一定预算期内预计财务状况和经营成果的报表的总称。财务预算是企业的综合性预算，包括资金预算、利润预算和资产负债表预算。

预计财务报表是在企业的各项预算和预测基础上编制的，它是为企业财务管理活动提供控制企业资金、成本和利润总量的重要手段，它涉及企业的采购、生产、管理、销售、资本等各项活动，因此，它可以从总体上反映企业在一定期间内经营活动的全局情况。

1. 资金预算

资金预算（cash budget）也称现金收支预算或现金收支计划，它用于预测组织还有多少库存现金，以及在不同时点上对现金支出的需要量。不管是否可以称之为预算，也许这是企业最重要的一项控制，因为把可用的现金去偿付到期的债务乃是企业生存的首要条件。一旦出现库存、机器以及其他非现金资产的积压，那么，即便有了可观的利润也并不能给企业带来什么好处。资金预算还表明可用的超额现金量，并能为盈余制订盈利性投资计划，为优化配置组织的现金资源提供帮助。

预计现金流量表是反映企业预算期内现金和现金等价物流入与流出状况的报表。它是在资金预算的基础上，结合企业预算期内相关现金收支资料编制的。其内容、格式与实际的现金流量表完全相同。在实际中，往往以"资金预算"代替现金流量表，所以在此处不再叙述现金流量表的编制过程。

资金预算是有关预算的汇总，由四部分组成：现金收入、现金支出、现金多余或不足、现金筹措和运用。

例 12-8　M 公司资金预算见表 12-10。

表 12-10　M 公司资金预算

20×8 年 12 月 31 日　　　　　　　　单位：元

季度	一	二	三	四	全年
期初现金余额	8 000	10 485	6 620	13 395	8 000
加：销货现金收入	19 700	27 000	34 500	42 000	123 200
可供使用现金	27 700	37 485	41 120	55 395	161 700
减：各项支出					
直接材料	4 515	5 390	7 200	8 685	25 790
直接人工	1 840	2 460	3 060	3 660	11 020
制造费用	1 860	2 015	2 165	2 315	8 355
销售及管理费用	5 000	5 000	5 000	5 000	20 000
所得税费用	4 000	4 000	4 000	4 000	16 000
购买设备		10 000			10 000
现金股利支付		8 000		8 000	16 000
支出合计	17 215	36 865	21 425	31 660	107 165
现金多余或不足	10 485	620	19 695	23 735	54 535
向银行借款	—	6 000	—	—	6 000
还银行借款			6 000		6 000
短期借款利息		—	300	0	300
长期借款利息				1 080	1 080
期末现金余额	10 485	6 620	13 395	22 655	22 655

资金预算的步骤如下。

1）确定现金收入

"现金收入"部分包括期初现金余额和预算期现金收入，现金收入的主要来源是销货收入。"期初现金余额"是在编制预算时预计的，"销货现金收入"的数据来自销售预算，"可供使用现金"是期初余额与本期现金收入之和。

预计的现金收入主要是销售收入，还有一少部分其他收入，所以预计现金收入的数额主要来自销售预算。

2）计划现金支出

"各项支出"部分包括预算期的各项现金支出。其中"直接材料""直接人工""制造费用""销售与管理费用"的数据分别来自前述有关预算。此外，还包括"所得税费用""购置设备""现金股利支付"等现金支出，有关的数据分别来自另行编制的专门预算。

预计的现金支出主要指营运资金支出和其他现金支出。具体包括采购原材料、支付工资、支付管理费、销售费用、财务费用等其他费用以及企业支付的税金等。

3）编制资金预算表

"现金多余或不足"部分列示现金收入合计与现金支出合计的差额。差额为正，说明收入大于支出，现金有多余，可用于偿还过去向银行取得的借款，或者用于短期投资。差额为负，说明支出大于收入，现金不足，需要向银行取得新的借款。该公司规定编制资金预算时，各季末都必须保证有库存余额 5 000 元，以备急需，还款后，仍需保持最低现金余额，否则只能部分归还借款。

资金预算的编制，以各项经营预算和资本预算为基础，它反映各项预算期的收入款项和支出款项，并对此作说明。其目的在于资金不足时筹借资金，资金多余时及时处理现金余额，并且提供现金收支的控制限额，发挥现金管理的作用。

2. 预计利润表

预计利润表（projected profit-and-loss statement）又称利润表预算，是在各项经营预算的基础上，根据权责发生制编制的利润表。它综合反映计划期内预计销售收入、销售成本和预计可实现的利润或可能发生的亏损，可以揭示企业预期的盈利情况，有助于管理层及时调整经营策略。一般根据销售或经营预算、生产预算、产品成本预算或者营业成本预算、期间费用预算、其他专项预算等有关资料分析编制。

预计利润表是反映企业预算期的财务成果报表，其内容、格式与实际的收益表完全相同，只不过数字是面向预算期的，以上述各有关预算为基础来编制的。

通过编制预计利润表，可以了解企业在预算期的盈利水平。如果预算利润与企业的目标利润有较大差距，就要调整部门预算，设法达到目标利润，或者经企业领导同意后修改目标利润。

预计利润表的编制依据是在汇总预算期内销售预算、产品成本预算、各项费用预算、商品销售成本与毛利预算；上年同期及本年平均营业外收支额（收支应分别预计）；预计本期所得税缴纳因素；其他预计因素等资料的基础上编制的。其中所得税项目为估算数，不是根据利润总额乘所得税税率计算的，原因是利润总额存在一些应纳税调整项目，为避免引起后面一系列的连锁变动。

预计利润表是以货币为单位，全面综合地表现预算期内经营成果的利润计划。该表既可以按季编制，也可以按年编制。是全面预算的综合体现。它是利用本期期初资产负债表，根据销售、生产、资本等预算的有关数据加以调整编制的。

预计利润表包括：预计利润表汇总表、预计利润表分类表，最终汇总形成预计损益汇总表。预计利润表将损益情况具体细化到预算年度各期间，与往年同期情况相比较。

例 12-9　预计利润表见表 12-11。

表 12-11　M 公司预计利润表

20×8 年 12 月 31 日　　　　　　　　　　　　　单位：元

项目	金额
销售收入	135 000
销售成本	49 908
毛利	85 092
销售及管理费用	20 000
利息费用	1 380
利润总额	63 712
所得税费用（估计）	16 000
税后净收益	47 712

预计财务报表的作用与历史实际的财务报表不同。所有企业都要在年终编制历史实际的财务报表，这是有关法规的强制性规定，其主要目的是向外部报表使用人提供财务信息，当然这并不表明历史实际性的财务报表对企业管理人员没有价值。预计财务报表主要为企业财务管理服务，是控制企业资金、成本和利润总量的重要手段。因其可以从总体上反映一定期间企业经营全局情况，通常称为企业的"总预算"。

表 12-11 是 M 公司的预计利润表，它是根据前述各有关预算编制的。

其中，"销售收入"项目的数据，来自销售收入预算；"销售成本"项目的数据，来自产品成本预算；"毛利"项目的数据是前两项的数据之差，来自资金预算。

"所得税费用"项目是在利润规划时估计的，并已经列入资金预算。它通常不是根据"利润"和所得税税率计算出来的，因为有诸多应纳税调整的事项存在。此外，从预算编制程序上看，如果根据"本年利润"和税率重新计算所得税，就需要修改"资金预算"，引起信贷计划修订，进而改变"本年利润"，从而陷入数据循环修改。

3. 预计资产负债表

预计资产负债表（projected balance sheet）是依据当前的实际资产负债表和全面

预算中的其他预算所提供的资料编制而成的，反映企业预算期末财务状况的总括性预算。

预计资产负债表的编制包括如下几方面。

（1）区分敏感项目与非敏感项目（针对资产负债表项目）

敏感项目是指直接随销售额变动的资产、负债项目，如现金、存货、应付账款、应付费用等项目。非敏感项目是指不随销售额变动的资产、负债项目，如固定资产、对外投资、短期借款、长期负债、实收资本、留存收益等项目。

（2）计算敏感项目的销售百分比。

敏感项目的销售百分比 = 基期敏感项目/基期销售收入

（3）计算预计资产、负债、所有者权益。

预计资产：非敏感资产——不变。

敏感资产 = 预计销售收入 × 敏感资产销售百分比

预计负债：非敏感负债——不变。

敏感负债 = 预计销售收入 × 敏感负债销售百分比

预计所有者权益：实收资本——不变。

留存收益 = 基期数 + 增加留存收益

（4）预算需从外部追加资金。

预算需从外部追加资金 = 预计资产 – 预计负债 – 预计所有者权益

预计资产负债表是反映企业预算期末财务状况的报表。它是以本年度的资产负债表、各项经营业务预算、资本支出预算以及财务预算为基础来编制的。其内容、格式与实际的资产负债表完全相同，只不过数据是面向预算期的。

预计资产负债表的编制方法主要有两种，一是预算汇总法；二是销售百分比法。

预算汇总法依照实际资产负债表调整而来。首先按照下列会计方程式逐项调整出每一项目的金额，然后根据会计恒等式验证其左右方，使之达到平衡即可。这两步的公式是：

期末余额 = 期初余额 + 本期增加额 – 本期减少额

资产 = 负债 + 所有者权益

上式中的期初余额可取自预算年度前的实际资产负债表，本期增减数则取自各有关的预算表。可见，预期资产负债表的编制必须和其他各项预算同步进行。

销售百分比法是假定某些资产与负债项目与销售额保持一定的百分比例关系，随着预算年度销售额的增加，这些资产和负债项目也会随之增加。因此该方法对销售额的依赖性较大，运用此法，首先要用统计方法计算出预计销售额；其次，判断各项目与销售额是否存在固定的比例关系，这是运用此法成功的关键；最后，对除了调整项目以外的其他项目，按照会计恒等式原理进行资产负债表的左右平衡。

例 12-10 M 公司预计资产负债表见表 12-12。

表 12-12　M 公司预计资产负债表

20×8 年 12 月 31 日　　　　　　　　　　　单位：元

资产			所有者权益		
项目	年初	年末	项目	年初	年末
现金	8 000	22 655	应付账款	2 350	4 710
应收账款	6 200	18 000	长期借款	9 000	9 000
直接材料	1 500	2 100			
产成品	924	1 941			
固定资产	35 000	45 000	普通股	20 000	20 000
累计折旧	4 000	8 000	未分配利润	16 274	47 986
资产总额	47 624	81 696	权益总额	47 624	81 696

表 12-12 是 M 公司预计资产负债表。大部分项目的数据来源已注明在表中。普通股、长期借款两项指标本年度没有变化。年末"未分配利润"计算如下：

期末未分配利润 = 期初未分配利润 + 本期利润 - 本期股利

"应收账款"是根据表 12-3 中第四季度销售额和本期收现率计算的。

期末应收账款 = 本期销售额 ×（1 - 本期收现率）

"应付账款"是根据表 12-5 中的第四季度采购金额和付现率计算的。

期末应付账款 = 本期采购金额 ×（1 - 本期付现率）

预计资产负债表可以为企业管理者提供会计期末企业预期财务状况的信息，它有助于管理者预测未来期间的经营状况，并采取适当的改进措施。

编制预计资产负债表的目的，在于判断预算反映的财务状况的稳定性和流动性。如果通过预计资产负债表的分析，发现某些财务比率不佳，必要时可修改有关预算，以改善财务状况。

12.2.4　编制资本预算

当投资一个项目时，现金支出会期待获得未来期间的现金流入，投资计划需要根据其收益来判断是否可行：一个特定投资是否满足投资额的需要?可能实现的现金流入和支出的比例是否能够满足投资标准，这些标准又是什么?对企业的股价会如何变化?一项投资的风险和收益有什么样的关系?这些都是资本支出预算应该考虑的核心问题。

资本预算（capital budget）又称建设性预算或投资预算，是指企业为了今后更好地发展，获取更大的报酬而作出的资本支出计划。它是综合反映建设资金来源与运用的预算，其支出主要用于对内投资，其收入主要是债务收入。

资本预算具有资金量大、周期长、风险大、时效性强等特点。通常来说，一个完备的资本预算过程应该经过以下几个步骤。

（1）分析需求。

（2）数据收集。

（3）评估并作出投资决策。

（4）对已决策项目进行再评估和调整。

在这四个步骤中，分析投资需求是最重要的一环。在数据收集的过程中，仅仅着眼于现有的工程数据资料或是市场调查是不够的，决策者还需知道不同事件发生的可能性。对于产品需求上涨或下跌的可能性，通常可以借助统计分析的方法较为客观地加以测算，而其他的一些事件的概率则可能依赖于主观的估计。

在完成所有数据的收集和评估工作之后，投资者就需要作出最终的投资决策。一般而言，相对小额的支出可直接由相关部门决定，而重要支出项目则必须由最高管理层作出相关决策。资本预算的具体计算参考第 11 章的长期投资决策。

12.2.5　全面预算综合分析

通过 M 公司预测出的数据及上表提供的信息，我们可以了解到全面预算是如何编制经营预算和财务预算的。

例 12-11　以下是关于 M 公司的销售、成本和其他费用的相关信息。

基本预算数据汇总如表 12-13 所示。

表 12-13　M 公司的基本预算数据
20×8 年 12 月 31 日

预算期间	20×8 年度
现金流入：	
季度现金流入——现金销售	60%
季度现金流入——赊账销售	40%
现金流出：	
季度现金流出——现金采购	50%
季度现金流出——赊账采购	50%
20×7.12.31 原材料/kg	300
20×7.12.31 完工产品/件	10
原材料期末存货量（下季度生产量百分比）	20%
完工产品期末存货量（下季度销售量百分比）	10%
预计 20×8 年第一季度销售量/件	100
预计 20×8 年第二季度销售量/件	150
预计 20×8 年第三季度销售量/件	200
预计 20×8 年第四季度销售量/件	180
预计 20×9 年第一季度销售量/件	200
20×8 年第二季度购买设备/元	10 000

续表

预算期间	20×8 年度
20×8 年度股息宣派及支付额/元	
第二季度发放金额/元	8 000
第四季度发放金额/元	8 000
预计单位售价/（元/件）	200
标准成本数据	
直接材料/（元/kg）	5
单位耗材/（kg/件）	10
直接人工/（元/小时）	2
单位耗时/（小时/件）	10
变动制造费用分配（分配率后续计算得出）	0.5
间接人工/（元/件）	1
间接材料/（元/件）	1
修理费/（元/件）	2
水电费/（元/件）	1
固定制造费用分配（分配率后续计算得出）	1.5
修理费/（元/年）	3 940
折旧—制造/（元/年）	4 000
管理人员工资/（元/年）	800
保险费/（元/年）	460
财产税/（元/年）	400
固定销售及管理费用	
销售人员薪酬/（元/年）	2 000
广告费/（元/年）	5 500
包装、运输费/（元/年）	3 000
保管费/（元/年）	2 700
管理人员薪酬/（元/年）	4 000
福利费/（元/年）	800
保险费/（元/年）	600
办公费/（元/年）	1 400
要求的最低现金期末余额/（元/季）	6 000
长期借款利率	12%
短期贷款利率	10%
所得税费用/（元/季）	4 000

（1）假设 M 公司的业务是生产硬盘，并假定该公司只生产特定型号的硬盘这单一产品。

（2）假设每月生产的职工薪酬当月付清。

（3）为了满足现金流量的需要，公司要求每季度末的现金余额不低于 6 000 元。公司可获得最高额度为 20 000 元、年利率为 10%、最长期限为 1 年的短期借款。管理者借入款项的原则是只保持现金不少于 6 000 元，在现金不少于最低余额的前提下尽可能还贷，但是必须以 1 000 元的倍数借入和偿还贷款，假设预提所得税不变。

要求：利用表 12-13 给出的信息编制全面预算。

（4）20×7 年 12 月 31 日是本年 M 公司的资产负债表日，也是预算年度起始日。M 公司资产负债表见表 12-14。

表 12-14　　M 公司资产负债表

20×7 年 12 月 31 日

资产		所有者权益	
项目	年初	项目	年初
现金	8 000	应付账款	2 350
应收账款	6 200	长期借款	9 000
直接材料	1 500		
产成品	900		
固定资产	35 000	普通股	20 000
累计折旧	4 000	未分配利润	16 250
资产总额	47 600	权益总额	47 600

12.3　预算的分类

按照编制预算方法的出发点不同，预算编制方法可分为增量预算和零基预算两种。按照编制预算方法的业务量基础不同，预算编制方法可分为固定预算和弹性预算两种。按照编制预算方法的预算期不同，预算编制方法可分为定期预算和滚动预算两种。

本节我们将对预算管理方法中的增量预算法、零基预算法、固定预算法、弹性预算法、定期预算法、滚动预算法和作业基础预算法作简要介绍。

12.3.1　增量预算法

1. 增量预算法的定义

增量预算法（incremental budgeting）又称调整预算法，是指以基期成本费用水平为基础，结合预算期业务量水平及有关影响因素的未来变动情况，通过调整相关原有基期项目及金额，编制预算的方法。增量预算以过去的经验为基础，实际上是承认过去所发生的一切都是合理的，主张不需在预算内容上作较大改进，而是沿袭以前的预算项目。

2. 增量预算法的特征

首先，资金被分配给各部门或单位，然后这些部门或单位再将资金分配给适当的活动或任务。

其次，增量预算基本上都是从前一期的预算推演出来的，每一个预算期间开始时，都采用上一期的预算作为参考点，而且只有那些要求增加预算的申请才会得到审查。

3. 增量预算法的缺点

1）增量预算往往缺乏针对性

当资金分配给企业内部的各部门以后，在一个部门内部区分活动的优先次序变得困难起来。因为企业各个部门通常具有多重目标和从事多项活动，但增量预算并不考虑这种活动的多样性，它们只管把资金分配给部门而不是分配给活动或任务。对于具有多重目标的部门或单位，一般都会存在这样的问题，即一些目标比其他目标更加重要和达到不同目标的难易程度往往存在差异。而增量预算对此不加区分。因此，作为一种计划工具，增量预算方法缺乏有效的针对性。

2）当管理层希望用预算来控制成本或提高效率时，增量预算的缺陷显得更加严重

事实上，增量预算最容易掩盖低效率和浪费。其中，最普遍的问题是在典型的增量预算中，原有的开支项通常没有被压缩，即使其中的一些项目已没有设立的必要。这是因为在编制新年度的预算时，会首先参看上一期的资金是怎样分配的，然后部门管理者再加上对新活动的预算要求和通货膨胀率，而最高管理层往往只审查那些增加的部分，对于原有的各项拨款是否都应该继续很少考虑，结果是某些活动分配到的资金远远超过实际需要，不利于控制成本或提高效率。

12.3.2 零基预算法

1. 零基预算法的定义

零基预算法（zero-base budgeting，ZBB）又称零底预算，是指对任何一个预算期，任何一种费用项目预算支出均以零为基础，即根本不考虑基期的费用开支水平，而是一切以零为起点，从零开始考虑预算期内各项费用的内容及开支标准是否合理，确定预算收支，在综合平衡的基础上编制费用预算的一种方法。

2. 零基预算法的编制程序

根据决策层作出的预算期利润目标、销售目标和生产指标等，分析预算期各项费用项目，并预测费用水平；拟订预算期各项费用的预算方案，权衡轻重缓急，按照成本效益原则，划分费用支出的等级并排列先后顺序；根据企业预算期预算费用控制总额目标，按照费用支出等级及顺序，分配企业预算资源，分解落实相应的费用控制目标，编制相应的费用预算。

3. 零基预算法的特点

零基预算法与增量预算法截然不同，有以下两个特点。

1）预算的基础和着眼点不同

增量预算法的编制基础是前期结果，本期的预算额是根据前期的实绩调整确定的。零基预算的基础是零，预算额是根据本期业务的需要及重要性和可供分配的资金量确定。

2）预算编制分析的对象不同

增量预算法重点对新增加的业务活动进行成本效益分析，而对性质相同的业务活动不作分析研究，零基预算法则不同，它要对预算期内所有的经济活动进行成本—效益分析。

4. 零基预算法的优点

与传统预算编制方法相比，零基预算具有以下优点。

（1）不受原有费用项目限制。可促使企业合理有效地进行资源分配，将有限的资金用在刀刃上。

（2）有利于调动各方面降低费用的积极性。这种方法有利于充分发挥各级管理人员的积极性、主动性和创造性，促进各预算部门精打细算，量力而行，合理使用资金，提高资金的利用效果，每项业务经过成本—效益分析，能使有限的资金流向富有成效的项目，所分配的资金能更加合理。

（3）有助于考虑企业未来的发展。由于这种方法以零为出发点，对一切费用一视同仁，有利于企业面向未来发展考虑预算问题。

（4）有利于树立员工的"投入—产出"意识。零基预算是以"零"为起点观察和分析所有业务活动，并不考虑过去的支出水平，因此，需要动员企业的全体员工参与预算编制，这样使得不合理的因素不能继续保留下去，从投入开始减少浪费，通过成本—效益分析，提高产出水平，从而能使投入—产出意识得以增强。

（5）有利于发挥基层单位参与预算编制的创造性和提升管理水平。零基预算的编制过程，企业内部情况易于沟通和协调，企业整体目标更趋明确，多业务项目的轻重缓急容易得到共识，有助于调动基层单位参与预算编制的主动性、积极性和创造性。零基预算极大地增加了预算的透明度，预算会更加切合实际，会更好地起到控制作用，整个预算的编制和执行也能逐步规范，预算管理水平会得到提高。

5. 零基预算法的缺点

尽管零基预算法和传统的预算方法相比有许多好的创新，但在实际运用中仍存在一些"瓶颈"。

（1）由于一切工作从"零"做起，零基预算法编制工作量大、费用相对较高，如历史资料分析、市场状况分析、现有资金使用分析和投入产出分析等，这势必带来很大的工作量，也需要较长的编制时间。

（2）分层、排序和资金分配时，可能有主观影响，容易引起部门之间的矛盾。

（3）任何单位工作项目的"轻重缓急"都是相对的，过分强调当前的项目，可能使有关人员只注重短期利益，忽视本单位作为一个整体的长远利益。

例 12-12 某公司在编制下年度推销及管理费用预算，根据多次讨论、协商，首先写出开支费用清单如下。

广告费　　　　20 000 元

培训费　　　　18 000 元

房屋租金　　　9 000 元

差旅费　　　　3 000 元

办公费　　　　5 000 元

其次，根据酌量性固定成本的广告费和培训费的历史资料，进行成本—效益分析见表 12-15。

表 12-15　成本—效益分析

费用项目	成本/元	收益/元
广告费	1	20
培训费	1	30

最后，分层排序：按照轻重缓急排出开支层次。

第一层：房屋租金、差旅费、办公费因为属于约束性固定成本，在计划期是必不可少的，所以列在第一层。

第二层：培训费是酌量性固定成本。

第三层：广告费收益小于培训费。

当资源受到限制时：若如果企业只有 43 000 元的可分配数额时，

应该首先安排第一层：17 000 元（9 000 + 3 000 + 5 000）。

剩余 43 000 − 17 000 = 26 000（元）

培训费 = 26 000 × 30/（20 + 30）= 15 600 元

广告费 = 26 000 × 20/（20 + 30）= 10 400 元

从例 12-12 可知，零基预算是从零开始来观察，分析企业的一切生产经营活动，没有现成的费用预算开支项目。因此编制的工作量是非常大的。在企业中主要用于研究费、广告费、交际费等费用或者行政性费用的预算，在美国指 police cost。目前国内各高校已普遍使用零基预算法编制预算。

12.3.3　固定预算法

1. 固定预算法的定义

固定预算法（fixed budget approach）又称静态预算，是指预算期内正常的、可能实现的某一业务量（如生产量、销售量等）固定在某一预计水平上，将之作为唯一基础，不考虑可能发生的变动因素来确定其他项目预计数来编制预算的方法。它是最传统的，也是最基本的预算编制方法。固定预算法是按照预算期内可能实现的经营活动水平确定相应的固定预算数来编制预算。一般而言，固定预算只适用于业务量水平较为稳定的企业或非营利组织编制预算。

2. 固定预算法的优缺点

固定预算法的优点是简便易行。按照生产稳定的状况，可以平稳生产。有利于计划实施。但是适应性差。因为编制预算的业务量基础是事先假定的某个业务量，不论预算期内业务量水平可能发生哪些变动，都只按事先确定的某一个业务量水平作为编制预算的基础。不利于比较，当实际的业务量与编制预算所根据的业务量发生较大差异时，有关预算指标的实际数与预算数就会因业务量基础不同而失去可比性。按照固定预算方法编制的预算不利于正确地控制、考核和评价企业预算的执行情况。本章例 12-1 至例 12-11 均为固定预算法的例子。

12.3.4　弹性预算法

1. 弹性预算法的定义

弹性预算法（flexible budget）又称变动预算法、滑动预算法，是指在成本性态分析的基础上，依据业务量、成本和利润之间的联动关系，按照预算期可预见的一系列业务量（产量、销售量、直接人工工时、机器工时、材料消耗量和直接人工工资等）水平编制能够适应多种情况预算的方法。正是由于这种预算可以随着业务量的变化而反映该业务量水平下的支出控制数，具有一定的伸缩性，因而称为"弹性预算"。

弹性预算是固定预算的对称，用弹性预算的方法来编制成本预算时，其关键在于把所有的成本按其性态划分为变动成本与固定成本两大部分。变动成本主要根据单位业务量来控制，固定成本则按总额控制。

成本的弹性预算计算公式如下。

$$成本的弹性预算 = 固定成本预算数 + \sum (单位变动成本预算数 \times 预计业务量)$$

2. 弹性预算法的编制程序

（1）选择和确定各种经营活动的业务计量单位。编制弹性预算，要选用一个最能代表生产经营活动水平的业务计量单位。例如，以手工操作为主的车间，应选用人工工时；自动化操作为主的车间，可选用生产量；制造单一产品或零部件的部门，可选用实物数量；修理部门可选用直接修理工时。

（2）预测和确定可能达到的各种经营活动业务量。编制弹性预算采用的业务量范围，视企业或部门业务量计量变动的具体情况以及各业务部门共同协调而定。一般来说，可按正常生产能力的 70%～110% 范围确定，或以历史资料最高业务量或最低业务量为其上下限，然后再在其中划分若干等级，这样编出的弹性预算较为实用。

（3）根据成本性态和业务量之间的依存关系，将企业生产成本划分为变动和固定两个类别，并逐项确定各项费用与业务量之间的关系。

（4）计算各种业务量水平下的预测数据，并用一定的方式表示，形成某一项的弹性预算。

例 12-13　某企业生产丙产品，预计单位变动成本 500 元，其中直接材料成本 310 元，直接人工成本 60 元，单位变动制造费用本 40 元，单位变动销管费 90 元，预计固定制造费用总额 116 000 元。根据上述资料，按弹性预算法编制不同业务量水平下的成本预算。

此例的业务量适用范围为 800 台至 1200 台之间，如生产量在这一业务量范围内，固定成本相对不变，而变动成本与业务量成比例变动。表中 1 000 台生产量水平为正常活动能力水平。根据业务量百分数编制各级水平的预算，以此形成弹性成本预算表（表 12-16）。基本按照 10%的增减幅度编制。

表 12-16　弹性成本预算表

业务量	800/台	900/台	1000/台	1100/台	1200/台
单位变动成本	400	450	**500**	550	600
直接材料	248	279	**310**	341	372
直接人工	48	54	**60**	66	72
单位制造变动费用	32	36	**40**	44	48
固定制造费用总额			**116000**		

表 12-16 对产品的制造部分的成本进行了弹性预算编制，亦可对管理费用等进行编制。

3. 弹性预算法的特点

弹性成本预算法主要有以下特点。

（1）能提供一系列生产经营业务量的预算数据，它是为一系列业务量水平而编制的，因此，当某一预算项目的实际业务量达到任何水平时（必须在选择的业务量范围之内），都有其适用的一套控制标准。

（2）由于预算是按各项成本的性态分别列示的，因而可以方便地计算出在任何实际业务量水平下的预测成本，从而为管理人员在事前据以严格控制费用开支提供方便，也有利于在事后细致分析各项费用节约或超支的原因，并及时解决问题。

4. 弹性预算法的优点

综上所述，与固定预算相比，弹性预算克服了固定预算的缺点，具有如下两个显著的优点。

（1）预算范围较宽。弹性预算不再是只适应一个业务量水平的个别预算，而是能够随业务量水平的变动作机动调整的一组预算。因此，弹性预算能够反映预算期内与一定相关范围内的可预见的多种业务量水平相对应的不同预算额，从而扩大了预算的适用范围，更好地发挥预算的控制作用，便于预算指标的调整，避免了在实际情况发生变化时，对预算作频繁的修改。

（2）比性较强。在预算期实际业务量与计划业务量不一致的情况下，可以将实际指标与实际业务量相应的预算额进行对比，从而能够使预算执行情况的评价与考核建立在更加客观和可比的基础上，便于更好地发挥预算的控制作用。

5. 弹性预算法的适用范围

弹性预算法适用于各项随业务量变化而变化的项目支出，由于未来业务量的变动会影响到成本费用、利润等各个方面，因此，弹性预算从理论上讲适用于编制全面预算中所有与业务量有关的各种预算，但在实际工作中，从经济角度出发，主要用于编制弹性成本费用预算和弹性利润预算等。在实务中，由于收入、利润可按概率的方法进行风险分析预算，直接材料、直接人工可按标准成本制度进行标准预算，而制造费用、销售费用、管理费用等间接费用应用弹性预算的频率较高。

12.3.5　定期预算法

1. 定期预算法的定义

定期预算（regular budget），也称为阶段性预算，是指编制预算时以固定不变的会计期间（如日历年度）作为预算期的一种编制预算的方法。

2. 定期预算法的优缺点

定期预算的唯一优点是能够使预算期间与会计年度相配合，便于考核和评价预算的执行结果。然而，按照定期预算方法编制也存在盲目性问题，由于定期预算往往是在年初甚至提前两三个月编制的，对于整个预算年度的生产经营活动很难作出准确的预算，尤其是对预算后期的预算只能进行笼统的估算，数据笼统含糊，缺乏远期指导性，会造成预算滞后过时及间断性问题，给预算的执行带来很多困难，不利于对生产经营活动的考核与评价。由于受预算期间的限制，管理者的决策视野容易局限于本期规划的经营活动，通常不考虑下期。当企业提前完成本期预算后，以为可以松懈了，形成人为的预算间断，而不能适应连续不断的经营过程，为了克服定期预算的缺点，在实践中可采用滚动预算的方法编制预算。

12.3.6　滚动预算法

1. 滚动预算法的定义

滚动预算法又称连续预算法（continuous/rolling budgeting law）或永续预算法，是指按照"近细远粗"的原则，在编制预算时，根据上一期的预算指标完成情况，调整和具体编制下一期预算，并将编制预算的时期逐期连续滚动向前推移，将预算期始终保持一个固定期间、连续进行预算编制的方法。

滚动预算一般由中期滚动预算和短期滚动预算组成。中期滚动预算的预算编制周期通常为 3 年或 5 年，以年度作为预算滚动频率。短期滚动预算通常以 1 年为预算编制周期，以月度、季度作为预算滚动频率。

2. 滚动预算法的理论依据

滚动预算的理论依据是生产经营活动是永续不断地进行的，作为其控制依据的预算也应该与此相符，保持其连续不断性；而且，生产经营活动是复杂多变的，而人们对它的认识又是有限的，往往需经历由粗到细、由模糊到具体的过程，若能做到长计划、短安排，就能最大限度地克服预算的盲目性。

3. 滚动预算法的编制方法

滚动预算法是按既定的预算编制周期和滚动频率，对原有的预算方案进行调整和补充，逐期滚动，持续推进的预算编制方法。预算编制周期，是指每次预算编制所涵盖的时间跨度。滚动频率，是指调整和补充预算的时间间隔，一般以月度、季度、年度等为滚动频率。可采用长计划，短安排的方式进行，可先按年度分季，并将其中第一季度按月划分，编制各月的详细预算。其他三个季度的预算可以粗一些，只列各季总数，到第一季度结束前，再将第二季度的预算按月细分，第三、第四季度及下年度第一季度只列各季总数，以此类推，使预算不断地滚动下去。

采用滚动预算法编制预算，按照滚动的时间单位不同分为逐月滚动、逐季滚动和混合滚动。

逐月滚动方式是指在预算编制过程中，以月份为预算的编制和滚动单位，每个月调整一次预算的方法。如在 20×8 年 1—12 月的预算执行过程中，需要在 1 月末根据当月预算的执行情况，修订 2 月至 12 月的预算，同时补充 20×9 年 1 月份的预算；到 2 月末根据当月预算的执行情况，修订 3 月至 20×9 年 1 月的预算，同时补充 20×9 年 2 月的预算；以此类推。

逐月滚动预算方法示意图如图 12-3 所示。

按照逐月滚动方式编制的预算比较精确，但工作量较大。此外还可以以季度为预算的编制和滚动单位，每个季度调整一次预算的方法，以此类推，逐季滚动。

还可以采用混合滚动方法，即同时使用月份和季度作为预算的编制和滚动单位的方法。它是滚动预算的一种变通方式。这种方式的理论根据是：人们对未来的了解程度具有对近期的预计把握较大，对远期的预计把握较小的特征。为了做到长计划短安排、远略近详，在预算编制的过程中，可以对近期预算提出较高的精度要求，使预算的内容相对详细；对远期预算提出较低的精度要求，使预算的内容相对简单。这样可以减少预算工作量。混合滚动预算法如图 12-4 所示。

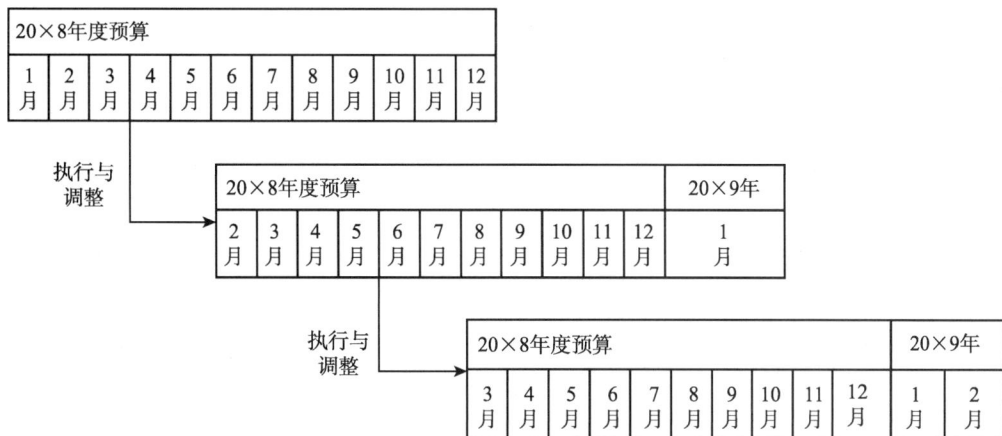

图 12-3 逐月滚动预算法

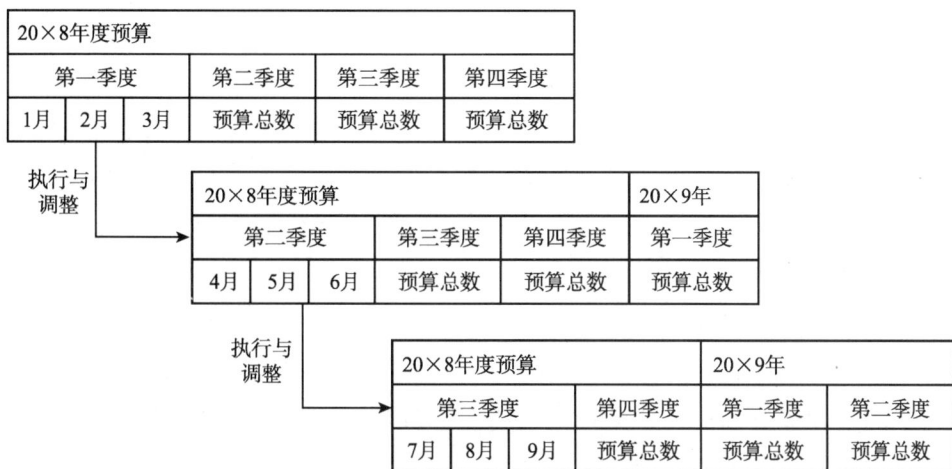

图 12-4 混合滚动预算法

4. 滚动预算法的编制优点

与传统的定期预算相比，按滚动预算方法编制的预算具有以下优点。

（1）透明度较高。由于编制预算不再是预算年度开始之前几个月的事情，而是实现了与日常管理的紧密衔接，可以使管理者始终从动态的角度把握住企业近期的规划目标和远期的战略布局，使预算具有较高的透明度。

（2）及时性较强。由于滚动预算能随时间的推进，根据前期预算的执行情况，结合各种因素的变动影响，及时调整和修订近期预算，从而使预算与实际情况更相适应，从而动态反映市场，有利于充分发挥预算的指导和控制作用。

（3）预算年度完整。由于滚动预算遵循了生产经营活动的变动规律，在时间上不再受日历年度的限制，能够连续不断地规划未来的经营活动，不会造成预算的人为间断，同时可以使企业管理者了解未来 12 个月内企业的总体规划与近期预算目标，能够确保企业管理工作的完整性与继续性，从动态预算中把握企业的未来。

（4）稳定性较高。能使各级管理者始终对未来一定时期的生产经营活动作周详的考虑和全盘规划，保证企业的各项工作有条不紊地进行。有利于管理者对预算资料作经常性的分析研究，并根据当前的执行情况及时加以修订，保证企业的经营管理工作稳定而有秩序地进行。

（5）有效指导企业营运。长计划、短安排的具体做法，使预算能适时反映实际经营状况，从而增强了预算的指导作用。

当然滚动预算也有缺点：一是预算滚动的频率越高，对预算沟通的要求越高，预算编制的工作量越大；二是过高的滚动频率容易增加管理层的不稳定感，导致预算执行者无所适从。但是它所体现的长计划、短安排的理念应该在预算编制过程中得以反映。在现实中，现金流量预算最好采用滚动预算的方法编制。

12.3.7 作业基础预算法

1. 作业基础预算法的定义

作业基础预算法（activity-based budget，ABB）简称作业预算，是指基于"产出消耗作业、作业消耗资源"的原理，以作业管理为基础的预算管理方法。作业预算是在作业分析和业务流程改进的基础上，以企业价值增值为目的，结合经实践证明行之有效的全面质量管理（TQM）、作业成本法（ABC）、作业管理（ABM）的理念以及企业战略目标和据此预测的作业量为基础而设计的一种新的预算管理方法。作业预算主要适用于具有作业类型较多且作业链较长、管理层对预算编制的准确性要求较高、生产过程多样化程度较高，以及间接或辅助资源费用所占比重较大等特点的企业。

2. 作业基础预算法的优点

与传统预算不同，作业基础预算在战略与预算之间增加了作业和流程分析及可能的改进措施，并在改进的基础之上预测作业的工作量以及相应的资源需求，通过预算来满足。作业预算程序是一个动态过程，其目的是追求持续的改进。

3. 作业基础预算法的编制程序

作业基础预算（ABB）的基础是作业成本法（ABC），而作业基础预算的编制路径正好与作业成本计算的路径相逆。企业应遵循《管理会计应用指引第 200 号——预算管理》中的应用程序实施作业预算管理。编制作业预算一般按照确定作业需求量、确定资源费用需求量、平衡资源费用需求量与供给量、审核最终预算等程序进行。

企业应根据预测期销售量和销售收入预测各作业中心的产出量（或服务量），进而按照作业与产出量（或服务量）之间的关系，分别按产量级作业、批别级作业、品种级作业、客户级作业、设施级作业等计算各类作业的需求量。作业类别的划分参见《管理会计应用指引第 304 号——作业成本法》。企业一般应先计算主要作业的需求量，再计算次要作业的需求量。

（1）产量级作业。该类作业的数量一般与产品（或服务）的数量成正比例变动，有关计算公式如下。

产量级作业需求量 $=\sum$ 各产品（或服务）预测的产出量（或服务量）×该产品（或服务）作业消耗率

（2）批别级作业。该类作业的数量一般与产品（或服务）的批量数成正比例变动，有关计算公式如下。

批别级作业需求量 $=\sum$ 各产品（或服务）预测的批次×该批次作业消耗率

（3）品种级作业。该类作业的数量一般与品种类别的数量成正比例变动，有关计算公式如下。

品种级作业需求量 $=\sum$ 各产品（或服务）预测的品种类别×该品种类别作业消耗率

（4）客户级作业。该类作业的数量一般与特定类别客户的数量成正比例变动，有关计算公式如下。

客户级作业需求量 $=\sum$ 预测的每类特定客户×该类客户作业消耗率

（5）设施级作业。该类作业的数量在一定产出量（服务量）规模范围内一般与每类设施投入的数量成正比例变动，有关计算公式如下。

设施级作业需求量 $=\sum$ 预测的每类设施能力投入量×该类设施作业消耗率

作业消耗率，是指单位产品（或服务）、批次、品种类别、客户、设施等消耗的作业数量。

企业应依据作业消耗资源的因果关系确定作业对资源费用的需求量。有关计算公式如下。

资源费用需求量 $=\sum$ 各类作业需求量×资源消耗率

资源消耗率，是指单位作业消耗的资源费用数量。

企业应检查资源费用需求量与供给量是否平衡，如果没有达到基本平衡，需要通过增加或减少资源费用供给量或降低资源消耗率等方式，使两者的差额处于可接受的区间内。

资源费用供给量，是指企业目前经营期间所拥有并能投入作业的资源费用数量。

企业一般按照作业中心、作业类别为对象编制资源费用预算。有关计算公式如下。

资源费用预算 $=\sum$ 各类资源需求量×该资源费用预算价格

资源费用的预算价格一般来源于企业建立的资源费用价格库。企业应收集、积累多个历史期间的资源费用成本价、行业标杆价、预期市场价等，建立企业的资源价格库。

作业预算初步编制完成后，企业应组织相关人员进行预算评审。预算评审小组一般应由企业预算管理部门、运营与生产管理部门、作业及流程管理部门、技术定额管理部门等组成。评审小组应从业绩要求、作业效率要求、资源效益要求等多个方面对作业预算进行评审，评审通过后上报企业预算管理决策机构进行审批。

企业应按照作业中心和作业进度进行作业预算控制，通过把预算执行的过程控制精细化到作业管理层次，把控制重点放在作业活动驱动的资源流动上，实现生产经营全过程的预算控制。

企业作业预算分析主要包括资源动因分析和作业动因分析。资源动因分析主要揭示作业消耗资源的必要性和合理性，发现减少资源浪费、降低资源消耗成本的机会，提高资源利用效率；作业动因分析主要揭示作业的有效性和增值性，减少无效作业和不增值作业，不断地进行作业改进和流程优化，提高作业产出效果。

4. 作业基础预算法的作用

（1）加强了预算与战略规划的联系。企业的战略目标往往是一套存在内在一致性的多重目标，它既包括诸如营业利润这样的财务指标，也包括衡量企业经营业绩的非财务指标，如市场占有率、增长率、产品质量及与客户的关系等。作业基础预算的作业安排考虑了企业长远发展战略，而非仅仅是为了完成预算期的财务业绩指标，有利于提高企业的综合素质，增强企业市场竞争和持续发展能力。

（2）以作业、流程、价值链为预算组织基础，强调整体业绩，增强了预算系统处理跨部门事项的能力。作业基础预算首先确定各职能部门、业务部门提供的作业量和服务对象，在这个作业确定过程中，各部门要充分沟通协调，以求得最佳作业安排，这样就有利于打破各部门之间的壁垒，将预算视作一个系统整体，而不仅仅是每个部门的目标。

（3）优化企业资源配置。作业基础预算的前提是作业分析后的作业管理，即已经识别了增值与非增值作业，作业预算在考虑完成预算目标时，首先对上期经营进行作业分析，找出各项作业和企业价值增值之间的联系，以便在以后的预算中能清除替换或减少非增值作业和低效率的增值作业。根据作业本身的增值能力确定资源分配的优先顺序。作业基础预算的编制过程有利于降低成本，消除无效的作业，实现作业和流程的持续改进。

（4）可增强基层管理者和员工的参与度。作业基础预算提供了关于作业量的预算数据，这使得基层员工对于预算年度内每个月分别需要完成的作业量有很清楚的认识。从而使得预算更易于被基层员工所接受和理解，有利于充分提高基层员工参与预算制定的积极性和改进工作的热情；可以克服传统预算中员工的抵制情绪，使预算得以更有利的执行。并使基于预算的业绩考评更加合理；同时，也使企业的战略可以在日常的运营活动中得以理解和体现。

综上所述，作业基础预算在企业推行战略管理、提高竞争优势、克服传统预算的缺陷等方面，均拥有不可忽视的作用。目前在我国实行作业基础预算，可能条件还并不很成熟。作业基础预算是以企业实行作业成本法和作业管理为基础的，这些方法在我国企业中应用不多。随着我国企业管理水平的不断提高，战略管理思想、ABC、ABM的普及，作业基础预算将会得到更广泛的应用。

案例分析

上海沪韵运输公司基期末（20×7 年 12 月 31 日）的资产负债表及有关资料如下。

（1）计划年度（20×8 年）1 月预计销售某产品 10 000 件，单位售价为 9 元，其中现销 40%，其余为赊销（1 个月后收款）。

（2）该公司采购该项商品的单位进价与存货成本均为 4 元。购入商品时，30% 当月付现，其余为次月付款。

（3）该公司 20×8 年 1 月份的期末存货，预计为 4 000 件。

（4）该公司 1 月预计将开支以下费用：

工资	15 000 元
办公费	4 300 元
水电费	5 000 元
保险费	2 000 元
折旧费	700 元
广告费	3 700 元

（5）该公司 1 月预计将购入 1 台机器设备，价值 35 000 元。

（6）该公司规定计划期间现金的最低库存余额为 10 000 元；如不足此数，可全额向银行借款。

（7）20×7 年 12 月 31 日（基期末）的资产负债表见表 12-17。

表 12-17　资产负债表 20×7 年 12 月 31 日　　　　单位：元

资产		负债及所有者权益	
现金	10 000	应付账款	24 000
应收账款	50 000	短期借款	—
存货	20 000	所有者权益	132 000
固定资产	85 000		
减：累计折旧	8 400		
资产总计	156 600	负债及所有者权益合计	156 000

要求：根据提供的上述有关资料，为该公司编制 20×8 年 1 月的全面预算。

【自 测 题】

自学自测　　扫描此码

【复习思考题】

一、思考题

1. 全面预算体系由哪些内容构成？各部分具体的内容是什么？
2. 零基预算优于增量预算吗？为什么？
3. 弹性预算与固定预算相比，有何优势？
4. 定期预算的缺陷是什么？与其相对应的是什么预算？
5. 怎样编制经营预算？

二、练习题

1. 目的：通过练习，要求掌握弹性预算的编制。

资料：某电气工厂第一车间正常活动水平为 10 000 机器工作小时，1 月费用分析见表 12-18。

表 12-18　费　用　表

费用项目	固定费用总额/元	变动费用率/（元/时）
电力	5 000	0.3
水费	4 000	0.2
间接人工	21 000	1.5
折旧	10 000	
合计	40 000	2

固定费用共 40 000 元，变动费用按总的机器工作小时计。

又知：该厂预计业务活动水平分别为 9 000、10 000、11 000、12 000 工作小时，经研究发现，费用在 12 000 工作小时，间接人工增加 5 000 元，折旧增加 1 000 元（超正常活动）。

要求：

（1）试编制该厂生产部门的生产费用弹性预算表。

（2）根据弹性预算表进行分析。

2. 目的：通过练习，要求掌握零基预算的编制。

资料：某电器厂准备将下年度推销及管理费用按零基预算法编制预算，全体从业人员结合下年度的企业目标和本部门任务，一致认为需发生下列费用：

　　广告费　　　　　20 000 元
　　差旅费　　　　140 000 元
　　办公费　　　　　40 000 元
　　工资　　　　　　60 000 元
　　房租　　　　　120 000 元

经过进一步讨论认为：广告费用、办公费用、工资是完成目标利润必不可少的费用支出，应按预算数全额拨给，至于差旅费用和房租拟定了以下办法：

（1）减少外出推销的办法，减少差旅费用 25 000 元。

（2）采用合署办公，原所借房屋退租，租金减少 80 000 元。

（3）改变原广告办法，费用不变但可望增加销售收入 150 000 元。

要求：根据上述资料，编制该电器厂推销及管理费用零基预算。

3. 目的：通过练习，要求掌握滚动预算的编制方法。

资料：某电器工厂生产的一种产品 20×9 年预计销售量见表 12-19。

表 12-19　全年各月销量

月份	销售量（台）	月份	销售量（台）
1	800	7	1 000
2	700	8	1 000
3	700	9	900
4	800	10	900
5	800	11	1 200
6	1 000	12	1 200

产品单位售价 280 元，单位变动成本为 150 元，变动性销售与管理费为 10 元，每月固定制造费用为 50 000 元，固定性销售与管理费用 5 000 元，所得税税率 25%。

要求：根据上述资料，编制电器工厂的 20×9 年利润滚动预算。

4. 目的：通过预算，要求掌握全面运算中的现金收入预算编制。

资料：某电器厂 20×8 年第四季度销售预算见表 12-20。

表 12-20　销售预算数据

月份	10	11	12	合计
销售额/元	50 000	60 000	100 000	210 000

销售额的付款办法，销售收入当月现收 60%，次月收 40%，10 月期初应收账款为 18 000 元。

要求：

（1）计算 9 月的销售额。

（2）编制第四季度预计现金收入表。

（3）计算 12 月底应收账款。

第13章

成 本 控 制

【本章学习目的和要求】

本章介绍了标准成本的概念、种类及制定标准成本的原理，在此基础上说明了标准成本的制定方法，实际和标准之间的差异分析，以及对差异的账务处理方法。通过本章学习重点掌握实际成本与标准成本的差异分析。

13.1 标准成本控制概述

13.1.1 标准成本和标准成本制度的概念

20 世纪初期，随着泰勒制在企业管理中的广泛运用，会计如何为企业生产和提高工作效率服务开始成为企业关注的问题。于是标准成本、差异分析等与泰勒制紧密联系的技术被引入会计领域，随后其内容不断发展和完善，成为成本管理会计的一个重要组成部分。目前，标准成本制度已经被普遍应用到各国企业的成本控制中。

应用标准成本制度，应事先制定标准成本，以作为控制成本支出的依据，考核成本支出的尺度。所谓标准成本，是指通过精确的调查分析和技术测定而制定的，在已经事先达到的生产技术水平和有效经营管理条件下应当达到的单位产品目标成本，主要用来控制成本开支，评价实际成本，衡量工作效率。

标准成本系统（standard cost system），也称标准成本制度（法），是指企业在生产经营过程中通过预先制定标准成本，将标准成本与实际成本定期进行比较，以揭示成本差异动因，进而实施成本控制、评价经营业绩的一种成本管理方法。

标准成本，是指在正常的生产技术水平和有效的经营管理条件下，企业经过努力应达到的产品成本水平。成本差异，是指实际成本与相应标准成本之间的差额。当实际成本高于标准成本时，形成超支差异；当实际成本低于标准成本时，形成节约差异。

分析差异时管理人员据此按照例外管理原则分析成本差异发生的原因，并就重大的差异事项及时采取措施纠正，从而达到成本控制目标。标准成本系统不单纯是一种成本计算方法，而是一种集成本分析、成本控制和成本计算为一体的成本管理系统，它包括标准成本的制定、成本差异分析和成本计算及账务处理三大部分。其中，标准成本的制定是采用标准成本系统的前提和关键，成本差异分析和成本计算是标准成本系统的重点。标准成本的制定、成本差异分析和成本计算及账务处理这三部分之间的相互关系如图 13-1 所示。

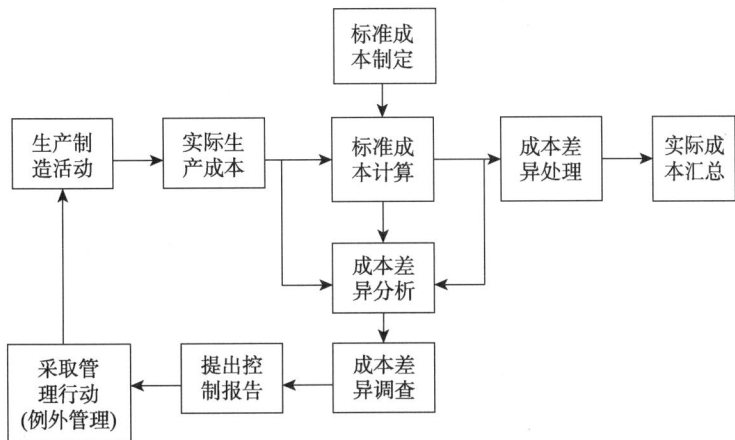

图 13-1 标准成本制度各组成部分关系图

与实际成本法相比,标准成本系统通常被用来加强成本控制。在标准成本的制定阶段需要对产品的生产工艺、技术流程以及生产和供销过程的各个方面进行全面分析研究,从而进行成本的事前控制。在产品生产的进程中将生产发生的实际成本同标准成本进行比较,计算成本差异进而对成本差异进行分析,以及时揭示问题、发现问题、区分责任、分析原因,使成本在生产的进程中得到控制,即所谓的事中控制。同时在成本发生时区分标准成本和成本差异,归集和计算产品成本,一方面为存货计价和收益的计量提供成本资料,另一方面为成本控制、工艺流程的作业控制、工作成果的评价和企业的计划预算等提供依据。可以说实施标准成本系统使成本计算和成本控制得到了有机结合,是企业内部控制成本、评价和考核成本管理水平、降低成本、提高经济效益的重要途径。

13.1.2 标准成本制度的发展

标准成本制度于 20 世纪 20 年代在美国产生,是泰勒科学管理思想在成本会计中的具体体现。随着社会生产的不断发展以及管理科学的形成,标准成本制度逐步完善起来。

早在 1903 年,泰勒发表《工厂管理》提出在科学管理的前提下,应该采用差别计件工资制调动工人的积极性,实行管理的“例外原则”,而劳资双方之间也应该从对立斗争走向友好合作,双方都必须认识到提高劳动生产率对双方都有利,这些观点都给标准成本制度提供了启示。1904 年,泰勒理论的继承者美国效率工程师哈尔顿·爱默森(H.Emeson)首先在美国铁道公司应用标准成本法。1909 年,他在《作为经营和工资基础的效率》里面进行了更为详尽的研究。1911 年,美国工程师泰勒出版了《科学管理原理》(*Principles of Scientific Management*)一书,提出了计件工资制和标准化工作原理，以调动工人的生产积极性。此后，工程师爱默森提出标准人工成本法，甘特又把标准成本推广到材料及制造费用，制定标准材料成本和标准制造费用。第一次提出标准成本概念的是工程师哈里森（G.C.Harrison），当时标准成本还独立于会计系统之外。从 1918 年开始，哈里森一直致力于标准成本的研究，先后发表了《有助于生产的成本会计》（ *Cost Accountingto Aid Production* ）、《新工业时代的成本会计》（ *Cost Accounting in the New Industrial Day* ）和《成本会计的科学基础》（ *Scientic Basis for Cost Accounting* ）等著作。1919 年，美国成本会计师协会成立，由工程师和会计师共同组成，有力地推动了标准成本计算的开展。协会成立之后，准备推广标准成本。但是因为当时标准成本由工程师提出，他们的意愿主要是用标准成本来控制成本、提高效率，没有考虑与会计相结合。1921 年，哈里森设计出了第一套健全的标准成本制度，并给出一组成本差异分析公式。1923 年，标准成本差异分析基本形成，标准成本制度开始进入实施阶段。1930 年，哈里森把他对于标准成本计算所作的研究写成了《标准成本》（ *Standard Cost* ）一书，这本书是世界上第一部论述标准成本制度的专著。由此建立的标准成本计算方法，为生产过程的成本控制提供了基础条件，并推动了对预算控制问题的研究。直到 1930 年之后，工程师和会计师才取得了一致的看法，即把标准成本与会计账务处理结合起来，从此逐步形成了完整的标准成本制度。E.A.坎曼于 1932 年发表了题为《基本标准成本、制造业的控制成本》（ *Basic Standard Cost* 、 *Manufacturing Cost* 、 *Control* ）的文章，丰富了标准成本理论。

13.1.3　标准成本法的特点

标准成本法以标准成本记录和反映成本的形成过程与结果，并通过对差异的解释和分析，实现对成本的控制。与实际成本核算方法相比，标准成本法具有以下特点。

（1）在标准成本法下，产品成本明细账只计算各种产品的标准成本，不计算各种产品的实际成本。

（2）分别按直接材料、直接人工、变动制造费用和固定制造费用计算实际成本脱离标准成本的各种数量差异和价格差异等，并设置各种差异账户予以归集，以便对成本进行日常控制和考核。

（3）会计期末，对各差异账户归集的成本差异，可以按标准成本的比例在本期已售产品、期末库存产成品和期末在产品之间进行分配，也可以将其全部结转到销售成本中。

13.1.4　标准成本制度的作用

实施标准成本制度需要将事前成本计划、日常成本控制和最终产品成本确定有机地结合起来，形成一个完整的成本分析、控制和计算体系，对企业加强成本管理、全面提高生产经营水平具有重要意义。标准成本制度的具体作用包括以下几方面。

1）控制成本，提高成本管理水平

标准成本是衡量正常成本水平的尺度，可作为评价和考核工作成果的标准。在事前的标准成本确定中，可以使成本水平得到事前的控制。在生产过程中，将实际成本与标准成本比较，能反映出实际成本脱离标准成本的差异，通过差异分析，揭示存在的问题，查明原因，并采取措施加以控制和纠正，从而降低成本水平，提高经济效益。

2）正确评价和考核工作成果，调动职工的积极性

标准成本是衡量成本水平的尺度，也是评价和考核工作成果的基础与依据。在生产过程中，通过差异分析，可以区分经济责任，正确评价员工的工作成绩，从而有利于增强员工的成本意识，调动他们的工作积极性，使他们关心和参与生产成本的控制与管理，挖掘降低成本的潜力，提高企业经济效益。

3）为企业的预算编制和经营决策提供依据

编制生产经营的全面预算是一个企业实现短期利润计划、进行综合平衡、实行全面控制的重要措施。而成本预算的客观与规范程度直接影响全面预算的质量和实施的现实可能性。标准成本制度对标准成本的规范要求，一般要高于相同规范的预算编制，因此标准成本资料可以直接作为编制预算的基础。标准成本系统为预算编制提供了极大的方便，并提高了预算的实现可能性。

另外，在标准成本的制定过程中需进行多方面的分析，剔除了许多不合理的因素，比实际成本更为客观；在差异分析中又对实际成本脱离标准成本的差异进行分析。因此，标准成本制度所提供的信息可为企业的产品定价、接受特别订货等专门决策提供依据。

4）简化成本计算，为对外财务报表的编制提供资料

标准成本系统是用于产品成本计算的会计系统，对原材料、在产品、产成品和产品的销售成本等都按标准成本入账，对成本差异另行记录，可大大简化成本计算中日常的账务处理工作。需要编制以实际成本为基础的对外财务报表时，可以把标准成本同成本差异相结合，把存货成本和产品销售成本调整到实际成本的基础上。这种成本的调整，是以标准成本计算的产品成本为基础的，它是以标准成本作为合理的成本为前提的。标准成本系统下的成本信息可用于对外财务报表，实现了标准成本系统下内部管理职能和对外财务报表职能的结合。

13.1.5　标准成本制度的构建

1. 合理划分成本责任区域

构建标准成本体系的前提条件就是划分成本责任区域，即成本中心（将于第 15 章详细介绍）。一个企业只要各项系统正常运转就会产生成本支出，而有效地控制成本则需要各管理阶层人员的积极参与和承担职责，切实将成本控制工作落实到位。

成本中心负责收集成本，具有以下三大特质，即在一个主管的责任管理之下，最

小的成本责任区域，责任界限划分清晰。

2. 对成本中心进行分类

成本中心可细分为服务性成本中心、生产性成本中心及辅助性成本中心。其中，服务性成本中心负责为整个企业各成本中心提供服务，将服务的成本分摊至各受服务中心；生产性成本中心利用生产设备将原材料生产加工为半成品或产成品，以供市场销售；辅助性成本中心为某一生产性成本中心提供特殊的服务。

3. 建立成本中心的规范说明书

在成本中心组织确认后，企业技术人员与成本管理人员应建立成本中心规范说明书，其中包括成本中心的费用项目、成本中心的责任范围、具备何种机具设备等内容。

4. 构建代码系统

代码系统是标准成本体系的重要内容，包括成本中心代号（5 位数字）、成本会计科目代号（4 位数字）、统一产品代号（15 位数字）、物料代号、固定资产代号五项内容。

5. 确定体系的基本标准

一般而言，构建企业标准成本体系主要有以下三种基本标准。

（1）原料标准，是指在标准成分分析与操作方式下，生产单位的主产品所允许的直接原料用量、损耗与应回收的次级品及回收料数量。

（2）生产专业标准，是指在特定状况下，生产单位产品所允许的设备运转时间，即设备标准时间。

（3）附加成本标准，是指生产单位产品、提供单位服务或在一定的时间内完成特定操作所允许的除原料成本之外的费用。

6. 完善企业的标准成本体系

（1）加强组织领导。企业成立总会计师担任组长的标准成本体系建设领导小组，由财务部全面负责，其他相关部门和直属单位互相协作，全力配合。

（2）制订严密的方案。按照标准成本项目分解和筛选、数据收集和定额确定、完善提高、上报实施四个阶段开展工作，标准成本体系作为编制预算的参考依据。

（3）严格责任分工。标准成本体系的建设分为基建成本和生产运营成本两部分，其中生产运营标准成本结合历史成本、资产现状等，经科学测算论证后确定。

（4）加快企业标准成本制定的研究工作。尽可能取得全面详尽的基础数据，促进企业标准成本体系趋于统一，逐步建立标准成本工作的长效机制。

13.1.6　标准成本的种类

标准成本的种类很多，一般有理想标准成本、正常标准成本、基本标准成本和现行可达到的标准成本四种。

1. 理想标准成本

理想标准成本（perfection or ideal standards）是最高要求的标准成本，它是以现有生产经营条件处于最优状态为基础确定的最低水平的成本。所谓"最优状态"，是指在资源无浪费、设备无故障、产品无废品、工时全有效、生产能力达到充分利用的前提下，以最少的耗用量、最低的费用水平生产出最大的产出量。它通常是根据理论上的生产要素耗用量，最理想的生产要素价格和可能实现的最高生产经营能力利用程度来制定的。由于这种标准成本未考虑客观存在的实际情况，提出的要求过高，通常会因达不到而影响工人的积极性，同时让企业管理者感到在任何时候都没有改进的余地，故在实际工作中较少采用，但作为成本管理的追求目标还是有意义的。

2. 正常标准成本

正常标准成本（normal standards）是根据企业正常的耗用水平、正常的价格和正常生产经营能力的利用程度来确定的。正常标准成本可以采用企业过去一段时期内实际成本的平均值，剔除其中生产经营活动中的不正常因素，并根据未来的变动趋势来制定。这种标准成本考虑了生产中必要的材料损耗和生产能力的损失，是企业切实可行的成本目标，且在生产技术和经济条件无较大变化的情况下，不必修订。但由于这类成本只能说明过去，而没有考虑未来条件的变化，因此考虑绩效评估时很难有效。

3. 基本标准成本

基本标准成本（basic standards）是指材料成本一旦确定，只要生产条件不发生重大变化就不予变动的一种标准成本。它往往是过去某一年度的实际成本，但实际上企业的经营环境随时间在不断变化着，因此这种基本标准成本实际发挥作用的基础很脆弱。

4. 现行可达到的标准成本

现行可达到的标准成本（attainable or practical standards），亦称现实标准成本，是在现实生产技术条件下进行有效经营的基础上，根据下一期最可能发生的各种生产要素的耗用量、预计价格和预计的生产经营能力利用程度，考虑了平均的先进技术水平和管理水平而制定的标准成本。这种标准成本从企业实际出发，考虑到企业一时还不能完全避免的成本或损失，具有一定的可操作性；同时又能对改进未来成本管理提出合理要求，是一种既先进又合理，最切实可行又接近实际的成本目标。因而，现实标准成本在实际中被广泛地采用。

13.2 标准成本的制定与差异分析

13.2.1 标准成本的制定

标准成本的制定通常包括直接材料标准成本、直接人工标准成本、变动制造费用标准成本和固定制造费用标准成本的制定。每一成本项目的标准成本应分为用量标准（包括单位产品消耗量、单位产品人工小时等）和价格标准（包括原材料单价、小时工资率、小时制造费用分配率等）。制定标准成本的基本方法是以"数量"标准乘以"价格"标准，即

$$标准成本 = 数量标准 \times 价格标准$$

1. 直接材料标准成本的制定

直接材料标准成本是指单位产品应耗用直接材料的成本目标，它是由直接材料的用量标准和直接材料的价格标准两个因素决定的。

直接材料的用量标准是指单位产品耗用的原料及主要材料的数量，也称为材料消耗定额。直接材料的用量标准是根据企业产品的设计、生产和工艺条件所确定的生产单位产品所需要的材料数量，其中包括生产过程中发生的必要材料消耗和废品废料的材料损失。

直接材料的价格标准是以订货合同价格为基础，并考虑到未来可能发生的变动而制定的计划价格。直接材料的价格标准是预计下一年度实际需要支付的单位材料购进成本，包括材料的买价、税费、运费、装卸费、正常损耗和入库前的挑选整理费用等，是取得材料的完全成本。

直接材料标准成本等于单位产品所需用的各种材料标准用量与各自的标准价格乘积之和。即

$$直接材料标准成本 = \sum（直接材料标准用量 \times 直接材料标准价格）\quad （13\text{-}1）$$

2. 直接人工标准成本的制定

直接人工标准成本是指单位产品应耗用直接工资的成本目标。直接人工的标准成本也是由直接人工的用量标准和价格标准所确定的，即生产单位产品应耗用的人工小时乘以每人工小时应有的工资率。即

$$直接人工标准成本 = 直接人工标准工时 \times 直接人工标准工资率 \quad （13\text{-}2）$$

其中，直接人工的用量标准就是单位产品应发生的标准工时，也称单位产品工时消耗定额，是指在现有生产技术条件、工艺方法和技术水平条件下，根据生产的加工工序分别统计，并汇总计算的单位产品生产工时，包括合理的间歇和停工时间、不可避免的废品所耗用的工时等。

采用不同工资制度的企业，影响直接人工标准成本的因素是不同的。在计件工资制下，直接人工标准成本直接表现为计件工资单价；在计时工资制下，直接人工标准成本是由直接人工工时用量标准和工资率标准两个因素决定的。本书主要介绍计时工资制下企业直接人工标准成本的制定。

直接人工标准工资率是指某会计期每一工作时间应分配的直接生产工人标准人工成本。其计算公式如下。

$$直接人工标准工资率 = 预计直接工人工资总额 / 标准工时总数 \quad （13\text{-}3）$$

"标准工时总数"等于企业在充分利用现有生产能力的条件下，单位产品工时消耗定额与可能达到的最大产量的乘积。

3. 变动性制造费用标准成本的制定

制造费用的标准成本分为变动制造费用标准成本和固定制造费用标准成本两部分。制造费用的标准成本也可以认为是由制造费用的用量标准和价格标准所确定的。制造费用的用量标准与直接人工的用量标准相同，均指生产单位产品所用的工时标准；制造费用的价格标准是指制造费用的标准分配率。

变动性制造费用是指随业务量成正比例变动的那部分间接生产成本，变动性制造费用的标准成本是由变动制造费用的分配率标准和工时用量标准两个因素决定的。

变动性制造费用的价格标准，即标准分配率是指某会计期每一标准工时应分配的变动制造费用。其计算公式如下。

变动性制造费用标准分配率＝变动制造费用预算总额／标准工时总数 （13-4）

因此，变动性制造费用的标准成本为

变动制造费用标准成本＝单位产品直接人工标准工时

×变动性制造费用标准分配率 （13-5）

4. 固定性制造费用标准成本的制定

固定性制造费用主要是指不随业务量变化的那部分间接生产成本，它通常根据事先编制的固定预算来控制其费用总额。

在变动成本法下，固定性制造费用属于期间成本，直接计入当期损益，不必在各种产品之间进行分配，因而不包括在单位产品的标准成本中；在完全成本法下，固定性制造费用要计入产品成本，因而需要确定其标准成本。

固定性制造费用的标准成本也是由固定性制造费用的分配率标准和工时用量标准两个因素决定的。

固定性制造费用的价格标准，即标准分配率是指某会计期每一标准工时应分配的固定性制造费用。其计算公式如下。

固定性制造费用标准分配率＝固定制造费用预算总额／标准工时总数 （13-6）

因此，固定性制造费用的标准成本为

固定性制造费用标准成本＝单位产品直接人工标准工时

×固定性制造费用标准分配率 （13-7）

例 13-1 M公司根据本企业历史数据和同行业的先进水平制定了A产品的标准成本，并编制了标准成本卡，见表 13-1。

13.2.2 标准成本的差异分析

标准成本差异（standard cost variance）是指生产经营过程中发生的实际成本偏离

表 13-1　标准成本卡资料

成本项目	标准用量	标准价格/元	标准成本/元
直接材料：			
甲材料	5 kg	6	30
乙材料	3 kg	10	30
小计			60
直接人工	2 小时	12	24
变动制造费用	2 小时	5	10
固定制造费用	2 小时	3	6
单位产品标准成本			100

预定的标准成本所形成的差额。实际成本超过标准成本所形成的差异称为不利差异、逆差或超支；实际成本低于标准成本所形成的差异称为有利差异、顺差或节约。

成本差异包括直接材料成本差异、直接人工成本差异和制造费用差异三部分，其中，制造费用差异又可进一步细分为变动制造费用差异和固定制造费用差异。

计算分析成本差异的主要目的，在于查明差异形成的原因，以便及时采取措施，消除不利差异，并为成本控制、考核和奖惩提供依据。形成成本差异的原因很多，但归纳起来，不外乎"数量因素"和"价格因素"两类。通常将"数量因素"变动所形成的差异称为数量差异，简称量差，将"价格因素"变动所形成的差异称为价格差异，简称价差。

一般格式如下：

$$标准数量 \times 标准价格 \tag{13-8}$$
$$实际数量 \times 标准价格 \tag{13-9}$$
$$实际数量 \times 实际价格 \tag{13-10}$$

式（13-9）减式（13-8）为数量差异——量差

式（13-10）减式（13-9）为价格差异——价差

式（13-10）减式（13-8）为总成本差异或（量差 + 价差）

差异分析的分类如图 13-2 所示。

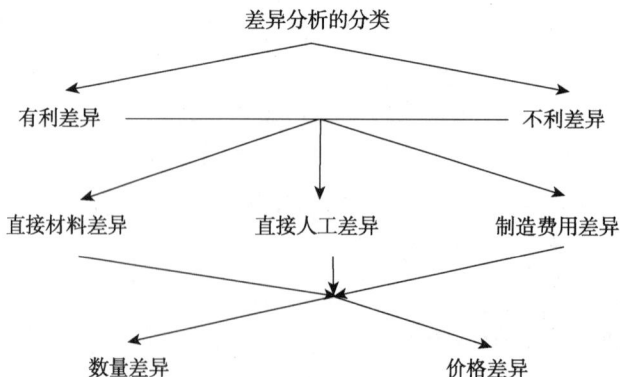

图 13-2　差异分析分类

1. 直接材料成本差异的分析

直接材料成本差异，是指一定产量产品的直接材料实际成本与直接材料标准成本之间的差额。直接材料成本差异由直接材料价格差异和直接材料用量差异两部分构成。

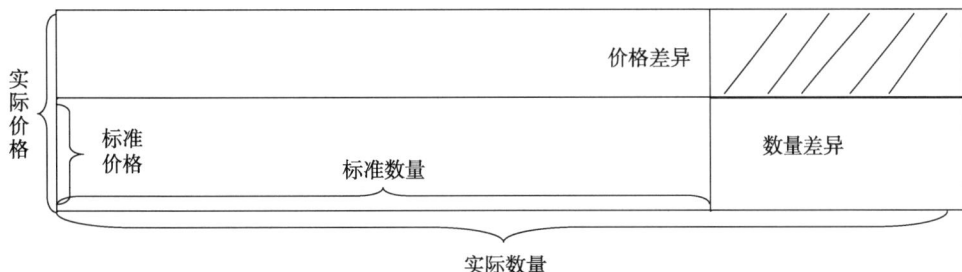

图 13-3　直接材料成本差异图

从图中亦可得出，直接材料成本差异用下列公式表示：

直接材料总成本差异 = 实际价格 × 实际用量 − 标准价格 × 标准用量

= 直接材料实际成本 − 直接材料标准成本

= 直接材料价格差异 + 直接材料用量差异　　　（13-11）

其中，直接材料用量差异是指由于材料的实际耗用量脱离标准耗用量而形成的直接材料成本差异；直接材料价格差异是指由于材料实际价格脱离标准价格而形成的材料成本差异。其计算公式为

直接材料用量差异 = 标准价格 × 实际用量 − 标准价格 × 标准用量

= （实际用量 − 标准用量） × 标准价格　　　（13-12）

直接材料价格差异 = 实际价格 × 实际用量 − 标准价格 × 实际用量

= （实际价格 − 标准价格） × 实际用量　　　（13-13）

例 13-2　接例 13-1，M 公司 1 月生产 A 产品 400 件，其中耗用甲材料共计 2 100 kg，耗用乙材料共计 1 320 kg，本月甲材料的采购单价为 6.1 元，乙材料的采购单价为 9.9 元。则 A 产品的直接材料成本差异计算分析如下：

甲材料价格差异 = （6.1 − 6） × 2 100 = 210（元）（不利差异）

乙材料价格差异 = （9.9 − 10） × 1 320 = −132（元）（有利差异）

A 产品直接材料价格差异 = 78（元）（不利差异）

甲材料标准用量 = 5 × 400 = 2 000（千克）

乙材料标准用量 = 3 × 400 = 1 200（千克）

甲材料用量差异 = （2 100 − 2 000） × 6 = 600（元）（不利差异）

乙材料用量差异 = （1 320 − 1 200） × 10 = 1 200（元）（不利差异）

A 产品直接材料用量差异 = 1 800（元）（不利差异）

A 产品直接材料成本差异 = 78 + 1 800 = 1 878（元）（不利差异）

在计算出差异的基础上，可据此进一步分析原因，落实责任。

直接材料的用量差异一般由采购及生产部门负责。在正常情况下，产品耗用某种材料数量的多少，加工过程中必不可少的材料损耗的大小，生产部门大体上是可以控制的。但还应该具体分析。在有些情况下，如企业采购部门购入质量较低或不符合规格的材料、材料储存中变质损坏等，也会造成材料耗用量的增加，因此形成的不利差异就应由采购部门负责。

通常直接材料价格差异由采购部门承担主要责任。因为在正常情况下，采购部门可选择价格合理、运输方便、采购费用低、质量较好的材料。但是，影响直接材料价格变动的因素是多方面的，如市场供求的变化、价格的变动状况、材料采购方式、路费、紧急订货、批量和运输方式及材料供应者的选择等。只要其中任何一个因素脱离了制定标准成本时的预定要求，都会影响价格差异。所以对差异形成的原因和责任，还需根据具体情况作进一步的分析。

总之，影响直接材料价格差异和用量差异的因素有很多，在进行直接材料成本差异分析时，应从实际出发，认真分析产生差异的具体原因，以便有针对性地采取改进措施。

2. 直接人工成本差异的分析

直接人工成本差异，是指一定产量产品的直接人工实际成本与直接人工标准成本之间的差额。直接人工成本差异由直接人工效率差异和直接人工工资率差异两部分构成。如图 13-4 所示。

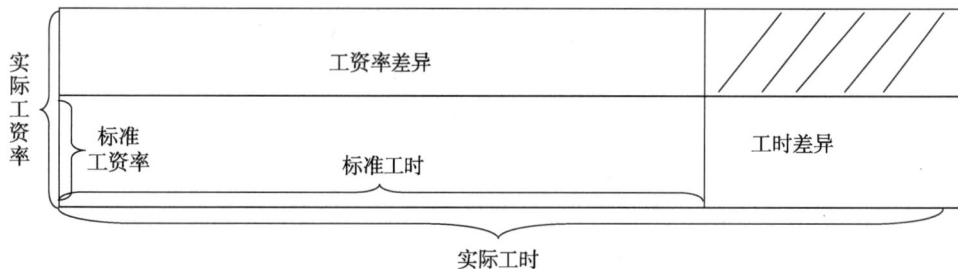

图 13-4　直接人工成本差异

直接人工成本差异可以用下列公式表示：

直接人工成本差异 =（实际工资率×实际工时）-（标准工资率×标准工时）

= 直接人工实际成本 - 直接人工标准成本

= 直接人工效率差异 + 直接人工工资率差异　　　　　（13-14）

实际工资率 = 实际工资/实际工时

标准工时 = 单位产品工时耗用标准×实际产量

其中，直接人工效率差异，是指由于直接人工实际工时数脱离标准工时数而导致

的成本差异；直接人工工资率差异，是指由于直接人工的实际工资率脱离标准工资率而导致的成本差异。其计算公式为

直接人工效率差异 =（标准工资率×实际工时）–（标准工资率×标准工时）

= （实际工时 – 标准工时）×标准工资率 　　　（13-15）

直接人工工资率差异 =（实际工资率×实际工时）–（标准工资率×实际工时）

= （实际工资率 – 标准工资率）×实际工时 　　　（13-16）

例 13-3 承接例 13-1 和例 13-2，M 公司本月实际发生工时 790 小时，支付工资 9 559 元，则 A 产品的直接人工成本差异可计算分析如下。

标准工时 = 2×400 = 800（小时）

实际工资率 = 9 559/790 = 12.1（元）

直接人工工资率差异 =（12.1 – 12）×790 = 79（元）（不利差异）

直接人工效率差异 =（790 – 800）×12 = –120（元）（有利差异）

直接人工成本差异 = 41（元）（有利差异）

如果生产一种产品需经几个工种加工，则应先对每个工种进行上述的计算分析，然后汇总。

直接人工效率差异形成的原因主要有：工人技术的熟练程度和责任感、加工设备的完好程度、作业计划安排得是否周密、工作环境是否良好、动力供应情况，等等。人工效率差异的责任基本上应由生产部门负责，但如果由于采购了不适用的材料，造成加工工时的增加，或者由于动力供应不及时等造成的差异，则应由采购部门、动力部门负责。

直接人工工资率差异一般应由人力资源部门负责。它通常与人事变动、工资制度和工资级别的调整有关。但如果是非生产工时造成的差异，如停工待料时间的工资、开会时间的工资，仍由生产单位负责。

3. 变动制造费用差异的分析

变动制造费用差异，是指一定产量产品的实际变动制造费用与标准变动制造费用之间的差额。变动制造费用差异由变动制造费用耗用差异和变动制造费用效率差异两部分组成。因此变动制造费用差异可用下式表示：

变动制造费用总成本差异 =（实际分配率×实际工时）–（标准分配率×标准工时）

=实际变动制造费用 – 标准变动制造费用

=变动制造费用效率差异

+ 变动制造费用耗用差异 　　　（13-17）

变动制造费用实际分配率 = 实际变动制造费用/实际工时 　　　（13-18）

其中，变动制造费用效率差异，是指因实际耗用工时脱离标准工时而产生的成本差异；变动制造费用耗用差异，是指因变动制造费用实际耗费脱离标准而导致的成本差异，耗费差异又称为分配率差异。其计算公式分别为

变动制造费用耗费差异＝（实际分配率×实际工时）－（标准分配率×实际工时）

$\qquad$ ＝（实际分配率－标准分配率）×实际工时 （13-19）

变动制造费用效率差异＝（标准分配率×实际工时）－（标准分配率×标准工时）

$\qquad$ ＝（实际工时－标准工时）×标准分配率 （13-20）

变动制造费用差异分析如图 13-5 所示。

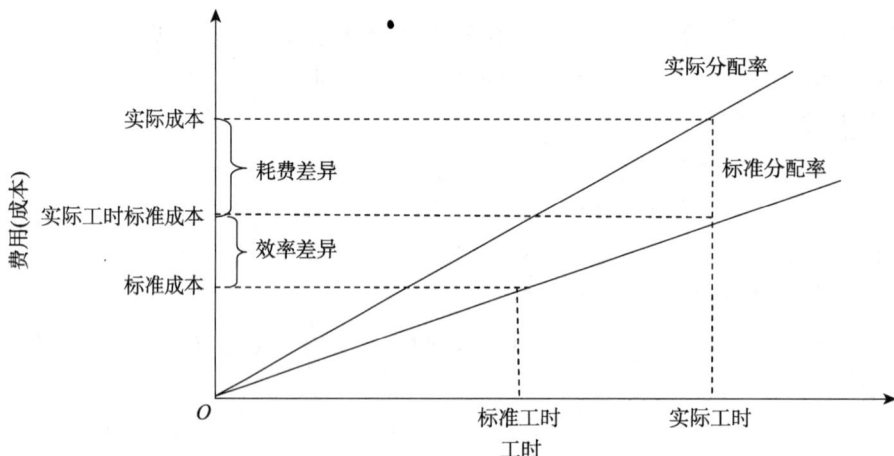

图 13-5 变动制造费用差异分析

例 13-4 承接例 13-1 和例 13-3，M 公司本月实际发生变动制造费用 3 800 元，变动性制造费用以直接人工工时为分配标准。则对变动性制造费用差异的分析如下。

变动性制造费用实际分配率＝3 800/790＝4.81

变动性制造费用耗费差异＝（4.81－5）×790＝－150（元）（有利差异）

变动性制造费用效率差异＝（790－800）×5＝－50（元）（有利差异）

变动性制造费用成本差异＝－200（元）（有利差异）

变动性制造费用是一个综合性费用项目。计算出各种成本差异之后，还要结合企业实际，逐项分析这些差异形成的具体原因。变动制造费用效率差异实际上反映的是产品制造过程中的工时利用效率问题，应结合直接人工效率差异进行分析。变动性制造费用的耗费差异，应视不同情况确定其责任归属。因预算额估算错误、间接材料质量低劣而耗费大、间接人工费用高、其他费用控制不力等造成的差异，其责任应分别由财务部门、采购部门、生产部门等部门负责。

4. 固定性制造费用差异的分析

固定性制造费用差异，是指一定期间的实际固定性制造费用与标准固定性制造费用之间的差额，其计算公式为

固定性制造费用成本差异＝（实际分配率×实际工时）－（标准分配率×标准工时）

$\qquad$ ＝实际固定制造费用－标准固定制造费用 （13-21）

固定性制造费用标准分配率 = 预算固定制造费用/预算产量标准工时 　　（13-22）

固定性制造费用实际分配率 = 实际固定制造费用/实际工时

对固定性制造费用成本差异的分解通常有两种方法，一种是两差异分析法，一种是三差异分析法。

1）两差异分析法

两差异分析法是将固定性制造费用成本差异分解为固定性制造费用预算差异和固定性制造费用产量差异两部分。前者指固定性制造费用实际发生数和预算数之间的差异；后者指在固定制造费用预算不变的情况下，由实际产量和计划产量不同引起的差异。计算公式为

固定性制造费用预算差异 = 固定性制造费用实际数 − 固定性制造费用预算数

固定性制造费用产量差异 = 标准分配率 ×（预算产量标准工时 − 实际产量标准工时）

　　　　　　　　　　 = 固定性制造费用预算数 − 标准分配率

　　　　　　　　　　　 × 实际产量标准工时　　　　　　　　　　（13-23）

2）三差异分析法

三差异分析法是将固定制造费用成本差异分解为固定制造费用效率差异、固定制造费用能力差异和固定制造费用预算差异。三差异分析法中固定制造费用效率差异和固定制造费用能力差异之和等于两差异分析法中固定制造费用产量差异。计算公式如下：

固定性制造费用效率差异 =（实际产量实际工时 − 实际产量标准工时）

　　　　　　　　　　　 × 标准分配率　　　　　　　　　　　　（13-24）

固定性制造费用能力差异 =（预算产量标准工时 − 实际产量实际工时）

　　　　　　　　　　　 × 标准分配率

　　　　　　　　　 = 固定性制造费用预算数 − 实际产量标准工时

　　　　　　　　　　 × 标准分配率　　　　　　　　　　　　　（13-25）

固定性制造费用预算差异 = 固定性制造费用实际数

　　　　　　　　　　　 − 固定性制造费用预算数　　　　　　　（13-26）

通常，能力差异 + 效率差异，称为能量差异。

固定性制造费用差异分析如图 13-6 所示。

例 13-5　承接例 13-1 和例 13-3，M 公司本月实际发生固定性制造费用 3 000 元，公司生产能力为 480 件（960 小时）。则固定性制造费用差异可计算分析如下：

固定性制造费用标准分配率 = 3

固定性制造费用实际分配率 = 3 000/790 = 3.80

固定性制造费用预算数 = 3 × 960 = 2 880（元）

两差异分析法：

固定性制造费用预算差异 = 3 000 − 2 880 = 120（元）（不利差异）

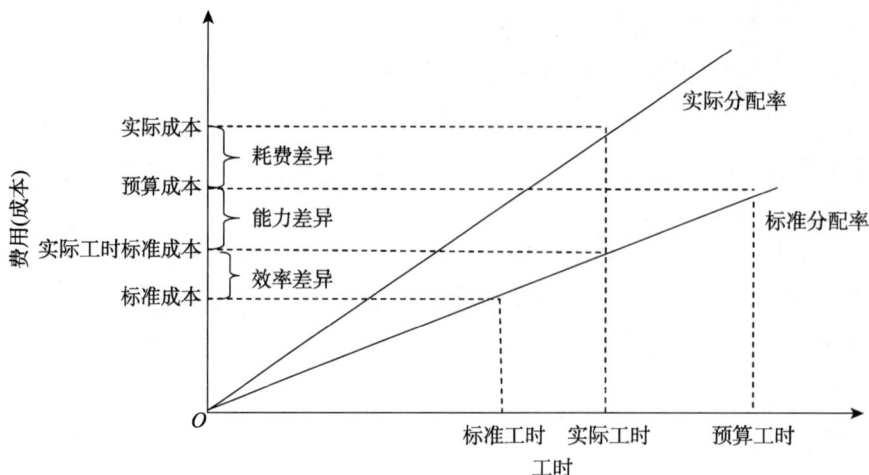

图 13-6　固定性制造费用差异分析

固定性制造费用产量差异 =（960 - 800）× 3 = 480（不利差异）

固定性制造费用成本差异 = 120 + 480 = 600（元）（不利差异）

三差异分析法：

固定性制造费用预算差异 = 3 000 - 2 880 = 120（元）　（不利差异）

固定性制造费用能力差异 =（960 - 790）× 3 = 510（元）（不利差异）

固定性制造费用效率差异 =（790 - 800）× 3 = - 30（元）（有利差异）

固定性制造费用成本差异 = 120 + 510 +（- 30）= 600（元）（不利差异）

利用三差异分析法，能更好地说明生产能力利用程度和生产效率高低所导致的成本差异情况，并且有利于分清责任。能力差异的责任一般在于管理部门，而效率差异的责任则多数在于生产部门。

固定性制造费用预算差异的出现有外部原因，但大多数是内部原因，如临时购置固定资产；超计划雇用管理人员及辅助生产人员；研究开发费、培训费的增加等。对于预算差异的责任，应根据不同的情况确定其责任的归属。例如，由于折旧方法的改变而造成的差异应由财务部门负责；由于修理费用开支而造成的差异，应由设备管理部门负责。至于由一些不可控因素造成的差异，如税率变动、保险费价格上涨等，其责任不应由哪个部门负责。

固定性制造费用效率差异形成的原因与直接人工效率差异的形成原因相同，主要应由人力资源部门和人工管理部门负责。

能力差异的出现主要是由于产销数量引起的，如经济萧条、产品定价过高造成销路不好和开工不足，或原材料、能源供应不足造成生产能力利用不充分等。对于能量差异的责任，主要是现有的生产能力没有充分发挥出来造成的，其责任主要应由高层管理人员负责，当然还涉及计划部门、采购部门、生产部门及销售等部门，这就需要从整个企业的角度考虑，综合加以解决。

5. 成本差异计算的两个特殊问题

1）材料混合使用时的成本差异计算

现实生活中，企业的某种产品往往由几种材料混合生产而成，且各种材料需要按照一定的比率混合使用。此时，材料的用量差异就需要进一步划分，分为材料结构差异和材料产出差异。

（1）材料结构差异。材料结构差异是指实际投料与按标准混合比率投料之间不同所形成的成本差异，其计算公式如下。

材料结构差异 = 按标准单价计算的实际混合成本
－ 按实际用量计算的标准混合成本

（2）材料产出差异。材料产出差异是指混合材料投产后按标准产出率计算的标准产量与实际产量之间的差额所产生的成本差异，其计算公式如下。

材料产出差异 = 单位产品中混合材料的标准成本 ×（标准产量 － 实际产量）

例 13-6 Y 公司生产甲产品，需要使用 A、B、C 三种材料按照一定的比率混合投料进行生产，有关资料见表 13-2。

表 13-2 A、B、C 材料

材料名称	价格标准/（元/kg）	混合用量标准/kg	标准混合比率/%	标准成本/元
A 材料	5	4	20	20
B 材料	4	6	30	24
C 材料	2	10	50	20
合计		20	1	64

若上述标准混合材料 20 kg 可以产出甲产品 16 kg，则单位甲产品的标准直接材料成本为

单位甲产品的标准直接材料成本 = 64/16 = 4（元）

假设本期 Y 公司甲产品的产量为 8 000 kg，有关实际成本资料见表 13-3。

表 13-3 实际成本资料

材料名称	实际价格/（元/kg）	实际用量/kg	实际成本/元
A 材料	4.8	2 200	10 560
B 材料	4.2	3 200	13 440
C 材料	2.4	5 000	12 000
合计		10 400	36 000

要求：根据上述资料，进行成本差异的计算分析。

解：（1）计算材料实际成本与标准成本差异总额

实际成本与标准成本的差异总额 = 实际总成本 － 按实际用量计算的材料的标准成本
= 36 000 － 8 000 × 4 = 4 000（元）

（2）计算材料的价格差异。

根据：直接材料的价格差异＝实际数量×（实际价格－标准价格）

A 材料的价格差异＝2 200×（4.8－5）＝－440（元）

B 材料的价格差异＝3 200×（4.2－4）＝640（元）

C 材料的价格差异＝5 000×（2.4－2）＝2 000（元）

材料的价格总差异＝－440＋640＋2 000＝2 200（元）

（3）计算材料的用量差异。

标准产出率＝16/20＝80%

实际产量应消耗标准混合材料的数量＝8 000/80%＝10 000 kg

根据：直接材料的用量差异＝标准价格×（实际用量－标准用量）

A 材料的用量差异＝5×（2200－10000×20%）＝1000（元）

b 材料的用量差异＝4×（3200－10000×30%）＝800（元）

C 材料的用量差异＝2×（5000－10000×50%）＝0（元）

材料用量总差异＝1000＋800＋0＝1800（元）

（4）将材料的用量差异分解为材料结构差异与材料产出差异。

材料结构差异＝按标准单价计算的实际混合成本

    －按实际用量计算的标准混合成本

    ＝（5×2 200＋4×3 200＋2×5 000）－（64/20×10 400）

    ＝33 800－33 280＝520（元）

材料产出差异＝单位产品中混合材料的标准成本×（标准产量－实际产量）

    ＝4×（10 400×80%－8000）＝1 280（元）

2）人工混合使用时的成本差异计算

现实中，生产一种产品往往需要不同等级的工人来共同完成，而不同等级的工人的小时工资率通常是有差别的。如果不同等级工人完成的工时在总工时中所占的比重发生变化，也会产生成本差异。这时，就需要将直接人工的效率差异进一步分解为人工结构差异和人工产出差异，以确定不同原因产生的差异金额。

（1）人工结构差异。

人工结构差异＝按标准工资率计算的实际混合成本

    －按实际工时计算的标准混合成本

（2）人工产出差异。

人工产出差异＝单位混合人工的标准成本

    ×（实际耗费工时－实际产量应耗标准工时）

例 13-7 Y公司生产甲产品，需要用不同的工种进行加工，有关资料见表 13-4。

若上述 2 标准混合工时可以生产出甲产品 10 kg，则单位甲产品的直接人工标准成本为

单位甲产品的直接人工标准成本＝30.8/10＝3.08（元）

表 13-4　资　　料

工人等级	工资率标准/（元/工时）	混合用量标准/工时	标准混合比率/%	标准成本/元
五级工	24	0.6	30	14.4
四级工	16	0.4	20	6.4
三级工	10	1	50	10
合计		2	1	30.8

假设本期 Y 公司甲产品的产量为 8 000 kg，有关实际成本资料见表 13-5。

表 13-5　实际成本资料

工人等级	实际工资率/（元/工时）	实际工时/工时	实际成本/元
五级工	25	500	12 500
四级工	18	300	5 400
三级工	12	1 000	12 000
合计		1 800	29 900

要求：根据上述资料，进行成本差异的计算分析。

解：（1）计算直接人工实际成本与标准成本差异总额。

实际成本与标准成本的差异总额 = 实际总成本
　　　　　　　　－ 按实际产量计算的直接人工标准成本
　　　　　　　　= 29 900 − 8 000 × 3.08=5 260（元）

（2）计算直接人工的工资率差异。

根据：直接人工的工资率差异 = 实际工时 ×（实际工资率 − 标准工资率）

五级工的工资率差异 = 500 ×（25 − 24）=500（元）

四级工的工资率差异 = 300 ×（18 − 16）=600（元）

三级工的工资率差异 = 1 000 ×（12 − 10）=2 000（元）

直接人工工资率总差异 = 500 + 600 + 2 000=3 100（元）

（3）计算直接人工的效率差异。

每个标准工时的标准产出量 = 10/2=5（kg/工时）

实际产量应消耗标准混合工时的数量 = 8 000/5 = 1 600（工时）

根据：直接人工的效率差异 = 标准工资率 ×（实际工时 − 标准工时）

五级工的效率差异 = 24×（500 − 1 600 × 30%）= 480（元）

四级工的效率差异 = 16×（300 − 1 600 × 20%）= −320（元）

三级工的效率差异 = 10×（1 000 − 1 600 × 50%）= 2 000（元）

直接人工效率总差异 = 480 +（−320）+ 2 000 = 2 160（元）

（4）将直接人工的效率差异分解为人工结构差异和人工产出差异。

人工结构差异 = 按标准工资率计算的实际混合成本
　　　　　　－ 按实际工时计算的标准混合成本

$$= （24 \times 500 + 16 \times 300 + 10 \times 1\,000）- （30.8/2 \times 1\,800）$$
$$= 26\,800 - 27\,720 = -920（元）$$

人工产出差异 = 单位混合人工的标准成本
$$\times（实际耗费工时 - 实际产量应耗标准工时）$$
$$= 30.8/2 \times （1\,800 - 8\,000/5）= 3\,080（元）$$

13.3　成本差异的账务处理

在标准成本制度下，产品成本是以标准成本在账户之间流动的。原材料、在产品、产成品和产品销售成本账户都是按标准成本记录的，实际成本同标准成本之间的差异另设账户归集。企业在期末编制会计报表时必须对成本差异进行处理，所以成本差异的账务处理也是标准成本制度的重要组成部分。

13.3.1　成本差异核算账户

对于直接材料成本差异，应设置"直接材料价格差异"和"直接材料用量差异"两个账户；对于直接人工成本差异，应设置"直接人工工资率差异"和"直接人工效率差异"两个账户；对于变动制造费用差异，应设置"变动制造费用耗费差异"和"变动制造费用效率差异"两个账户；对于固定制造费用差异，应设置"固定制造费用预算差异""固定制造费用能力差异""固定制造费用效率差异"三个账户。各成本差异类账户的借方核算发生的不利差异，贷方核算发生的有利差异。

13.3.2　期末成本差异的账务处理

期末计算分析各种成本差异后，要对其进行处理。成本差异的处理主要有两种方法。

1）直接处理法

直接处理法是指将本期发生的各种成本差异全部转入"主营业务成本"账户，由本期的销售产品负担，并全部从利润表的销售收入项下扣减，不再分配给期末在产品和期末库存品。而资产负债表的在产品和库存商品项目只反映标准成本。但产品出售后，应将本期已销产品的标准成本由"库存商品"账户转入"主营业务成本"账户，而各个差异账户的余额，则应于期末直接转入"主营业务成本"账户。

这种方法可以避免期末繁杂的成本差异分配工作，同时本期发生的成本差异全部反映在本期的利润上，使利润指标能如实反映本期生产经营工作和成本控制的全部成效，符合权责发生制的要求。但这种方法要求标准成本的制定合理和切合实际，并且要不断进行修订，这样，期末资产负债表在在产品和库存商品项目反映的成本才能切合实际。

2）递延法

递延法是指将本期的各种成本差异，按标准成本的比例分配给期末在产品、期末产成品和本期已销售产品。

这样分配后，期末资产负债表在在产品和产成品项目反映的都是实际成本，利润表的产品销售成本反映的也是本期已销售产品的实际成本。这种方法下期末差异分配非常复杂，不便于产品成本计算的简化；另外，期末资产负债表的在产品和产成品反映的都是实际成本，利润表的产品销售成本反映的也是本期已销售产品的实际成本，也不便于本期成本差异的分析和控制。所以，一般都只使用第一种方法。

例 13-8 承接例 13-1 至例 13-5，假设 M 公司只生产 A 产品。本月初无该产品，本月购入的材料本月全部被耗费，本月投入生产的 A 产品 200 件全部完工。要求按标准成本法进行成本差异的相关账务处理（三差异分析法下）。

解：（1）借：生产成本——直接材料 24 000
    直接材料价格差异 78
    直接材料用量差异 1 800
   贷：原材料——甲材料 12 810
      ——乙材料 13 068
（2）借：生产成本——直接人工 9 600
    直接人工工资率差异 79
   贷：应付职工薪酬 9 559
    直接人工效率差异 120
（3）借：生产成本——变动制造费用 4 000
   贷：变动制造费用 3 800
    变动制造费用耗费差异 150
    变动制造费用效率差异 50
（4）借：生产成本——固定制造费用 2 400
    固定制造费用预算差异 120
    固定制造费用能力差异 510
   贷：固定制造费用 3 000
    固定制造费用效率差异 30
（5）借：库存商品——A 产品 40 000
   贷：生产成本 40 000
（6）借：主营业务成本 2 237
    直接人工效率差异 120
    变动制造费用耗费差异 150
    变动制造费用效率差异 50
    固定制造费用效率差异 30

贷：直接材料价格差异	78
直接材料用量差异	1 800
直接人工工资率差异	79
固定制造费用预算差异	120
固定制造费用能力差异	510

13.4 标准成本法与作业成本法的结合

13.4.1 标准成本法与作业成本法的比较

标准成本是一种用来与实际成本进行比较的预计成本。标准成本法将制造费用作为一个整体制定消耗标准，进行成本核算和考核。而作业成本法重点关注间接制造费用，将产品的生产过程划分为不同的作业，设置多样化的作业成本库，寻找出资源消耗和作业发生的资源动因与作业动因，从而达到将资源间接分配到产品上的目的。

1. 标准成本法的优势

由于作业成本法的优势分析已经在第 8 章有所介绍，本节只分析标准成本的优势。

（1）标准成本法能够很好地控制成本。标准成本法通过成本差异来检测日常管理工作中是否存在失控的情况，分析差异产生的原因，以便进行成本控制。

（2）标准成本资料可以直接作为企业编制预算的基础。成本预算直接影响全面预算的真实性和实施的可能性。标准成本制定要求的严格程度，一般要高于相同规范的预算编制。

（3）标准成本为企业的决策提供了保证。标准成本法制定的标准成本是投资人所期望达到的水平。在企业的决策分析中，管理者常常利用标准成本信息，对不同方案进行比较与分析，从中选出最优方案。

（4）标准成本法可以简化存货的计价以及成本核算的账务处理工作。标准成本法对原材料、在产品、半成品、产成品和产品销售成本均采用标准成本记账，产生的成本差异计入发生期，可以避免复杂的实际成本计算，对账务处理和终期的报表编制工作都大有益处。

2. 标准成本法和作业成本法的局限性

1）不能满足现代企业生产对成本信息精确性的要求

标准成本法在制造费用，特别是固定制造费用的核算方面具有局限性，难免造成成本信息失真，并且随着生产技术的进步局限性变得日益严重。现代化的生产方式提高了生产的自动化程度，使得厂房、机器折旧所带来的固定制造费用、设备维护费用等间接费用所占成本比例大幅度上升，远远超过了直接人工的成本比例。传统的标准成本法仍将间接成本按直接人工工时进行分配就缺乏合理性和相关性，不能正确反映产品的消耗和正确核算产品的单位生产成本。

2）在一定程度上妨碍了企业资源利用的整体优化

标准成本制度下会片面追求有利差异：一方面，为了最大限度地利用固定资产生产能力，获得有利的效率差异，企业可能不顾市场需求而一味追求产品产量，结果造成存货的增加，与全面质量管理及零库存目标背道而驰；另一方面，为获得有利价格差异，采购部门可能购买低质量的原材料，或进行大宗采购，造成材料质量不合格，其产品的质量也不高，及由此而引起的材料和产品的库存积压问题。

3）忽视价值创造的管理

传统的标准成本法以产品为核心，强调生产过程的管理，其成本管理仅限于生产过程中有成本限额的项目。但现代企业获利不仅取决于生产过程，还取决于整个顾客价值创造的过程；其经营决策不仅取决于生产成本管理水平，还要考虑前期生产准备成本和后期销售服务成本。企业生存环境的变化使得生产前、后期成本的比重不断增加。如按照传统会计核算方法，将生产前、后期成本仅当作期间费用计入当期损益，显然不妥，不能真实反映企业的经营状况。

另外，标准成本管理适合怎么样的企业相对有效呢？

首先要求标准成本管理，必须生产要标准化，生产条件基本不变、有技术革新但作业条件却没有什么大的变化这样一个时代环境，否则不断地技术革新，生产条件不断变化，标准的设定是无法适应这不断的变化。其次是大批量生产的企业，比较适合标准成本计算方法。如电池的生产企业，比较适合标准成本计算。最后是劳动密集型企业采用标准成本管理是非常有效果的，因为原本的标准成本法就是产生于对人的管理。

13.4.2 标准成本法与作业成本法的结合——作业标准成本法

1. 标准成本法与作业成本法结合的必要性

标准成本制度通过差异分析，追溯成本差异责任，注重成本的管理和控制，表现为一种成本控制制度，其最大的优点在于为成本控制提供了控制基准。随着企业自动化程度的提高和间接费用比例的不断上升，标准成本法仍以某一数量标准（如人工工时、机器工时总量）为基础分配制造费用，虽然统一了间接费用的分配基础，但是存在分配标准简单、费用分配不准确等问题。而作业成本法正是适应新的制造环境而产生的，它建立在多种成本动因驱动因素上，克服了传统成本核算中费用分配不准确的问题，它以作业为间接费用归集对象，通过对成本动因的分析，重新制定相关的标准成本，以使管理者迅速准确地发现生产中成本差异的原因，及时处理，以适应适时生产的要求。

新的制造环境下的作业成本法将制造费用归集到不同的作业成本库中，然后分别将各自的成本动因作为分配标准，将制造费用分配归集到产品中，这样提供的成本信息更为真实准确。但是作业成本法下，直接材料、直接人工等成本还是采取传统的方法进行核算，仅能反映历史成本实际信息，未能提供管理上所需要的成本差异信息。因此，作业成本法只是单纯地被利用成为成本计算方法，而未形成成本控制系统。

综上所述，传统的标准成本法与作业成本法并不相互排斥，二者结合能够互相补充。作业成本法可以吸收标准成本系统中的合理成分来完善自身，同时，标准成本法也可以利用作业成本法的优点来适应核算的需要。

作业成本法和标准成本法的结合可以从以下两方面考虑：一方面，由于作业成本法对直接材料和直接人工的核算与传统成本计算并无差别，仍可以按原来的标准成本系统中的方法进行核算和控制；另一方面，作业成本法的特点主要体现在制造费用的核算上，所以对制造费用进行核算和控制时，应当根据多样化的成本库和成本动因使标准成本系统深入到作业层次，为作业制定标准成本，然后对成本差异进行分析、控制和考核。

2. 作业标准成本法下产品成本核算

1）制定标准成本

直接材料和直接人工按照标准成本系统下的做法，分别制定直接材料的标准用料量和标准单价、直接人工的标准工时量和标准工资率，然后根据产品的实际数量，计算产品的直接材料和直接人工。在制定制造费用标准成本时，不能简单地将制造费用分为变动制造费用和固定制造费用，而是应该将制造费用按照作业类别、成本库或费用责任中心等进一步细分来编制预算，分别制定标准制造费用分配率和标准制造费用数量，然后进行汇总，计算出作业的制造费用标准成本，以及各种产品的单位标准制造费用。根据历史资料，统计每项作业发生时各种资源价值的平均消耗量，再细化到每种资源的消耗数量和单价，从而制定各项作业单位作业标准成本，并具体到各项作业所能消耗的每种资源标准数量和标准单价。

2）成本差异分析

对于直接材料和直接人工，可以直接套用标准成本法下的差异分析法，将直接材料和直接人工成本差异分成数量差异和价格差异两种。

对于发生于各个作业的制造费用，可以分析各作业所消耗的资源。同样，还可将各作业实际消耗的资源成本与作业标准消耗成本进行比较，并进行数量差异和价格差异分析。

作业实际消耗成本 − 作业标准消耗成本
= Σ 资源数量差异 + Σ 资源价格差异
= Σ（各资源实际消耗量 − 标准消耗量）× 各资源标准价格
  + Σ（各资源实际价格 − 标准价格）× 各资源实际消耗量

作业标准成本差异分析应该划分增值作业成本差异和非增值作业成本差异，且非增值作业的标准消耗应该为零，则数量差异就是这部分非增值作业实际成本，而无效作业消耗带来的成本差异应该记入期间费用。对于不增值作业的成本效率差异，由于不增值作业标准耗费量为零，效率差异即为这部分不增值作业的预算成本，目的就是要管理者关注这部分差异，寻找消除差异的有效途径。对于增值作业成本差异区分固定部分和变动部分，将作业能力差异分析考虑在内。

3）成本差异的处理

传统标准成本将实际成本与标准成本的"贷差""借差"武断地定义为"有利差异"和"不利差异"，是它的另一个重大缺陷。实践证明，"有利差异"并非真正有利于企业的整体价值创造和提升，把成本控制的着眼点放在追求"有利差异"上，很可能导致短视、本位等职能失调行为。作业标准成本法力图实现成本控制中的整体价值观，差异计算的重点应该围绕无效成本的揭示，差异分析的目的则应放在揭示无效成本的动因及其责任方面。即要区分增值作业点与非增值作业点。对于非增值的作业点，应该尽量减少其消耗，而对于增值作业点，应注重其效率的提高。

3. 作业成本法与标准成本法相结合应注意的问题

作业成本法与标准成本法相结合的实施过程中还要注意以下几点：一是标准成本的制定应当根据作业成本库和成本动因等多种方法建立；二是在具体实施时，对各种作业进行事先计划、事中控制和事后分析，并将这种思想贯穿于生产的全过程；三是对成本差异分析和控制时，应当找出差异产生的根源，若由于非作业中心可控的因素造成，应考虑修改标准成本，否则，应追究作业中心的责任并采取相应的措施。

另外，作业标准成本制度并不适用于所有企业，只有那些具备了一定条件的企业才能实施。首先，企业必须实行会计电算化。作业标准成本制度的成本计算和差异分析，需要调用大量的基础数据；各种产品的差异种类繁多，计算复杂；制造费用需要按照成本库或费用责任中心，乃至各种作业进行分配，分配方法复杂多样，如果仅以手工来完成，其工作量非常巨大，并且成本及其差异信息的准确性也难以保证。其次，企业的会计人员要有较高的职业素养，能够理解各作业与成本之间的关系，这样才能够合理地分配成本。

综上所述，作业成本法和标准成本系统的结合，将传统的以产品为中心的成本控制转化为以作业为中心的成本控制，改进了标准成本系统，同时使得作业成本法的作用不仅局限于成本计算，还有利于成本控制，完善了作业成本法。

案例分析

海韵公司只生产一种产品 A，其标准成本资料如下。

直接材料：

P 材料：8 kg，1.60 元/kg	12.80 元	
R 材料：4 kg，2.80 元/kg	11.20	24.00 元
直接人工：3 小时，10.00 元/小时		30.00

变动制造费用：3 小时，2.00 元/小时	6.00
固定制造费用：3 小时，8.00 元/小时	24.00
合计	84.00 元

产品 A 的标准售价为每件 100 元。20×8 年 8 月的预算生产及销售量是 3 000 件，而预算的固定制造费用是 72 000 元。标准成本并不包括总额 20 000 元的预算行政、销售及分销费用。

8 月的实际业绩如下。

| 产销量 | 2 800 件 |
| 销售额 | 284 800 元 |

购入的直接材料：

    P：19 000 kg，成本为 30 000 元，实际耗用材料 24 100 kg

    R：14 000 kg，成本为 41 000 元，实际耗用材料 10 100 kg

直接人工 8 600 小时，成本为 96 400 元

已知上述人工成本中闲置时间占 300 小时

变动制造费用	16 400 元
固定制造费用	73 800 元
管理、销售及分销费用	20 800 元

所有存货按标准成本计价。

要求：

（1）计算下列差异。

①售价差异。

②销量差异。

③材料价格差异。

④材料用量差异。

⑤直接人工工资率差异。

⑥直接人工效率差异。

⑦变动制造费用效率差异。

⑧变动制造费用支出差异。

⑨固定制造费用支出差异。

（2）编制一份 8 月的营业利润调节表，由预算利润调节至实际利润。

附加资料：

①闲置时间差异 3 000 元（U）

②固定制造费用效率差异 800 元（F）

③固定制造费用生产能力差异 5 600 元（U）

（3）"预算与标准是类似的，但它们又不一样。"试解释及详细阐述这句话，特别是预算和标准两者之间的异同。

【自 测 题】

【复习思考题】

一、思考题

1. 实施标准成本制度有哪些作用？

2. 标准成本有哪些类型？标准成本是如何制定的？

3. 标准成本差异有哪些？如何对它们进行分析？

4. 标准成本法的核算程序如何？

5. 材料成本差异是否都应由生产车间主任负责？举例说明。

6. 固定制造费用可以分解为哪几项差异？各项差异说明什么问题？

7. 在标准成本系统下，账户设置、账簿记录有哪些方面的特点？

8. 如何运用标准成本制度进行成本控制？

9. 成本差异的处理通常有哪两种方式？各适合于何种情况？

10. 概括标准成本法和作业成本法各自的优势与局限性。

11. 阐述标准成本法和作业成本法结合的必要性。

二、练习题

1. 海岭公司实施标准成本制度采用完全成本法计算成本，当期分配计入产品成本的固定制造费用为 7 200 元，实际发生固定制造费用 8 000 元，成本会计师报告不利预算差异为 500 元，有利效率差异为 200 元。

要求：分析海岭公司实际使用的生产能力大于还是小于预算使用的生产能力。

2. 某制造厂 1 月制造费用的有关资料如下。

制造费用实际发生 12 600 元，其中固定制造费用 3 500 元，变动制造费用 9 100元。固定制造费用的预算额为 3 300 元。变动制造费用的标准分配率为 3 元/工时，固定制造费用的标准分配率为 1 元/工时。实际产量的标准工时为 3 500 小时，实际使用人工小时数为 3 200 小时。该制造厂采取完全成本计算法。

要求：

（1）计算制造费用的总差异。

（2）用三差异法分析固定制造费用的成本差异。

3. 某标牌制造厂采用标准成本来评价工作成果和控制成本，但由于一个职工的疏忽，丢失了部分人工记录资料。根据现存的一部分资料可知全部的直接人工成本差异为 1 440 元有利差异，每小时的标准工资率为 12 元，工资上涨导致不利的工资率差异为 960 元，实际投入的人工小时为 1 600 小时。

要求：

（1）计算每小时实际工资率。

（2）计算实际产出上允许投入的标准人工小时。

4. 金铭制造公司采用标准成本制度，5 月该公司有关成本和生产资料如下。

固定制造费用标准分配率	1 元/人工小时
变动制造费用标准分配率	4 元/人工小时
预算的直接人工小时	40 000 小时
实际使用的直接人工小时	39 500 小时
实际产量上允许的标准人工小时	39 000 小时
制造费用总差异（有利差异）	200 元
实际发生的变动制造费用	159 500 元

要求：为制造费用的差异编制会计分录。

第14章

成本管理专题

【本章学习目的和要求】

了解目标成本管理的基本方法，掌握目标成本的分解方法。掌握质量成本的概念，了解质量成本管理方法。了解物流成本的概念，掌握物流成本与传统成本概念上的差异，了解物流成本的理论学说。掌握企业物流成本的计算方法和会计记录要求。能够对比传统成本管理与目标成本管理、质量成本管理和物流成本管理的不同点。

14.1 目标成本管理

14.1.1 目标成本管理概述

目标成本是保证企业目标利润实现所必须达到的成本水平，它是企业经营目标的重要组成部分。它以产品成本形成的全过程为对象，结合生产经营的不同性质和特点进行有效的控制。

目标成本管理（objective cost management）的基础是目标成本法（target costing）。目标成本法是以市场价格为主，以顾客为导向，在产品企划和设计阶段采用跨部门团队合作的方式，运用价值工程、市场分析、产品功能分析及成本分析等方法以达成目标利润的目标成本。而目标成本管理是把目标成本法的基本原理运用于企业成本管理的实践中形成的一套完整的方法，它是企业以具有竞争性的市场价格为尺度，扣除目标利润后推导出产品的目标成本，并利用目标成本来约束产品生产全过程的成本管理方法。目标成本管理是目标管理与成本管理的统一，它的主要精髓在于将成本管理的重点由产品的生产制造阶段转移至产品上游的研发设计阶段，强调降低产品成本的活动从源头阶段就已经开始，其后并在产品的生命周期期间持续不断的执行。

日本丰田汽车公司推出了目标成本管理的雏形，被称为"成本企划"。最初丰田公司在构想和设计阶段就将成本限定在目标以内，各部门通力合作以达到目标成本，后来形成了以市场为导向的成本管理制度。

传统成本法是依据市场调查进行产品设计，再计算成本，然后再估计产品是否可能有市场销路，最后加上预期利润制定产品的售价。这样制定的价格可能过高而导致市场无法接受，为了迎合市场而降价又可能造成企业亏损。而目标成本法则基于最可能赢得顾客认可的售价减去期望利润来计算目标成本，再运用价值工程来确保产品满足顾客的需要。这样生产的产品适销对路，能快速占领市场。

14.1.2　目标成本管理的原则

1. 以市场为出发点，关注顾客的需求

以市场为出发点，关注顾客的需求是目标成本管理的基本原则。企业制订的目标成本建立在预测价格的基础上，因此必须充分全面地认识市场，了解市场的状况，据此确定产品价格。顾客是产品的最终消费者，因此了解顾客的需求，掌握顾客对产品的期望和服务要求至关重要，生产出来的新产品才能有广阔的销路。我国的邯郸钢铁厂结合自身特点，学习目标成本法，积累了著名的"邯钢经验"，其中最核心的一点就是邯钢的领导者根据市场的实际情况来设计企业的生产指标，保证钢铁生产量和市场需求量相一致，减少不必要的浪费。

2. 价格引导的成本管理

与传统的成本加成法不同，目标成本管理体系是通过竞争性的市场价格减去期望利润来确定目标成本。其中，价格通常由市场上的竞争情况决定，而目标利润则由企业及其所在行业的财务状况决定。因此目标成本是以目标售价和目标利润为基础确定的。

3. 关注产品与流程设计

在产品设计中，企业应该遵循效益原则，尽可能地满足顾客对产品的设计要求和期望，所以应在研发设计阶段投入更多的时间，消除高消耗而又费时的暂时不必要的改动，缩短产品投放市场的时间。明确从产品设计阶段开始，通过各部门、各环节乃至与供应商的通力合作，共同实现目标成本。

4. 跨职能合作

目标成本管理体系下，产品与流程团队由来自各个职能部门的成员组成，包括设计与制造部门、生产部门、销售部门、原材料采购部门、成本会计部门等。跨职能团队要对整个产品负责，而不是各职能各司其职。

5. 产品生命周期成本削减

产品的生产周期是指产品从前期研发到投入生产直至最后销售的整个过程。目标成本管理关注产品整个生命周期的成本，包括购买价格、使用成本、维护与修理成本以及处置成本。因为目标成本可以是产品生产过程中全部成本，所以企业应以目标成本为生产标准对生产各环节进行严格的监控，减少不必要的浪费。同时，企业可以增加对前期研发的支出，利用先进的生产技术减少后期生产过程中的资源浪费。

6. 价值链协同合作

目标成本管理过程有赖于价值链上全部成员的参与，包括供应商、批发商、零售

商以及服务提供商。在生产过程中，将原材料的供应商和产品的经销商等上下游企业纳入目标成本管理系统，与上下游企业形成长期友好的合作关系，减少采购和销售过程中寻找厂家、谈判等额外支出。

14.1.3　目标成本管理的科学性

1. 目标成本管理注重以人为本

人是管理的核心和动力，员工在企业生产以及各个环节当中都是起主导作用的。企业生产中员工的积极性不高，将直接导致生产效率降低，从而导致各个环节中的生产成本明显升高。提高员工的积极性，企业的业绩才能真正上升。目标成本管理通过被管理者参与成本目标制订，来激励其工作的积极性、主动性和创造性，同时把目标的确定、实施、实现过程与责、权、利结合起来，使全体员工人人关心成本管理，从而实现以人为本的管理。

2. 目标成本管理实行全员管理

目标成本管理就是通过动因分析建立若干的成本责任中心，然后把成本控制分解落实到各环节、各部门，使全体员工树立整体意识，强化全体员工的参与感。它改变了过去那种只由成本专职管理人员参加的成本管理方式，进行的是全过程、全方位的控制。

3. 目标成本管理突出事先预测

目标成本是企业预先确定的在一定时期内所要实现的成本目标，即想要达到的成本水平。企业必须事先对成本进行科学预测和可行性研究，制订出正确的成本目标，然后提前采取预防性措施，把成本的超支或浪费控制在成本发生之前，这样就克服了传统成本管理事先控制性差的缺陷。

14.1.4　目标成本管理的程序

目标成本管理的目的在于将顾客的需要转化为对所有相关流程的强制性竞争约束，以保证能够创造利润。目标成本法一般需经过目标成本的设定、分解、达成到再设定、再分解、再达成多重循环，以持续改进产品方案。其实施过程包括以下六个步骤。

1. 确定市场容许价格

在传统成本管理中，市场价格只是市场上产品的买价，不包括产品的使用成本。而目标成本管理的目标是不仅要使顾客的购买成本最小化，还要使顾客的使用成本最小化。在确定市场价格时，需要考虑以下四个因素。

1）顾客需求和顾客能接受的支付价款

顾客的需求与产品的功能、特性密切相关，企业依据顾客需求将其最后转化为产品的功能。因此顾客需求是决定产品价格的关键因素。

2）竞争者产品及价格分析

通过客户调查了解竞争者产品的质量、特性及成本，通过分析比较同类产品的性能、价格，确定目标成本。如果竞争产品的功能和质量较高，目标售价就必须低于竞争者的售价；如果我们产品的功能和质量较高，目标售价就可以等于或高于竞争者的价格。

3）目标售价必须配合企业的经营战略

企业可能会希望设定一个较低的价格以迅速地赢得市场份额，或者设定一个较高的价格以提高总体的长期盈利能力并塑造出技术优良的形象。企业应根据目标成本法的应用目标及其应用环境和条件，综合考虑产品的产销量和盈利能力等因素，确定应用对象。将拟开发的新产品作为目标成本法的应用对象，或选择那些功能与设计存在较大的弹性空间、产销量较大且处于亏损状态或盈利水平较低、对企业经营业绩具有重大影响的老产品作为目标成本法的应用对象。

4）市场份额目标

目标成本法下，新产品分为两类：一是根据市场需求的变化在原有产品的基础上加以改进，二是没有相近的同类产品，是全新的产品。根据新产品不同的类型，可以采用不同的方法确定市场价格。

第一，在对原有产品加以改进的基础上制定价格时，可以在原有价格的基础上，根据产品新的功能和特性来调整产品的市场价格。根据不同行业及不同产品类型，可分为以下三种主要方法：①根据产品功能调整来确定产品市场价格；②根据产品特性调整来确定产品市场价格；③根据竞争者同类产品价格来确定产品市场价格。

第二，对于全新产品的价格制定，由于没有相近产品来作参考比较，其市场价格确定相对于原有产品改进来说比较困难。此时，可以根据相关因素（顾客需求和顾客愿意支付的价款、竞争者产品及价格分析、目标售价必须配合企业的经营战略）选择相类似的产品，将相关要素设定不同权重，来综合考虑产品的定价。由于是全新的产品，还未被市场所了解和接受，因此企业考虑新产品的市场策略和竞争者因素对产品价格的影响度要大于市场需求对产品的价格影响度。

2. 确定目标利润

确定目标利润，其目的是要确保企业在产品生命周期内长期利润计划的完成。确定新产品的目标利润，通常方式是紧紧依托于原有产品的实际利润，然后综合考虑市场的竞争和波动情况，调整自身的长期获利计划。如日本的尼桑公司采用这种方法，利用计算机模拟确定售价和利润的关系，然后从这些经验关系出发，根据事前制定的目标售价，反过来确定新产品的目标利润。

3. 确定产品的目标成本

在企业负责目标成本管理的跨部门团队之下，可以建立成本规划、成本设计、成本确认、成本实施等小组，各小组根据管理层授权协同合作完成相关工作。成本规划小组由业务及财务人员组成，负责设定目标利润，制订新产品开发或老产品改进方针，考虑目标成本等。该小组的职责主要是收集相关信息、计算市场驱动产品成本等。随着产品市场价格和目标利润的确定，产品的目标成本便可得出。其计算公式为

$$目标成本 = 市场价格 - 目标利润 - 应纳税金$$

该方法被称为"倒扣法"，是目前实践中采用得比较广泛的目标成本的确定方法。由此得出的目标成本是产品生命周期成本下最大的容许值，是新产品在开发过程中，为实现目标利润所必须达成的成本目标值。

4. 目标成本的分解

成本设计小组由技术及财务人员组成，负责确定产品的技术性能、规格，负责对比各种成本因素，考虑价值工程，进行设计图上成本降低或成本优化的预演等。该小组的职责主要是实现目标成本的设定和分解等。

成本确认小组由有关部门负责人、技术及财务人员组成，负责分析设计方案或试制品评价的结果，确认目标成本，进行生产准备、设备投资等。该小组的职责主要是实现目标成本设定与分解的评价和确认等。确定了目标成本之后，可以按照某种标准在企业内部将目标成本进行分解，编制成本计划，并落实到与成本有关的各责任单位以及个人，使其都有一个明确具体的目标成本，作为控制成本和评价经济效果的有效依据。

在分解目标成本时，应该与单位以及个人的岗位责任制和经济责任制结合起来，以于明确经济责任，加强成本控制。同时也应该给予相应的管理权力和经济利益，做到权责利相互结合。另外，分解给各个单位以及个人的目标成本必须具备符合可控性原则。

成本实施小组由有关部门负责人及财务人员组成，负责确认实现成本策划的各种措施，分析成本控制中出现的差异，并提出对策，对整个生产过程进行分析、评价等。该小组的职责主要是落实目标成本责任、考核成本管理业绩等。

企业内部目标成本的分解方法主要有以下几种。

1）按产品结构分解成本目标

这是分解目标成本最基本的方法。首先，对于机械制造企业，其生产的大多是零部件组装形成的产品，此时，企业可以将目标成本按照产品的构成分解到各个零部件和产成品，形成各个零部件和产品的目标成本；其次，企业可以参照原有产品或同类产品的实际成本资料，计算各个零部件占产品总成本的比例，可称作成本系数；最后，根据新产品的构成、材质、工艺设计等对成本系数加以调整，将调整后的成本系数乘上新产品的目标成本，从而得出各个零部件的目标成本。

2）按产品成本项目和成本特性分解成本目标

这种分解方法主要是以成本项目为主参照成本特性来分解目标成本。这种方法将

新产品的目标成本按照经济用途即成本项目分解为直接材料成本、直接人工成本和制造费用三个项目，作为产品设计成本中的料、工、费的限额。其中，直接材料成本又具体分为由生产中用量引起的成本和由供应中价格变动引起的成本；直接人工成本又具体分为由工时定额变动引起的成本和由小时工资率变动引起的成本；至于制造费用按其与产量的关系，分为变动制造费用和固定制造费用。分解目标成本时，可以参照原有产品或同类产品的实际成本资料，计算出直接材料成本、直接人工成本和制造费用占产品成本的比例，然后将该比例乘上新产品的目标成本，从而得出新产品直接材料成本、直接人工成本和制造费用的目标成本。

3）按产品成本的形成过程分解成本目标

产品成本的形成是要经过供应过程、生产过程和销售过程，在三个过程中，成本有着不同的表现形式，即采购成本、制造成本和销售成本。其中，可以按照各个生产工序对生产过程中的制造成本进行分解，这主要适用于连续复杂式生产的产品。

4）按产品功能分解成本目标

在产品的研发设计阶段，对有必要进行功能分析的产品，或者处于导入期及成长期的产品，往往采用按产品功能分解成本目标的方法。按产品功能分解成本目标是指将新产品的目标成本分解成为该产品各个功能的目标成本。该方法的步骤大致为，将目标成本分解为大的功能分域成本，然后再将其分解为中功能分域成本，最后分解为小功能分域成本。值得注意的是，功能分域评价时必须用产品用户的观点来进行评估。

5）按企业组织结构分解成本目标

这是一种广泛适用的目标成本分解方法。这种方法是将这个企业的目标成本分解给各个职能部门，成为这些部门的目标成本，然后，各部门再将其目标成本拆分给各负责人，成为各负责人的目标成本，最后各负责人将其目标成本分解落实到个人上，形成岗位目标成本,企业组织结构的各组成部分为确保其目标成本而实施相应的措施。这样就形成了自上而下的层层分解和自上而下的层次保证的纵横交错的目标成本分解体系。

5. 执行产品的目标成本

第一，在产品的研发设计阶段，运用价值工程、成本分析等方法，寻找最佳的研发设计方案。

实行目标成本管理，要求将成本指标作为企业经营决策的一项重要因素，它不是在新产品设计后产生，而是作为新产品设计前的目标，以目标成本作为新产品设计的一项重要依据，这和传统成本管理主要是对生产和销售过程中的成本耗费进行控制是不同的。因此，研发设计阶段的节约是最有效的节约，研发设计中的失误，会导致成本控制"先天不足"，会导致巨大的浪费。因此，加强研发设计阶段的成本控制具有重大意义。而价值工程是进行此阶段成本控制的有效方法。

价值工程（value engineerin，VE），也称价值分析（value analysis，VA），是指以

产品或作业功能分析为核心，使产品或作业能达到适当的价值，力求以最低生命周期成本实现产品或作业使用所要求的必要功能的一项有组织的创造性活动。价值工程的目的是在保证产品或作业必须具备必要功能的基础上，尽可能地降低产品成本。因为产品或作业的功能是必要的，而不是无限的，所以开展价值工程既不能脱离顾客的成本制约，片面追求高功能，也不能脱离顾客的需求，片面追求低成本，造成产品的必要功能不足。

价值工程是根据产品成本和功能的内在联系，通过科学的对比分析，从中得出产品的最佳价值。产品价值、成本和功能三者之间的关系如下。

$$价值 = 功能/成本$$

目标成本管理就是要在产品研发设计的过程中始终贯彻价值工程的基本原理，对目标成本、产品功能和产品价值三个因素进行综合考虑，反复权衡，力图在保证目标成本实现的前提下，尽可能提高产品功能和价值。

第二，在产品的实际生产过程中，要对发生的生产成本进行严格控制，用最低的成本达到顾客需要的功能和品质要求。

（1）对原材料的成本控制。企业应根据目标成本编制材料采购计划，并监督企业严格执行材料采购计划。企业采购原材料时，主要发生的费用包括买价、运费、保险费、相关税费等。企业可以实施价值链管理，将供应商纳入生产体系，以获得比市价低的原材料；企业可以通过经济批量模型确定经济订货批次，使储存费等降低；企业还可以选择合理的运输方式，以降低原材料的运费。企业在采购原材料的过程中，首先应该保证原材料的质量，绝不能只注重材料价格的低廉，同时，也要防止盲目追求质量，造成质量过剩。此外，在保证原材料质量的前提下，企业也应从"廉"采购，进行原材料质量与价格的分析。企业可采用招标采购法，通过对多家参与投标的供应商的考察对比，选择质量好、价格合理的供应商作为合作伙伴。

（2）对人员工资的成本控制。通过改善员工的业务素质和工作效率，逐步提高劳动生产率。企业要防止停工待料，避免不必要的加班加点；要发挥机器设备的最大生产能力，减少不必要的停工时间；要不断改进工艺流程，结合行为科学搞好劳动优化组合，做到人尽其用。企业实行绩效工资制，调动员工的热情和积极性。企业还可以通过衡量人工成本和引进新生产线之间的成本效益、考虑更新原有生产线、增加资本投入、缩小员工规模等途径来减少人工成本。

（3）对制造费用的成本控制。在资本密集型和技术密集型企业中，制造费用在产品成本中所占比重较大且有不断上升的趋势，因此，切实控制好这部分费用对于企业提高效益至关重要。企业应严格执行各项费用开支的标准，不得随意扩大制造费用的开支范围与开支标准；根据费用项目的性质，将制造费用总成本分解落实到有关责任中心，作为其费用控制的目标；对于固定性制造费用可设置费用目标成本手册进行日常控制。企业应合理利用企业生产线，减少生产线的非正常性损失，减少制造费用。

另外，企业研发部门应积极研究开发新的生产工艺，减少生产过程中的制造费用。

（4）对其他费用的成本控制。生产过程中涉及的其他费用主要包括管理费用和一些未来成本。管理费用的控制主要是指企业要减少管理人员行政管理过程中的成本浪费，如实现低值易耗品的循环使用。未来成本主要是指一些特殊制造业在生产过程可能排放对环境有害的物品，企业在生产时必须考虑污染治理等费用的成本管理。

第三，在产品的销售和售后服务阶段，企业应该在充分满足顾客需求的前提下，将成本费用最小化。

6. 目标成本的考核和修订

为了使成本管理起到指导和监督的作用，必须经常检查各单位和个人对目标成本的执行情况，并加以考核。检查可以定期进行，也可以每旬、每月或每个季度进行检查，特别是对于那些占成本比重很大、经常发生波动并且控制比较困难的目标成本，更需要经常性地进行检查。在这个阶段，要对产品的财务目标和非财务目标的完成情况进行追踪考核，调查顾客的需求满足程度和市场的变化，并将所收集的信息反馈到产品生产的各个阶段，经过与企业实际生产情况的比较分析，对目标成本执行过程进行考核和修订。

14.1.5 目标成本管理体系的构建

目标成本管理体系的构建是当代企业提高核心竞争力的重要策略，目标成本法的应用需要企业研究与开发、工程、供应、生产、营销、财务和信息等部门收集与应用对象相关的信息。这些信息一般包括：①产品成本构成及料、工、费等财务和非财务信息；②产品功能及其设计、生产流程与工艺等技术信息；③材料的主要供应商、供求状况、市场价格及其变动趋势等信息；④产品的主要消费者群体、分销方式和渠道、市场价格及其变动趋势等信息；⑤本企业及同行业标杆企业产品盈利水平等信息。成本管理体系构建主要包括三个部分。

1. 人员的配置

现代企业管理以人才为核心，所谓管理，主要是针对人员的管理。因此在企业目标成本管理体系的构建过程中，人员的配置是构建者需要考虑的第一要点。构建者要合理配置人力资源，发挥不同人才的特长，开发其潜能。如成本预算注重对过往工作实践的总结，以及强化企业未来发展的前瞻性思考等，成本预算在人员配置方面应当选择对企业或本行业熟知的相关人才；而管理人员的主要职能不仅仅是对人员的配置，还包括事先预测、事中控制以及事后管理与总结等多项内容，因此，管理人员同样是目标成本管理体系构建的不可或缺的核心。

2. "软环境"构建

软环境是无形的，是指在构建目标成本管理体系中构建者需要重视的内外部环境，如国家相关政策、企业文化、制度以及思想观念等。在国家相关政策的引导下，企业在构建目标成本管理体系的过程中需首先营造"软环境"，即强化企业财务部门职工的思想教育建设，强化企业文化的塑造，建立健全人力资源管理制度。

"软环境"是构建有效的企业目标成本管理体系的重要措施。只有具备一定的环境基础，目标成本管理体系的建设才能顺利开展，而且该体系才能更好地为企业发展服务。

3. 强化制度建设

制度是现代企业中最重要的职工行为规范，一套科学完整的制度是构建目标成本管理体系的重要保障。制度的建立要结合过往实践，同时，内容要全面，尽可能反映制度的严格规范性。如制度与职工薪资福利挂钩，从而使处于管理体系下的相关人员能够更好地维护体系的运作，使体系建设能够更好地为企业发展服务。

目标成本法的主要优点：一是突出从原材料采购到产品生产完成并出货的全过程成本管理，有助于提高成本管理的效率和效果；二是强调产品生命周期成本的全过程和全员管理，有助于提高客户价值和产品市场竞争力；三是谋求成本规划与利润规划活动的有机统一，有助于提升产品的综合竞争力。

目标成本法的主要缺点：其应用不仅要求企业具有各类所需要的人才，更需要各有关部门和人员的通力合作，管理水平要求较高。

14.2　质量成本管理

14.2.1　质量管理的发展和质量成本的形成

质量成本管理是在 20 世纪 60 年代之后，推行全面质量管理（TQC）的实践中所逐步形成和发展起来的成本管理科学分支。

1911 年泰勒出版了《科学管理原理》，提出了一系列科学管理方法，科学管理的基本原理适用于人的一切行为。一切管理问题，都可以而且应当通过科学的方法加以解决。在这一思想指导下，企业产品质量管理方法以建立科学的质量标准和严格的质量检验制度为特征，并将质量检验结果与生产工人的报酬联系起来。

20 世纪 20 年代，美国贝尔电话实验室工程师、统计学家休哈特（W.A.Sheuhart）在研究统计学在生产中的应用时，首先提出将数理统计的理论和方法应用到质量管理之中。1924 年他提出了控制生产过程中的质量水平、动态反映产品生产质量缺陷的"3σ"分析方法，绘制了第一张工程质量控制图，被广泛采用。1931 年他汇编出版了《制造业质量控制经济学》（*Economic Control of Quality of Manufactured Production*）一书，成为最早将数理统计方法应用于质量管理的先驱。1929 年，美国贝尔电话实验室工程师道奇和罗米格共同创立了产品质量抽样检验的理论和方法。

20 世纪 50 年代以来，第三次产业革命促进了科学技术革命性的发展。50 年代初期，美国通用电气公司（General Electric Co.）质量管理专家菲根堡姆（A.V.Feigenbaum）首次把符合性质量与企业效益相联系，主张把质量预防费用和检验费用与产品不符合要求所造成的厂内损失和厂外损失加以考虑，提出了一套反映质量控制费用和控制失败经济损失的报告体系，这一体系被公认为质量成本的先驱。1951 年朱兰博士（J.M.Juran）和纽约州立科比亚哥电讯公司总经理伦德瓦尔（M.Landwhar）相继提出"矿中黄金"的思想，将质量成本视为矿中黄金，这一思想被认为是质量成本概念的雏形。20 世纪 60 年代初，菲根堡姆提出将质量成本划分为预防成本、鉴定成本、厂内损失和厂外损失四大类，为质量成本在全面质量管理中的应用奠定了理论基础。20 世纪 80 年代，菲根堡姆又进一步发展了质量成本的内涵，提出质量成本的范围应扩大到产品的整个生命周期，体现在生产、销售、使用等各个阶段。而美国质量管理专家哈灵顿（H.J.Harrington）认为，质量成本不仅包括预防成本、鉴定成本、内部损失和外部损失，还包括信誉损失、用户损失等间接质量不良成本。至此，质量管理由统计质量管理阶段进入全面质量管理阶段。

14.2.2　质量成本的含义及其构成

1. 质量成本的含义

质量（quality）即产品质量，是指产品或服务使消费者使用要求得到满足的程度，主要包括设计质量和符合质量两个方面。设计质量是指产品或服务设计的性能、外观等指标符合消费者需求的程度。符合质量是指产品或服务与设计和生产规格相符合的程度。

很多著名的质量管理专家和国际组织都对质量成本的含义作出了表述，虽然内容侧重有些差异，但是本质相同。我们认为，质量成本（quality cost）是指为确保或提高产品质量水平和实施全面质量管理而发生的费用，以及由于产品未达到规定质量水平而发生的各种损失之和。

2. 质量成本的构成

质量成本一般由预防成本、鉴定成本、损失成本（内部和外部）等部分构成。

1）预防成本

预防成本是指为了防止产生产品不合格和质量故障而发生的成本，这类成本一般都发生在生产之前。它一般包括质量工作费用、产品评审费用、质量培训费用、质量奖励费用、质量改进措施费用、质量管理专职人员工资及福利费用等。

2）鉴定成本

鉴定成本又称检验成本，是指为了确保产品质量、性能符合规定的要求和标准而发生的成本，这类成本一般发生在企业生产过程中，用于尽快发现不合格的产品。它主要包括进货检验费用、工序检验费用、成品检验费用、检验设备校准维护费、检验试验办公费等。

3）内部损失成本

内部损失成本是指向顾客交付产品之前由于产品不符合规定的要求和标准而发生的成本，这类成本一般与企业的废次品数量和成本都成正比。它主要包括废品损失、返修成本、因质量问题发生的停工损失、质量事故处理费用、产品降级等。

4）外部损失成本

外部损失成本是指在将产品交付给顾客之后，因产品不符合规定的要求和标准而发生的成本，一般包括诉讼费用、索赔费用、退换货损失、保修费用、降价损失，以及由于产品质量问题而失去的市场份额和销售额（也即机会成本）等。

14.2.3　质量成本管理概述

质量成本管理是按照产品形成的全过程，从技术准备过程、生产制造过程到产品销售过程等所进行的管理，以反映产品质量情况，成为进行全面质量管理的依据。

1. 质量成本目标的确定

企业必须以最低限度的质量成本投入达到顾客现有支付能力的质量标准要求，必须确保自己产品的质量以获取竞争优势，因此需要解决质量与质量成本之间的关系：一是质量（包括产品质量和工作质量）要提高到满足相对顾客支付能力的需要标准；二是要为高质量产品付出相应的质量成本。因此，在确定质量成本目标时，既要节约开支，降低质量成本，又要处理好质量成本与质量、功能等方面的关系，通过质量成本—效益分析，结合企业的具体条件，寻求质量成本的最佳值。

1）传统质量成本管理目标的确定——可接受质量水平

在传统质量成本管理中，如果一个产品的质量超出质量特征的允许范围，则该产品是有疵点或缺陷的。因此，传统质量成本管理的目标是寻找可**接受的质量水平**（AQL）。这种观念是建立在传统的不良产品概念基础上的。传统质量观认为，质量成本包括控制成本（包括预防成本和鉴定成本）和结果成本（包括内部损失成本和外部损失成本），前者随产品质量的提高迅速增长，而后者则随产品质量的提高迅速下降，两者此消彼长。根据质量成本中可控成本与结果成本的特点和相互关系，可寻求质量成本的最佳结构，如图 14-1 所示。

从图 14-1 中可以看出，控制成本的提高，会导致结果成本的下降，如果结果成本的下降速度大于控制成本的速度，则企业应进一步加大对不良产品的预防和检测力度，直到所发生的任何额外支出大于相应的损失成本的减少额这一点。该点表示质量成本的总和最低，即当控制成本与结果成本相等时，质量总成本最低，此时可允许的缺陷率水平为可接受的质量水平。可见，AQL 允许并且实际上鼓励企业生产并销售一定数量的缺陷性产品。因此，AQL 具有不利于改善经营缺点的弊端存在。

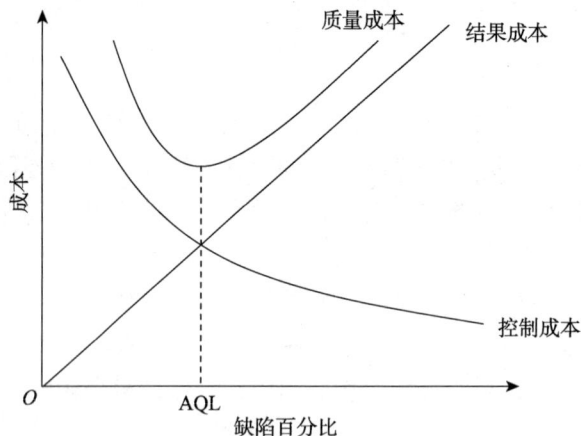

图 14-1　质量成本的最佳结构

2）现代质量成本管理目标的确定——零缺陷质量目标

20 世纪 70 年代后期，AQL 受到零缺陷模式的挑战。80 年代中期，全面质量管理活动把零缺陷模式进一步推进。现代质量观认为，如果健全质量模式是正确的，那么企业应进一步减少缺陷性产品的数量，以便降低其质量成本总水平。现代质量管理认为，即使实际产品与设计要求之间的偏差在设计允许范围之内，损失仍会产生。根据现代质量成本的观点，内外部缺陷作业及其相关联的成本都属于非增值作业，应予以彻底消除。预防作业则可视为增值作业而予以保留，而一部分的检验作业是预防作业所必需的，如质量审计，应视为增值对象。

现代质量成本观赖以存在的前提是：每种缺陷都有其可预防的根本原因，可预防总是比较便宜的，如果企业增加其控制成本并降低缺陷成本，则随后的控制成本也能够得到消减。图 14-2 揭示了两种成本关系的变化情况。

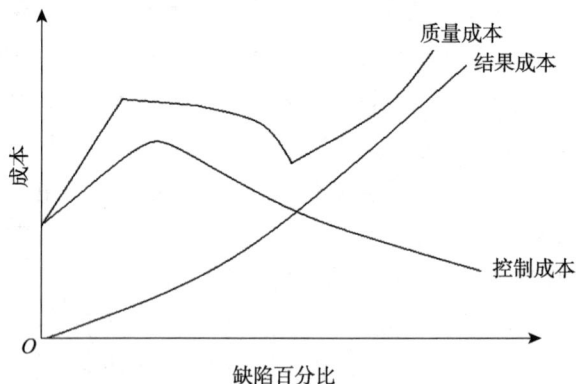

图 14-2　两种成本的变化情况

由图 14-2 可以看出，现代质量成本观与传统质量成本观的主要不同点在于以下几点。

（1）以零缺陷的方式努力使成本水平降低到零。

（2）对正确的预防性作业进行投资，改善质量成本。

（3）根据实验结果降低鉴定成本。

（4）持续不断地评估和更正预防作业，促使产品质量得到进一步的改进。

2. 质量成本管理方法

根据各个国家质量成本管理的理论研究和实践，ISO 9004 标准提出了三种质量成本管理的方法。

1）预防、鉴别和损失成本法（PAF 法）

PAF 法（预防、鉴定和损失）主要依据成本类型来分析组织内部的质量成本要素并进行合理配置，以实现质量成本的有效控制。这种方法一般适用于硬件产品生产企业。

2）过程成本法

任何过程都存在符合性过程和非符合性过程。过程成本法要求核算符合性成本和非符合性成本。

符合性成本是在现行过程无故障情况下，完成所有规定的和指定的顾客要求所支付的费用。如某客车制造厂为生产社会需求的客车所支付的正常生产成本费用，即原材料费、工资与福利费、设备折旧费、电费、辅助生产费等。

非符合性成本是由于现行过程的故障造成的费用。如生产过程中产生的废次品损失费，设备故障而导致的停工损失费、设备维修费等。

显然，过程成本法核算过程成本的首要目的是要不断降低非符合性成本，然后通过改进现有过程能力，调配技术熟练工、过程再设计等方法降低符合性成本。这种方法一般适用于流程性材料和工程建设企业。

3）质量损失法

质量损失法是以核算、分析、控制来降低损失成本的一种方法，一般适用于所有企业。

3. 质量成本管理的日常控制

一般来说，对质量成本进行控制，应以加大预防质量成本为基本手段，抑制各种损失成本，使质量鉴定成本趋于稳定，从而达到全面控制企业质量成本开支的目的。在日常的质量成本管理中，控制程序有以下几个步骤。

1）建立健全质量成本管理的组织体系

为了对质量成本进行有效的管理，应该确立生产流程中的质量成本控制点，作为质量成本控制的责任中心，将成本费用逐级分解落实到有关部门和执行人，建立健全自上而下的质量成本管理组织体系。同时各部门还要进一步将成本费用分解落实到有关车间、班组及工作岗位，将质量成本目标进行分解，进行管理和控制。

2）确定各质量成本项目的控制指标和误差范围

成本控制总是以一定的基准作为实际成本的参照物，这些基准即为各种不同的控制指标。此外，质量成本的控制与实现的质量水平相关，控制质量成本支出必须建立在能保证一定质量水平的基础上，不得随意降低，因此还要按各质量成本项目制定允许出现的误差范围，按照"例外管理"原则控制。

3）对产品整个生命周期实行全过程控制

质量成本发生在产品设计、制造和销售的各个阶段，所以对质量成本的控制也应该贯穿其整个生命周期。

在产品设计阶段，应当对产品质量要求进行市场调查，并对产品质量成本进行预测分析；对产品设计进行严格的论证和审核，确保设计方案科学合理，同时确定设计过程的质量成本目标或预算数，以对日常执行情况进行考核和评价。

在产品制造过程中，关键是以最低的质量保证费用来维持并达到最佳的加工水平，生产出符合设计质量要求的产品。企业应当制订质量成本计划，确定质量成本目标，制订工序的最佳质量控制目标，合理确定质检方式。在这个阶段，主要考核质量损失成本，包括控制废品损失、返修损失和停工损失。

产品销售阶段主要指的是产品完工入库后在储存、发货、运输以及顾客使用的整个阶段，其质量成本控制主要是控制"三包"损失，即销售后顾客在使用过程中发生的质量问题，应由本企业承担修、退、换的经济损失。在该阶段，企业应该对质量成本实时反馈控制，对照质量成本项目找出差距并采取措施；提高销售、发运及售后服务等工作质量，以降低该阶段的质量成本。

14.2.4　质量成本报告

为了全面反映质量成本管理的业绩，必须将质量成本控制中的有关信息及时向管理层汇报，便于管理层进行相关决策。这种信息主要采用内部报告的形式进行传输。

质量成本报告是衡量企业在特定期间质量成本状况的报表，它可以作为制订质量方针目标、评价质量体系的有效性和进行质量改进的依据。它也是企业质量管理部门和财会部门对质量成本管理活动进行调查、分析和建议的总结性文件。质量成本报告一般采取以下四种主要形式：报表式、图表式、陈述式和综合式，通常使用报表式。质量成本报告包括三个方面：各质量成本项目及总质量成本金额占销售收入的比重；质量成本项目占总质量成本的比重；如果企业制定了质量成本预算，则还需反映实际数与预算数的差额。质量成本报告见表 14-1。

表 14-1　质量成本报告

项目	实际成本	预算成本	差额
预防成本：			
质量培训费用			
质量工作费用			
质量改进措施费用			
总预防成本			
总质量成本百分比			

续表

项目	实际成本	预算成本	差额
鉴定成本： 　检测试验费 　职工薪酬 　检验试验办公费 总鉴定成本 总质量成本百分比			
内部损失成本： 　废品损失 　返修损失 总内部损失成本 总质量成本百分比			
外部损失成本： 　索赔费用 　退货费用 　产品保修费用 总外部损失成本 总质量成本百分比			
质量成本合计			
占销售收入的百分比			

14.2.5　质量成本与企业成本精细化管理

1. 成本精细化管理

成本精细化管理，是指企业以精确化、细微化、定量化的成本细分理念，运用财务管理技术与适时模块技术来实现成本最低化与收益最大化目标的资源配置过程和活动。成本精细化管理要求以"细"为起点，对常规业务活动建立工作流程和业务规范，并将财务管理的触角延伸到业务活动的各方面，从而做到事前计划、事中控制、事后反馈，实现对经济业务的全过程管理。

随着社会分工越来越细、市场竞争愈发激烈、专业化程度越来越高，企业之间的竞争越来越表现为精细化管理水平上的竞争。精细化管理以管理过程的精细化、制度化、规范化、管理方法科学化为主要特点，以专业化为前提，系统化为保证，数据化为标准，信息化为手段，使企业的精力专注于满足顾客的需求上，以获得更高效率、更多效益和更强竞争力。

2. 质量成本与精细化管理的关系

当今市场竞争日趋激烈，企业要想拥有较大的竞争优势，必须在保证产品质量的前提下，合理控制质量成本，以实现企业的经济效益。现代质量成本管理的一个基本原则就是以最佳的质量成本生产出满足顾客需求、符合质量标准的产品。因此，企业需要实施精细化管理，将产品质量成本控制与企业精细化管理相结合，不断探索提高产品质量、控制质量成本的方法。

精细化管理是质量成本管理的重要手段，它突出体现了产品质量严、实、精的基本原则。我国标准质量体系指出，质量成本控制能够提高质量管理体系的执行效果和效率，对企业的精细化管理有积极的作用。

3. 推行质量成本精细化管理的措施

1）确保企业目标与顾客的需求相结合

顾客的满意程度与企业的生存和发展密切相关，因此，企业的各项营销策略和计划都应以顾客的需求和期望为中心，企业应根据顾客当前的需求以及对其未来需求的预测来制定相关的质量目标。产品是企业提供给顾客最终服务的主要形式，如何将顾客的需求通过质量目标反映到产品上，是企业产品质量控制与精细化管理所需要考虑的重点。企业管理者应以顾客需求为导向，加强内部沟通，确保所有的工作人员都能及时了解顾客的需求和期望，并为实现这种质量目标而积极运作，处理好企业内部精细化管理体系与顾客需求之间的关系，保持顾客的忠诚度和满意度。

2）精细化目标管理，做好基础准备工作

实施精细化目标管理，是企业实现预期的生产经营目标、抓好基础工作的保障。在某个项目工作初始阶段，应加强对项目目标、质量目标的细化工作，对项目方案设计、控制措施、关键环节应加强审核，并提出具体的目标细化指标。通过现场管理严格控制产品生产线的操作流程和品质保证，确保员工按照规定动作完成各个操作步骤，并对员工每天完成的工作记录进行检查；了解产品完成进度情况，对于当天出现的问题及时解决，并在交接记录中有所体现，并在每个班组结束当天的工作前检查工作绩效，最大限度地实现质量成本控制。

3）抓好生产流程管理，落实质量责任制度

管理者应将企业经营管理理念深入质量管理体系当中，抓好生产流程管理，加强对产品质量全过程的监督和控制。从细节着手规范每一个关键环节，做到精益求精，严格控制质量成本，坚持召开质量改进会议，对质量检查的结果进行分析、总结、评价及给出具体的改进措施；按照规定的标准进行检查验收，确保在生产过程中各项工序、技术等质量指标达到要求的前提下再进入下一个生产阶段。为了确保产品能够优质高效地完成，坚持开展治理控制和改进的同时，还要落实责任制度，建立激励约束机制，对于未按照标准程序操作的工作人员要及时追问其原因，并根据情况给予奖惩处理，积极主动进行质量管理和成本控制，确保整个生产流程的先进性。

4）形成质量控制企业文化，树立全员成本目标精细化管理观念

质量控制能够有效保证企业产品的品质和安全，是企业生命之根本，也是企业回馈社会的责任体现。因而，注重质量管理应贯彻落实到企业文化建设当中，使全体员工树立成本目标精细化管理的观念。产品的质量管理体系是由全体员工共同参与完成的活动，需要每个员工都积极参与配合，充分调动员工的积极性和创造性，全面提高员工自我参与的主动性，使得企业发展需求与员工自我价值实现的需求保持一致，进

而激发员工的创新精神，在质量成本控制改进过程中为企业创造更多的经济效益。

14.3　物流成本管理

14.3.1　物流成本概述

1. 物流成本的概念

2006 年发布实施的国家标准《企业物流成本构成与计算》（GB/T 20523—2006），于 2007 年 5 月 1 日起实施，该标准将物流成本（logistics）定义为"企业物流活动中所消耗的物化劳动和活劳动的货币表现，包括货物在运输、储存、包装、装卸搬运、流通加工、物流信息、物流管理等过程中所耗费的人力、物力和财力的总和以及与存货有关的流动资金占用成本、存货风险成本和存货保险成本"。其中，与存货有关的流动资金占用成本包括负债融资所发生的利息支出（显性成本）和占用自有资金所产生的机会成本（隐性成本）两部分。

2. 物流成本的构成

1）我国社会物流成本的构成

根据国家发展和改革委员会、国家统计局关于组织实施《社会物流统计制度及核算表式（试行）》的通知以及中国物流与采购联合会关于组织实施《社会物流统计制度及核算表式（试行）》的补充通知，我国的社会物流总费用是指一定时期内，国民经济各方面用于社会物流活动的各项费用支出。其内容包括：支付给运输、储存、装卸搬运、包装、流通加工、配送、信息处理等各个物流环节的费用；应承担的物品在流通期间发生的损耗；社会物流活动中因资金占用而应承担的利息支出；社会物流活动中发生的管理费用等。具体包括运输费用、保管费用和管理费用三部分内容。

2）企业物流成本构成

按所处领域不同，企业物流成本主要包括生产制造企业、流通企业和物流企业的物流成本。其中生产制造企业和流通企业物流成本又称为货主企业物流成本。

尽管不同类型企业在经营目的以及经营领域和范围方面有很大差异，但就物流成本构成的主要内容而言却是大同小异。按照国家标准 GB/T 20523—2006《企业物流成本构成与计算》的要求，企业物流成本构成包括企业物流成本项目构成、企业物流成本范围构成和企业物流成本支付形态构成三种类型。

（1）企业物流成本项目构成。企业物流成本项目包括物流功能成本和存货相关成本。物流功能成本又分为运输成本、仓储成本、包装成本、装卸搬运成本、流通加工成本、物流信息成本和物流管理成本；存货相关成本分为流动资金占用成本、存货风险成本和存货保险成本。

（2）企业物流成本范围构成。企业物流成本范围包括供应物流成本、企业内物流成本、销售物流成本、回收物流成本和废弃物物流成本。

（3）企业物流成本支付形态构成。企业物流成本支付形态包括自营物流成本和委托物流成本。其中，自营物流成本包括材料费、人工费、维护费、一般经费和特别经费。

3. 物流成本的分类

从不同的范围和角度，可对物流成本进行不同的分类。

1）按物流活动的环节不同分类

按物流活动的环节不同分类，有利于成本的计划、控制和考核，对费用实行分部门管理和进行监督。物流成本具体分为以下几类：运输成本、流通加工成本、仓储成本、包装成本、装卸搬运成本、配送成本以及物流信息管理成本等。

（1）运输成本。运输成本在现代企业物流中占有较大比例，物流合理化在很大程度上依赖于运输合理化，而运输合理与否直接影响着物流运输成本的高低，进而影响物流成本的高低。运输成本主要包括以下几方面。

①人工费用，如工资、福利费、奖金、津贴和补贴等；

②营运费用，如营运车辆的燃料费、轮胎费、折旧费、维修费、租赁费、车辆牌照检查费、车辆清理费、过路/过桥费、保险费、公路运输管理费等。

③其他费用，如差旅费、事故损失、相关税金等。

（2）流通加工成本。流通加工是指在商品从生产者向消费者流通的过程中，为了促进销售，维护商品质量，实现物流的高效率，从而发生形状和性质上的变化。流通加工主要包括包装、分割、计量、分拣、贴标签、组装等简单的作业。流通加工成本主要包括：流通加工设备费用、流通加工材料费用、流通加工劳务费用及流通加工的其他费用。流通加工其他费用指在流通加工中耗用的电力、燃料、油料及管理费用等。

（3）仓储成本。仓储管理的主要目的是用相对较低的费用在适当的时间和适当的地点取得适当的存货。在许多企业中，仓储成本是物流成本的重要组成部分，物流成本的高低常常取决于仓储成本的大小，而且库存持有水平对于物流客户服务水平有重要的影响。仓储成本主要包括仓储持有成本、订货或生产准备成本、缺货成本和在途库存持有成本等。

（4）包装成本。包装是指为了在流通过程中保护产品、方便储运、促进销售，按照一定技术方法采用的容器、材料及辅助物等的总称，也指为了达到上述目的而采用容器、材料及辅助物的过程中施加一定技术方法等的操作活动。包装成本主要包括包装材料费用、包装机械费用、包装技术费用、包装辅助费用、包装的人工费用等。

（5）装卸搬运成本。装卸搬运是指在指定的地点以人力或机械设备装入或卸下物品。装卸搬运成本主要包括以下几方面。

①人工费用。如装卸与搬运工作人员的工资、福利费、奖金、津贴和补贴等。

②营运费用。如固定资产折旧费、维修费、能源消耗费、材料费等。

③装卸搬运合理损耗费用。如装卸搬运中发生的货物破损、散失、损耗等损失。

④其他费用。如办公费、差旅费、保险费、相关税金等。

（6）配送成本。配送成本是指配送中心进行验收、入库、分拣、配货、送货过程中所发生的各项费用，主要包括配送运输费用、分拣费用和配装费用。

（7）物流信息管理成本。随着物流活动的频繁发生，物流信息管理也上升为物流管理的重要内容。物流信息成本主要指物流信息处理费、信息设备费、通信费、人工费等费用。

2）按物流成本发生的业务流程分类

按此标准可以把物流成本具体分为采购物流费、生产物流费、销售物流费、退货物流费和废弃物流费。

（1）采购物流费，指从原材料（包括容器、包装材料）的采购到送达购入者为止的物流活动所发生的费用。

（2）生产物流费，指从产品生产到成品离开工厂为止所发生的与物流相关的费用。

（3）销售物流费，指从离开工厂仓库开始到送达到顾客手中为止这一物流过程所需要的费用。

（4）退货物流费，指随售出商品的退货而发生的在物流活动过程中所需要的费用。

（5）废弃物流费，指由于产品、包装或运输容器材料等的废弃所需发生的费用，主要包括配送运输费用、分拣费用和配装费用。

3）按经济内容分类

按此标准可将物流成本分为三大类：劳动对象方面的成本、劳动手段方面的成本和活劳动方面的成本。具体明细分类如下。

（1）固定资产折旧费，主要指使用中的固定资产应计提的折旧费用和固定资产大修理费用。

（2）材料费，主要指材料、包装物、修理用备件和低值易耗品等。

（3）燃料动力费，主要指各种固体、液体、气体燃料，水费、电费等。

（4）工资，主要指职工工资和企业根据规定按工资总额的一定比例计提的职工福利费、职工教育经费、工会经费等。

（5）利息支出，主要指企业应计入财务费用的借入款项的利息支出减利息收入后的净值。

（6）税金，主要指应计入企业管理费用的各种税金，如房产税、车船税、土地使用税、印花税等。

（7）其他支出，主要指不属于以上各要素的费用支出，如差旅费、租赁费、委托物流费、外部加工费及保险费等。

4）按物流成本的习性分类

按物流成本的习性分类，即按物流成本与业务量之间的数量关系分类，可以将物流成本具体分为固定成本和变动成本。

（1）固定成本。固定成本是指成本总额在一定时期和一定业务量范围内，不受业务量增减变动影响的成本。例如，按直线法计算的固定资产折旧、管理人员的工资、机器设备的租金等。

应该明确的是，固定成本是针对固定成本总额的，固定成本总额只有在一定时期和一定业务量范围内才是固定的。一定范围主要指相关范围。由于固定成本总额在一定时期和一定业务量范围内保持不变，那么随着业务量在一定范围内的增加或减少，单位业务量所分摊的固定成本就会相应地减少或增加，即单位固定成本与业务量的增减成反比例变动。如果业务量超过了相关范围，固定成本总额则会发生变动。

同样应注意的是，固定成本是指其发生的总额是固定的，而就单位成本而言，却是变动的。例如，铁路运输中的设施与设备的费用总额是固定的，但是随着业务量的增加单位成本就会降低，因此，在铁路运输中往往追求规模经济效益。

（2）变动成本。变动成本是指成本总额随业务量的变动而成正比例变动的成本，如直接材料、直接人工、包装材料等。这里所需强调的是变动的对象是成本总额，而非单位成本。

应该明确的是，变动成本的概念，就其总额而言，同样存在相关范围问题。单位业务量的变动成本是固定的，它不受业务量增减变动的影响。同时，在相关范围之内变动成本总额与业务量之间保持着完全的线性关系，而在相关范围之外它们之间的关系则多数情况下是非线性的。

5）按物流成本管理性质分类

按此标准可以将物流成本具体分为正常物流成本和非正常物流成本。

（1）正常物流成本，指完成物流服务的正常费用。

（2）非正常物流成本，指由于物流管理不善所引起的管理不善成本。例如，储存、装卸或运输不当引起货物质量受损；服务质量问题引起顾客索赔所发生的质量成本；时间控制不当、不合理配送、发错货、发漏货或过剩仓库空间而引起的增加费用所产生的效率成本；计划不周而产生的缺货成本；过量库存引起的资金占用成本，等等。

14.3.2　物流成本管理概述

1. 物流成本管理的概念

物流成本管理就是对物流成本进行计划、分析、核算、控制与优化，以达到降低物流成本的目的。

物流成本管理包括物流成本控制和物流成本降低两方面。物流成本降低是指为不断降低物流成本而作出的努力。物流成本管理是指利用各种管理工具对物流成本进行预测、计划、控制等管理过程，它不是一项简单的计算任务，而是通过成本去管理物流，可以说是以成本为手段的有效管理物流的新方法。物流成本管理包括两个方面：一是从会计的角度考虑，通过建立物流管理会计系统，发挥会计职能来对物流成本进行计划、控制等；二是利用物流管理方法，通过对物流各种职能的优化，达到降低物流费用的目的。显然，这两个方面是相辅相成的，企业在物流成本管理过程中需要从这两个方面同时进行。

物流成本管理的概念可从两个角度理解：从会计的角度理解，它是通过建立物流管理会计系统，发挥会计职能，对物流成本进行计划、控制和管理；从物流管理方法的角度理解，它是通过对物流各职能的优化，达到降低物流费用的目的。

2. 物流成本管理的目的

企业在进行物流成本管理时，首先要明确管理目的，物流成本管理的目的主要包括：①发现企业物流管理中存在的主要问题。②评价各物流相关部门的管理业绩。③核算物流成本结果，制订物流规划，确立物流管理战略。④通过对物流成本的有效控制，利用物流要素之间的效益背反关系，科学、合理地组织物流活动，加强对物流活动过程中费用支出的有效控制，降低物流活动中的物化劳动和活劳动的消耗，从而达到降低物流总成本，提高企业和社会经济效益的目的。

3. 物流成本管理的内容

物流成本管理的具体内容可以分为物流成本核算、物流成本预测、物流成本决策、物流成本计划、物流成本控制和物流成本分析等。

4. 物流成本管理的要点

1）确定成本管理对象

（1）以物流过程作为对象，可以计算供应物流成本、生产物流成本、回收物流成本及废品物流成本。

（2）以物品实体作为对象，可以计算每一种物品在流通过程中（包括运输、验收、保管、维护、修理等）所发生的成本。

（3）以物流功能作为对象，计算运输、保管、包装、流通加工等诸种物流功能所发生的成本。

（4）以物流成本项目作为对象，计算各物流项目的成本，如运输费、保管费、折旧费、修理费、材料费及管理费等。

2）制定成本标准

成本标准的制定有以下几种方式。

（1）按成本项目制定成本标准。企业内部每一物流成本项目，按其与物品流转额的关系，可以分为固定成本和变动成本。对于固定成本项目（如折旧费、办公费等），可以以本企业历年来成本水平或其他企业（能力及规模与本企业相当）的成本水平为依据，再结合本企业现在的状况和条件，确定合理的成本标准。而对于变动成本项目，则着重于考虑近期及长远条件和环境的变化（如运输能力、仓储能力、运输条件及国家的政策法令等），制定出成本标准。

（2）按物流功能制定成本标准。不论是运输、保管还是包装、装卸成本，其水平的高低均取决于物流技术条件和基础设施水平。因此，在制定物流成本标准时应结合企业的生产任务、流转流通数量及其他相关因素进行考虑。

（3）按物流过程制定成本标准。按物流过程制定成本标准是一种综合性的技术，要求全面考虑物流的每个过程。既要以历史成本水平为依据，同时又要充分考虑企业内外部因素的变化。制定这种成本标准需要多种技能相结合。

3）实行预算管理

成本标准确定后，企业应充分考虑其财力状况，制订出每一种成本的资金预算，以确保物流活动的正常进行。同时，按照成本标准，进行定期与不定期检查、评价与对比，以求控制物流活动和成本水平。

4）实行责任成本管理制度

物流成本存在于社会再生产的每一个环节和过程，同样，企业的每一个环节和过程也都要发生物流成本。要想管好物流成本，除了制定成本标准外，还需在物流部门、生产部门和销售、管理部门实行责任制，实行全过程、全体员工成本管理，明确各自的权利和责任。具体方法及步骤如下。

（1）分解落实物流成本指标。不同的物流部门负担着不同的物流成本。按成本发生的地点将成本分解到一定部门，落实降低物流成本的责任，并按成本的可控性检查该部门物流成本降低情况，以作为评价其成绩的依据。

（2）编制记录、计算和积累有关成本执行情况的报告。每个物流部门都应将其负担的物流成本进行记录、计算和积累，定期编制出业绩报告，以形成企业内部完整的物流成本系统。

（3）建立成本反馈与评价系统。一定期间结束后，将每个部门发生的物流成本实际支付结果与预算（标准）进行对比，评价该部门在成本控制方面的成绩与不足，以确定奖励还是惩罚。

5）合理进行技术改造

合理进行技术改造是指在进行技术及设备引进时要考虑其经济性，尽管先进的运输、包装、装卸技术必然能降低物流成本，但先进技术方法的运用也必然具有较高的成本。因此，将经济性和技术性相结合来选择运输工具、包装材料及装卸工具，也是降低物流成本总水平的一个重要方面。

6）推进物流管理的现代化

推进物流管理的现代化包括系统化和机械化。物流合理化所要解决的主要问题是物资实体的位移及成本的降低。实现物流活动的系统化和机械化，从而使其流向合理化、包装运输科学化，这可以大大降低物流成本。

4. 相关理论学说

1）"黑大陆"学说

1962年，著名的管理学家彼得·德鲁克在《财富》杂志上发表了题为《经济的黑色大陆》一文，他将物流比作"一块未开垦的处女地"，强调应高度重视流通及流通过程中的物流管理。德鲁克曾经讲过"流通是经济领域的黑暗大陆"。在流通领域中物流活动的模糊性特别突出，物流是流通领域中人们认识不清的领域，所以"黑大陆"学说主要针对物流而言。在传统的财务会计中，企业把发生的费用划分为生产成本、管理费用、销售费用、财务费用，对于销售费用又进行了明细分类。这样在利润表中我们所能看到的物流成本在整个物流成本中只占很小的比重，所以物流的重要性通常被忽视，这就是物流被称为"黑大陆"的一个原因。

"黑大陆"学说主要是指尚未认识、尚未了解的领域。"黑大陆"学说是对 20 世纪经济学界存在的愚昧认识的一种批驳和反对，指出在市场经济繁荣和发达的情况下，科学技术也好，经济发展也好，都没有止境。"黑大陆"学说也是对物流本身的正确评价，这个领域未知的东西还很多，理论与实践都还不成熟。

2）物流成本冰山理论

物流成本冰山理论是由日本早稻田大学西泽修教授在 1970 年提出的。他在研究物流成本时发现，现行的财务会计制度和会计核算方法都不可能掌握物流费用发生的真实情况，因而人们对物流费用的了解是一片空白，甚至有很大的虚伪性。他将之称为"物流冰山"。西泽修教授指出，企业在计算盈亏时，"销售费用和管理费用"项目所列支的"运输费用"和"保管费"的现金金额一般只包括企业支付给其他企业的运输费用和仓储保管费，而这些外付费用不过是整个物流成本的冰山一角。

"物流冰山"学说之所以成立，除了会计核算制度本身没有考虑到物流成本这个因素外，主要有以下三个方面的原因。

（1）物流活动范围太大，物流成本计算范围也大。物流活动包括供应物流、企业内物流、销售物流、回收物流和废弃物物流，从而使物流成本的计算贯穿于企业经营活动始终。

（2）物流运作环节太多。物流运作环节包括运输、仓储、包装、装卸搬运、流通加工、物流信息、物流管理等，涉及以哪几个环节作为物流成本的计算对象问题，运作环节的多少对物流成本的影响很大。

（3）物流成本支付形态太杂。除了对外支付的费用，内部支付形态包括材料费、人工费、设施设备的折旧费、维护修理费、燃料费、水电费、办公费等，几乎涵盖了会计核算中的所有支付形态。

正是由于上述三方面的原因，物流成本难以计算，计算时难免挂一漏万。因此，我们所掌握的物流成本确实犹如冰山一角。

3）"第三利润源"理论

"第三利润源"学说源于日本早稻田大学教授西泽修在其所著《流通费》（1970）的副标题"不为人知的第三利润源"。"第三利润源"是对物流潜力及效益的描述。人们把物质资源的节约和劳动消耗的降低分别称为"第一个利润源"和"第二个利润源"。

由于受到科技和管理水平的限制，第一、第二利润源已近枯竭，有待于科技的重大突破。"第三利润源"理论认为，物流作为"经济领域的黑暗大陆"虽然没有被完全照亮，但经过几十年的实践探索，物流领域绝不会是一个不毛之地，肯定是富饶之源。这三个利润源着重开发生产力的三个不同要素：第一个利润源针对的对象是生产力中的劳动对象；第二个利润源针对的对象是生产力中的劳动者；第三个利润源针对的对象是生产力中劳动工具的潜力，同时注重劳动对象与劳动者的潜力，因此更具有全面性。该理论认为，物流作为第三利润源要合理组织产、供、销环节，将货物按必要的数量以必要的方式，在要求的时间内送到必要的地点，就是让每一个要素、每一个环节都做到最好。物流可以为企业提供大量直接和间接的利润，是形成企业经营利润的主要活动。

从"第三利润源"学说中，可以认识到以下几方面。

（1）物流活动和其他独立的经济活动一样，不仅是总成本的构成因素，也可以是单独的盈利因素，可以成为"利润中心"。

（2）从物流服务角度看，通过有效的物流服务，可以给接受物流服务的生产企业创造更好的盈利机会，成为生产企业的"第三利润源"。

（3）通过有效的物流服务，可以优化社会经济系统和整个国民经济的运行，降低整个社会的运行成本，提高国民经济总效益。

4）效益背反理论

"效益背反"是物流领域中很普遍的现象，是物流领域中内部矛盾的反映和表现。该理论认为，"效益背反"是指物流的若干功能要素之间、物流成本与服务水平之间存在相互损益的矛盾，即某一方面受益，则他方受损，亦即追求一方必须舍弃另一方，反之亦然。物流系统的效益背反包括物流成本与服务水平的效益背反和物流各功能活动的效益背反。

（1）物流成本与服务水平的效益背反。高水平的物流服务是由高水平的物流成本作保证。如果没有较大的技术进步，企业物流将很难做到既提高物流服务水平，同时也降低物流成本。一般来讲，提高物流服务，物流成本即上升，两者之间存在效益背反，而且，物流服务水平与物流成本之间并非呈线性关系，即投入相关的物流成本并非可以得到相同的物流服务增长。通常当物流服务处于低水平阶段时，追加物流成本的效果较佳。

与处于竞争状态的其他企业相比，在服务水平相当高的情况下，要想超过竞争对手、维持更高的服务水平，就需要有更多的投入。

（2）物流各功能活动的效益背反。现代物流是一个大的系统，主要由运输、储存、装卸搬运、包装、流通加工、配送、信息处理等物流活动组成。构成物流系统的各个环节处于一个相互矛盾的系统中，当要较多地达到某一个方面的目的时，必然会使另一方面的目的受到一定的损失，即一方成本降低而另一方成本增大，这便是物流各功能活动的效益背反。例如，减少物流网络中仓库的数目并减少库存，必然会使库存补充变得频繁而增加运输的次数；简化包装，虽可降低包装成本，但却由于包装强度的降低，运输和装卸的破损率会增加，且在仓库中摆放时亦不可堆放过高，降低了保管效率；将铁路运输改为航空运输，虽然增加了运费，却提高了运输速度，不但可以减少库存，还降低了库存费用。我国流通领域每年因包装不善出现的上百亿的商品损失，就是这种效益背反的实证。

理解企业物流成本的效益背反关系，将有助于我们对企业物流进行成本管理。在物流成本管理中，作为管理对象的是物流活动本身，一方面，成本能真实地反映物流活动实态；另一方面，物流成本可成为评价所有活动的共同尺度。物流成本作为一种管理手段而存在。

5）其他物流成本学说

（1）成本中心说。成本中心说的含义是物流在整个企业的战略中，只对企业营销活动的成本发生影响，物流是企业成本重要的发生环节。因而，解决物流的问题并不主要是搞合理化、现代化，也不是主要在于支持保障其他活动，而主要是通过物流管理和物流的一系列活动降低成本。所以，成本中心说既是指主要成本的产生点，又是指降低成本的关注点，物流是"降低成本的宝库"等说法正是对这种认识的形象描述。

（2）系统说。1973 年，美国哈佛大学教授詹姆斯·海斯凯特在其著作《企业物流》中，用系统论的方法对企业物流活动进行了深入的阐述。其主要观点有：企业各物流活动之间，物流与其他经营活动和客户服务之间存在普遍的内在联系。所以在考察个别物流活动的变化时，应尽可能从总体和系统的角度进行比较，分析要素间的互动关系。他认为，对物流活动应当进行系统管理，要对各种物流活动成本及其相互关系，在既定的客户服务水平约束下，进行有效协调和权衡。也就是说，不管是显性成本，还是隐性成本，所有的物流活动和结果都可以换算成物流成本。该理论通过物流成本对物流活动进行管理，成为研究物流管理的切入点。

（3）利润中心说。利润中心说是指物流可以为企业提供大量直接和间接的利润，是形成企业经营利润的主要活动。同时，对国民经济而言，物流也是国民经济创利的主要活动。

（4）服务中心说。服务中心说代表了美国和欧洲一些学者对物流的认识。他们认为物流活动的最大作用并不在于为企业节约成本或增加利润，而是在于提高企业对客户的服务水平，进而提高企业的竞争力。服务中心说特别强调了物流的服务保障功能，借助于物流的服务保障作用，企业可以通过整体能力的加强来压缩成本，增加利润。服务中心说，认为服务重于成本，通过服务质量的不断提高可以实现总成本的下降。企业借助于物流的服务保障作用，可以通过整体能力的加强来降低成本，增加利润。

（5）物流战略中心说。学术界和企业界逐渐意识到物流更具有战略性，物流战略中心说是当前非常盛行的说法。这一学说把物流提到了一个相当重要的地位，认为物流会影响到企业总体的生存与发展，应该站在战略的高度看待物流对企业长期发展所带来的深远影响。将物流与企业的生存和发展直接联系起来的观点，对促进物流的发展具有重要意义。

14.3.3　企业物流成本计算方法

企业物流成本计算方法是企业物流成本计算的核心内容。计算企业物流成本其核心在于明确两方面的内容：一是物流成本是什么，即在前面阐述的物流成本内涵及其构成；二是怎样取得物流成本信息，即本节中将要阐述的物流成本计算方法的问题。关于企业物流成本计算方法，本节将从物流成本计算思路、物流成本计算科目及账户设置、物流成本计算步骤三个方面进行阐述。

1. 企业物流成本计算思路

在很多关于物流成本计算的书中，对物流成本计算方法的阐述，通常以会计或统计的字眼出现。这里先对三种方式的计算思路作一些简单总结。

首先，关于会计方式。会计方式计算物流成本就是通过凭证、账户、报表对物流耗费予以连续、系统、全面的记录、计算和报告，具体包括两种形式：一是把物流成本计算与正常的会计核算截然分开，单独建立物流成本计算的凭证、账户和报表体系，物流成本计算与正常的会计核算两套体系同步展开，物流成本的内容在物流成本计算体系和正常的会计核算体系中得到双重反映；二是把物流成本计算与正常的会计核算相结合，增设"物流成本"科目，对于发生的各项成本费用，若与物流成本无关，直接计入会计核算中相关的成本费用科目，若与物流成本相关，则先计入"物流成本"科目，会计期末，再将各个物流成本账户归集的物流成本余额按一定的标准分摊到相关的成本费用账户上，以保证成本费用账户的完整性和真实性。针对上述这两种操作方式，有学者分别将其命名为物流成本计算的双轨制和单轨制。

其次，关于统计方式。统计方式计算物流成本，不需要设置完整的凭证、账户和报表体系，主要是通过对企业现行成本核算资料的解剖和分析，分离出物流成本，按不同的物流成本计算对象进行重新归类、分配和汇总，加工成所需的物流成本信息。

最后，关于会计和统计结合的方式。通过会计和统计相结合的方式计算物流成本，其要点是将物流耗费的一部分内容通过会计方式予以计算，另一部分内容通过统计方式予以计算。由于企业物流成本包括显性和隐性两部分内容，显性成本主要取自会计核算数据，隐性成本主要通过统计方式进行计算，因此，计算企业物流成本，不存在绝对的会计方式或统计方式。从实践操作来看，计算企业物流成本通常要采用会计和统计相结合的方式。

以上三种计算物流成本的方法，是关于传统的物流成本计算方式的探讨，按照国家标准 GB/T 20523—2006《企业物流成本构成与计算》的要求，本节中物流成本的计算方式，忽略"会计"或"统计"的提法，而是区分显性和隐形、期中和期末分析物流成本的计算。其基本思路如下。

1）显性物流成本计算思路

显性物流成本主要指现行会计核算中已经反映，可以从会计信息中分离和计算的物流成本。对于这部分物流成本的计算，企业可根据本企业的实际情况，选择在期中或期末收集相关信息进行物流成本计算。

若期中收集物流成本信息，企业在按照会计制度的要求编制记账凭证、登记账簿、进行正常产品成本核算的同时，登记相关的物流成本辅助账户，在不影响现行成本费用核算的基础上，通过账外核算得到物流成本资料。

若期末收集物流成本信息，企业平日则不需进行额外的处理，按照财务会计制度的要求进行会计核算，期末（月末、季末、年末）通过对有关物流业务的原始凭证和单据进行再次的归类整理，对现行成本核算资料进行解剖和分析，从中分离出物流成本部分，加工成所需的物流成本的信息。

2）隐性物流成本计算思路

隐性物流成本指现行会计核算中没有反映，需要企业在会计核算体系之外单独计算的那部分物流成本。本书主要指存货占用自有流动资金所发生的机会成本，这部分物流成本的计算，需要在期末根据有关存货统计资料按一定的公式来计算。

2. 物流成本计算科目及账户设置

企业物流成本包括显性成本和隐性成本。隐性物流成本是在会计核算体系之外，通过统计存货的相关资料，按一定的公式计算得出，计算方法相对简单，不涉及会计科目的选取和物流成本账户的设置问题。这里所涉及的会计科目选取和物流成本账户的设置问题，主要是针对显性物流成本的计算而言。

1）显性物流成本计算需选取的会计科目

我们知道，计算显性物流成本必须依赖于现行的会计核算体系，完整准确的会计核算资料尤其是成本核算资料是计算物流成本的基础。而从纷繁复杂的会计信息中获取物流成本信息，无论是在期中与会计核算同步进行还是在期末单独进行，均需找到计算物流成本的切入点，是从原始凭证、会计科目还是从会计报表入手来计算物流成本？哪个切入点计算物流成本更便捷？这是我们首先要考虑的问题。从原始凭证开始计算物流成本，理论上讲行得通，一一分析每张原始凭证，不会遗漏物流成本信息，但与物流成本无关的信息太多，徒增工作量；从会计报表入手计算物流成本，会计信息高度概括，无法具体分析哪些内容包括物流成本信息，即使明确了包括物流成本信息的会计报表项目，物流成本的计算仍需向会计科目和原始凭证追溯；而从会计科目入手计算物流成本，方法相对折中，因为就物流成本的含义而言，首先属于成本费用类支出范畴，所以在计算物流成本时，只要从会计核算中所有的成本费用类会计科目入手，逐一分析其发生的明细项目，必要时追溯至原始凭证，逐一确认其是否属于物流成本的内容，就找到了计算物流成本的切入点。

一般说来，在会计核算中，生产制造企业的成本费用类科目主要包括管理费用、销售费用、财务费用、生产成本、制造费用、其他业务成本、营业外支出等科目，同时由于我国会计核算中对于采购环节存货成本的确认通常包括运输费、装卸费等与物流成本有关的内容，而这部分内容连同存货本身的采购价格一并计入"材料采购"科目。所以，计算企业物流成本时，除从上述成本费用类会计科目入手计算外，还应考虑材料采购科目中所包含的物流成本信息。

当明确了物流成本计算的切入点即从哪些会计科目中获取物流成本信息后，剩下的工作就是会计人员对物流成本内涵的把握即对物流成本是什么的理解了。

2）显性物流成本计算账户的设置

计算物流成本往往需要设置物流成本辅助账户，具体需要设置哪些物流成本账户，取决于物流成本计算对象的选取和物流成本管理的要求。基本的物流成本计算对象主要包括"三维"，即以物流成本项目、物流范围和物流成本支付形态作为成本计算对象，根据这三个维度，以"物流成本"作为一级账户，以物流成本项目所包括的具体成本作为二级账户，以各物流范围成本作为三级账户，以各支付形态物流成本作为四级账户，按照以上思路，我们需要设置 100 多个物流成本明细账户。例如，物流成本中自营运输成本的计算设置了 15 个明细账户。

物流成本——运输成本——供应物流成本——人工费
物流成本——运输成本——供应物流成本——维护费
物流成本——运输成本——供应物流成本——一般经费
物流成本——运输成本——企业内物流成本——人工费
物流成本——运输成本——企业内物流成本——维护费
物流成本——运输成本——企业内物流成本——一般经费
物流成本——运输成本——销售物流成本——人工费
物流成本——运输成本——销售物流成本——维护费
物流成本——运输成本——销售物流成本——一般经费
物流成本——运输成本——回收物流成本——人工费
物流成本——运输成本——回收物流成本——维护费
物流成本——运输成本——回收物流成本——一般经费
物流成本——运输成本——废弃物物流成本——人工费
物流成本——运输成本——废弃物物流成本——维护费
物流成本——运输成本——废弃物物流成本——一般经费

其他物流成本明细账户的设置可参照物流运输成本账户的设置，不再一一列举。这里需要说明两个问题：一是上面介绍的物流成本明细账户的设置是"大而全"的概念，实践中，可根据企业情况，通过分析有关会计资料，仅对企业本会计期间发生的成本设置相应的明细账户，不需要一一设置，实际计算物流城本时，需设置的明细账户远远少于上面列举的物流成本账户设置；二是设置物流成本明细账户的一、二、三、四级次序，可根据本企业实际情况选择，不必拘泥于上述设置次序的安排。

总之，物流成本明细账户的设置只是开辟了一条计算物流成本的通道或者说是一种方法，明细账户设置本身不是目的，目的是通过这样一个通道来计算物流成本。无论中期还是期末计算物流成本，都需要设置明细账户，期中计算时需要平日里实时登记各物流成本明细账户，期末进行汇总；期末计算时需在各明细账户中逐一归集各物流成本，然后汇总。期中和期末计算物流成本，两种方式其本质是一致的。

3. 物流成本计算步骤

计算物流成本需要分别计算显性成本和隐性成本，然后将两大类成本汇总，即为物流成本总额。下面分别说明显性成本和隐性成本的计算步骤。

1）显性物流成本计算步骤

对于显性物流成本即现行成本核算体系已经反映但分散于各会计科目中的物流成本，按以下步骤计算。

首先，设置物流成本辅助账户，按物流成本项目设置运输成本、仓储成本、包装成本、装卸搬运成本、流通加工成本、物流信息成本、物流管理成本、物流资金占用成本、存货风险成本、存货保险成本等二级账户，按物流范围设置供应物流、企业内物流、销售物流、回收物流和废弃物物流等三级账户，按支付形态设置自营和委托物流成本四级账户，对于自营物流成本，还应按费用支付形态设置材料费、人工费、维护费、一般经费、特别经费费用专栏。上述物流成本二级、三级、四级账户级费用专栏设置次序，企业可根据实际情况选择。期中物流企业不需按物流范围设置各账户，直接按物流成本项目和物流成本支付形态设置账户或费用专栏即可，后面介绍的记账和汇总计算中均不需要考虑各物流范围成本。

其次，对企业会计核算的有关成本费用科目如管理费用、销售费用、财务费用、生产成本、制造费用、其他业务成本、营业外支出以及材料采购等科目及明细项目逐一进行分析，确认物流成本内容。

再次，对于应计入物流成本的内容，企业可根据本企业实际情况，选择在期中与会计核算同步登记物流成本辅助账户及相应的二级、三级、四级账户和费用专栏，或在期末（月末、季末、年末）集中归集物流成本，分别反映出按物流成本项目、物流范围和物流成本支付形态作为归集动因的物流成本数额。

最后，期末（月末、季末、年末），汇总计算物流成本辅助账户及相应的二级、三级、四级账户和费用专栏成本数额。

2）隐性物流成本计算步骤

对于隐性物流成本即现行成本核算体系中没有反映但应计入物流成本的费用（本书主要指存货占用自有资金所发生的机会成本），按以下步骤计算。

首先，期末（月末、季末、年末）对存货按采购在途、在库和销售在途三种形态分别统计出账面余额。无论按在途或在库哪种状态统计，均以存货正在占用自有资金为统计标准，对于存货已购在途或在库但企业尚未支付货款以及企业已经收到销售货款单存货仍在库或在途的，不计入统计范围。

其次，按照公式：存货资金占用成本=存货账面余额（存货占用自有资金）×行业基准收益率计算出存货占用自有资金所产生的机会成本。

其中，对于生产制造和流通企业而言，若企业计提了存货跌价准备，则存货账面余额为扣除存货跌价准备后的余额；对于物流企业而言，由于不发生存货购销业务，只是在受托物流业务时需要垫付一定的备用金和押金，这部分备用金和押金可以理解成存货占用自有资金，也应计算其产生的机会成本。

企业若无法取得有关行业基准收益率的数值，也可使用一年期银行贷款利率或企业内部收益率计算，尤其当企业计算物流成本仅为内部管理所用时，则使用内部收益率计算的物流成本对于内部物流成本管理决策更有意义。

案例分析

案例 1　目标成本管理案例

2008 年，百年一遇的国际金融危机给我国钢铁企业带来了前所未有的冲击和挑战。在市场骤变的环境下，某钢铁企业在成本管理中暴露出了一系列与市场环境不相适应的问题。

1. 成本管控周期滞后

我国大多数钢铁企业推行年度预算和季度滚动预算相结合的预算管理模式，在市场波动较小的情况下，季度成本预算可以根据最新的经营环境，对年度预算进行修正，引导企业的生产经营管理适应环境变化。但金融危机以来，常常出现季度预算执行一个月后，企业的产品价格等主要生产经营环境已经发生较大变化的情况，季度成本预算的水平已不能反映现时生产经营环境下的成本水平，无法支撑企业决策和指导现场生产。

2. 专业部门对成本管理的支撑有待加强

成本管理需要营销、采购、设备、能源等各专业管理部门的参与策划和推进。由于以往预测周期较长，预测期环境的变化趋势较难把握，各专业管理部门参与企业成本预算管理过程的主动性和积极性不高，专业部门预测市场景的方法缺乏大量的市场调研和数据分析基础，管理层面对专业预测市场前景条件的审核力度不够，预测精度偏低，一定程度上影响了企业的成本管控的效果。

3. 标准成本管理制度缺乏市场驱动

标准成本虽然反映了企业产品的真实成本需求，有效减少了企业内部的低效和损失，但标准成本没有考虑外部市场对成本的"可接受程度"，尽管企业成本水平在纵向维度上不断改善，但由于没有引入市场价格机制，企业的成本水平控制在标准成本水平之内，也未必能够确保企业目标利润的实现。标准成本管理缺乏市场的驱动，减弱了企业各项成本改善工作的力度及成本管控对市场的应变性。

4. 成本改善工作的实效性不强

深挖成本改善潜力是企业提升成本竞争力的一项持之以恒的工作，钢铁企业成本改善项目的设立与市场变化的结合度较弱，一般以上一年的成本水平作为标杆进行成本改善项目效益贡献的计算基准，成本改善项目目标的挑战性不高；另外，成本改善工作重项目设立，轻过程管理，成本改善任务没有层层分解和落实到每位员工，员工没有感受到市场的压力，成本改善工作缺乏项目支撑体系和组织体系保障。

分析：面对上述问题，某钢铁企业要推行目标成本管理，那么该企业应该如何开展管理工作呢？

案例 2　质量成本管理案例

某公司自 2003 年起，引入质量成本管理体系，制定内部质量成本管理模式，从基层做起，要求各部门如实填报，经过财务科、质量科计算分析后，通报公司各部门，及时采取措施，杜绝质量问题。

某月质量故障成本变化的主要原因如下。

（1）LMU9521 返工费用 515.98 元，占内部质量成本的 12.24%，比上月费用有所降低（上月 540.57 元）。

①主要质量缺陷：便、后板缺漆、流痕、橘皮等共 22 件，框架露底、划伤等共 6 件。

②出现缺漆、流痕、橘皮质量缺陷的主要原因是：高温长假后，操作工人操作手法生疏，不规范；产量低，喷漆工人收入降低，人心不稳，老喷漆工离厂，新喷漆工上岗操作技能不熟练。

③框架划伤原因是：志豪吊具锁紧不灵，造成电泳后划伤；下线操作工人未轻取轻放产品；下线吊挂软接触损伤严重。

（2）LMU9532 返工费用 852 元，占内部质量成本的 20.20%，比上月有所上升（上月 492 元）。

主要原因：车架上的车厢固定板孔错位、框架上挡泥板孔错位等问题造成的二次上线所用工时费用约占 LMU9532 返工费用总数的 49%；因油漆粗糙、色差造成的返工时费用约占 LMU9532 返工费用总数的 10%；瘪塘、划伤质量问题占 LMU9532 返工费用总数的 18%。

（3）LMU9512 停工损失原因是：横梁和铁底板锈蚀除锈待料引起的，主要是外协厂来料锈蚀，影响油漆质量，必须先除锈。

（4）外部质量故障处理费用主要有两部门。

①改装一台保湿厢的活，客户要求退货，电话费 100 元、差旅费 1 160 元、服务

费 1 930 元，共计 3 190 元。

②南通铝波板漏水严重，换顶维修费 800 元，哈尔滨货厢纵梁加固零件费 1 932 元，服务费用 146.8 元，共计 2 878.8 元。

要求：根据上述资料，针对该公司质量成本管理存在的问题，提出你的合理建议。

【自 测 题】

自学自测　　扫描此码

【复习思考题】

一、思考题

1. 什么是目标成本？目标成本的原则是什么？

2. 目标成本管理有哪些程序？

3. 目标成本分解的方法有哪几种？

4. 为什么说质量是企业生存和发展的第一要素？

5. 什么是质量成本？它一般由哪几个部分构成？

6. 传统质量成本管理的目标是什么？现代质量成本管理的目标又是什么？

7. 质量成本报告是什么？它主要包括哪几方面内容？

二、练习题

1. 某物流中心 2017 年 2 月共发生经济业务如下。

（1）为 A 购物中心配送货物取得收入 40 万元。

（2）为 B 购物广场配送货物取得收入 20 万元。

（3）为 C 批发公司配送货物取得收入 40 万元。

全月发生包装材料费 28 万元、电话及网络通信费 12 万元，设备折旧费 26 万元，其中运输车辆折旧 18 万元，搬运设备折旧 8 万元。发生各项工资、福利费 40 万元；其中驾驶人员工资及福利费 12 万元，搬运工人工资及福利费 10 万元，保管人员工资及福利费 4 万元，管理人员工资及福利费 14 万元。

要求：按收入比例计算该购物中心的物流包装成本、配送成本、保管成本、搬运成本、信息成本和物流管理及物流总成本。

第15章

绩效评估管理

【本章学习目的和要求】

　　重点掌握责任会计、责任中心的概念，了解责任会计的起源和发展，掌握成本中心、利润中心和投资中心三个责任中心的关系、划分关系及其绩效评估指标的基本概念及其核算要求，以及如何合理地制定内部转移价格，了解经济附加值及平衡计分卡的战略思想。

15.1　分权管理与责任会计

15.1.1　分权管理概述

　　第二次世界大战以来，世界经济迅速发展，商业竞争日益激烈，企业规模也越来越大，一大批集团型企业在世界各地相继出现。在典型的现代企业中，企业规模较大、组织机构复杂、管理层次繁多、分支机构广泛。在这种情况下，一方面由于资源的整合与管理协同效应的发挥，提高了企业的核心竞争能力；但另一方面也使企业内部经营管理复杂化。在这种形势下，传统的集权管理模式由于其决策集中、应变能力差，无法满足迅速变化的市场需求，分权管理模式成为现代企业组织管理发展的基本趋势。

　　集权管理是指企业将决策制定权高度集中，决策问题自下而上地传递给企业最高管理，由其作出最优决策，并布置下级单位负责执行的一种企业组织管理模式。集权管理具有的特点是经营决策权大多数集中在最高管理层；对下级的控制较多，下级决策缺乏自主权；统一经营，即经营活动大多由上级控制。集权管理可以保证企业总体发展目标的顺利实施，防止资源的浪费。但其对市场变化的敏感性很差，权力过度集中导致无法调动各级单位的工作积极性。

　　分权管理是指企业将决策制定权在不同层次的管理人员之间进行适当划分，并将决策权随同相应的经济责任下放给不同层次的基层管理人员，使其对日常的生产经营活动进行及时决策，以适应市场变化需求的一种企业组织管理模式。分权管理的主要表现形式是部门化，即在企业中建立一种具有半自主权的组织结构，通过企业管理中心向下或向外层层授权，每一部门都拥有一定的积极性、权利和责任。

　　分权管理的主要优点如下。

1. 有利于提高企业的市场竞争能力

在一个高度集权的企业，大额的总体利润可能掩盖下属分部的无效率。而分权管理则可以使组织确定每个分部对企业利润所作的贡献，并使每个分部直接面对市场，将各个部门推向了竞争激烈的市场环境，使其可以直接对市场波动作出迅速有效的反应，及时制订应对措施，作出正确决策，使企业发展与市场发展保持一致，提高了企业市场竞争能力，加强了对各个部门日常经营活动的控制力度。

2. 有利于高层管理者关注重点问题，提高工作效率，从事战略决策

高层管理者是企业最有价值的人力资源，如果将他们的精力放在为下级部门进行日常经营管理决策上，是对资源的最大浪费，也会对企业的战略发展造成不利影响。在分权管理模式下，高层管理者将日常管理工作下放给各级部门分别处理，从日常经营决策中解脱出来，把有限的精力集中在企业政策性和战略性的决策上来，为企业未来的发展出长远规划。

3. 有利于发挥企业的激励机制，激励基层管理人员

在分权管理模式下，通过赋予基层管理者一定的决策权，使他们在工作中充分发挥自己的才华，实现个人的价值，能有效地调动各级管理人员的积极性和创造性，从而群策群力，使全体管理人员既能为提高企业经济效益作出贡献，又能体现自身的价值。同时，分权管理能为企业基层管理者提供大量的决策和管理机会，有利于基层管理人员提高管理能力和管理技能，积累管理经验，也有利于企业高层管理者有效考核基层管理者的管理水平，发现和培养人才，为企业创造良好的管理梯队。

分权管理首先在跨国公司被使用，并体现出一定的优越性，但运用一段时间后也发现存在以下致命缺陷：一是分权管理缺乏目标一致性。各个分权单位由于自身业绩考评的需要过分注重自身局部利益和短期利益，导致牺牲企业的整体利益或长期利益，从而削弱了各分权单位之间的整体协作观念，也与整体企业产生了目标偏差问题，因此，在实行分权管理的情况下，如何协调各分权单位之间的关系，使各分权单位与企业整体实现目标一致性，以及如何对各分权单位的经营业绩进行评价和考核，就显得尤为重要。二是分权管理增加了信息成本和代理成本。分权管理过程中，信息的反复传递会增加信息不对称所产生的信息成本，也会增加因委托代理关系而存在的代理成本，这些因素会干扰企业高层管理者作出正确的战略决策。

为了弥补分权管理的缺陷，可以实施责任对等的"经济责任制"，这种制度要求：根据赋予各级单位的权利、责任及对其业绩的评价方式，将企业划分为各种不同形式的责任中心，建立起以各责任中心为主体，以责、权、利相统一为特征，以责任预算、责任控制、责任考核为内容，通过信息的积累、加工和反馈而形成的责任会计制度。

15.1.2　责任会计的产生与发展

责任会计（responsibility accounting）的产生可以追溯到 19 世纪末 20 世纪初，当

时的资本主义工业革命导致了生产技术的大变革和社会生产力的迅速提高。在此基础上形成了工业垄断集团，使企业规模越来越大，生产的社会化程度越来越高，市场竞争也越来越激烈。因此，要求企业必须加强内部管理和控制。生产越发展，规模越扩大，越需要企业内部各单位分清经济责任，为责任会计的产生奠定了社会基础。在社会化大生产迅速发展的历史条件下，以泰勒和法约尔的科学管理学说为代表的古典管理理论相继问世。泰勒用毕生的精力研究并制定了多种工作定额，推行"标准成本法"，通过实际成本与标准成本的比较，找出差异，进行差异分析，寻求降低成本的途径。这为责任会计的诞生打下了理论核心基础。

20 世纪 20 年代以后，企业的生产规模逐步扩大，尤其是第二次世界大战以后，企业向着跨行业、跨地区的跨国公司和多角经营发展，内部组织机构和管理层次也更加复杂，迫使企业管理进一步分权化，这个时期的责任会计，逐步形成事业部制度的组织形式，由原来的成本责任单位进而发展成成本、利润、投资三个事业部责任中心。与此同时，"行为科学"理论创始人梅奥及其从事这方面工作的社会科学家、经济学家、管理学家以及心理学家在研究人的因素与生产效率关系的基础上又创立并发展了各种新的理论，如"需要理论""期望理论""目标理论""行为效果理论""领导方式理论"和"激励理论"等理论，其核心都是强调人的行为对于实现企业目标的影响，而这些内容正是责任会计所需要的，即如何通过人的行为、思想、心理变化去激发责任者的行动，从而实现有效的管理和控制。由此我们不难看出，行为科学的发展为进一步完善责任会计制度提供了理论基础。

20 世纪 60—70 年代，西方责任会计基本上趋于完善，并在许多国家推广。80 年代"公司文化"的兴起，又将责任会计推向一个崭新的阶段。

15.1.3　责任会计的含义和内容

责任会计是现代分权管理模式的产物，它是根据授予各级单位的权利、责任以及对其业绩的评价方式，将企业内部各单位划分成若干个不同种类、不同层次的责任中心，并对其分工负责的经济活动进行规划和控制，以实现业绩考评的一种内部控制制度。

责任会计在企业内部建立若干个责任中心，并利用会计信息对其分工负责的单位的业绩进行计量、控制与考评，其主要内容包括以下几个方面。

1. 划分责任中心，确定权责范围

建立责任会计，首先应根据企业内部管理的要求，结合企业生产组织、工艺过程的特点，将企业所属的各部门、各单位划分为若干个责任中心，如分厂、车间、班组甚至个人明确规定其权责范围，使其能在权责范围内独立自主地履行职责。实行责任会计，重要的不在于企业内部有哪些责任中心和如何划分这些责任中心，而在于如何确定责任中心的责任范围，以及使用哪些价值指标将其责任给予量化反映。

2. 编制责任预算，制定考核标准

责任预算，是利用货币形式对责任中心的生产经营活动作出的计划安排。通过编制责任预算，将企业的总体目标层层分解，逐级落实到每一个责任中心，并以此作为开展经营活动、评价工作业绩的主要依据。

3. 建立核算系统，编制责任报告

责任中心的业绩考评是责任会计的核心。为了反映责任中心的业绩，即对责任预算和考核指标的完成情况，必须建立相应的核算系统，对反映责任中心业绩的会计信息进行归集、加工和整理，最后以责任报告的形式提交企业管理层。对预算的执行情况建立一套跟踪考核系统，并以编制"责任报告"的形式，将实际数和预算数进行比较，得出差异，分析其有利或不利差异的原因，并通过信息反馈控制和调节经营活动。

4. 评价经营业绩，建立奖惩制度

通过编制责任报告，对各责任中心的业绩进行考评，按实际工作的好坏进行相应的奖惩，以此调动各责任中心的积极性。

15.1.4 建立责任会计制度应遵循的基本原则

责任会计是用于企业内部管理的会计，因而企业可以根据各自不同的特点来确定责任会计的具体形式。但是，无论建立或实施何种特定形式的责任会计，都应当考虑和遵循以下六项原则。

1. 责任会计主体原则

进行责任会计的核算，要有明确的对象。责任会计的核算是以企业内部的责任中心为对象，责任会计资料的收集、记录、整理、计算、分析等工作，都必须按责任中心进行。

2. 责、权、利相结合的原则

在责任会计中，给予责任中心的负责人一定的责任，并赋予责任者与其所承担的责任相匹配的权利，以相应的利益作为业绩考核的标准。在责、权、利三者的关系中，突出"责"的作用，"权"和"利"分别是保证与激励因素。只有贯彻责、权、利相结合的原则，才能充分调动各责任中心的主观能动性。

3. 可控性原则

赋予各责任中心的责任，前提是各责任中心能够控制，各责任中心只对其能够控制的因素的指标负责，在考核时，对于各责任中心不能控制的因素，应排除在考核之外。

4. 目标一致原则

作为企业内部的责任中心，其奋斗目标必须与企业的总体目标相一致。一是强调各责任中心的局部利益服从总体利益；二是强调各责任中心之间的相互协调，避免各责任中心为了单纯追求各自的利益而损害企业整体利益或其他责任中心的利益。

5. 激励原则

责任会计的目的之一在于激励管理人员提高效率和效益，更好地完成企业的总体目标。因此，责任目标和责任预算的确定应是合理的、切实可行的，经过努力完成目标后所得到的奖励和报酬与所付出的劳动相比是值得的。这样，就可以不断地激励各责任中心为实现预算目标而努力工作。

6. 反馈性原则

为了对各责任中心的经营业绩进行有效的控制，各责任中心需要及时、准确、可靠地计量、记录、计算和报告其在生产经营过程中的各种信息。这些信息一方面反馈给责任中心负责人，使其能够及时了解预算的执行情况，不断调整偏离预算的差异，采取措施实现规定的目标；另一方面反馈给上一级责任中心，使上一级责任中心及时了解全部责任范围的情况，进行有效的指导。

15.1.5　责任会计的作用

责任会计作为现代管理会计的一个重要分支，是现代分权管理模式的产物，是以各个责任中心为主体，以责、权、利相统一的机制为基础形成的评价和控制企业经营活动的进程和效果的信息系统。它的建立对于促进企业转变经营机制，增强企业活力，完善经济责任制等具有重要作用。实施责任会计对强化企业内部控制，正确评价企业内部各责任单位的工作、提高企业经济效益都有十分重要的作用。其作用具体表现在以下几个方面。

1. 有利于贯彻企业内部经济责任制

企业经济责任制是在国家政策的指导下，以提高企业经济效益为目的，责、权、利相结合的，国家、企业、个人利益相统一的，职工劳动所得与劳动成果相联系的生产经营管理制度。责任会计与企业内部经济责任制有着十分密切的内在联系，表现在责任会计要求把经济责任落实到各基层单位，划清各单位的责任，并通过会计资料的计量考核各单位的经营成果。无论是责任会计的原则还是其内容，都体现了经济责任制的要求。责任会计是适应经济责任制的要求而产生和发展的；经济责任制的实行又必须依靠责任会计作保证，才能使其在科学的基础上持久地坚持下去。

2. 有利于各责任单位的目标同整个企业的经营目标保持一致

系统论说明，为了保证系统整体目标的实现，系统内各局部的分目标与系统的整体目标必须保持一致。在进行责任控制时，同样应注意各责任中心的业务活动同整体目标的一致性，如果各责任中心的目标都完成了，企业的总体目标也就能够得以实现。

按责任会计制度的要求，企业必须定期编制责任报告，而责任报告的内容采用链条形式，即以企业最低管理层次为起点，逐级向上汇编，直至最高管理层。这样各种数据环环相扣，逐级汇总，形成一条"责任链条"，为企业完成总体目标创造了有利条件。

3. 有利于加强成本控制

责任会计制度的一项重要内容就是建立一套完整的记录、计算、积累有关责任成本的核算方法，加强对可控成本的控制。

4. 有利于促进企业分配制度的合理化

实行责任会计以后，企业物质利益分配的参照标准是各责任中心责任预算完成的质和量。通过责任会计核算提供的信息，就能使企业分配有充分的依据，这就有利于打破平均主义，促进企业分配制度的合理化。

5. 便于及时反馈经济信息

实行责任会计，可以使业务部门及有关责任者及时了解其责任履行情况，检查是否达到目标，及时进行信息反馈，总结经验，及时发现和解决生产经营过程中的问题，以达到或超过预期目标。

15.2 责任中心的业绩评价

15.2.1 责任中心的划分

实行责任会计制度的企业，首先必须将其内部各生产经营单位划分为若干个不同种类、不同层次的责任中心。责任中心（responsibility center）是指具有一定的管理权限并承担相应经济责任的企业内部单位。责任中心可大可小，它可以是一个销售部门、一条专门的生产线、一个仓库、一台机床、一个车间、一个班组、一个人，也可以是分公司、事业部，甚至是整个企业。

责任中心是权、责、利的结合，通常具有以下五个基本特征。

1. 拥有与企业总体管理相协调、与其管理职能相适应的经营决策权

拥有与企业总体管理相协调、与其管理职能相适应的经营决策权，使其能在最恰当的时刻对企业遇到的问题作出最恰当的决策。分权管理的主要目的是提升管理的效率。为保证做到这一点，就应在系统思想的指导下，将一些日常的经营决策权直接授予负责该经营活动的部门，使其能针对具体情况及时地作出处理，以避免因延误决策时机而造成损失。

2. 承担与其经营权相适应的经济责任

有什么样的决策权力，就应承担什么样的经济责任，所以当一个部门被授予其经营决策权时，就必须对其决策的"恰当性"承担责任，这也是对有效地使用权力的一种制约。所以每一责任中心，必须根据授予的经营决策权的范围承担相应的经济责任。

3. 建立与责任相配套的利益机制

为了保证企业各部门管理人员都能有效地行使其权利，并承担起相应的责任，必须建立与其责任相配套的利益机制，以使每个管理人员的个人利益与其管理业绩相联系起来，从而调动全体管理人员和所有职工的工作热情与责任心。

4. 责任中心便于进行责任会计核算或单独核算

责任中心不仅要划清责任，而且要单独核算。划清责任是前提，单独核算是保证。只有既划清责任又能进行单独核算的企业内部组织，才能作为一级责任中心。

5. 各责任中心的局部利益必须与企业整体利益相一致

各责任中心的局部利益必须与企业整体利益相一致，不能为了各责任中心的局部利益而影响企业的整体利益。

企业内部怎样设置责任中心，应设置多少责任中心，完全取决于企业内部控制、考核的需要。划分责任中心的依据并不是成本、收入、利润或投资发生额的大小，而是依据发生与否及能否分清责任。不同的内部单位，因生产经营特点和相应的控制范围不同，可以成为不同的责任中心。对较大的责任中心又可按照责任区域和控制对象大小进一步划分成若干不同层次的较小的责任中心，如车间是一个责任中心，它又可以进一步按生产工段建立责任中心，而生产工段也可以按生产班组再进一步建立责任中心。根据企业内部责任单位的权限范围以及生产经营活动的特点，责任中心通常分为成本中心、利润中心和投资中心。

15.2.2 成本中心

1. 成本中心的含义

成本中心（cost center）是指那些只发生成本而无收入来源的责任中心。这类责任中心不对外销售产品，无销售收入产生；只有成本和费用发生，只能对成本和费用实施控制；只需对成本负责，不需对收入、收益或投资负责。

成本中心的目标也就是保质，保量地完成生产任务，协助管理工作，控制和降低成本。

成本中心是责任中心中层次划分最具体的一种责任中心，成本中心应用范围最广，是实行责任会计应设置的最基层的责任单位。任何对成本负有责任的部门都是成本中心，一个企业的车间、工段、班组、个人等都可以成为一个成本中心。在一个成本中心里，可以再细分几层成本中心。例如，一个分厂可以作为成本中心，它所属的车间是次一级的成本中心，车间下属的工段是又次一级的成本中心，班组甚至是个人是最低层次的成本中心。

2. 成本中心的类型

1）标准成本中心

标准成本中心也称技术性成本中心。技术成本是指成本发生的数额经过技术分析可以相对可靠地估算出来的成本，如直接材料、直接人工、间接制造费用等，发生额可通过标准成本或弹性预算加以控制，其特点是投入量与产出量有密切关系。标准成本中心是指那些有明确、具体的产品，且对生产产品所需各种要素的投入量能够合理预计的成本中心。

建立标准成本中心的条件是企业将要生产的产品在种类上已经确定，数量上可以度量，并且已知生产每单位产品所需要的投入量。对于任何一种重复性经营来说，只要其产品的实际数量能够计量且能够说明投入量和产出量之间所希望达到的生产函数，就可以建立标准成本中心。通常，标准成本中心的典型代表是制造业工厂、车间、工段、班组等。标准成本中心又有两种：一种是基本成本中心；另一种是复合成本中心。前者没有下属成本中心，如一般一个工段是一个基本成本中心；后者有若干个下属成本中心，如一个车间是一个成本中心，在它的下面有若干个班组，若这些班组也都被划定为成本中心，那么该车间就是一个复合成本中心。

2）费用中心

费用中心也称酌量性成本中心，是指那些工作成果不能用财务指标来计量，或者投入与产出之间没有密切关系的成本中心。酌量性成本是否发生以及发生数额的多少是由管理人员的决策所决定的，主要包括各种管理费用和某些间接成本。例如，一般行政管理部门（会计、法律、人力资源、计划等），研究开发部门（设备改造、新产品研制等），某些销售部门（广告、宣传、仓储等）。行政管理部门的产出难以计量，而研究开发部门和销售部门的投入量与产出量之间没有密切的联系。所以，我们难以根据投入与产出的数量来判断这些费用中心的经营效率的高低，也就不容易对其无效开支进行控制。

3. 成本中心的特点

责任会计是围绕责任中心来组织，以各个责任中心为对象进行有关资料的收集、整理和分析对比的会计制度，所以，成本中心的成本具有自己的特点，与一般所说的完全成本计算法下的产品成本有所不同。具体体现为两个方面。

1）成本中心所计算考核的是可控成本

成本中心所发生的各项成本，对成本中心来说，有些是可以控制的，即可控成本，有些是无法控制的，即不可控成本。

一般认为，可控成本应同时具备三个条件：

（1）成本中心能够通过一定的方式预知将要发生什么性质的成本。

（2）成本中心能够对其进行计量。

（3）成本中心能够控制和调节成本发生的数额。

凡不符合上述三个条件的，即为不可控成本，则不在成本中心的责任范围之内。

实践表明，区分成本是否可控并不容易。成本的可控性是相对的，它与责任中心所处管理层次的高低和控制范围的大小是直接相关的。成本划分为可控成本与不可控成本必须以特定的责任中心、特定的期间和特定的权限为前提。具体表现在以下方面。

（1）某项成本从某一个责任中心看是不可控的，而对于另一个责任中心则是可控的。例如，由于材料质量不合要求，而造成的超过消耗定额使用的材料成本，对生产部门来说是不可控成本，而对供应部门来说一般则是可控成本。又如，新产品的试制费用，对于生产部门来说往往是不可控成本，而对于开发设计部门来说则是可控成本。

（2）某些费用从较短期间看属于不可控成本，如直线法下的固定资产折旧、长期租赁费等；从较长的期间看，又成为可控成本。

（3）成本的可控性也因不同级别决定问题的权力大小而不同。例如，生产车间发生的折旧费用对于生产车间这一层次的成本中心而言属于可控成本，但对于其下属的班组这一层次的成本中心来说，则属于不可控成本。又如，广告费、研究开发费、职工培训费等通常由最高决策层根据需要与可能来决策，对于有关高层管理部门来说，属于可控成本，而各基层单位只能在规定的限额内具体掌握使用，这些费用不能由具体使用单位自行增减，所以对基层单位来说属于不可控成本。

2）成本中心所计算考核的成本是责任成本

责任成本是以某一特定的责任中心为对象，所归集的属于该责任中心的所有可控成本，对一个成本中心进行业绩考核时，其内容并非是所有成本，而是以可控成本为依据的责任成本。

责任成本和产品成本的区别主要表现在以下方面。

（1）核算的目的不同。产品成本核算能为考核成本计划完成情况及计算利润、制定产品价格提供依据，是实施经济核算制的重要手段；而责任成本核算则是为了评价和考核责任预算的执行情况，是进行成本控制和考核成本责任的重要手段。

（2）成本核算对象不同。责任成本以特定的责任单位为成本核算对象，而产品成本以特定的产品为核算对象。

（3）核算的内容不同。产品成本既包括可控成本又包括不可控成本，只要是应归属于产品的，都是产品成本；而责任成本的核算只包括可控成本，不可控成本只作为参考指标。

（4）成本归集的原则不同。责任成本法是按可控性原则将成本归集于不同的责任中心，是"谁负责，谁承担"，而产品成本是按受益原则归集和分摊费用，是"谁受益，谁承担"。

责任成本与产品成本虽有区别，但两者又有密切的联系。首先，两者核算的原始成本信息是相同的，只是加工整理的主体不同；其次，两者归集的成本都是企业生产经营过程中实际发生的耗费，因此，就整个企业来说，一定时期的责任成本总额和一定时期的产品成本总额是相等的。分清产品成本与责任成本的区别，是责任中心核算的一个基本前提。二者的关系如图15-1所示。

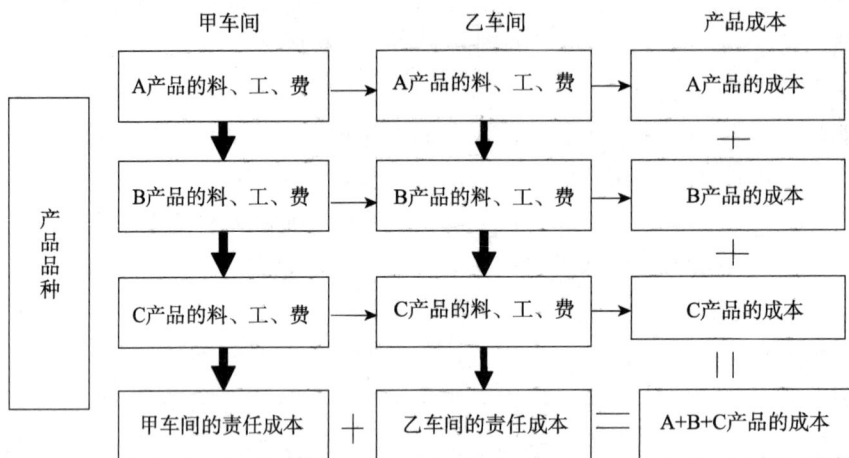

图 15-1　产品成本与责任成本的关系

4. 业绩考评指标及责任报告

成本中心是企业最基础、最直接的责任中心，在业绩考评中，只应对其可控的成本负责。也就是说，这种考评应是上级直接考评其可以直接控制的下级，下级再直接考评其可以直接控制的更下一级，如此递推前进。对上级而言，控制范围广，包括下级的控制范围，它计算和考评的成本责任指标涉及该责任中心的所有可控成本；对下级而言，其控制范围仅为上级的一部分，其计算和考评只能涉及部分的成本项目，甚至是几个子项目。

成本中心业绩考评的主要内容是将实际成本与责任成本进行比较，确定两者差异的性质、数额以及形成的原因，并根据差异分析的结果，对各责任中心进行奖罚，促使各责任中心调整行为误差，保证责任的完成。

1）成本中心的考核指标

责任中心的考核指标主要是责任成本，具体包括成本（费用）降低额和降低率。其计算公式如下。

成本（费用）降低额 = 预算成本（费用）- 实际成本（费用）

成本（费用）降低率 = 成本（费用）降低额 ÷ 目标（预算）成本 × 100%

在对成本中心进行考核时，需要注意的是，如果预算产量与实际产量不一致，应按弹性预算的方法首先调整预算指标，然后再计算上述指标。

例 15-1　A成本中心生产甲产品，计划产量300件，单位变动成本100元，固定成本预算 6 000 元。实际产量 400 件，单位变动成本 90 元，实际固定成本发生额 5 600 元。计算和分析该成本中心成本预算完成情况。

变动成本降低额 = 400×100 − 400 × 90 = 4 000（元）

固定成本降低额 = 6 000 − 5 600 = 400（元）

变动成本降低率 = 4 000 ÷ 40 000 = 10%

固定成本降低率 = 400 ÷ 6 000 ≈ 6.67%

由于单位变动成本每件降低 10 元，实际产量 400 件，共降低 4 000 元，再加上固定成本的节约，该成本中心共降低费用 4 400 元，生产量也完成得很好，实际产量超过计划产量 100 件。

2）成本中心的业绩报告

每个责任中心应定期编制业绩报告，对责任预算的执行情况进行系统的记录和计量，以作为评价和考核各个责任中心工作成果的依据。

报表形式的责任报告一般有预算数、实际数、差异数。不利差异或有利差异是评价责任中心好坏的重要标志。责任报告中的预算数根据责任预算填列，实际数从产品成本的计算资料取得，或从成本中心设立的账户记录、归集的可控成本取得。成本中心主要考核可控成本，不可控成本一般不予反映或分别列示以供参考。

某企业车间一级成本中心责任报告见表 15-1。

表 15-1　车间成本中心责任报告

2008 年 10 月 31 日　　　　　　　　　　　　　　单位：元

摘要	预算数	实际数	差异
下属单位转来的责任成本			
甲工段	1 500	1 580	80
乙工段	1 300	1 290	−10
本车间可控成本			
直接人工	190	192	2
管理人员工资	210	220	10
设备维修费	160	177	17
物料费	91	100	9
小计	651	689	38
本车间责任成本	3 451	3 559	108

15.2.3　利润中心

1. 利润中心的含义

利润中心（profit center）是应对利润负责的责任中心。由于利润等于收入减去成本和费用，所以，利润中心实际上既要对收入负责，又要对成本、费用负责。它主要指企业内部同时具有生产和销售职能，有独立的、经常性的收入来源的较高层次的组织机构，如分公司、分厂等。显然，利润中心是比成本中心处于更高层次上的责任中心，每个利润中心都包含若干个下属的成本中心。利润中心所要负责控制的成本按下属各成本中心进行分解，即形成各成本中心所要负责控制的对象，而利润中心则要对其权责范围内取得的全部收入和发生的全部成本，以及作为两者综合反映的利润指标负责。

2. 利润中心的类型

利润中心分为两种类型：自然利润中心和人为利润中心。

自然利润中心是指可以对外销售产品并取得收入的利润中心。这类中心虽然是企业内部的一个责任单位，但它本身直接面向市场，具有产品销售权、价格制定权、材料采购权和生产决策权，其功能与独立企业相近。最典型的形式就是公司内部的事业部，每个事业部均有销售、生产、采购的功能，能够独立地控制成本、取得收入。

人为利润中心是指只对内部责任单位提供产品或劳务而取得内部销售收入的利润中心。主要在企业内部按照内部转移价格出售产品，从而获取"内部销售收入"。这类责任中心一般也应具有相对独立的经营管理权，即能够自主决定本利润中心的产品品种、产品产量、作业方法、人员调配和资金使用等。但这些部门提供的产品或劳务主要在企业内部转移，很少对外销售。大型钢铁公司的采矿、炼铁、轧钢等生产部门的产品除了少量对外销售外，主要在公司内部转移，这些部门可以视为人为利润中心。

3. 业绩考评指标及责任报告

1）利润中心的考核指标

对利润中心业绩的评价与考核，主要方法是将一定期间实际实现的利润与预算所确定的预计利润数进行比较，进而对差异形成的原因和责任进行具体剖析。

由于利润中心既对其发生的成本负责，又对其发生的收入和实现的利润负责。所以，利润中心业绩评价的重点是边际贡献和利润，在评价利润中心业绩时，可以选择以下几种考核指标：边际贡献、可控边际贡献、部门边际贡献和税前部门利润。

$$边际贡献 = 销售收入 - 变动成本$$

$$可控边际贡献 = 边际贡献 - 可控固定成本$$

$$部门边际贡献 = 可控边际贡献 - 不可控固定成本$$

$$税前部门利润 = 部门边际贡献 - 分配来的共同固定成本$$

例 15-2 甲公司某一部门的数据如下。

部门销售收入	10 000 元
部门销售产品的变动成本和变动销售费用	6 000 元
部门可控固定成本	400 元
部门不可控固定成本	500 元
分配的公司管理费用	300 元

要求：计算该部门的各级利润考核指标。

解：

（1）边际贡献 = 10 000 - 6000 = 4 000（元）

（2）可控边际贡献 = 4 000 - 400 = 3 600（元）

（3）部门边际贡献 = 3 600 - 500 = =3 100（元）

（4）税前部门利润 = 3 100 - 300 = 2 800（元）

2）利润中心的业绩报告

利润中心的业绩报告通常应分别列出有关项目的实际数、预算数和差异数。表 15-2 为某公司利润中心业绩报告。

表 15-2　某公司利润中心业绩报告　　　　　　单位：元

项目	实际数	预算数	差异数
销售收入	40 000	39 250	750
变动成本：			
变动生产成本	27 850	28 000	-150
变动销售及管理成本	9 250	9 100	150
变动成本合计	37 100	37 100	0
边际贡献总额	2 900	2 150	750
减：中心负责人可控固定成本	450	450	0
中心负责人可控利润	2 450	1 700	750
减：中心负责人不可控固定成本	450	300	150
利润中心可控利润	2 000	1 400	600
减：上级分来的共同成本	150	150	0
税前利润	1 850	1 250	600

15.2.4　投资中心

1. 投资中心的含义

投资中心是应对投资收益负责的责任中心。因为投资收益是将投资资本与该项投资所产生的利润联系起来加以综合考核的指标，所以投资中心要对投资收益负责，也就包括要对利润负责，从而也就要对形成利润的收入与成本负责。它适用于能直接控制固定设备、应收账款、存货等资产的某一事业部、分厂或分公司等。显然，投资中心是最高层次的责任中心，它拥有最大的决策权，也承担最大的责任。每个投资中心都包含若干个下属的利润中心。投资中心必然是利润中心，但利润中心并不都是投资中心。

投资中心与利润中心的主要区别是：利润中心没有投资决策权，需要在企业确定投资方向后组织具体的经营；而投资中心则具有投资决策权，能够相对独立地运用其所掌握的资金，有权购置和处理固定资产，扩大或削减生产能力。

成本中心、利润中心、投资中心这三类责任中心在分权管理的企业组织结构中分别处于不同层次，处在最高层次的是投资中心，其次是利润中心，成本中心处于最底层。

2. 投资中心的业绩评价

1）投资中心的考核指标

在投资中心，业绩的考核不仅仅要衡量利润，而且还要将利润和它所占用的资产联系起来。反映投资效果的指标主要是投资报酬率、剩余收益和经济附加值。

（1）投资报酬率（ROI）。投资报酬率是投资中心所获得的部门边际贡献除以该部门所拥有的资产额。它是最常见的考核投资中心业绩的指标。

投资回报率(ROI) = 年利润或部门边际贡献 ÷ 投资总额 × 100%

例 15-3 某投资中心的资产额为 6 000 000 元，所计算的部门边际贡献为 900 000 元，则该投资中心的投资报酬率为：

投资报酬率 = 900 000/6 000 000 × 100% = 15%

投资报酬率指标的优点：①它是一个相对数指标，考虑了投资规模，剔除了因投资额不同而导致的利润差异的不可比因素，具有很强的横向可比性，有利于不同规模的部门之间和不同行业之间的比较；②它是用现有的会计资料计算的，比较客观；③投资利润率有利于调整资本流量和存量，资产运用的任何不当行为都会降低投资报酬率，所以，采用这个指标作为评价指标，有利于正确引导投资中心的管理活动。

投资报酬率指标的缺点：首先，投资报酬率重视短期的业绩评价，容易导致投资中心的短期行为。部门经理人员会放弃高于资金成本而低于本部门目前的投资报酬率的机会，或者减少现有的投资报酬率较低但高于资金成本的某些资产，使部门业绩获得较好评价，但却伤害了企业整体的利益。其次，通货膨胀的影响会使资产的账面价值失实，从而使得各部门每年少计折旧，虚增利润，使投资报酬率偏高。最后，上级所设定的投资报酬率如果过高，下级无法达到，将打击他们的工作积极性。

例 15-4 依例 15-3，整个企业的资金成本为 10%，该投资中心有一投资报酬率为 12% 的投资机会，投资额为 600 000 元，每年该项投资创造的部门边际贡献为 72 000 元。虽然对整个企业来说，由于投资报酬率高于资金成本，应当利用该投资机会，但它却使这个部门的预期投资报酬率由以前的 15% 下降到 14.73%，即

预期投资报酬率 = （900 000 + 72 000）/（6 000 000 + 600 000）×100% = 14.73%

同理，当情况与此相反，假设该部门现有一项资产价值 600 000 元，每年获利 84 000 元，投资报酬率为 14%，超过了资金成本，部门经理却愿意放弃该项资产，以提高部门的投资报酬率，此时投资报酬率为

放弃该项资产后的投资报酬率 = （900 000 - 84 000）/（6 000 000 - 600 000）×100% = 15.11%

当使用投资报酬率作为业绩评价标准时，部门经理可以通过加大公式中的分子或

减少公式中的分母来提高这个比率。表面上看，提高了企业个别部门的投资报酬率，实际上却会失去不是最有利但可以扩大企业总收益的项目。

因此，为了使投资中心的局部目标与企业的总体目标保持一致，弥补投资报酬率这一指标的不足，还可以采用剩余收益指标来评价、考核投资中心的业绩。

（2）剩余收益。剩余收益是反映投资中心获得的利润与投资之间关系的绝对数指标。其计算公式为

$$剩余收益 = 部门边际贡献 - 部门资产应计报酬$$
$$= 部门边际贡献 - 部门资产 \times 资本成本$$

根据例 15-4 可得：

当前部门剩余收益 $= 900\,000 - 6\,000\,000 \times 10\% = 300\,000$（元）

采用增资方案后剩余收益 $= (900\,000 + 72\,000) - (6\,000\,000 + 600\,000)$
$$\times 10\% = 312\,000（元）$$

采用减资方案后剩余收益 $= (900\,000 - 84\,000) - (6\,000\,000 - 600\,000) \times 10\%$
$$= 276\,000（元）$$

部门经理会采纳增资方案而放弃减资方案，这正是与企业目标相一致的。

剩余收益指标的主要优点：考虑了权益资本成本的补偿，可以防止投资中心的短期行为，可以使业绩评价与企业的目标协调一致，引导部门经理采纳高于企业资金成本的决策；在使用剩余收益指标时，可以对不同部门或者不同资产规定不同的资金成本百分数，使剩余收益这个指标更加灵活。因为，不同的投资有不同的风险，按风险程度调整其资金成本，更具科学性。

剩余收益指标的主要缺点：剩余收益是绝对数指标，不便于不同部门之间的比较。

（3）经济附加值。经济附加值（economic value added，EVA）是一种特殊形式的剩余收益表示形式，是由美国斯滕斯特（Stern Stewart）公司在 1991 年引入价值评估领域的。它基于这样的一种理论：按公认会计准则编制的会计报表中没有包含资本成本这一关键信息。经济附加值衡量的是企业资本收益和为企业带来经营利润的所有资本的成本之间的差额。其计算公式如下

$$经济附加值（EVA） = 税后利润 - 加权平均资本成本 \times 资金总额$$

如果 EVA 是正数，表示该公司是盈利的；如果 EVA 是负数，则表示该公司的资金正在减少。从长期看，只有不断地创造资本或财富的公司才能生存。以 EVA 指标评价投资中心的经营业绩，能够激励管理者使用现有的和新增的资金去获得更大的利润。EVA 指标的重要特征就在于它强调税后利润和资金的实际成本。

使用经济附加值指标的关键是如何计算资金成本。一般来说，计算资本成本需要两个步骤，一是确定资金的加权平均成本；二是确定资金总额。其中，资金的加权平均成本的计算公式如下：

资金的加权平均成本 $= \sum$（某种融资在总融资中所占的比例 $\times$ 该项融资的资金成本）

一般来说，资金总额不仅包括购买厂房建筑物、机器设备和土地使用权等投资的资金数额，而且还应该包括一些预期可能会有一个长期回报的其他支出，如研究开发费用、雇员的培训费等（实际上它们本身也是投资）。

经济附加值具有剩余收益的所有优点，同时它克服了剩余收益的缺点，尽量剔除了会计信息失真的影响。剩余收益是按照公认会计准则计算得出的，在一定程度上存在信息失真的情况，而经济附加值计算公式中的税后净营业利润是针对公认会计原则中存在的缺陷进行调整后得出的，从而可以部分减少对企业真实的经济业绩的曲解。

2）投资中心的业绩报告

由于投资中心是企业最高层次的责任中心，所以其业绩报告较为概括。投资中心业绩报告的基本格式见表 15-3。

表 15-3　某公司投资中心业绩报告　　　　　　　　　　　　单位：元

项目	实际数	预算数	差异数
销售收入（1）	60 000	56 000	+ 4 000
销售成本（2）	57 000	54 000	+ 3 000
销售利润（3）=（1）－（2）	3 000	2 000	+ 1 000
平均资产原价（4）	15 000	12 500	+ 2 500
投资报酬率（5）=（3）÷（4）	20%	16%	+ 4%
最低投资报酬（6）=（4）×10%	1 500	1250	+ 250
剩余收益（7）=（3）－（6）	1 500	750	+ 750

例 15-5　利用表 15-3 某公司投资中心业绩报告，试对上述投资中心业绩进行评价。

解：该投资中心的投资报酬率实际数比预算数高了 4%，剩余收益实际数比预算数多了 750 元，即该投资中心的投资报酬率和剩余收益指标均完成预算，表明该投资中心的经营业绩比较突出。

15.3　平衡计分卡

15.3.1　平衡计分卡的含义

平衡计分卡（balanced scorecard，BSC）是从财务（financial）、顾客（customer）、企业内部流程（internal business processes）、学习与成长（learning and growth）四个角度，将组织的战略落实为可操作的衡量指标和目标值的一种新型绩效管理体系。

平衡计分卡是由美国哈佛大学的卡普兰教授和诺顿教授率先提出的。1992 年卡普兰和诺顿在《哈佛商业评论》上发表《平衡计分卡：企业绩效的驱动》一文，其主要针对传统的以财务指标为主的绩效评价系统，强调非财务指标的重要性，通过对财务、顾客、内部作业流程、学习与成长四个方面各有侧重又互相影响的绩效评价来沟通目标、战略和企业经营活动的关系。这篇文章的发表，在理论界和实务界引起了巨大轰动。至此，一种崭新的综合绩效评价制度——平衡计分卡受到了关注。

设计平衡计分卡的目的就是要建立"实现战略制导"的绩效管理系统，从而保证企业战略得到有效的执行。因此，人们通常称平衡计分卡是加强企业战略执行力的最有效的战略管理工具。

15.3.2 平衡计分卡的基本原理

平衡计分卡的各个组成部分是以一种集成的方式来设计的，公司现在的努力与未来的前景之间有着一种"因果"关系，在企业目标和业绩指标之间有着一条"因果链"。平衡计分卡的四个层面是有因果关系的，就像四座紧密相连的桥梁，将战略与执行联系起来。其基本框架如图 15-2 所示。

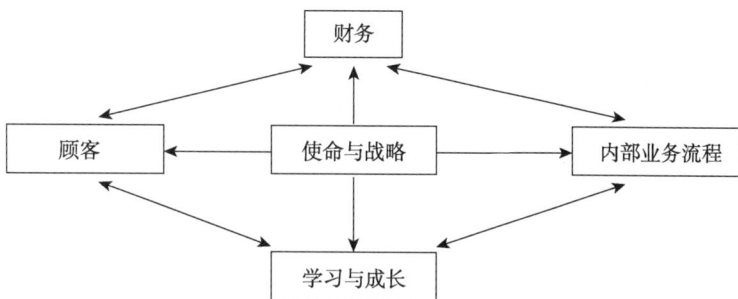

图 15-2 平衡计分卡的基本框架

其基本管理思想是：强调非财务业绩与非财务指标的重要性，从财务、顾客、内部业务流程、学习与成长四个层面各有侧重又相互影响的方面来评价业绩，以达到沟通目标、战略与经营活动三者之间的和谐关系，实现短期利益与长期利益、局部利益与整体利益的协调发展，追求企业的可持续发展。

15.3.3 平衡计分卡所包含的要素

平衡计分卡包含了以下多种要素。

（1）维度。维度是观察组织和分析战略的视点，每个维度均包含战略目标、绩效指标、目标值、行动方案和任务几部分。平衡计分卡的维度具体包括：财务、顾客、内部业务流程、学习与成长四个维度。

（2）战略目标。每个战略目标都包括一个或多个绩效指标。

（3）绩效指标。该指标是衡量公司战略目标实现结果的定量或定性的尺度。

（4）目标值。目标值是指期望达到的绩效目标的具体定量要求。

（5）行动方案。和项目类似，它由一系列相关的任务或行动组成，目的是达到每个指标的期望目标值。

（6）任务。任务是执行战略行动方案过程中的特定行为。

15.3.4　平衡计分卡的基本内容

平衡计分卡包括四个方面：财务、顾客、内部业务流程、学习和成长。这几个方面分别代表企业三个主要的利益相关者：股东、顾客、员工。每个方面的重要性取决于其本身和指标的选择是否与公司战略相一致。每个方面都有其核心内容。

1. 财务层面

财务衡量不仅是一个单独的衡量方面，而且是其他几个衡量方面的出发点和落脚点。平衡计分卡应当反映企业的战略全貌，从长远的财务目标开始，然后将它们同一系列行动相联系。这些行动包括财务、顾客、内部业务流程以及企业的学习与成长，以实现向往的长期经济业绩。

为了财务成功我们对股东应如何表现？企业经营的直接结果是使股东获得财务回报，有了良好的财务状况，企业才能更好地发展。财务业绩指标可以显示企业的战略及其实施和执行是否对改善企业盈利作出贡献。财务目标通常与获利能力有关，其衡量指标有营业收入、资本报酬率、经济增加值等，也可能是销售额的迅速提高或创造现金流量。

2. 顾客层面

为达成愿景我们应该如何对待对顾客？向顾客提供产品和服务，满足顾客的需求，企业才能生存。顾客关心时间、质量、性能、服务和成本，企业就必须在这些方面下功夫，按时交货、提高质量、供货便宜且适用等。从顾客的角度给自己设定目标，就能够保证企业的工作有成效。在平衡计分卡的顾客层面，管理者应确立其业务单位将要竞争的顾客和市场，以及业务单位在这些目标客户和市场中的衡量指标。

在顾客方面有五大核心指标：市场份额、回头客的增长率、新顾客获得率、顾客满意度以及从顾客处获得的利润率。我们把顾客方面的指标分为过程指标和结果指标。所谓过程指标是指如果成功地实现就会支持其他行动指标的指标。对于顾客而言，主要关心的是高质量、低成本和及时供给等。而结果指标是指对于一个组织的战略目标而言最关键的指标体系。对顾客而言，主要有顾客满意度、市场份额等。有时两者是重复的，对于财务人员来说，关键是要找到两者之间的联系，以便找到一个合适的过程指标组合来实现最优的结构指标。

表 15-4 列出了一般顾客绩效衡量指标。

3. 内部业务流程层面

内部业务流程指的是企业从输入各种原材料和顾客需要，到企业创造出对顾客有价值的产品或服务过程中的一系列活动，它是改善其经营业绩的重点。

表 15-4　顾客绩效衡量指标

过程指标			
成本	质量	及时性	
顾客购买成本	退货率	可靠的营销	快捷的营销
顾客分销成本	评价机构的结果	准时销货比率	顾客订货的时间
顾客安装成本	市场调查反应	产品中断次数	完成合同的时间
顾客维修成本			产品生产周期
结果指标			
顾客忠诚度	吸引新顾客能力	市场份额	
老顾客回头率	新顾客比率	占总额的百分比	
背叛顾客人数	新顾客人数	占顾客总消费百分比	
挽留顾客成本	吸引顾客成本	占总产品百分比	

　　内部业务经营流程层面主要关注为顾客和企业股东提供价值所需要的内部流程。内部流程是创造顾客和股东价值的手段。因此，内部业务流程层面要求识别实现顾客和财务目标所必需的流程。内部业务流程价值链具体由三个部分组成：创新流程、经营流程和售后流程。

　　为满足客户和股东，哪些流程必须表现卓越？为了满足顾客不断变化的需求，企业必须在运作流程中开发出符合要求的新产品。只有把这些方面做好了，企业的运作才有价值，才能够得到顾客的回报。在这一层面上，管理者要确认组织必须擅长的关键的内部业务流程，这些流程帮助业务单位提供价值主张，以吸引和留住目标细分市场的客户，并满足股东对卓越财务回报的期望。

4. 学习与成长层面

　　学习与成长层面主要关注组织创造长期成长力和改进所需的能力。学习和成长层面是其他三个视角的目标得以实现的源泉。学习与成长层面必须包括三个主要目标：提高员工能力，增加激励、授权和合作，提高信息系统能力。企业必须不断地学习和创新，以应对不断变化的环境，并自觉推动企业的发展。这包括人力资源、产品线、技术、能力等方面的进步和自我成长的能力——学习能力的进步，只有不断地学习和创新，企业才可能更好地发展，因此必须规范与提升企业的创新能力、学习能力。这一层面应确立企业要创造长期的成长和改善所必须建立的基础框架，还应确立目前和未来成功的关键因素。平衡计分卡的前三个层面一般会揭示企业的实际能力与实现突破性业绩所必需的能力之间的差距，为了弥补这个差距，企业必须投资于员工技术的再造、组织程序和日常工作的理顺，这些都是平衡计分卡学习与成长层面追求的目标。如员工满意度、员工保持率、员工培训和技能等，以及这些指标的驱动因素。

　　平衡计分卡中的四个方面是相互联系、相互作用的。财务指标说明了已采取的行动所产生的结果，同时它又通过对顾客的满意度、内部业务流程及学习与成长活动进行测评的业务指标来补充财务衡量指标。财务方面是表象和滞后指标，顾客、内部业务流程、学习与成长是内在原因和领先指标。平衡计分卡的评价方法同时兼顾了组织中的内在和外在因素，并能够与组织的战略目标相配合，可以成为战略实施的重要工具；平衡计分卡同时运用财务指标与非财务指标，使业绩的评价更加完整和全面。

15.3.5　平衡计分卡的作用

1. 重视顾客，重视竞争优势的获取和保持

顾客是企业的重要资产，如何确认、增加和保持这项"资产"的价值，对于竞争优势的获取和保持都非常重要。平衡计分卡将顾客的服务满意程度作为单独的一个方面加以考核，并通过内部业务过程、学习与成长来保证和促进这一业绩，不仅从观念上促进了企业内部各个层次对于顾客价值的重视，而且提供了贯彻企业竞争战略的具体方式。

2. 弥补传统绩效评价的不足，能增强高企业激励作用

传统的绩效评价方法要么单独通过财务指标评价，其覆盖面过窄，因此，适用部门和岗位有限；要么是定性的、分散的工作任务的设立和评价，不仅难以保障公平性、系统性，战略目标的实现也难以确定。平衡计分卡通过四方面指标的系统分解和评价，更加体现出管理的系统性和评价的公平性，明确弥补了传统绩效评价的不足。

3. 有利于增强企业凝聚力，激发员工参与管理的热情

平衡计分卡通过指标分解让员工参与管理指标的设定，让员工了解到企业战略，进而认识到自身工作对企业战略及整体业绩的作用，有利于促进团队合作，激发员工参与管理的热情，加强企业的凝聚力，从而有利于战略的更好执行。

15.4　内部转移价格

15.4.1　内部转移价格的含义

内部转移价格又称内部转让价格，是指企业内部有关责任中心之间互相提供产品或劳务的结算价格。在分权管理模式下，企业内部的每个责任中心都是相对独立的责任主体，各责任中心之间相互提供产品或劳务的情况经常发生，当产品或劳务由一个部门转移到另一个部门时，一个部门的收入就成为另一个部门的成本。所以为了正确地计量、考核、评价企业内部各责任中心的经营业绩，明确区分它们的经济责任，使各责任中心的业绩考核评价建立在客观可比的基础上，就必须根据各责任中心的业务活动的具体情况及特点，正确制定企业内部合理的转移价格。这种为转移的产品和提供的劳务所确定的价格就称为内部转移价格。

合理制定内部转移价格有助于划分各个责任中心的经济责任；有助于调动各责任

中心的积极性；有助于考核各责任中心的经营业绩；有助于进行正确的经营决策。简而言之，转移定价有两个作用。首先，作为价格，它能指导各部门制定决策，帮助供应部门决定生产、提供多少产品，购买部门决定购买多少产品；其次，它有助于高级管理层对于责任中心尤其是利润中心的业绩考核。

15.4.2　内部转移价格的制定原则

为了使内部转移价格能实现上述功能，企业应用内部转移定价工具方法，一般应遵循以下原则。

（1）合规性原则。内部转移价格的制定、执行及调整应符合会计、财务、税收等法律法规的规定。

（2）效益性原则。企业应用内部转移定价工具方法，应以企业整体利益最大化为目标，避免为局部追求最优而损害企业整体利益的情况；同时，应兼顾各责任中心及个人利益，充分调动各方积极性。

（3）适应性原则。内部转移价格体系应当与企业所处行业特征、企业战略、业务流程、产品（或服务）特点、业绩评价体系等相适应，使企业能够统筹各责任中心利益，对内部转移价格达成共识。

（4）自主性原则。定价应尊重各责任中心相对的独立自主权，所制定的价格应为各方自愿接受，在条件允许的情况下，应由有关责任中心自主定价。

（5）激励性原则。内部转移价格的制定应能激励各个责任中心经营管理的积极性，使它们的努力工作与所得到的收益相适应。

（6）重要性原则。制定内部转移价格时应体现"大细零简"原则，对原材料、半成品、产成品等重要物资的内部转移价格制定从细，而对于一些数量繁多、价格低廉的物资，其内部转移价格制定从简。

15.4.3　内部转移价格的类型

内部转移价格的制定方法多种多样，不同方法制定出的内部转移价格适用于不同的具体情况，没有一种内部转移价格能够适用于所有目的。内部转移价格制定得有效与否，最终看它是否能够促进组织内部正确决策的制定。在制定内部转让价格时，一般有三种方法可供选择。它们分别是以市场价格为基础的内部转移价格、协商决定的内部转移价格和以成本为基础的内部转移价格。

1. 以市场价格为基础的内部转移价格

以市场价格为基础的内部转移价格就是直接以市场价格作为责任中心之间中间产品或劳务的内部转移价格。以市场价格为依据的内部转移价格，必须基于这样一些条件：企业内部各责任中心都处于独立自主的状态，可自由决定从外界或内部进行采购或销售；同时产品或劳务有竞争市场、有客观的市场价格可供利用。也就是说，购买方可以按市场价格从外部市场买到所需要的全部中间产品，且不会因此对市场价格产生明显影响，这样购买方就不会受制于销售方；同时，销售方也可以按市场价格向外部市场售出所生产的全部中间产品，且不会因此对市场价格产生明显影响，这样销售方也就不会受制于购买方。

以市场价格作为内部转移价格的优点是能够在企业内部创造一种竞争的环境，较好地体现公平原则。买卖双方都能够按照市价买卖它们的产品，内部交易跟对外交易一样，有利于激励和促进卖方改善经营管理、努力降低成本。

实际上，以市场价格作为内部转移价格，也有其局限性：责任中心之间提供的中间产品如果属于企业专门生产或具有特定的规格，则可能会没有市场价格可供采用，或者有的产品即使有市价，但市价波动较大或不具有代表性，而使得按市场价格计价带有局限性；企业内部相互转让的产品或提供的劳务，由于手续简单，往往比对外销售节约较多的销售费用和管理费用，如果仍直接按正常的市场价格计价，这方面的节约将全部表现为"卖方"的经营业绩，而"买方"却得不到任何好处，因而其结果不太合理。

2. 协商决定的内部转移价格

以市场价格为依据的内部转移可视同市场交易，完全按公允价格实现等价交换。如果在中间产品存在非完全竞争外部市场的情况下，内部的购买方可能无法从外部市场买到所需要的全部中间产品，或其外购行为可能会对市场价格产生明显影响；企业内部的销售方可能无法向外部市场售出所生产的全部中间产品；或其外销行为可能会对市场价格产生明显影响等，则不宜采用市场价格，而可考虑以协商价格作为内部转移价格。协商转移价格也称协商价格，是指买卖双方以正常的市场价格为基础，通过充分自由协商后而确定的一个双方都愿意接受的价格。注意，该协商价格是特指以市场为基础的协商价格，而不是泛指任何一种经多方协商而制定的价格。

协商价格通常要比市场价格稍低一些，原因之三。

（1）内部转移价格中所包含的销售费用和管理费用，一般要低于外部市场供应的市场价格。

（2）内部转让的中间产品一般数量较大，故单位成本较低。

（3）"卖方"大多拥有剩余的生产能力，因而议价只要略高于单位变动成本即可。

可见，协商价格的上限是市价，下限是单位变动成本，具体价格应当由责任中心的买卖双方在其上下限范围内协商议定。

协商转移价格被广泛采用，因为它可以照顾双方的利益并得到双方的认可。它使部门经理的自主权得到了保留，如果协商转移价格能确保企业利益最大化，则无须企业高层干涉各分部的具体事务。但是该种定价方法往往使分部经理人员将大量的时间和精力都浪费在协商过程中，协商价格会因谈判技巧而不同，这对准确进行业绩评价产生不利影响，从而可能会导致部门之间的矛盾。

3. 以成本为基础的内部转移价格

以成本为基础的内部转移价格就是在各中间产品或劳务的成本基础上加上一定比例的内部利润作为内部转移价格，该价格定价法也称成本加成法。此法主要适用于各责任中心之间转让的产品或劳务处于不完全市场竞争条件下，即中间产品或劳务没有正常市场价格的情况。以产品成本为内部转移价格是制定转移价格最简便的方法。

成本加成法通常有按完全成本加成和按变动成本加成两种做法。

1）完全成本加成法

完全成本加成法就是根据中间产品或劳务的完全成本加上按一定的合理利润率计算的利润作为内部转移价格的方法。

完全成本加成法突出的优点是简便，通常可以直接采用销售分部的成本数据。同时，与变动成本相比，由于补偿了固定成本，所以它鼓励销售分部多进行技术改革。

完全成本加成法存在的主要缺点是：①把"卖方"的功过全部转嫁给"买方"承担，从而削弱了各责任中心降低成本的责任感；②确定加成的利润率，往往带有很大程度的主观随意性，它的偏高或偏低都会影响双方业绩的正确评价。

2）变动成本加成法

变动成本加成法就是根据中间产品或劳务的变动成本加上按一定的合理利润率计算的利润作为内部转移价格的方法。

变动成本加成法的主要问题是：①这种转移价格会使"买方"过分有利；②由于对责任中心只计算变动成本，因而不能用投资利润率和剩余收益对利润中心负责人进行业绩评价，而只能用于成本中心；③固定成本不被重视，从而影响产品决策；④如果无限制地将一个责任中心的变动成本转移给另一责任中心，将不利于激励成本中心经理控制成本。

总之，成本加成法是一种较简单但不完善的方法。但是，对于无外部市场的中间产品，以及某种便于整体决策目的来说，它仍不失为一种行之有效的和必要的内部转移价格的方法。

以成本为基础的内部转移价格的主要优点是：能够清晰反映企业内部供需各方的责任界限，为绩效评价和激励提供客观依据，有利于企业优化资源配置。缺点是：不合理的内部转移价格可能造成信息扭曲，误导相关方行为，从而损害企业局部或整体利益。

案例分析

康益公司下设机装、电装两个事业部，均系利润中心。机装事业部专门生产一种组件售给电装事业部为制造某产品之用。该项组件的内部转移价格若按完全成本法计算，其资料见表15-5。

表 15-5　康益公司成本资料　　　　　　单位：元

组件的单位变动成本	40
组件分摊的单位固定成本	60
组件的单位成本	100

电装事业部购进该项组件后，还需进行加工，共需追加单位变动成本 50 元才能制成最终产品，然后以 200 元的价格向外出售。表 15-6 是电装事业部的单位产品的收入与成本资料。

表 15-6　电装事业部的单位产品的收入与成本资料

摘要	金额/元
销售收入	200
变动成本：	
机装事业部转移价格	100
电装事业部追加成本	50
变动成本合计	150
贡献毛益	50

最近康益公司收到客户的订单，希望购买该种产品 200 件，但其购买单价只愿出 125 元。

要求：

（1）试问电装事业部是否愿意接受该项产品 125 元的单位售价？试说明理由。

（2）若机装、电装两种事业部均有剩余生产能力可接受该客户 200 件的订货，无须增加固定设备。那么电装事业部对上述要求所作的决策对整个康益公司来说是否有利？请说明理由。

【自　测　题】

自学自测

扫描此码

【复习思考题】

一、思考题

1. 什么是责任会计？试述其基本内容和应遵循的基本原则。
2. 责任中心的基本形式是什么？各种责任中心有哪些主要特点？
3. 如何对成本中心、利润中心和投资中心进行考核？
4. 什么是平衡计分卡？其基本内容有哪些？
5. 什么是内部转移价格？其制定原则有哪些？
6. 内部转移价格有哪几种类型？各有什么特点？它们的适用条件是什么？

二、练习题

1. 某公司下设 A、B 两个投资中心。A 投资中心的投资额为 2 000 万元，投资报酬率为 15%；B 投资中心的投资报酬率为 17%，剩余收益为 200 万元；该公司要求的平均最低报酬率为 12%。该公司决定追加投资 1 000 万元，若投向 A 投资中心，每年可增加利润 200 万元；若投向 B 投资中心，每年可增加利润 150 万元。

要求：

（1）计算追加投资前 A 投资中心的剩余收益。
（2）计算追加投资前 B 投资中心的投资额。
（3）计算追加投资前该公司的投资报酬率。
（4）若 A 投资中心接受追加投资，计算其剩余收益。
（5）若 B 投资中心接受追加投资，计算其投资报酬率。

2. 已知某集团下设三个投资中心，有关资料如下见表 15-7。

表 15-7　某集团投资中心资料

指标	集团公司	A 投资中心	B 投资中心	C 投资中心
净利润/万元	3 465	1 040	1 580	845
净资产平均占用额/万元	31 500	9 450	14 500	7 550
规定的最低投资报酬率/%	10			

要求：

（1）计算该集团公司和各投资中心的投资利润率，并据此评价各投资中心的业绩。
（2）计算各投资中心的剩余收益，并据此评价各投资中心的业绩。
（3）综合评价各投资中心的业绩。

3. A 公司的研发费用采用费用化的处理方法，当年研发费用为 450 万元，上年研发费用为 300 万元，再上年研发费用为 240 万元，当年资产为 1 000 万元，净利润为 200 万元，所得税税率为 25%。

要求：

考虑研发费用按照三年摊销，假设资本成本 5%，计算 EVA 。

4. A 公司下属的一分厂生产饰品，直接材料、直接人工与制造费用的单位预算成本分别为 12 元、2.4 元和 3.6 元。该厂经理对下列业绩报告（表 15-8）十分满意。

表 15-8　A 公司业绩报告　　　　　　单位：元

项目	实际成本	预算成本	差异
直接材料	109 200	120 000	10 800（有利）
直接人工	23 400	24 000	600（有利）
制造费用	33 000	36 000	3 000（有利）
合计	165 600	180 000	14 400（有利）

假设上述三个成本项目均为变动成本。A 公司当期实际生产饰品 8 800 件。

要求：根据上述资料，对该分厂的业绩进行评价。

5. A 公司家电用品部的销货为 120 000 元，利润率 5%，为此销货需投资 40 000 元，管理层考虑以替代方案改进营业，两项方案均由员工提出：

（1）甲员工认为增加促销，可使销售量加倍，甲的方案将使利润率跌至 4%，并需增资 10 000 元。

（2）乙员工赞成撤销不赚钱的用品销售并增资 20 000 元提升效率。该方案将减少销售量 10%，但利润率将提进为 7%。

要求：

（1）计算公司投资于此部门当时的 ROI。

（2）计算员工建议的替代方案预期的 ROI。

参 考 文 献

[1] 罗纳德·W. 希尔顿. 管理会计学. 在动态商业环境中创造价值[M]. 北京: 机械工业出版社, 2003.

[2] 王化成, 佟岩, 李勇. 全面预算管理[M]. 北京: 中国人民大学出版社, 2004.

[3] 肖康元. 含息回收期法的模型分析. 中国科技信息[J]. 2005(23).

[4] 王立彦, 刘志远. 成本管理会计[M]. 第 2 版. 北京: 经济科学出版社 2005.

[5] 聂海根, 陈晓坤. 论标准成本法与作业成本法的整合[J]. 水利经济, 2006, 24(6).

[6] 王琴. 管理会计[M]. 上海: 立信会计出版社, 2006.

[7] 美国注册会计师协会(IMA). 管理会计与报告[M]. 北京: 经济科学出版社, 2007.

[8] 欧阳清, 杨雄胜. 成本会计学[M]. 北京: 首都经济贸易大学出版社, 2007.

[9] 冯耕中, 等. 企业物流成本计算与评价[M]. 北京机械工业出版社, 2007.

[10] 宋效中. 现代管理会计[M]. 北京: 机械工业出版社, 2007.

[11] 杨超. 标准成本法与作业成本法的结合应用研究[J]. 西安石油大学, 2007.

[12] 乐艳芬. 成本会计[M]. 上海: 上海财经大学出版社, 2007.

[13] 胡元木, 杨广珍, 等. 成本会计[M]. 上海: 格致出版社, 上海人民出版社, 2008.

[14] 赵桂娟, 王伶. 成本会计学有效管理的工具[M]. 北京: 机械工业出版社, 2008.

[15] 胡元木, 杨广修, 刘芳. 成本会计[M]. 上海: 格致出版社, 2008.

[16] 林万祥. 成本会计研究[M]. 北京: 机械工业出版社, 2008.

[17] 王平. 管理会计[M]. 武汉: 武汉理工大学出版社, 2008.

[18] 杨文杰. 管理会计[M]. 北京: 清华大学出版社, 2008.

[19] 潘飞主. 管理会计[M]. 上海: 上海财经大学出版社, 2009.

[20] 熊筱燕, 解宝贵, 王殿龙. 全面管理案例分析[M]. 西宁: 青海人民出版社, 2009.

[21] 彼得·C. 布鲁尔, 雷·H. 加里森, 埃里克·W. 诺琳. 管理会计学[M]. 北京: 中国人民大学出版社, 2009.

[22] 埃里克. 诺林, 彼得. 布鲁尔, 雷. 加里森. 经理人员管理会计[M]. 北京: 中国人民大学出版社, 2009.

[23] 余恕莲, 李相志, 吴革. 管理会计[M]. 北京: 对外经济贸易大学出版, 2009.

[24] 孙茂竹. 管理会计学[M]. 北京: 中国人民大学出版社, 2009.

[25] 王秀芬, 颜敏. 成本管理会计[M]. 北京: 首都经济贸易大学出版社, 中国农业大学出版社, 2009.

[26] 吴大军, 牛彦秀. 管理会计习题与案例[M]. 大连: 东北财经大学出版社, 2010.

[27] 吴晶. 管理会计最新实务指南[M]. 北京: 中国纺织出版社, 2010.

[28] 查尔斯·T. 亨格瑞, 斯里坎特[M]. 达塔尔, 乔治·福斯特, 等. 成本与管理会计[M]. 北京: 中国人民大学出版社, 2010.

[29] 万寿义, 任月君. 成本会计[M]. 2 版. 大连: 东北财经大学出版社, 2010.

[30] 陈洁. 物流成本管理[M]. 北京: 中国水利水电出版社, 2010.

[31] 齐殿伟, 王秀霞. 主编管理会计[M]. 北京: 北京大学出版社, 中国农业大学出版社, 2010.

[32] 乐艳芬. 成本管理会计[M]. 上海: 复旦大学出版社, 2010.

[33] 武生均. 成本管理学[M]. 北京: 科学出版社, 2010.

[34] 胡旭微. 财务管理[M]. 杭州: 浙江大学出版社, 2010.

[35] 杨尚军, 成本会计学[M]. 北京: 北京大学出版社, 2011.

[36] 孙茂竹, 王艳茹. 成本管理会计[M]. 大连: 东北财经大学出版社, 2011.

[37] 孟焰, 刘俊勇. 成本管理会计[M]. 北京: 高等教育出版社, 2011.

[38] 刘运国. 管理会计学[M]. 北京: 中国人民大学出版社, 2011.

[39] 崔国平, 成本管理会计[M]. 2 版. 北京: 机械工业出版社, 2012.

[40] 李惟莊. 管理会计习题与解答[M]. 上海: 立信会计出版社, 2012

[41] 于富生, 王俊生, 黎文珠. 成本会计学[M]. 6 版. 北京: 中国人大出版社, 2012.

[42] 钟红霞, 赵咏梅. 管理会计实务[M]. 北京: 中国商务出版社, 2012.

[43] 威廉·莱恩, 香农·安德森, 迈克尔·马厄. 成本会计精要[M]. 北京: 人民邮电出版社, 2012.

[44] 乐艳芬. 成本会计学[M]. 4 版. 上海: 上海财经大学出版社, 2012.

[45] 许琪, 洪生伟. 企业质量成本核算与管理的标准化[J]. 中国标准导报, 2012(6).

[46] 赵书和, 成本与管理会计[M]. 3 版. 北京: 机械工业出版社, 2012.

[47] 冯巧根. 成本与管理会计[M]. 北京: 中国人民大学出版社, 2012.

[48] 张一贞. 管理会计[M]. 3 版. 上海: 上海财经大学出版社 2012.

[49] 中国注册会计师协会. 财务成本管理[M]. 北京: 中国财政经济出版社, 2013.

[50] 李亚锋. 企业标准成本体系的构建[J]. 现代经济信息, 2013(13).

[51] 范学谦, 曾艳丽. 物流成本管理[M]. 天津: 天津大学出版社, 2013.

[52] 财政部. 管理会计基本指引, 2018.

教学支持说明

▶▶ 课件申请

尊敬的老师：

您好！感谢您选用清华大学出版社的教材！为更好地服务教学，我们为采用本书作为教材的老师提供教学辅助资源。鉴于部分资源仅提供给授课教师使用，请您直接手机扫描下方二维码实时申请教学资源。

任课教师扫描二维码
可获取教学辅助资源

▶▶ 样书申请

为方便教师选用教材，我们为您提供免费赠送样书服务。授课教师扫描下方二维码即可获取清华大学出版社教材电子书目。在线填写个人信息，经审核认证后即可获取所选教材。我们会第一时间为您寄送样书。

任课教师扫描二维码
可获取教材电子书目

清华大学出版社

E-mail: tupfuwu@163.com
电话：010-83470158/83470142
地址：北京市海淀区双清路学研大厦B座509室

网址：http://www.tup.com.cn/
传真：8610-83470107
邮编：100084

财务会计（英文版·第 11 版）

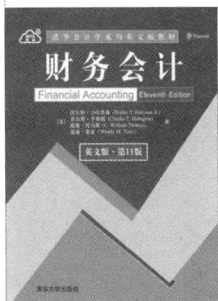

本书特色

经典的财务会计教材，配有中文翻译版，课件齐全。

教辅材料

课件、习题库

书号：9787302561934
作者：[美]沃尔特·小哈里森 查尔斯·亨格瑞 威廉·托马斯 温迪·蒂兹
定价：115.00 元
出版日期：2020.9

任课教师免费申请

财务会计（第 11 版）

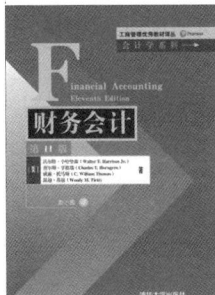

本书特色

经典的财务会计教材，配有英文影印版，教辅资源丰富，有中文课件。

教辅材料

课件、习题库、习题答案

书号：9787302508038
作者：[美]沃尔特·小哈里森 等 著，赵小鹿 译
定价：109.00 元
出版日期：2018.9

任课教师免费申请

数字财务

本书特色

内容前沿，案例丰富，四色印刷，实操性强。

教辅材料

教学大纲、课件

书号：9787302562931
作者：彭娟 陈虎 王泽霞 胡仁昱
定价：98.00 元
出版日期：2020.10

任课教师免费申请

财务会计学（第二版）

本书特色

体现最新会计准则和会计法规，实用性强，习题丰富，内容全面，课件完备。

教辅材料

教学大纲、课件

书号：9787302520979
作者：王秀芬 李现宗
定价：55.00 元
出版日期：2019.3

任课教师免费申请

中级财务会计（第二版）

本书特色

教材内容丰富，语言通俗易懂。编者均为教学第一线且教学经验丰富的教师，善于用通俗的语言阐述复杂的问题。教材的基本概念源于企业会计准则，比较权威，并根据作者的知识和见解加以诠释。

教辅材料

课件、习题

书号：9787302566793
作者：潘爱玲主编，张健梅 副主编
定价：69.00 元
出版日期：2021.11

任课教师免费申请

中级财务会计

本书特色

"互联网＋"教材，按照新准则编写，结构合理，形式丰富，课件齐全，便于教学。

教辅材料

教学大纲、课件

书号：9787302532378
作者：仲伟冰 赵洪进 张云
定价：59.00 元
出版日期：2019.8

任课教师免费申请

中级财务会计

本书特色
根据最新会计准则编写，应用
型高校和高职适用教材，案例
丰富，结构合理，课件齐全。

教辅材料
课件、教学大纲、习题答案

书号：9787302505099
作者：曹湘平 陈益云
定价：52.50 元
出版日期：2018.7

任课教师免费申请

中级财务会计实训教程

本书特色
"互联网＋"教材，课件齐全，
便于教学。

书号：9787302564089
作者：郑卫茂 郭志英 章雁
定价：55.00 元
出版日期：2020.9

任课教师免费申请

中级财务会计（全两册）

本书特色
国家和北京市一流专业建设点所
在团队编写，基于最新会计准则
和税收法规，全书包含教材和习
题共两册，内容全面，提供丰富
的教辅资源，便于教学。

教辅材料
教学大纲、课件

获奖信息
国家级一流专业、国家级一流课
程建设成果，北京高等学校优质
本科教材课件

书号：9787302543015
作者：毛新述
定价：88.00 元
出版日期：2020.2

任课教师免费申请

高级财务会计

本书特色
应用型本科教材，篇幅适中，
课件齐全，销量良好。

教辅材料
教学大纲、课件

书号：9787302525042
作者：田翠香、李宜
定价：49.00 元
出版日期：2019.6

任课教师免费申请

高级财务会计理论与实务（第 2 版）

本书特色
"互联网＋"教材，配套课件
及案例完备，结构合理，应用
性强，多次重印。

教辅材料
课件

书号：9787302518617
作者：刘颖斐 余国杰 许新霞
定价：45.00 元
出版日期：2019.3

任课教师免费申请

高级财务会计

本书特色
"互联网＋"教材，应用性强，
篇幅适中，结构合理，课件完
备，便于教学。

教辅材料
课件

书号：9787302525721
作者：游春晖 王菁
定价：45.00 元
出版日期：2019.4

任课教师免费申请

高级财务会计

本书特色
国家级一流专业、国家级一流课程建设成果、北京市优质教材、应用型本科教材，"互联网+"新形态教材，内容丰富，案例新颖，篇幅适中，结构合理，课件完备，便于教学。

教辅材料
课件

获奖信息
国家级一流专业、国家级特色专业建设成果

书号：9787302564621
作者：张宏亮
定价：59.00 元
出版日期：2021.11

会计综合技能实训（第二版）

本书特色
应用性强、篇幅适中、结构合理、课件完备，便于教学。

教辅材料
教学大纲、课件

书号：9787302537885
作者：马智祥 郑鑫 等
定价：28.00 元
出版日期：2019.11

企业会计综合实训（第二版）

本书特色
定位高职，实用性强，案例丰富，课件齐全。

教辅材料
教学大纲、课件

书号：9787302571155
作者：刘燕 等
定价：20.00 元
出版日期：2021.1

成本会计实训教程

本书特色
应用型创新实践实训教材，注重实际操作，有效提升会计操作技能，提供教学课件、数据和参考答案，方便教学和自学。

教辅材料
教学大纲、课件

书号：9787302571490
作者：徐梅鑫 余良宇
定价：45.00 元
出版日期：2021.1

管理会计导论（第 16 版）

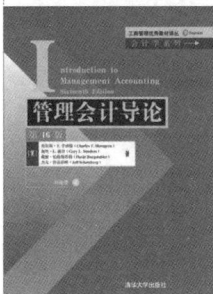

本书特色
全球最畅销管理会计教材，原汁原味地反映了最新的会计教育理念，无任何删减，教辅资料配套齐全，使于教学使用。

教辅材料
教学大纲、课件

书号：9787302487111
作者：亨格瑞 著，刘俊勇 译
定价：88.00 元
出版日期：2019.1

管理会计实践教程

本书特色
"互联网+"教材，课件齐全，便于教学。

书号：9787302570394
作者：肖康元
定价：50.00 元
出版日期：2021.1

任课教师免费申请

管理会计

本书特色

"互联网+"教材，配套资源丰富，课程思政特色鲜明，增设在线测试题。

教辅材料

教学大纲、课件

书号：9787302574897
作者：高樱 徐琪霞
定价：49.00元
出版日期：2021.3

会计信息系统（第二版）

本书特色

应用型本科教材，"互联网+"教材，郭道扬推荐，内容丰富，案例新颖，篇幅适中，结构合理，习题丰富，课件完备，便于教学。

教辅材料

教学大纲、课件、习题答案、试题库、模拟试卷、案例解析

书号：9787302553069
作者：杨定泉
定价：49.80元
出版日期：2020.6

会计学教程（第二版）

本书特色

浙江大学名师之作，"互联网+"教材，畅销教材，习题丰富，课件完备。

教辅材料

教学大纲、课件、习题答案、试题库、模拟试卷

书号：9787302548881
作者：徐晓燕 车幼梅
定价：49.80元
出版日期：2020.6

会计学（第三版）

本书特色

畅销教材，按新准则升级，新形态教材，南开大学倾力打造，教辅齐全，形式新颖。

教辅材料

教学大纲、课件、习题答案

获奖信息

国家级精品课配套教材

书号：9787302536574
作者：王志红 周晓苏
定价：59.00元
出版日期：2019.9

资产评估模拟实训

本书特色

"互联网+"教材，案例丰富新颖，教辅材料齐全，便于教学。

教辅材料

教学大纲、课件、习题答案、试题库、模拟试卷、案例解析、其他素材

书号：9787302558811
作者：闫晓慧 王琳 范雪梅 张莹
定价：52.00元
出版日期：2020.9

会计学原理

本书特色

"互联网+"教材，应用型本科教材，内容丰富，案例新颖，篇幅适中，结构合理，习题丰富，课件完备，便于教学。

教辅材料

课件

书号：9787302527169
作者：何玉润
定价：59.00元
出版日期：2019.5

基础会计学（第二版）

本书特色

应用型本科教材，内容丰富，案例新颖，篇幅适中，结构合理，课件完备，便于教学。

教辅材料

教学大纲、课件

书号：9787302545545
作者：李迪等
定价：48.00 元
出版日期：2019.12

任课教师免费申请

基础会计（第二版）

本书特色

刘永泽总主编，畅销教材，云南省精品教材，内容丰富，案例新颖，篇幅适中，结构合理，习题丰富，课件完备，便于教学。

教辅材料

教学大纲、课件、习题答案、试题库、模拟试卷

获奖信息

云南省精品课程配套教材

书号：9787302550846
作者：姚荣辉
定价：49.80 元
出版日期：2020.4

任课教师免费申请

基础会计实训教程

本书特色

应用型本科教材，内容丰富，案例新颖，篇幅适中，结构合理，课件完备，便于教学。

教辅材料

教学大纲、课件

书号：9787302520047
作者：李红萍
定价：45.00 元
出版日期：2019.1

任课教师免费申请

基础会计

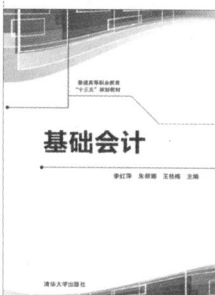

本书特色

应用型本科教材，内容丰富，案例新颖，篇幅适中，结构合理，课件完备，便于教学。

教辅材料

教学大纲、课件

书号：9787302520030
作者：李红萍
定价：48.00 元
出版日期：2019.1

任课教师免费申请

审计学原理

本书特色

定位高职，实用性强，案例丰富，课件齐全。

教辅材料

教学大纲、课件

书号：9787302556978
作者：祁红涛 等
定价：49.80 元
出版日期：2020.7

任课教师免费申请

审计学

本书特色

国家级一流专业、国家级一流课程建设成果，应用型本科教材，"互联网＋"教材，内容丰富，案例新颖，篇幅适中，结构合理，课件完备，便于教学。

教辅材料

课件

获奖信息

国家级一流专业、国家级特色专业建设成果。

书号：9787302563396
作者：赵保卿 主编，杨克智 副主编
定价：69.00 元
出版日期：2021.1

任课教师免费申请

审计学（第二版）

本书特色

应用型本科教材，"互联网＋"教材，郭道扬推荐，内容丰富，案例新颖，篇幅适中，结构合理，习题丰富，课件完备，便于教学。

教辅材料

教学大纲、课件、习题答案、试题库、模拟试卷

书号：9787302553076
作者：叶忠明
定价：49.80 元
出版日期：2020.6

任课教师免费申请

税务会计（第三版）

本书特色

新形态教材，依据最新税收法规制度编写，配有丰富的教学资源。案例丰富，习题丰富，课件齐全。

教辅材料

课件、教学大纲、习题及答案、试题库、模拟试卷、案例解析、其他素材

书号：9787302556671
作者：王迪 臧建玲 马云平 华建新
定价：49.00 元
出版日期：2020.8

任课教师免费申请

银行会计

本书特色

根据最新会计准则编写，应用型高校和高职适用教材，案例丰富，结构合理，课件齐全。

教辅材料

课件

书号：9787302501008
作者：汪运栋
定价：57.00 元
出版日期：2018.6

任课教师免费申请

预算会计

本书特色

应用型本科教材，篇幅适中，课件齐全，销量良好。

教辅材料

教学大纲、课件

书号：9787302529064
作者：王悦 张南 焦争昌 赵士娇 刘亚芬
隋志纯 赵玉荣
定价：49.00 元
出版日期：2019.6

任课教师免费申请

新编政府与非营利组织会计

本书特色

"互联网＋"教材，配套资源丰富，增设在线测试题。

教辅材料

教学大纲、课件

书号：9787302558729
作者：董普 王晶
定价：49.00 元
出版日期：2020.7

任课教师免费申请

商业伦理与会计职业道德

本书特色

时效性强，名师佳作，配套资源丰富，课程思政特色突出。

教辅材料

教学大纲、课件

书号：9787302557807
作者：叶陈刚 叶康涛 干胜道 王爱国 李志强
定价：49.00 元
出版日期：2020.7

任课教师免费申请

高新技术企业账务实操

本书特色

搭配用友新道软件,定位高职,实用性强,案例丰富,课件齐全。

教辅材料

教学大纲、课件

书号: 9787302562771
作者: 杨彩华 吴凤霞
定价: 49.00 元
出版日期: 2020.10

任课教师免费申请

现代商贸企业账务实操

本书特色

搭配用友新道软件,定位高职,实用性强,案例丰富,课件齐全。

教辅材料

教学大纲、课件

书号: 9787302553618
作者: 石其彪
定价: 49.00 元
出版日期: 2020.8

任课教师免费申请

会计学(第二版)

本书特色

新形态教材,实操性强,案例丰富,配有大量教学资源。

教辅材料

教学大纲、课件、习题答案、试题库、模拟试卷、案例解析、其他素材

书号: 9787302588375
作者: 闫晓慧、王琳、范雪梅、张莹
定价: 59.80 元
出版日期: 2021.8

任课教师免费申请

成本管理会计(第 2 版)

本书特色

最新改版,应用型本科教材,互联网 + 教材,习题丰富,课件齐全。

教辅材料

教学大纲、课件、习题答案、试题库、模拟试卷、案例解析

书号: 9787302548379
作者: 肖康元
定价: 59.80 元
出版日期: 2020.6

任课教师免费申请

会计学

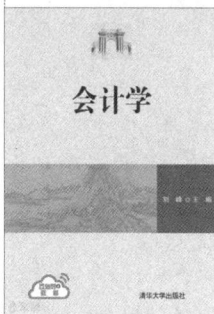

本书特色

厦门大学名师大作,"互联网+"教材,权威、畅销教材,内容结构合理,习题配套丰富,课件齐全,非常便于教学。

教辅材料

教学大纲、课件、习题答案、试题库、模拟试卷

书号: 9787302487470
作者: 刘峰
定价: 39.00 元
出版日期: 2019.6

任课教师免费申请

财务会计学(第二版)

本书特色

体现最新会计准则和会计法规,实用性强,习题丰富,内容全面,课件完备。

教辅材料

教学大纲、课件、习题答案、试题库

书号: 9787302520979
作者: 王秀芬 李现宗
定价: 55.00 元
出版日期: 2019.3

任课教师免费申请

会计综合实验教程（第二版）

本书特色

应用型本科教材，内容丰富，案例新颖，篇幅适中，结构合理，习题丰富，课件完备，便于教学。

教辅材料

教学大纲、课件

书号：9787302524335
作者：王秀芬
定价：45.00 元
出版日期：2019.4

任课教师免费申请